韩丛耀 主编

中国新闻传播技术史

A History of Chinese Journalism and Communication Technology

摄影卷

韩丛耀 陈希 谢建国 编著

南京大学出版社

国家社会科学基金重大招标项目"多卷本《中国新闻传播技术史》"（项目号：14ZDB129）结项成果（结项证书号：2020&j015），获得国家社科基金办部分资助。

首席专家：韩丛耀

子课题负责人

朱永明　于德山　韩　雪

韩丛耀　贾登红　金文中

项目组主要成员

朱永明　于德山　韩　雪　王　灿

李　兰　陈　希　谢建国　许媚媚

贾登红　王　慧　金文中　杨志明

总 序
Preface

在人类社会漫长的文明进程中，科学技术起到了至关重要的作用。其中，信息传播技术，尤其是新闻传播技术，更是有如推进人类文明进程的铲道车。

人类的物质技术是支撑人类文明的有形脊梁，它架构起了人类的精神场域，不仅规范了人类的日常行为，更引导着人类文明发展的可能走向。人类的信息保存与思想传播的媒介，也由口语、文字、图像、印刷、摄影、电影、广播、电视逐步演进至现今的数字网络方式。这些信息保存与传播的方式，并非相互取代之关系，而是互相借鉴、累积，成为今日人类文明的共同记忆与文化遗产。

新闻类信息虽说不如政治、经济、军事对社会发展有直观而显著的影响，在持久影响方面，却隐匿而沉着地决定着人类文明的基本走向。欲行大道，必先辟路，传播技术披坚执锐，一马当先。

一

人类的信息储存与传播技术是由一种被称为"媒介"的物质文明承载的，最初主要由口语传播信息，后来由文字与口语共同传播信息。为了解决文字信息的保存和复制问题，人类又发明了印刷技术。

人类的终极梦想是复制世界，而用于复制文字信息的印刷术是一种针对信息传播文本的复制技术，不能满足人们复制现实的强烈愿望。于是人类在进一步完善视觉书写技术时，尤其是对相似性（类比性）图像倾注了大量的心血，产制了许多描写和叙述现实物象的图像。图像在能指和参照物之间应用了一种质的相似性，它模仿甚或重复了事物的某些视觉特征。为了追求图像对现实物象时间与空间的记录性和视觉形象的指涉性效果，人类不断发展完善视觉传播技术，又先后发明了摄影传播技术，以及以摄影为母体的电影、电视传播技术。现在，人们在数字技术的支撑下将口语传播技术、文字传播技术、图（影）像传播技术融合在一起，通过互联网进行多维传播。

人类社会就是在这一次次的复制技术、技术复制中发展起来的。

迄今为止，这种以语文（语言、文字、抽绎性符号等）为主要载体的线性、历时、逻辑的记述和文本复制的传播方式，以及以图像（图形、图绘、影像、结构性符号等）为主要载体的面性、共时、感性的描绘和现实摹写的传播方式，依然是人类社会信息的主要传播手段和技术程式。

信息传播技术的文明形态可视为人类文明形态构建中纲领性、砥柱性的脊梁，尤其是与人们日常生活紧密相关的新闻传播技术，已经内化为人类文化基因，渗透到现代社会每一个人的思想和文化血液之中。随着今日数字化时代信息与网络技术的成熟，信息传播的内容、工具与服务三者之间，不仅产生了前所未有的交融，而且获得了空前的整合发展机会。新闻传播技术决定了新闻传播内容的呈现方式。

纵观古今中外的新闻传播行业，如果以技术形态为中心视点，整个新闻传播行业无外乎文字传播技术、图像传播技术、摄影传播技术、电影传播技术、广播传播技术、电视传播技术和网络传播技术，人们形象地称其为文、图、声、影、网的新闻传播技术。

就具体的新闻技术而言，可分为采集新闻的技术、编辑新闻的技术和传播新闻的技术。就新闻媒介形式而言，可分为文字新闻传播技术、图（影）像新闻传播技术、电影新闻传播技术、广播新闻传播技术、电视新闻传播技术和网络新闻传播技术。而更深入的研究则要剖析新闻文本的生产技术、构成技术和传播技术，并且要诠释新闻的物质生产形态、技术构成形态和传播技术形态。只有这样，才能全面且深刻地阐明新闻传播的技术基础、媒介形式、社会场域和"历史原境"的重构，新闻传播技术史才能真正地反映新闻传播发展的历史轨迹，成为有"源"可溯的"信史"。

就中国的新闻传播技术而言，信息的摹写和复制技术大约经历了四个阶段：一是手工摹写阶段。手工摹写阶段是信息传播的"原始"时期，持续时间非常长，大致到唐宋版刻印刷技术诞生之前。手工摹写阶段的特点是，信息的采集、构成与传播等阶段均依赖手工,与口语相比,信息尤其是造型式信息具有唯一性、难以复制等特点。由此,限制了信息制作的数量与传播的广度,也影响了信息新闻性的发挥。二是手工复制(刻印)阶段。这一阶段也是我国信息传播的"史前史"时期,大致持续到晚清画报诞生之前。手工刻印是在手工摹写的基础上,将传播的信息翻刻于石砖、木版、金属等材料之上,再将其大量翻印到纸质材料之上。唐宋以来,随着佛、道等宗教文化与商业文化的不断发展,手工刻印技术开始大规模应用于文化、经济、宗教等领域,带动形成了中国古代信息传播的一个个高峰期。三是机械复制阶段。从晚清画报开始,通过引入和使用西方石印、铅印、胶印等现代印刷技术,传播的信息被制作成印刷版面,开始通过印刷机大规模复制印刷。正是通过这一传播技术的发展,中国近代诞生了真正意义上的新闻与新闻媒体。四是数字复制阶段。大约从20世纪70年代开始,数字复制与传播技术被大规模地运用到新闻传播活动之中,并逐渐大众化。目前,数字复制技术的核心内涵为语、图、文的音像信息多媒体再现,涉及跨媒体出版技术、印刷色彩管理技术、泛网络化的数字生产技术、印刷数字资产管理技术和计算机集成印刷与管理技术等关键技术,这也预示了新闻传播的智能化、即时化、个性化、按需化和跨媒体化等发展趋势。

在人类文明发展进程中,人们始终面临着信息处理、信息储存与信息传播的问题。许多科学家与发明家不断投入心血,期盼能提出一种与时俱进、功能周到的信息处理技术方式,协助人们进行庞杂的数据处理工作。如同美国传播学者尼尔·波斯曼所言,技术的变迁所带来的不单是工具数量的增减,而是引发了一种生态性的、整体性的变迁。[①]换言之,当我们看到某一种技术被一个社会普遍接受、使用后,我们看到的并不是"多了一个工具"或是"多了一种做事情的方法",而是人们身处其中并据以行动的社会环境的整体性转变。

需要警惕的是,人们在复制摹写信息时,不仅瓦解了原作的单一性,也建构起新的"形象"。复制摹写技术带给这个时代、这个社会的最大冲击,是带来了作品的非真实化、事物的非真实化以及复制信息对社会和世界的非真实化。

---

① [美]尼尔·波斯曼:《技术垄断:文化向技术投降》,何道宽译,北京:北京大学出版社,2007年,第134页。

现代复制摹写技术旋涡似的吸引着人们，没有人能抗拒，也没有人能逃脱。由于复制技术发展迅猛，复制摹写对人类社会的影响也越来越广泛，它已渗透到人类生活的每个领域，从天文到地理，从艺术到科学，从考古到工业，从宏观到微观，无所不在，无所不为。复制摹写技术已成为一种不可或缺的社会生产力，成为一种人们创造性活动的助力，成为推动社会变革的重要工具。就目前状况而言，复制摹写技术以不同的方式渗入不同的文化之中，带来了有形和无形的变革。信息的复制摹写技术造就了一个大众的文明。

二

以媒介技术的本质特征为原点，以各项传播技术的原理及技术流变为基础，结合历史"原境重构"的考察方法，我们可以发现，新闻信息主要通过以下几类应用传播技术实现传播。

文字传播技术。"文字是人类岁月的记忆"[1]，在早期口语传播的年代中，历史只能通过人类的大脑记忆被留存；文字产生后，人类的大脑记忆容量被突破，音形语义成为人类岁月的记忆，文字也成为人类文明产生的重要标志。当文字符号转化为信息与新闻的社会性交流工具时，相应的传播技术就成了文字新闻快速、广泛、有效传播的重要保障。

中国的文字技术发展较为复杂，早期随载体而得名者，有甲骨文、金文、陶文等。一方面，作为记忆的延伸，这些记录的使用对象多以官方、贵族或知识分子为主，这些记录类似政府的文书档案，或是在家族中世代相传，在信息传播的功能上并不突显。另一方面，因为庞大的载体体积与重量，信息水平传播的范围也受到了极大限制。

中国古代四大发明之一的印刷术是中华民族贡献给世界的最伟大的技术发明之一，它开创了人类表征社会的基本技术形态，是媒介信息社会现代性的开端。从纸、笔、刀、版、墨、砚、刷，直至活字印刷的发明与使用，无不凝聚着我国古代

---

[1] Wilbur Schramm. *The Story of Human Communication: Cave Painting to Microchip*. New York: Harper & Row, 1988, 77.

劳动人民的技术智慧和科学理想。从公元前2世纪西汉出现了具备新闻传播功能的机构"邸"，到唐代出现了"敦煌进奏院状"，再到清末现代意义上"新闻报纸"的刊布发行，以文字为主体的中国古代书写、复制传播技术发展同中华文明的发展同步，成为中华文明传播和发展切实可靠的技术保障，甚至可以说，没有中国古代传播技术的发展和进步，就不会有中华文明的辉煌。

本课题对中国近现代新闻传播技术史的考察重点放在清末民初和中华人民共和国成立后两个历史时期，其中又以后者为重。对清末民初阶段的技术史分期，主要以这一时期与新闻传播密切相关的"采、印、发"过程中的几种重要技术（印刷技术、电报技术、交通与新闻等）为核心内容进行概括、梳理和阐述。

图像传播技术。从技术原理上讲，图像与影像（摄影、电影、电视等机械工具生产的图像）的本质区别是，图像对现实物象是"非等比复制"，而影像（机具图像）对现实物象是"等比复制"。图像是一种结构性的视觉传播符码，它是经过作者观念抽绎的选择性物象描写与表征，它的现实指涉性很强。在从古至今的新闻信息传播中，图像传播表现出一种绝对的优势，图像技术的特性决定了信息传播的样态。

图像是人类最古老而又不断绵延更新的文化基因，每一个视觉图式都映现着人类的精神范式。从类人拿起第一根木棒、掷出第一块石头起，它就伴随着人类，表征着人类的情感与其对自然、对世界的认知，记刻着人类走过的所有历程，形成自类人到人类，直至今天的完整的文化基因谱系。人类在地球上已生存了数百万年之久，但人类社会有文字记载的历史只有数千年，并且在这数千年的历程中，人类大部分文明进化形态仍然隐含在视觉书写的图像范式之中未被领悟。

图像形态是一个民族最悠久的文化符码，它不但是一种象征形态，而且是一种相似形态，更是一种迹象形态。它痕迹性地或者说生物性地葆有这个民族的文化基因，它比文字更古老、更直观、更形象。图像天生具有视觉传播的指涉性、象征性、类比性、痕迹性等优势，自然地留存着人类物质文明的和非物质的原生形态，正是其所蕴含的无比丰盈的人类历史文化内核，使人类在面对一场场巨大的自然灾难和历经一次次社会动荡后，仍有复生与崛起的力量。

图像为人类的信息交流提供了基础，也为新闻信息提供了巨大的传播空间，更为我们详尽了解和分析人类在世界中的作用提供了条件。时至今日，图像新闻已渗透到人类社会新闻传播的方方面面，无所不及。世界的"现实"，本质上已不属于物象自身，而是属于人与物之间的关系，属于人们阅读图像新闻后所产生的意义。图像新闻传播已成为现代传播的一种最有效的方式和途径，成为一种不可或缺的社会生产力（如文化建设、新闻宣传、国际传播、信息交流、舆论引导、伦理构建、政治诉求等），成为一种创造性的人类思维活动，成为人类观察自然、社会和自身的有效工具，成为一种文化的力量。

摄影传播技术。摄影术是人类社会近两百年来最伟大的发明之一，它改变了人类的命运，加速了社会现代化的进程，深刻地影响着人们的日常生活和社会的政治地图。它与自然、社会和人的密切程度是任何一种媒介传播技术都无法比拟的，如同水和空气一样融入人类社会的日常生活。

摄影技术可以复制现实时空的神奇功能一旦运用于传播领域，即开辟了新闻信息传播的新天地。摄影融入生活。摄影对信息的传播，改变了千百年来人们认知世界的方式。摄影因为传播而强大，传播因为摄影而改变。人类社会由此开始了真正意义上地从实体社会向信息社会的转变。在传播新闻信息时，新闻影像的现实指涉性很强，表现出一种绝对的传播优势，成为当今媒体传播的最有效的技术手段。新闻摄影的技术特性甚至可以决定新闻传播的实现样态。

我们"从印刷人（Typographic Man）时代走向图像人（Graphic Man）时代的这一步，是由于照相术的发明而迈出的"[1]。维尔纳·卡尔·海森伯认为"技术变革不只是改变生活习惯，而且要改变思维模式和评价模式"[2]。这一点在新的传播环境，尤其在以互联网为主要依托的数字新闻摄影技术中体现得十分明显。数字新闻摄影技术创造了全新的"议程设置"环境，信息的传播者和接收者之间的界限被模糊了，每个人都既是新闻影像信息的传播者，又是新闻影像信息的接收者，并同时具有媒介和内容的双重身份。

电影传播技术。1895年电影技术的发明，就像在天空上点燃了太阳，它的光华

---

① ［加］马歇尔·麦克卢汉：《理解媒介：论人的延伸》，何道宽译，南京：译林出版社，2011年，第219页。
② ［加］马歇尔·麦克卢汉：《理解媒介：论人的延伸》，何道宽译，南京：译林出版社，2011年，第83—84页。

使人眩晕，使人迷恋。它使得人类的传播媒介得到一次超时空的提升，人类真正进入视觉传播时代，传播话语的声音显得格外洪亮。

电影从一开始就在信息传播和历史纪实方面显示出它的独特优势。从默片到有声片，从黑白到彩色，每一次技术改革都对人类社会产生了巨大的影响。电影技术的进步历程记录着人类社会的现实和理想，电影技术真实书写了人类历史的视觉档案。电影传播技术对人类文明所起到的作用是非常独特的。

从本质上来说，电影（胶片电影）与摄影没有什么不同，它们都是一种技术性图像。以摄影为母体的电影是利用了人类的视觉暂留。视觉暂留也被称为视觉记忆，时间一般在50~200毫秒。也就是说，如果我们每秒能给出20格画面的话，那么人类的视觉就分辨不出其中的间隔。电影机的放映速度是每秒24格，在人们看来画面是连贯流畅的，并无间隙。简单地说，即摄影以较慢的速度将图像一幅一幅给我们看，于是我们看到"静止的图像"，而电影（胶片电影）则以小于50毫秒的换幅时间将图像一幅一幅给我们看，于是我们看到了"活动的图像"。

广播传播技术。婴儿的第一声啼哭，意味着一个新生命的诞生，声音被比拟为人类在这个世界上的"第一知觉登记簿"。声音对人类具有生物学上的遗传性、物理学上的定义性、心理学上的依赖性和社会学上的文化性特点。声音是人类最古老的传播媒介，也是最大众化的传播媒介，不管社会、科技、文化如何发展，声音将永远伴随着人类社会，伴随着人类的信息传播，伴随着人类生命的全过程。

就字面意义而言，传播即广播，即广为播散，广为播散就是传播。字面的意义也传递出广播这种专门传播技术的本质和目的。作为传播技术的广播是一种运用声音传递信息的技术。到目前为止，它依然是受众最广、速度最快、效率最高的信息传播技术。

美国学者威尔伯·施拉姆曾言，"历史，是被人记住的话"[1]，直到文字出现前，人类的历史只能靠口耳相传，以说故事、唱诗歌的方式来延续。美国学者罗伯特·默顿强调，在文字发明以前，各民族中历史传承的唯一方法，是通过说故

---

[1] Wilbur Schramm. *The Story of Human Communication*: *Cave Painting to Microchip*. New York: Harper & Row, 1988, 77.

事、唱诗歌一代一代延绵下去,默顿特别以"口语公布"（Oral Publication）来说明口语传播的独特性。[1]作家伊林也指出,人本身就是一本活生生的书,它有手有脚,它不是放在书架上,它会说话,还会唱歌。口语传播的实例,有荷马的史诗、基督教的《圣经》、佛教的经典与儒家的《论语》等,口语传播技术在人类历史的知识传承中,占有非常重要的地位并且具有极为深远的影响。人类具备面对面以口语传递和接收信息的能力,只是信息的记载仅能依靠大脑,同时囿于时空的阻隔,面对面口语传播信息的范围是相当有限的。

现代广播技术正向着数字化和网络化方向发展,这意味着更快的传播速度、更好的传播覆盖性和渗透性。广播在满足人们信息需求的同时也缩小了城乡信息差,使人们的文化价值观念产生了持续的潜移默化的改变,直接影响到人们的生活方式。

电视传播技术。电视传播技术已经成为今日人类社会文化构成的一部分,也是国家重要的新闻传播手段。电视技术引领着新闻传播界的技术革新和传播技术的革命,电视传播技术是一个国家科学技术水平的综合反映,电视技术样态的变化直接反映出一个国家科学技术的进步。今天的电视传播已经融合了多种媒体技术,开始出现新的传播信息技术形态。

1926年,电视技术的诞生和应用,宣告了综合运用文字、图像、声音的新传播时代的来临。电视技术的不断完善和发展,造就了传播的划时代格局。在电视发明之前,大众传播媒介传递的信息仅仅限于文字和图像的结合,但有了电视技术之后,格局就不同了。声音与图像、文字可以借助电子设备大量而且极迅速地进行共时传播,全世界真正进入信息共享、历时即时共存的传播时代。电视的普及使得视像成为继文字、声音之后又一信息传播的重要手段。

电视的意义,在于它改变了时空的距离、地域的差异,使人们仿佛生活在地球村里,这就是信息时代的显著特征。信息时代之前不能做的事,甚至是很难想象的事,现在都可以做到了。

需要警惕的是,在电视传播时代,图像不断地以极其强悍的态度侵入极私密化

---

[1]〔美〕罗伯特·默顿:《美国社会学传统》,陈耀祖译,台北:巨流图书公司,1987年,第11—13页。

的家庭，以视觉霸权的手法侵犯人心；电视图像成了一种消费时尚，更重要的是，这种图像会变成一种技术性伪真的手段。

网络传播技术。网络传播技术开启了信息传播技术的新模式。从通信到媒体，从媒体到自媒体，网络传播技术的发展是催生这种信息传播形态变化的内在动力，同时也是这种信息传播形态变化的技术保障。网络传播技术决定了网络信息的形态，网络信息是完全依靠网络传播技术的发展而发展起来的新的媒体。

19世纪初，英国数学家巴贝奇便首次提出了计算机的构想。而在第二次世界大战期间，美国政府投入大量资源进行计算机的研发。第一部能够执行庞杂运算任务的计算机ENIAC（Electronic Numerical Integrator and Computer）于1946年诞生，并在20年内进入商业领域。到了20世纪70年代，随着微处理器工艺的成熟，个人计算机也就逐渐地进入人们的生活。在技术成熟后，计算机以惊人的速度处理着数量惊人的各类信息。互联网至今也历经了约50年的发展。它于20世纪90年代进入人们的日常生活，串联起世界各地不同的人群与思想。

计算机的出现，促成不同于以往的媒体技术的产生，信息载体的发展相当迅速，信息表达的媒介从文字、符号、图像转换到"0"与"1"，载体的容量更是以无法预测的速度持续增加。计算机的发展带来信息载体的发展，包含以纸为介质的媒体，如打孔卡、打孔纸带等；也包含以磁性物质为介质的媒体，如磁带、卡带、匣带、磁鼓、软盘、硬盘等。数字化传播和储存的精神也只能就此时彼刻来诠释其时代意义，未来的信息传播技术能到达哪里，或许也是无人能预测的。

数字技术下的网络信息几乎融合了所有的媒体形式。技术决定样态，新闻传播也不例外，新闻传播技术决定新闻传播业未来的样态。但同时我们也会记住1939年世界科学技术博览会的口号（"你能想到的，科学技术都能实现"）和1999年世界科学技术博览会的口号（"科学技术实现的，你还没有想到"）。到2059年世界科学技术博览会开展时，它的口号会是什么？

以上简要地描述了几类应用传播技术，必须强调的是，这种分类是论述性的而非定义性的。在现实的社会生活中，所有媒介的技术再现都是异质的，所有媒介的再现技术都是混合的。

三

世界上每一种事物都有其固定不变的物理成分，都有凸显其本质特征的技术因子。当我们将研究的视点锚固在信息生成与传播的技术元素上，通过对传播技术的研究和人类文明进程的分析，就可以找到构成人类文明与传播技术的最大公约数。因为任何社会信息都有其共轭的物象，而共轭关系是可以建模讨论的。

我们知道，最严密的科学研究应是任何人都无法对其自身的特征提出异议，而只能考虑其可能性的。对人类文明与传播技术的研究就是确定信息传播的可能性之极限，在定性的前提下取得定量的表征数据，取精用宏，尽微至广。

在人类文明发展进程中，人类如何看待历史与时间，在不同的文化背景下，有着相当多元的看法。古希腊人认为，人类文明是由传说中的黄金时代、白银时代、青铜时代、英雄时代一路衰退到黑铁时代。这是认为人类文明的演变是由高位向低位衰退，最终将面临毁灭的命运史观。罗马人认为，时间就是一种价值观与传统的延续，因此罗马人尊重传统，慎重地保存过去所留下的种种制度与纪念物。19世纪的欧洲，历经资本主义发展与全球扩张，"进步"成了当时欧洲思维的基调。[①]对技术与文明进程的省思以及伴随而生的各种争论，仍将是历史哲学家们所关注的议题。

20世纪对人类文明来说，是一个重要的转折点。在科技上，石油、原子能与计算机先后成为人类社会运作最重要的动能，给予人类文明在发展上难以衡量的驱动力；在政治上，人类面临两次惨绝人寰的世界大战，死者千万，继而又历经冷战时期。而在社会上，充斥着各种千禧年主义的流言，加上金融危机的推波助澜，似乎人类的命运即将在迈向历史的巅峰之际急转直下，回到石器时代。这种科技与政治上的巨变，是19世纪之前人类未曾面对过的。

然而我们已经看到，20世纪结束了，但是历史并未走向终结，21世纪已安然地来到了第19个年头。以微软窗口操作系统为例，Windows 98、Windows XP、Windows Vista、Windows 7.0、Windows 10.0问世时，大家都认为当时的窗口操作系统已经发展到了最高位。但是事实证明，由于商业趋力与来自市场的实际需求，计

---

① ［英］齐格蒙特·鲍曼：《流动的现代性》，欧阳景根译，上海：上海三联书店，2002年，第172页。

算机产业仍会不停地推陈出新，提供各项新产品与新服务。人类文明的演变也是一样，目前在进行的数字化工作，只是为了让人类文明更快、更好地传递下去。人类不能自我膨胀，认定此刻正在主宰历史的最高点；也不要轻视自己在漫长人类文明发展中所扮演的角色。人类社会如何发展自有它的规律，我们可以认知，但无法主宰。

如果说，早期对新闻传播的技术需求是为满足社会的信息和知识的传播，那么在数字化之后，人类的需求逐渐多元化、精致化，新闻传播的发展环境日趋复杂，早已超出纸张墨水的限制。在社会强力建构的形塑之下，新闻传播技术不断变革以回应变化和需求，高科技成了最受重视的香饽饽，传统技术只能黯然隐退，以往那种"老师傅式"的工作方式也成为高效率的阻碍。从单一技术角度来看，传播技术的发展似乎带给人更多的自由与选择，但是从整个技术系统来看，技术发展带来的是全盘控制与更少的选择。新闻传播行业竞相投资各类高科技机器设备、竞相争抢访问流量的结果，是无可避免地落入雅克·埃吕尔对现代技术自动化与单一性的批评，各家新闻传播行业的数字化产品产出质量差异不大，失去活版印刷时代各家应有的手工技术特色和人文色彩，人的价值隐没在新技术中，技术价值反而无法彰显。而新闻传播业为提高竞争力，以符合高科技设备的工作能量，必须争取更多业绩，降低投资成本，将数字化所结余的流程效益，全数投入移动产品阅读量的竞赛之中。人在技术滚轮中拉扯的力量愈来愈大，到达某一个极致后，在技术与社会互动之下，或许将再度迎来另一个技术发展的新阶段。相信人类可以看到，借由目前的努力，下一个时代的人类也将有机会，通过不断更新的传播技术认识千万年来祖先所经历的演化与冒险。

作为信息传播尤其是新闻传播的介质和载体，传播技术的发展与变化对于人类文明发展具有重要的影响。从社会发展历程来看，任何一种传播技术的出现都会带来一种新的信息传播模式，而新的传播技术形态必将构建一种新的文明形态。传播技术就如同人类文明道路上的铲道车，总是在人类社会文明发展的前夜提前出发，为人类社会的文明发展道路清除阻碍。

我们深知，中国新闻传播技术史的书写应该以新闻传播技术发展史为主线，外延为中国的科学技术史，内涵为中国新闻传播的思想史。在古为今用、洋为中用的现代中国，新闻传播技术决定着媒介的形态，因此在科学技术史学的视野下构建中国新闻传播技术史学的结构动力学框架是学术自觉的必然选择：一是建立中国传播技术史学独特的叙述性结构；二是厘清新闻传播技术与其他传播技术的边界。

一位以色列学者曾经对笔者说：中国人如此注重思想史的书写令人震惊，也产生了令人震惊的理论科学成果；但中国人如此轻视技术史的书写也同样令人震惊，并产生了同样令人遗憾的技术科学成果。他的话至今令我心痛，因为他说得不错，中国历史上的情况确实如此。而传播技术与文明进程的关系研究一天没有列入中国学术研究的必备清单并让相关问题得到切实解决，中国学术研究的科学性就仍要接受国际学术界的质疑。

虽然中国新闻传播技术史的书写是艰难的，但我们仍然执着地寻找书写新闻传播技术史的文化架构——一个属于新闻传播技术自身历史的文化架构，并试图去确定文化架构的核心。因为每个文化架构都有一个神圣的核心，它是文化、社会和政治的汇聚之所，这个神圣的核心有助于社会和政治的定位，有助于社会成员认清自身及自身所处。

韩丛耀

2019年6月6日

目　录
Contents

第十一章　数字时期新闻摄影传播技术（下） ················ 393

Chapter 11　Communication Technologies of Photojournalism in the Digital Period（Part Ⅱ）

导　论

Introduction

摄影术是人类社会近两百年来最伟大的发明之一，它改变了人类的命运，加速了社会现代化的进程，深刻地影响着人们的日常生活和社会的政治地图。它与自然、社会和人的密切程度是任何一种媒介传播技术都无法比拟的，如同水和空气一样有形无形地融入我们的生活。

摄影术的诞生，使人们拥有了世界（拥有照片就拥有了"世界"），可以实现不在现场而"看到"现场的梦想。摄影是三维物象空间加上时间的四维建构，摄影影像既是对空间的"复制"，也是对时间密度的刻记。人们不但可以拥有空间，还可以拥有整个场域，这是对时间的切割，或说切割时间。摄影利用视觉瞬间构成现实物象的外形、复制一个时刻，它使得整个"世界"就在眼前。

摄影技术的这种神奇功能一旦运用于传播领域，随即开辟了新闻信息传播的新天地，人们可以望穿秋水如在眼前、坐井观天而知六路、身在曹营眼见汉土，马蹄扑朔能辨先后、不必月光也能顾影自怜……摄影的融入生活，摄影对信息的传播，改变了千百年来人们观看和认知世界的方式。摄影因为传播而强大，传播因为摄影而改变。

人类社会的发展历史表明，物质技术文明形态是支撑人类文明的有形脊梁，它不仅规范了人类的日常生活行为，更导引着人类文明发展的可能走向。其中，信息传播技术是社会文明前行的开路先驱。

人类的信息储存与传播技术是由一种被称为"媒介"的物质文明所承载的，最初主要由口语传播信息，后来文字与口语共同传播人类信息。为了解决文字信息的保存和复制问题，人类又发明了印刷技术。

人类的终极梦想是复制世界，而用于复制文字信息的印刷术是一种针对信息传播文本的复制技术，不能满足人们复制现实的强烈愿望。于是人类在进一步完善视觉书写技术时，尤其是对相似性（类比性）图像倾注了大量的心血，产制了许许多多描写和叙述现实物象的图像。图像在能指和参照物之间应用了一种质的相似性，它模仿甚或重复了事物的某些视觉特征。文字只能把意思说对了，而图（影）像却可以让"现场"说话。为了追求图（影）像对现实物象时间与空间的这种记录性和视觉形象的指涉性效果，人们进一步完善视觉传播技术，发明了摄影传播技术，以及以摄影为母体的电影、电视传播技术。

迄今为止，这种以语文（言语、语言、文字、抽绎性符号等）为主要载体的线性、历时、逻辑的记述和传播方式的文本复制，与以图像（图形、图绘、影像、结构性符码等）为主要载体的面性、共时、感性的描绘和传播方式的现实摹写，依然是人类社会信息的主要传播手段和技术程式。

人类复制与传播世界的欲望，是随着视觉传播技术的产生与成熟而萌生并日渐强烈的。泥版印刷时期，人们完成了活字复制与传播技术；木版印刷时期，人们完成了视觉的图像复制与传播技术；石版、铜版印刷时期，人们完成了快速复制与传播视觉图像的技术；网版印刷时期，人们完成了视觉图像影调复制与传播技术。

摄影术的发明激发了人们复制整个世界的愿望；数字影像的运用鼓动起人们重新构建世界的梦想。人对世界的复制，同时也是人对世界消费的开始。复制世界的技术性消费和社会性消费逐渐融入人们的日常生活，时间的形状被影像描述、空间的形状被影像展示、知觉的演变被影像揭露，世界成为被视觉图像化存在的媒介世界，影像成为表征世界的世界性图像。这些演变与现象的发生在1839年摄影术诞生之后变得跌宕昭彰。

宋代学者郑樵在《年谱序》中说"为天下者不可以无书，为书者不可以无图谱，图载象，谱载系。为图所以周知远近，为谱所以洞察古今"。自人类社会使用摄影传播技术之后，影像成为媒介社会秩序的主要建构者。影像不但具有"记录事实"的功能和"传播事实"的功能，还具有"建构事实"的功能。我们甚至可以这样认为，19世纪的图像是一种观察者的技术，人们追求等比例复制世界的能力；20世纪的图像是一种表达者的愿望，人们追求复制一个真实、真相与真理的世界；21世纪的图像是一种想象者的技术，人们复制出一个超真实的想象的世界，为精神消费开辟出尽兴驰骋的疆域。目前，其中部分已经得以实现，部分在实现的路途上，部分还在想象中。

摄影是电影、电视的母体。由于摄影、电影和电视传播技术的影像都是对现实物象的一种等比"复制"，我们将其称为影像。本雅明（Walter Benjamin）在《机械复制时代的艺术作品》①中论述了摄影影像等比复制现实物象的能力。他在20世纪初就认定：将来的文盲不是不会书写的人，而是不懂得摄影的人。摄影传播技术给社会的文明形态带来了革命性变化，人类社会由此开始了真正意义上地从物质社会向信息社会的转变。在传播新闻信息时，新闻影像的现实指涉性很强，表现出一种绝对的传播优势，成为当今媒体传播的有效的技术手段，甚至新闻摄影的技术特性可以决定新闻传播的实现样态。

需要强调的是，传播技术与传播方式之间并非相互取代的关系，而是彼此间借鉴、累积，成为今日人类文明的集体记忆与文化遗产。如果说信息传播技术的文明形态是构成人类文明的脊梁，那么与人们日常生活紧密相关的新闻传播技术已内化为人类文化的DNA，渗透在文化的血脉之中，含蕴在每一历史时期的文化思想史之中。随着数字化时代信息与网络技术的成熟，传播的内容、工具与服务三者之间，不仅产生了前所未有的交融，也得到了空前的整合发展机会。

数字技术是当今世界范围内应用最广泛的科学技术成果，它使摄影从"机械复制时代"进入数字复制时代，更使摄影传播从胶片、相纸年代进入多媒体表达的年代。从古至今，科学技术改变生产生活方式、改变社会组织模式。科技在证实自然能量存在和可用的同时，也证实了单个人力的卑微。在所知的人类历史上，还没有哪一个时代像我们正在面临和迎向的这个时代一样，在技术发现和物质生产上如此狂飙而颠覆——"远景及幻景一下子嵌入了近景里"②，能想到的不如正经历的更震撼。

---

① 瓦尔特·本雅明（Walter Benjamin）在1935年根据当时的摄影状况，发表了一篇著名的文章《机械复制时代的艺术作品》，对这种因为机械技术的发展而在社会上取得巨大进步的摄影影像本质进行讨论，对机械复制时代的艺术本质进行讨论。
② ［德］瓦尔特·本雅明：《机械复制时代的艺术作品》，《迎向灵光消逝的年代：本雅明论艺术》，许绮玲译，桂林：广西师范大学出版社，2008年，第59页。

我们"从印刷人时代走向图像人时代的这一步，是由于照相术的发明而迈出的"①。马歇尔·麦克卢汉认为"技术变革不只是改变生活习惯，而且要改变思维模式和评价模式"②。这一点在新的传播环境，尤其在以互联网为主要依托的数字新闻摄影技术中体现得十分明显。数字新闻摄影技术创造了全新的"议程设置"环境，信息的传播者和接收者之间的界限被模糊了，人人都既是新闻影像信息的传播者，又是新闻影像信息的接收者，并同时具有媒介和内容的双重身份。

所见所感所知明确无误地告诉我们，数字技术改变了生活也改变了新闻摄影的传播环境及传播方式。也许更符合先后时序的说法该是：现代数字影像技术改变了新闻影像的传播方式，也改变了我们的生活。

从漫长的人类社会发展过程来看，最具意义和价值的"信息"不是各个时代的传播内容，而是这个时代所使用的传播工具的性质、它所开创的可能性以及带来的社会变革。"媒介即讯息，任何技术都在逐渐创造出一种全新的人的环境，环境并非积极的包装用品，而是积极的作用机制。"③对于传播而言，新闻摄影显然曾经是一种具有开创性的技术，处于数字技术时代的新闻摄影被赋予了不同于以往的记录、纪实作用，新闻摄影本身又与其他新技术一同造成了新的影像传播环境，开创了数字影像新闻传播方式及其广阔应用的可能性。

如果说机械复制时代的新闻摄影曾经延伸了我们静观的"看"，那么数字影像时代的新闻摄影，特别是其与互联网、虚拟现实技术的联盟，将这种纯视觉的静观的"看"延伸成了体验的、穿越的"看"。"人的任何一种延伸，无论是肌肤还是手脚的延伸，对整个心理的和社会的复合体都产生了影响。"④数字化的生存，网络虚拟的传播环境正剧烈地改变着我们的思维与生活，改变着我们所处的社会，这种改变正在继续。

数字摄影的普及性、照片的易得性直接改变了人们对新闻摄影的观念、需求，并由此间接改变了新闻摄影的内容和形式。"如果把握不住照片与其他新旧媒介的

---

① ［加］马歇尔·麦克卢汉：《理解媒介：论人的延伸》，何道宽译，南京：译林出版社，2011年，第219页。
② ［加］马歇尔·麦克卢汉：《理解媒介：论人的延伸》，何道宽译，南京：译林出版社，2011年，第83页。
③ ［加］马歇尔·麦克卢汉：《理解媒介：论人的延伸》，何道宽译，南京：译林出版社，2011年，第10页。
④ ［加］马歇尔·麦克卢汉：《理解媒介：论人的延伸》，何道宽译，南京：译林出版社，2011年，第4页。

关系，要弄懂照片这一媒介是完全不可能的，因为媒介作为我们身体和神经系统的延伸，构成了一个生物化学性的、相互作用的世界；因为新的延伸在不断发生，这个世界必然要永不停息地谋求新的平衡。"①互联网的广泛应用颠覆了人们接收新闻信息的习惯心理和习惯行为。人们不再以语言文字为信息的唯一中心，甚至对纸媒权威产生了逆反心理，质疑权威的分析评判倒成了惯例。相对于纸媒时代文字的霸主地位，网络时代是一个图像的时代，尤其是新闻影像的时代，人们越来越乐于接受视觉化的、直观的新闻信息。新闻影像传递的信息精确，具有形象性，并且能同时传递多个信息，与抽象的文字相比，显然更有优势。

在媒体传播的所有图像中，新闻照片应该说是最重要的图像。当然，现在读者最乐于接受的传播形式是图像、声音、文字的立体组合。新闻影像的神态、声音的质感、文字的抽象，多种媒体的复合让人身临其境，又因为对多媒体中任一种媒体的注目而产生好奇和探究的兴趣，这相当于几何倍率地增加了单一媒体令人驻足的可能性。新闻照片产生的舆论压力也成为一种消费差异的弭平，包括贫富、文化和情感。观看时的流畅性、舒适性、交互性等构成的观看愉悦，从来没有像现在这样被凸显和重视过，它甚至对大众评判新闻照片的优劣产生了相当大的影响。

数字新闻影像与传统新闻影像时代相比，不仅是复制手段和传播方式的不同，最主要的是它形塑了人们的意识形态，建构着不同的文化形式，并确立着社会对新闻影像的认知。既然数字技术已经给新闻摄影插上了翅膀，那么新闻摄影就要在新的传播环境中自觉地凸显摄影的精神与摄影的特征和优势，设计具有自身特色的优良影像环境。在这个新闻摄影技术急速发展、社会财富迅速累积、物质生活相对富足、思维观念不断焕新的时代，在这样一个丰富芜杂、饱满多彩、不断膨胀、混乱不安的传播环境中，新闻摄影应该以人为本、以本为本，回到初衷、回归自己的新闻本性，不要被各种花哨的摄影观念和摄影技巧所蛊惑，这不是倒退，而是突出重围——不忘初心，方得始终。"像改进技术那样经常改变我们的目标，是没有好处的"②，"可以毫不夸张地说，现代社会的未来及精神生活是否安定，在很大程度

---

① [加] 马歇尔·麦克卢汉：《理解媒介：论人的延伸》，何道宽译，南京：译林出版社，2011年，第231页。
② [加] 马歇尔·麦克卢汉：《理解媒介：论人的延伸》，何道宽译，南京：译林出版社，2011年，第15页。

上取决于在传播技术和个人的回应能力之间是否能维持平衡"①。新闻摄影的技术成为影像表达的有力工具后，必须在新闻事实表达与技术呈现之间寻找到全新的视觉传播语言。

在这个聚合、多媒体与互动性凸显的数字影像时代，纪实摄影和新闻摄影影像的真实性受到了质疑。新闻摄影记者的道德问题成了摄影文化的核心问题，虽然这一文化问题是由影像的科技所引起的。应当引起新闻摄影工作者注意的是：犯错的不是影像的媒介，而是使用影像媒介的人。在数字影像技术的天地里，新闻摄影影像得以更快、更广、更有效地传播，但也要时时警惕它给新闻的真实性带来潜在破坏的可能。

摄影传播技术为新闻信息的传播插上了飞翔的翅膀，能否在忠实于新闻事实的基础上飞得更快、更远，就看新闻摄影人对摄影技术的使用了。"欲知大道，必先为史"，我们从对新闻摄影技术发展史的回望中也许可以找到正确前行的方向。

---

① 教皇庇护十二世（Pope Pius XII），转引自马歇尔·麦克卢汉：《理解媒介：论人的延伸》，何道宽译，南京：译林出版社，2011 年，第 32 页。

第一章
摄影技术与新闻传播

Chapter 1
Photographic Technologies and News Communication

　　自1839年诞生至今，摄影术已经有170多年的历史。在摄影的基础上，1895年诞生了电影，20世纪30年代又诞生了电视。摄影、电影和电视一起构成了当今视觉传播的影像文化。信息时代的今天，影像无处不在，我们难以想象，如果没有摄影，世界会是什么模样？摄影术的诞生和发展依赖于两个因素：一是人们对影像信息记录和传播的需求；二是物理学、化学、电子学等现代科学技术的迅速发展。与世界上的其他一切发明一样，摄影术的发明也是前代技术知识和信息积累并最终融合的产物，而摄影术的发展也反过来促进了人们的需求和现代科技的发展。今天，面对计算机网络系统和数字照相机时，我们看到，摄影的作用不但没有减弱，反而得到了进一步的增强。[1]

---

[1] 本章采用《新闻摄影基础教程》（黄河出版社，1991年）绪论、《新闻摄影指南》（江苏人民出版社，1998年7月）第一章和《新闻摄影学》（江苏教育出版社，2007年8月）第一章的部分内容。

第一节　摄影的史前史

摄影术的诞生是以1839年达盖尔的银版摄影法为标志的，但是人类对摄影技术的探索其实在很久之前就开始了，主要是对光学成像技术的探索和各种感光材料的摸索。因此，我们可以将人们在1839年以前对摄影技术的各种各样的探索和实验、实践称之为摄影的史前史。

一、摄影的光学基础

1. 小孔成像

摄影术的基本原理来源于"小孔成像"。这一光学现象很早就被人们发现了，可算是人类对影像（image）的最初认识。古代东西方都有对"小孔成像"的相关记载，最早记载这一现象的是中国战国时期墨子及其弟子所著的《墨经》。

墨子（约公元前480—公元前420年），名翟，是我国战国时期著名的思想家，墨家学派的代表人物。《墨经》共记载了八条光学方面的知识，通称为"光学八条"，是《墨经》的精华之一。"光学八条"涵盖了光与影的关系、光影的形成、小孔成像、光的反射、光源和物的相对位置与影的关系、平面成像、凹面镜成像和凸面镜成像等光学成像内容。

《墨经》中有这样的记述："景到，在午有端，与景长，说在端。"[1]大意是说，在一间黑暗小屋的墙壁上开一个小孔，小孔外面阳光下的景物就会倒立地呈现在小孔对面的墙壁上。墨子不仅发现了这个现象，而且对现象进行了科学的解释，他认为光线像箭一样是沿着直线传播的。"光之人煦若射。下者之人也高，高者之人也下。""在远近有端，与于光，故景障内也。"[2]意即屋外站立一个人，他头顶的光线通过小孔射到墙壁的下方，而他脚部的光线通过小孔射到了墙壁的上方，

① 张小纲，陈振刚主编：《摄影》，北京：高等教育出版社，2003年，第2页。
② 张小纲，陈振刚主编：《摄影》，北京：高等教育出版社，2003年，第2页。

因而人像是倒立的。这是人类对于光的直线传播原理的最早的记录。墨子所发现的小孔成像现象，比欧洲整整早了2000年。

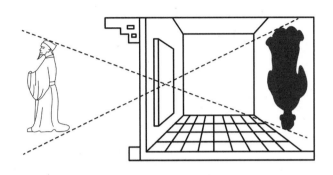

图 1–1 《墨经》中记载的小孔成像实验

北宋时期，我国科学家沈括（公元1031—1095年）在其所著的《梦溪笔谈》中，也对"小孔成像匣"的原理、结构进行了详细的描述。第三卷"阳燧"篇中写道："若鸢飞空中，其影随鸢而移，或中间为窗隙所束，则影与鸢遂相违：鸢东则影西，鸢西则影东。又如窗隙中楼塔之影，中间为窗所束，亦皆倒垂，与阳燧一也。"以上两段论述不仅是对"小孔成像"的描述，同时也都揭示了透过小孔的影像均与实物颠倒。[①]

在西方，有关"小孔成像"的记载早在古希腊的亚里士多德时代就有了，见于亚里士多德（Aristotle）在公元前350年的著作《质疑篇》中。

2. "暗箱"的发明

1038年，阿拉伯学者阿哈桑（Alhazen）描述了一种后来被称为"暗箱"（camera obscura）的工作器材。照相机的原理就是在这个叫暗箱的光学器材的基础上逐步完善起来的。"针孔成像"的原理传入欧洲后，大约在公元13世纪，出现了通过小孔使景物在置于光路中的绘画材料上形成影像的"暗箱"。

文艺复兴时期，艺术巨匠达·芬奇（Leonardo da Vinci）在1490年为我们留下了有关暗箱的文字记载。这一时期的画家们常利用这种暗箱准确地再现场景的比例和

---

① 张小纲，陈振刚主编：《摄影》，北京：高等教育出版社，2003年，第2页。

透视关系。

16世纪，欧洲学者培根从之前阿哈桑对日蚀的研究中发现了用小孔成像的方法可以观测日食，而且不刺眼，但是通过小孔所成的像与直接用肉眼观看的日食现象的影像是相反的。他的发现被荷兰医生兼数学家波利辛斯（Prisins）用图解的方法于1545年收录在他的著作《宇宙之光和空间几何学》中。

这一时期，人们已经在暗箱的开孔处装上镜头，由此在暗箱内壁获得了非常鲜明的影像。到了16世纪中叶，由于凸透镜的发明，人们开始用凸透镜镜片来代替小孔。他们发现用凸透镜所成的影像比用小孔所成的影像明亮得多，也清晰得多。欧洲人逐渐研究、掌握了透镜成像的几何光学原理，并应用这种原理于1560年前后制成了真正便携的、箱子式的装有简单玻璃凸透镜的"绘画暗箱"。

1558年，意大利数学家坡尔塔（Giovanni Porta）在他所著的《自然的魅力》（*Magianaturalis*）里对暗室成像原理从理论上进行了清楚的论述，并推荐把它当作一种辅助画具来使用，"这是一种非常简单的绘画方法，通过暗室小孔把影像反射在对面放纸的画板上，用铅笔画出影像的轮廓，再按照影像原来的样子着色，就会得到一幅非常逼真的绘画"。1589年，坡尔塔将此书扩大篇幅后再版，并把用暗室成像原理画肖像的方法加了进去，介绍用直射日光通过暗室画肖像的方法。在16世纪欧洲出版的科普读物中，《自然的魅力》最为有名，曾多次再版，并被译成多国文字，坡尔塔也因此被认为是暗室成像原理的发现者。[①]

从发现暗室成像原理到发明成像用的暗箱几乎是一步之遥的事。暗箱的英文名字是"camera obscura"，在拉丁语里就是"暗室"的意思。当时，人们把较为固定的、体积较大的、用作暗室的建筑物，根据小孔成像原理，进一步转换为可以移动的、体积较小的、用作成像的暗箱。于是，在摄影史上具有重大意义的，堪称今天照相机直系祖先的"雏形照相机"便诞生了。[②]

暗箱的发明者，有可靠文字记载的是德国艺术家瑞斯内尔（Friedrich Risner），他在遗著《欧普提克斯》（1606）里曾经提到，早在1572年，他就已经制造出

---

① 唐团结：《世界摄影发展史：摄影图片探索之旅》，南京：南京师范大学出版社，2006年，第3页。
② 唐团结：《世界摄影发展史：摄影图片探索之旅》，南京：南京师范大学出版社，2006年，第3页。

可携带用的暗箱了。1573年，意大利数学家、天文学家丹提（Danti）在其所著的《欧几里得远近法》一书里，首次提出在暗箱的孔上装上凹面镜将倒像还原的方法。

在17世纪，暗箱已经在很大程度上具备了现在意义上的照相机的形态。1611年，德国人约翰尼斯·开普勒（Johannes Kepler）发明了一个可携式照相机的原型，一顶可拆卸与运送的帐篷，人可以在帐篷中把从外面投射进来的影像描摹在帐篷内壁。到了17世纪中期，开普勒的"帐篷"照相机已经得到改善，人可以站在"帐篷"外看到投射在半透明的窗子上的影像。1807年，英国人贺拉斯·沃泊尔（Horace Walpole）研制的明箱（camera lucida）在他死后问世，人们可以不用钻进暗箱而在暗箱外面通过棱镜在图纸上看见影像。[1]

17世纪中叶，暗箱被改进得小型化了。1657年彪尔次堡大学的教学教授萧特（Schott），在他的《光学魔术》一书中，介绍了一种手提式暗箱，用大小两个箱子套在一起组合而成，通过控制箱子的伸缩来调节焦点。

1676年，阿道夫大学数学教授休士伦（Srurm）在他的《实验与好奇》一书中，主张在暗箱中加入一块45度角的反光镜，在暗箱上方加一块透明玻璃，玻璃上放上半透明的油纸，可以用来绘画。1685年彪尔次堡的修士查恩（Zahn）进一步对这种小型反射式暗箱进行了改进，使得这种暗箱的应用越来越广泛，直到19世纪这种暗箱仍在使用。

18世纪，暗箱的使用已成为知识阶层的普遍时尚，凡是跟光学或绘画有关的论文都有各种关于暗箱的使用和改进论述。到19世纪初，暗箱的发展已成潮流，正像现代的照相机一样，各种各样的暗箱遍及欧洲及世界各地，法国摄影博物馆的藏品里就有一大批这个时代的暗箱代表。这种暗箱一直延续到达盖尔时期。

1812年，W.H.乌拉斯顿（Woilaston）发明了凹凸新月单片最大相对孔径为f/4的成像镜头，这种镜头被安装在更高级的绘画暗箱及由这种暗箱改制的照相机雏形上。

---

[1] 顾铮：《世界摄影史》，杭州：浙江摄影出版社，2006年，第2页。

二、感光材料的发现

暗箱被认为是现在普遍使用的照相机的最原始形态，其成像原理是小孔成像。当然，人们并不满足于仅仅获得一个不能永久保存的影像。人们梦想中的摄影术就是要把经由暗箱这个成像装置获得的影像通过光学的、化学的方式来加以固定，如此则可达到描绘、模拟、保存形象的目的。在使用暗箱捕获到鲜明影像之后，摆在当时的人们面前的新挑战就是：如何将影像保存下来。

人们意识到，保存影像需要在化学上有所突破。16世纪以来，除了光学方面的进展，人们在运用化学知识固定影像方面也有很多发现。

1614年，有人记录了硝酸银受阳光照射后会变黑的现象；17世纪，人们已经知道银盐，尤其是硝酸银可以将皮革等染黑，但当时还没有人将这一化学现象与固定暗箱得到的影像这个目标联系起来。[①]1725年，德国科学家约翰·海因里希·舒尔茨（Johann Heinrich Schulze）经过实验发现了通过将光与银接触发生作用的方式来描绘影像的新方法。为了制造磷，他曾将粉笔与硝酸混合成白色溶液，置于玻璃瓶中，发现硝酸中含有银盐。在实验中他曾用挖空字形的纸把烧瓶盖住，置于阳光照射之下，经过一段时间后发现烧瓶内的白粉与硝酸银混合物上清晰地出现了黑字。1727年，舒尔茨把他的实验结果以"制造黄磷的过程"为题，在纽伦堡皇家学院的学报里进行了介绍。

瑞典化学家雪勒（Scheele）对舒尔茨的发现做了进一步的研究。他通过实验发现，光谱中波长最短的紫色光，在把银盐变黑时，比其他任何波长的光都快。瑞士日内瓦图书馆馆员塞内比尔（Senebier）又把雪勒的研究推进了一步。1782年，他在《有关阳光影响的物理化学研究报告》里，论述了光谱总的各色光将银盐变黑的速度。塞内比尔还进行了光对树脂的影响的研究，结果发现：树脂在曝光之前可以在松节油里融化，而在曝光之后则不能在松节油里融化。[②]

---

① 顾铮：《世界摄影史》，杭州：浙江摄影出版社，2006年，第2—3页。
② 唐团结：《世界摄影发展史：摄影图片探索之旅》，南京：南京师范大学出版社，2006年，第5页。

摄影的基本光学原理是小孔成像，而摄影诞生的两个必要条件则是暗箱的发明以及感光材料的发现。正是从古至今无数学者和科学家对这两个必要条件的不懈探索，才发现了银盐的光敏性，发明了暗箱。不管是墨子、亚里士多德这样传奇的古代先哲，还是达·芬奇、培根、开普勒这样名满天下的著名学者，还是坡尔塔、萧特、休士伦、舒尔茨、雪勒和塞内比尔这样并不为人们所熟知的科学家，他们都为摄影的诞生做出了巨大的贡献，他们——被摄影史铭记。

第二节　摄影术的诞生

摄影术的诞生倾注了很多人的心血，经过了无数人的探索与实践，这一过程中人们先后尝试了许多摄影的方法，有些至今仍然被人们作为影像艺术创作手段而使用着。

一、韦奇伍德的试验

摄影诞生所需要的光学和化学基础都已基本具备，那么摄影是否就此诞生了呢？理论上是这样，但事实并非如此，摄影术的真正诞生还需要经过人类艰苦的实践。

1800年前后，英国著名的业余艺术家韦奇伍德（Thomas Wedgwood）向奇萧尔姆（Chisholm）学习了关于暗箱的使用知识。奇萧尔姆曾经做过化学家路易斯（Lewis）的助手，而路易斯则是把舒尔茨关于感光材料的研究介绍到英国的第一人。韦奇伍德将不透明的树叶放在涂有硝酸银的皮革上，然后将皮革放在太阳下曝晒，皮革上未被树叶覆盖的部分逐渐变黑，当取下树叶时，皮革上便留下白色的影子。韦奇伍德把这种影像叫作"阳光图片"（Sun Picture），这大概是世界上最早的"曝光"（Expose）实验。然而同以前的许多实验一样，阳光图片实验最终还是失败了，原因是那些未被曝光的白色的树叶影子，仍然有感光能力，观看时在光线的照射下，不久就全部变黑了。韦奇伍德未能防止这些仍有感光能力的白色部分变黑，因此他也不能将暗箱所形成的影像固定下来。韦奇伍德的研究成果，由他的好友德维（Davy）代为发表在1802年6月伦敦的英国学士院院报中。韦奇伍德在文章中表示，他的研究目的是把暗箱所摄的影像作用在硝酸银上，但他认为在短时间内还没有办法把作用在硝酸银上的影像加以固定。

直到1805年韦奇伍德去世时，他始终未能在这方面取得进一步的突破，但他仍是人类历史上通过光线对感光材料产生作用、短时间内留下"阳光图片"的第一人。①

二、尼埃普斯与第一张照片

世界上第一位把暗箱所成的影像成功地固定下来的人，是法国的退役军官约瑟夫·尼瑟福·尼埃普斯（Joseph Nicéphore Niépce）。1816年，尼埃普斯也曾用氯化银涂在纸上制成了"第一张"黑白负像（图像的黑白与所看到的影像正好相反，相当于现在的底片），它与韦奇伍德的"阳光图片"有着同样的命运——这张黑白负像由于继续感光而未能保存下来。

图1-2　约瑟夫·尼瑟福·尼埃普斯　　　图1-3　摆好餐具的桌子，尼埃普斯　摄（约1822年）

时间已经到了19世纪20年代，尼埃普斯想在一块金属板上得到一个正像（黑白与所看到的影像相同），以便腐蚀刻画后能用油墨印在白纸上。他经过多次实验，最后用一种油溶的白色沥青，涂在一块铅锡合金板上，他把这块金属板放入暗箱，

①唐团结：《世界摄影发展史：摄影图片探索之旅》，南京：南京师范大学出版社，2006年，第5页。

镜头对准他的工作室窗外的景物，整整曝光了八个小时，见到光的沥青硬化了。这时他从暗箱中取出金属板，放入薰衣草油中，把未被硬化的白沥青洗去。这样，影像明亮的部分变成了白色，而未见光的部分露出黑色的金属板底色，一张黑白正像"照片"便成功地拍摄了下来。尼埃普斯把他的这种方法称为"阳光摄影法"（Heliography）。尼埃普斯用阳光摄影法拍摄的《窗外的景色》，被公认为世界上的第一张照片。这张照片拍摄于1826年，然而摄影术的诞生并没有从这一天算起，原因是尼埃普斯的阳光摄影法光敏度太低，没有实用价值。后来经过改进，这一方法为当时的印刷制版所采用。

三、达盖尔与"银版摄影法"

现在人们公认的摄影术的诞生，是从1839年达盖尔的银版摄影术开始的。路易·雅克·曼德·达盖尔（Louis Jacques Mand Daguerre）是法国巴黎的风景画家和舞台设计家，也是当时法国很有名的艺术家，他与尼埃普斯有过很长时间的合作。达盖尔最初就是用查恩式暗箱进行精心绘画的，当他得知了尼埃普斯的阳光摄影法之后，与尼埃普斯通信，并与他合作共同探讨了新的摄影方法。但尼埃普斯没有同意达盖尔的主张，用银盐做进一步的实验。直到尼埃普斯去世，阳光摄影法也没有得到根本的改善。到1837年，达盖尔已经形成了一套完整的新的实验方法，彻底改进了摄影的技术。

1838年，达盖尔用一块表面镀了银的铜板在暗室中用碘蒸汽进行熏蒸，以使其表面产生一层碘化银。碘化银是我们目前所用的银盐的一种，它有感光特性，见光后会分解出银。他把这种涂有碘化银的铜板，放在萧特式暗箱里曝光，曝光大约15分钟，然后取出铜板放在水银蒸汽上再次熏蒸，被曝光后拍摄下来的影像就得到了加强和显现，但此时的影像还不能观看，否则又会重复之前的"悲剧"。这时的影像被称为"潜影"，以上的过程相当于我们现代的"显影"。最后用次亚硫酸钠（硫酸苏打）固定影像，即把未感光的碘化银溶解掉，这个过程相当于我们现代的"定影"。以上操作都必须在暗室或专用的显影暗箱内进行。经过显影和定影的铜板最后用蒸馏水把药剂清洗干净，这样一幅"照片"就形成了。达盖尔把他的摄影方法称为"达盖尔式摄影法"（Daguerreotype），而现代人则把达盖尔的摄影方法称为"银版摄影术"。

图1-4　路易·雅克·曼德·达盖尔

图1-5　银版摄影

由于资金问题，达盖尔无法继续改进他的摄影方法。多方奔走，他的发明受到了法国政府的重视，并获得了国家津贴奖。为了报答政府的关怀，1839年8月19日，达盖尔在法兰西学院公布了他的发明，这一年则被确定为摄影术诞生的元年。

四、塔尔博特的卡罗式摄影法

在达盖尔研究银版法的同时，英国人威廉·亨利·福克斯·塔尔博特（William Henry Fox Talbot）也在进行着他的摄影实验。1833年10月，塔尔博特在意大利科摩湖附近的小镇贝拉究（Bella-gio）进行写生时忽然想到，如果用暗箱把自然影像固定在纸上岂不更好？从此，塔尔博特开始了摄影实验。

1834年，他在写字纸上涂上氯化银，晾干后在这张具有感光性能的纸上放上植物、羽毛等在阳光下进行曝晒并留下它们的图案。通过实验，塔尔博特发现，将已曝光的氯化银浸在浓盐水中可以防止影像进一步黑化，并且发现，虽然他制作出来的影像是负像（即黑色部分代表白色，白色部分代表黑色），但把这负像通过光线印在另一张感光纸上，就可以表现出与景物相同的影调。

1835年，塔尔博特把盐化银涂在纸上并在暗箱里曝光了30分钟，制成了世界上第一张相纸负片，这也是现存最早的一张底片，面积约2.5平方厘米，可以用来印制正像。塔尔博特的负像-正像摄影法大大降低了摄影的成本，并使每张负片可以再用相纸印出无数张照片。可以说，塔尔博特摄影法是今天由负片印放正像工艺的前身。塔尔博特作为负像-正像工艺的创始人，他的发明为现代摄影中的负片工艺开创了新纪元。塔尔博特摄影法的最大问题在于其运用的负片是纸质的，由于是纸纤维成像，印出的正像颗粒粗、反差大，影像效果很不理想。

1840年9月，塔尔博特对他的摄影法进行了改进，他改用碘化银代替氯化银，用硝酸银进行显影，这样曝光时间缩短了，影像质量也有了较大的改善。1841年2月8日，塔尔博特用自己改良后的底片向英国政府申请专利，终于如愿以偿，他给自己的发明起名为"卡罗式摄影法"，但亲友们认为应以发明者的姓名来命名，因此"卡罗式摄影法"又称为"塔尔博特摄影法"。[①]

五、其他摄影术的发展

1. 火棉胶法

达盖尔之后，在欧洲的多数国家和美国的主要城市中，都建立了肖像摄影室（Portrait Studio），这些摄影室被称为"达盖尔式摄影室"（Daguerream Parlor）。当时拍摄一张达盖尔式照片需要1分钟左右的曝光时间。达盖尔摄影术的发展带动了照相机制造业和感光材料制造业的迅速发展，我们在本章开头提到的老相机中有很大一部分是这个时期前后的产品。19世纪50年代，摄影术又经历了一场重大变革，一种被称为"火棉胶"（Collcodion）摄影法或"湿版"（Wet Plate）摄影法的方法开始在世界范围内流行。这种方法比达盖尔式摄影法与卡罗式摄影法更为复杂，但引起了更多人的兴趣，因此迅速普及开来并延续了很长时间。

---

① 唐团结：《世界摄影发展史：摄影图片探索之旅》，南京：南京师范大学出版社，2006年，第5页。

达盖尔摄影法因用镀银铜板而价格昂贵，卡罗式摄影法显然便宜，但因为用于"拷贝"正像的负像"底片"是纸介质，不透明，因而影像不清晰。于是人们尝试把氯化银涂在玻璃上作为底片，但这必须找到一种胶合剂，能使氯化银牢固地附着在玻璃上，不然很容易被水冲走。于是人们开始想到用鸡蛋清做胶合剂，但蛋清中能混合的感光化学药品是有限的，这影响了玻璃底片的感光敏感度，使曝光时间过长。

1851年，正值英国工业革命的高峰时期，一名伦敦雕塑家发现了一种被称为"火棉胶"的黏性液体，可以作为感光材料的理想的黏合剂。这种火棉胶是用硝化棉溶于乙醚和酒精中而制成的。把它和感光药品混合后涂在玻璃上，通过光敏化后，装入照相机进行曝光，曝光后立即进行显影、定影和水洗，于是一张玻璃底片就产生了。

代表现代摄影术的"干版"和胶片，则是19世纪70年代以后的事了。

2. 干版与胶卷

（1）从湿版到干版。火棉胶的发明促进了湿版摄影的发展，湿版摄影大大缩短了曝光时间，可以说真正意义上的摄影是从这一时期开始的。湿版摄影也大大促进了摄影术的普及，越来越多的摄影师掌握了这一技术。然而湿版摄影法过于复杂，外出摄影必须带一大批附属设备及药品，还要携带作为暗室用的帐篷，这一切都阻碍了湿版摄影法的进一步普及。湿版摄影法是摄影史上的一个重要里程碑，但它最终被更加先进的干版摄影法取代了。

自火棉胶发明以来，人们始终在寻找一种更好的涂布材料，使涂布后的乳剂可以在干燥以后使用，这样就避免了摄影前临时制作湿版的一切复杂工序和携带各种附属设备。人们开始试验各种涂布材料，然而涂布后银盐的感光性能大大降低了。

直到19世纪70年代，人们终于发现了一种新的黏合剂，叫作"明胶"，用它代替火棉胶，可以制成干燥的感光玻璃片，这种感光片被称为"干版"。明胶的发明是摄影史上划时代的革新，它使摄影从创始阶段进入实用阶段，它与我们目前使用的感光胶片本质上已经没有区别了。

1871年，英国的一位医生马多克斯（Maddox）在《英国摄影杂志》上发表文章，介绍了一种混合有溴化银的糊状胶合物，将它趁热涂布在玻璃上，待干燥后化学药品不会像火棉胶那样发生结晶现象。这种糊状胶合物就是明胶。明胶与溴化银的混合剂被称为"感光乳剂"，将它涂布在玻璃上即可制成干版，这种乳剂干燥后，在冲洗时会适当膨胀，但不会脱落，这有助于显影和定影作用的发生。至今，我们仍在沿用的就是这种感光乳剂。

很多人对马多克斯的方法进行了改进，他们惊喜地发现，在乳剂的配制过程中，延长加热时间，会使乳剂的光敏度大大提高，他们把这个过程叫作"熟化"。马多克斯的方法很快就被加工厂用于批量生产，这样摄影师在拍摄时只需带上几块工厂生产的干版即可，而无须自己临时加工配制感光材料。这一重大革新极大地推动了摄影的发展和普及，同时也进一步带动了感光材料工业和照相机工业的发展。

（2）从干版到胶卷。19世纪80年代，一位对世界摄影史有卓越贡献的杰出人物出现了，他就是美国的摄影爱好者，柯达公司的创始人乔治·伊斯曼（George Eastman）。1880年，24岁的伊斯曼在阅读了《英国摄影杂志》上马多克斯的文章以后，在纽约州的罗彻斯特市租了一间小阁楼，开设了伊斯曼干版公司（Eastman Dry-plate Co.），这正是柯达公司的前身。1888年，伊斯曼公司成功制造了第一台"柯达"照相机。从此，伊斯曼公司正式更名为"柯达·伊斯曼"（Kodak Eastman）。

柯达公司在刚刚成立的时候就发现，用玻璃做干版并不方便，一方面玻璃很厚、很重，不便于多张携带，另一方面玻璃易碎，稍不小心掉在地上，一张苦心拍摄的底片就报废了。于是柯达公司开始研究用透明胶片代替玻璃，这样不仅减轻了重量，降低了厚度，同时易包装、不怕碰，从而也降低了成本，用来涂布胶片的感光乳剂仍然是加明胶的溴化银。

几乎就在柯达公司推出第一台相机的同时，柯达公司就开始试制把胶片改为胶卷，即把胶片做成带状，卷成盘。一条胶片可以拍摄若干张底片。1888年，柯达公司推出的第一台相机就是使用胶卷的相机，柯达公司把胶卷装入相机内连同相机一起销售。1891年，柯达公司开始正式大批量生产胶卷。这种胶卷长6米，卷起来以后的直径只有2英寸，可以拍摄100张直径为6 mm的圆形底片。装这种胶卷的相机只是一个长方形盒子，长165 mm，宽和高都是95 mm。相机的镜头光圈为F9，对焦距离固定为2.5米，只能拍摄2.5米以外的景物。快门速度也只有一档，即1/25秒。根据当时的感光胶片水平，这种光圈F9、快门1/25秒的曝光组合，刚好可以拍摄明亮阳光下的大部分景物。

回顾摄影的发展历程，韦奇伍德的实践失败了，尼埃普斯成功了，作为摄影诞生前的曙光，世界上的第一张照片和"阳光摄影法"一起被载入史册。而摄影发明者的桂冠上刻着的是达盖尔的名字，1839年，他的银版摄影法正式宣告了摄影的诞生。同一时期，英国的塔尔博特也发明了"卡罗式摄影法"。此后，摄影便以蓬勃的生命力迅速发展起来，火棉胶法、干版法、胶卷的产生，标志着现代摄影此时已初见雏形。

第三节　纪实摄影的兴起

随着摄影机具的成熟，快门的曝光时间越来越快，再加上感光材料的感光度的提高，摄影可以走出灯光室、美术家的画室，到社会中去记录社会现实，纪实摄影随之兴起了。

一、纪实摄影的由来

"纪实"（documentary）这个词源于拉丁文的"docere"，意即"教导"。就摄影而言，最先使用"纪实"这个词的是20世纪初的法国摄影家欧仁·阿特热（Eugène Atget）。他在巴黎住所公寓的暗房门上挂着一块手写的牌子："Documents pour Artistés"。他将所拍摄的清晰的、锐利的印样照片出售给一些超现实主义画家。他所拍摄的街景、历史性建筑、商店橱窗与寻常百姓的照片，能够帮助画家们回忆现实细节，是画家们照片式的素材本。[1]

纪实摄影是一个复杂的范畴。广义地说，只要是见证历史事件、风俗、文物、世态百相的摄影，都可归入纪实摄影。从这个意义上来说，旅行摄影、新闻摄影、街头摄影、司法摄影、医学摄影、科学摄影乃至风光摄影等，都有可能因为某些历

---

[1]［美］阿瑟·罗思坦：《纪实摄影》，李文吉译，桂林：广西师范大学出版社，2005年，第7页。

史的原因而具备了"纪实"的特质。[①]

纪实摄影的主题是不受限制的，但又不是每张照片都是纪实的。狭义的纪实摄影应该传达某种诉求，才能和风景、人像或街景照片有所分别。所记录的内容应该比随手拍摄的照片具有更多的意义，蕴含着被摄者的某种情感倾向，而不只是形似。纪实照片能说出我们世界的一些事情，并促使我们重新思考人与环境。

尽管早已有人尝试用摄影手段记录社会事物与人类的社会实践以及文化行为，但就摄影家以此方式做出一种个人的社会判断并展开与社会的互动来看，说纪实摄影诞生于19世纪末，成长于20世纪初，并不过分。在摄影诞生不久，欧美的一些摄影家就对当时社会的重大问题和战争情况进行了有意识的记录性拍摄。在19世纪，照片是真实世界的一种替代品，在当时已足够造成撼人的力量。

二、战争摄影与传播

战争摄影在1851年火棉胶湿版摄影法发明之前就诞生了。1846年至1848年发生于美国和墨西哥之间的战争、1849年的罗马包围战以及这一时期的其他一些重大战争事件，都曾被当时勇敢的摄影家拍摄成照片，可惜这些作品都已失传了。

1.克里米亚战争

1853年10月4日，俄国与英国、法国、土耳其、撒丁王国之间的克里米亚战争（Crimean War）爆发。1855年，在战争最激烈的时候，英国著名摄影师罗杰·芬顿（Roger Fenton）受英国政府的委派，前往战地拍摄。[②]

为了完成任务，芬顿和他的两名助手租了1辆马车，携带5台照相机和大批的摄影材料来到前线。他们在炮火中采用当时最先进的火棉胶湿版摄影法，历时3个月，从战场上带回了360多张反映战争的照片。那时，拍摄动态的照片在技术上还是不大可能的，所以芬顿的大部分照片是战地的静止场面、战前战后的前线情况和战地上经过摆布的仿真场面。

---

① 顾铮：《世界摄影史》，杭州：浙江摄影出版社，2006年，第61页。
② 唐团结：《世界摄影发展史：摄影图片探索之旅》，南京：南京师范大学出版社，2006年，第48页。

1856年2月，克里米亚战争以俄国战败而结束。战争结束后，芬顿在伦敦举办了影展并将照片制成摄影画册出售。令人遗憾的是，人们不愿回忆那段战争的历史，不愿把摄影画册作为纪念品收藏，因而作品的销路不是很理想。

芬顿从事摄影只有短短11年，然而却在英国皇家摄影学会留下了600多幅摄影作品。他在摄影史上的功绩是不可磨灭的。[①]

2. 美国南北战争

在1861年的美国南北战争中，摄影也大显身手。马修·布雷迪（Mathew Brady）不仅是一位优秀的摄影家，而且有着敏锐的商业直觉。他21岁时就拥有了在纽约的个人摄影室，人们争相索取他拍摄的亚伯拉罕·林肯在纽约库珀联盟学院演说的照片，在当时一照难求。

南北战争爆发后，已经改用湿版法的布雷迪马上组织摄影队奔赴不同的战场，在各个地区设立摄影点，有计划地记录这一重大历史事件。他不仅是一个杰出的组织者，而且自己也经受了战火的洗礼，拍摄到许多真实而残酷的战争场面。布雷迪与他的同事们拍摄了战争的各个方面，比如等待开战的士兵、战斗结束后尸横遍野的战场、野战医院、战俘、将军、废墟等，以全景式的记录手法确立了战争中摄影报道的基本样式。为了记录这场战争，他们用掉了7000多张底片。无论是在记录呈现战争的广度上还是深度上，布雷迪与他的同事们都比芬顿走得更远。[②]

南北战争纪实拍摄的这些底版和照片，如今大部分被收藏在华盛顿国会图书馆，已经成为美国最宝贵的历史文献。布雷迪也因其在纪实摄影领域做出的卓越贡献而享有盛誉。

三、城市与市民生活的影像记录

摄影的发展与西方社会都市化与产业化的进程几乎是一致的。所以，在西方都市大规模改造、城市面貌发生巨大变化之时，摄影自然而然地担负起了记录这一

① 唐团结：《世界摄影发展史：摄影图片探索之旅》，南京：南京师范大学出版社，2006年，第49页。
② 顾铮：《世界摄影史》，杭州：浙江摄影出版社，2006年，第18—19页。

历史发展过程的责任。法国政府最早认识到摄影可以作为一种记录文化遗址与展开文化调查的工具。1851年，卡罗式摄影法已经趋于普及，法国政府机构"历史纪念物委员会"委托马维尔·夏尔勒（Marville Charles）、爱德华–丹尼斯·巴尔多斯（Edouard-Denis Baldus）、古斯塔夫·勒·卡雷（Gustave Le Gray）等五位摄影家为委员会工作。这是摄影史上国家政权第一次出于公共目的使用摄影，也是史上第一次出现官方摄影家。他们拍摄了大量巴黎的新老建筑，为巴黎市政府保留了比较完整的视觉文献资料。①

1887年，英国人约翰·汤姆森（John Thomson）与新闻记者阿道夫·史密斯（Adolphe Smith）合作的《伦敦的街头生活》的出版，代表了摄影对现代都市生活的集中关注。它被称为第一本社会学意义上的观察现代城市生活的摄影图书。汤姆森把镜头直接对准城市中的贫困现象，第一次主动赋予摄影以展示社会问题的责任与权利。②

美国纽约一位先后任职于《论坛报》（Tribune）与《太阳报》（Sun）的记者雅各布·里斯（Jacob Riis）可以说是最早将摄影运用在要求改革的运动中的纪实摄影家。里斯是丹麦移民，初到纽约便经历了三年的失业困窘，后获聘为纽约《论坛报》的警政新闻记者。他来自社会底层，非常同情城市贫民的悲惨境遇，决定用相机来揭露贫民窟和拥挤的合租公寓内的实况。1890年，他那本划时代的《其余一半人口如何生活》（How the Other Half Lives）出版，书中印着他在下东区（Lower East Side）拍到的穷苦与污秽，引起了社会极大震撼。1902年，里斯出版了另一本书《战胜贫民窟》（The Battle with the Slum），他也成为社会改革的演说者和领袖。他最重要的贡献是示范为民除恶的纪实摄影的力量，照相机在他的运用之下改善了许多人的生活。③

① 顾铮：《世界摄影史》，杭州：浙江摄影出版社，2006年，第14页。
② 顾铮：《世界摄影史》，杭州：浙江摄影出版社，2006年，第15—16页。
③ [美] 阿瑟·罗思坦：《纪实摄影》，李文吉译，桂林：广西师范大学出版社，2005年，第28页。

四、FSA的纪实摄影活动

为了调查20世纪30年代美国农业大萧条的情况，罗斯福新政之下的美国政府机构——农业安全局（FSA）征集了许多优秀的摄影家深入美国各地农村，通过拍摄农民生活状况与地理形态的照片，收集有关农业现状的视觉资料。这些摄影家拍摄的照片被送回到华盛顿官员的案头，成为他们制定农业政策的感性材料。[1]

美国农业安全局于1935年开始为期7年的摄影计划，致力于解决农场工人、佃农和逃离饱受沙尘暴与干旱摧残的大平原的国内移民的困境以及小农的经济问题，是社会纪实摄影史上最大规模的协作成就。[2]这个大型摄影计划由该局历史资料处处长、经济学家罗伊·斯特莱克主持，总共拍摄了超过27万张照片，世称"FSA计划"。实施了七年之久的FSA计划也是世界摄影史上空前绝后、影响深远的政府摄影行为。尽管FSA计划是一个由美国政府主导的有着宣传性质的项目，这些摄影家拍摄的照片也被政府根据需要使用甚至滥用，但这并不妨碍摄影家在拍摄时尽自己所能来展示个人对社会现实的态度。这个计划不仅对美国的农业立法产生了深远的影响，为历史留下了极其珍贵的影像记录，同时也为摄影如何参与社会实践、影响社会提供了宝贵的经验，而FSA摄影计划本身对于美国纪实摄影传统与理念的确立也做出了历史性的贡献。[3]1942年，FSA计划因世界大战而中止。

自摄影术诞生起，人们便利用摄影来记录身边的人和事，从日常生活、城市建筑、自然风光到形形色色的重大事件，摄影的纪实功能逐渐开始显现。在19世纪发生的一些战争如克里米亚战争、美国南北战争中，摄影大显身手；而19世纪工业社会的发展带来的一系列问题，如城市面貌的变迁与现代城市的兴起、城市贫民的生活状况、大萧条后农民的生活状况等，也在摄影中有所反映。大量的摄影纪实照片不仅为后人留下了关于当时社会状况的影像资料，而且使摄影第一次被赋予了展示社会问题的责任与权利。

---

[1] 顾铮：《世界摄影史》，杭州：浙江摄影出版社，2006年，第64页。
[2] ［美］阿瑟·罗思坦：《纪实摄影》，李文吉译，桂林：广西师范大学出版社，2005年，第43页。
[3] 顾铮：《世界摄影史》，杭州：浙江摄影出版社，2006年，第64页。

第四节　新闻摄影的发展

在纪实摄影的基础上发展成长起来的新闻摄影一旦运用于新闻信息的传播，即刻显示出新闻影像的强大生命力。新闻信息的传播方式从此出现革命性的变化。

一、新闻摄影的兴起

作为纪实摄影的一个分支，新闻摄影与纪实摄影密不可分。新闻摄影的萌芽，在人们使用摄影记录一些重大事件、日常生活或自然风光的时候，就已经开始出现了。

1842年5月5日至8日，德国汉堡发生大火灾，德国人比欧乌和史特尔兹纳用达盖尔银版法拍摄了火灾遗迹。这些照片被认为是世界上最早的新闻照片（现存一张）。[①]自此，新闻摄影开始被应用于传播领域。其他一些较有影响的新闻摄影事件还有像我们在上一节中提到的，1855年英国人芬顿在克里米亚战争中的拍摄活动，1861年至1865年布雷迪在美国南北战争中进行的拍摄，以及德、法摄影者对1870年至1871年普法战争和巴黎公社的一系列影像记录等。

图1-6　灵柩中的巴黎公社社员，佚名　摄（1871年）

---

① 吴建编著：《新闻摄影学》，成都：四川大学出版社，2005年，第51页。

然而，摄影的发展始终都是和科技发展水平以及摄影器材的发展联系在一起的。科技的进步和摄影器材的开发不仅影响摄影发展本身，对于社会观念以及传播形态也有深远的影响。正是受到技术条件的制约，我们以上所说的新闻摄影事件中的照片大多数只能用来展览，还无法直接在报刊上刊发传播。即便偶尔被刊登，也只能先将照片制成木刻绘画，然后以木刻板的形式刊登，而且这些照片的时效性也不强，还不是现代意义上用于传播的新闻照片。①

新闻摄影传播从展览中起步后，逐渐向杂志和报纸过渡。1880年3月4日，由H.J.牛顿拍摄的照片《棚户区风光》在纽约《每日图画报》上出现，照片开始具备新闻传播功能。1886年，法国人纳达尔采访原法国科学院院长、百岁老人欧仁·谢弗勒尔，他的儿子把采访现场拍摄了下来，这些照片在当年的《画报》杂志上刊登。这种摄影采访模式在当时非常轰动，并开始为新闻报刊所效仿。英国的《伦敦新闻画报》、德国的《莱比锡画报》、美国的《画报客厅之友》相继刊登新闻照片。

与此同时，人们不断改进印刷技术来将照片复制到报刊上。1859年，法国人发明了线条制版法，又叫锌版法，是用酸类腐蚀锌版将图画中的线条显现出来。1850年至1860年，英国人发明了网线制版法，即铜版法。其后，美国人发明了锌版加网线制版法。1880年，美国人斯蒂文·霍根发明照相铜版术，为照片直接制成出版物创造了条件，前面提到的纽约《每日图画报》所刊登的照片《棚户区风光》，即第一次不经过绘画与木刻而把照片印刷到报纸上。到了1892年，奥地利人布兰迪·威纳又发明了轮转式照相凹版印刷术。现代制版技术的进步，对新闻照片的印刷起了促进作用。②

19世纪末，西方主流报纸开始使用新闻摄影传播信息，但其前景在当时并不被看好，甚至有观点认为刊登照片会降低报纸的尊严，直到1898年美西战争才使新闻摄影得到了一些重视和改善。到了20世纪初，印刷媒介在实践中发现使用照片可以引起读者的兴趣，扩大发行量，于是开始认识到新闻摄影的重要性。1904年，英国

---

① 齐洁爽：《新闻摄影传播学》，长春：吉林摄影出版社，2003年，第1—2页。
② 吴建编著：《新闻摄影学》，成都：四川大学出版社，2005年，第52页。

《每日镜报》尝试以图片为主角进行新闻报道并获得成功，之后许多其他报纸纷纷仿效。但当时报纸采用照片的数量一直不多，主要是因为照片来源匮乏，质量达不到刊发要求，而编辑也不懂得照片的运用技巧。当时大多数照片是人像和偶尔遇到的事件性新闻。1914年至1918年的第一次世界大战期间，参战国都十分注意新闻图片的传播作用，多借用新闻图片揭露敌对方，鼓舞本国士兵。[①]

二、新闻摄影的成熟

新闻照片所具有的文字报道不可替代、不可比拟的特点和优势逐渐为人们所发现，而刊登照片又可扩大报刊的销路，于是就出现了专门组织采访和供应新闻照片的图片社。比如1919年成立的美国赫斯特报系的国际新闻图片社，1923年成立的阿克梅新闻图片社，1927年成立的美联社摄影服务处，1929年成立的德意志摄影服务社等。随着报刊越来越重视新闻图片的运用，照片在报刊上逐渐由作为插图而走上了与文字新闻同样重要的图片新闻的发展道路。

20世纪20年代以后，新闻摄影的拍摄方法也有了进步和发展，这主要得益于照相器材的改进和开发。早期的摄影器材体积大又笨重，感光材料的感光度也低，拍摄时间长，影像也不够清晰。1924年德国人奥斯卡·巴纳克（Oscar Barnack）发明了小型莱卡照相机，而另一个德国人厄纳曼·沃克斯（Ernemann Works）也于同年发明了埃玛诺克斯相机，这两款照相机的发明使得现代意义上的新闻摄影取得了长足的进步。小型相机轻便、快捷的特点使摄影家的活动范围大为扩展。镜头的设计也使许多新闻事件的现场感得以传达。同时，胶片感光度的提高使利用现场光成为可能，现场气氛传达的可能性大大增加。德国摄影家埃里希·萨洛蒙（Erich Salomon）据此创造了"小型相机+现场光+不干涉对象摄影"的新闻摄影法，在新闻摄影界产生了极大的影响。用这种方法拍摄的照片能够真实再现新闻事件发生的场景，真实地表现被摄人物的神态，照片生动自然，有浓烈的现场气氛，使人有身临其境之感。萨洛蒙的技法使新闻摄影得到了前所未有的内容和形式，令人动容，

---

① 齐洁爽：《新闻摄影传播学》，长春：吉林摄影出版社，2003年，第2页。

扩大了新闻摄影的领域。经过无数摄影记者的努力，这种技法成了新闻摄影的主要方法。[1]

图1-7　《萨洛蒙这家伙又来了》，埃里希·萨洛蒙　摄（1931年）

20世纪30年代至60年代，随着技术条件的成熟，新闻摄影的传播也进入空前繁荣时期。发达国家的报刊把新闻摄影看成传播新闻的重要手段。德国人洛伦特首次提出了"摄影报道"的概念：用一组图片充分表现一个主题，照片有头有尾，有情节、有高潮，多幅图片构成一个完整的故事，拍摄时讲求抓拍。他还注意到有关重大事件、知名人物、公众感兴趣话题的图片，在报道效果上更好。30年代的美国报纸为竞争读者，一些4开小报把广告之外40%的版面用于刊发图片，一些大报刊发图片也达到了25%的比例，最高时曾达到38%。在这一时期，世界上相继产生了许多有影响的报刊，如美国的《生活周刊》、法国的《观察》画报、英国的《图片邮报》等。1942年，美国普利策新闻奖开始设立最佳新闻照片奖，后来又增设了新闻特写照片奖。1957年，世界新闻摄影比赛（简称WPP，又称荷赛）开始举办，并出版年鉴。顶级的新闻摄影赛事在一定程度上刺激了新闻摄影传播事业的发展。[2]

---

① 吴建编著：《新闻摄影学》，成都：四川大学出版社，2005年，第53页。
② 齐洁爽：《新闻摄影传播学》，长春：吉林摄影出版社，2003年，第4页。

三、新闻摄影与报道摄影

多年来，人们对"新闻摄影"下了许多定义，其中大多有"用摄影的手段""报道新近发生的事件""新闻现场的图像记录""辅以文字"等词句，有的还加上"不能干涉拍摄现场""不能干涉拍摄对象"等界定。

随着摄影在媒体上更广泛地应用，大量难以为上述定义所涵盖的摄影形式出现在报刊上，如专题报道（photo essay）和图片故事（pictures story），版面上单张非新闻的特写报道，在摄影室里使用模特、道具拍摄的刊登于报刊汽车版、时装版、美食版和家居版上类似广告的图片，在杂志上出现的摄影插图（illustrations photography）等。实际上，这些报道摄影所运用的是媒体在多年实践中建立起来的行之有效的图片传播形式。

第二次世界大战前后，传播学作为社会学的一门边缘学科，在西方得以迅速地发展和完善。新闻学在传播学的发展和完善中被毫无争议地纳入麾下，成为它的一个重要组成部分。在新闻摄影领域，美国密苏里大学新闻摄影教授克里夫·艾邓（Cliff Edem）在20世纪40年代首先将photo（摄影）和journalism（新闻、报道）联系起来，创造出新词photojournalism来涵盖报刊上"图片与文字相结合的所有报道形式"。从此，各自服务对象不同但内涵相互重叠的新闻摄影（news photography/press photography）、杂志摄影（magazine photography）、媒介摄影（media photography）、纪实摄影（documentary photography）、报道摄影（photo-reportage）都被归结为报道摄影（photojournalism）。[1]

第五节 新闻影像的传播

摄影影像一旦承担起传播新闻信息的功能，其发展就是日新月异、突飞猛进的，新闻信息传播的深度和广度达到了前所未有的程度。

---

[1] 曾璜：《报道摄影》，杭州：浙江摄影出版社，2006年，第2页。

一、新闻影像的传播形式

新闻摄影的传播形式是指摄影的体裁，主要包括照片新闻、新闻照片特写、插图照片和专题照片等几种。

1. 照片新闻

照片新闻又叫图片新闻，是报刊最常用的新闻摄影体裁，它由一幅或多幅（通常指三幅以内，三幅照片以上则归属到专题照片之中）配以标题或简短文字说明构成。其特点是简明、率直、准确，着重于展示新闻事件发生、发展的现场的直观形象和具有代表意义的典型瞬间，能够提示人物的个性特征或事物的本质特征，具有高度的概括性和典型性。

图1-8　2016年夏天"中国-以色列"大学生"非遗考察营"的营员近距离体验中国传统文化，许丛军　摄，新华社通稿

2. 新闻照片特写

新闻照片特写是指从新闻现场选择一个或几个富有特征的局部、细节或角度，细腻深入地刻画人物形象的面貌、神情和事物本身的特质、内涵的新闻摄影报道体裁。比如，新闻摄影作品评选中的"新闻人物现场特写"就属于这一类。

新闻特写照片重在"特"，一是指它强调用典型细节来表现和概括新闻事件。特写镜头所具有的局部放大、拉紧拉近的效果，常给人以强烈的视觉感受。二是它强调要抓住富于个性的特征和从个性角度加以表现，对细节、局部进行强化处理，从而让人获得以小见大的视觉感受和心理感受。三是它强调深刻性。与照片新闻相比，新闻照片特写在时效性上的要求相对弱一点，但必须有比照片新闻更强烈的深刻性、揭示性和典型性。

图1-9　上海"全年常态化"平价菜市场的蔬菜产销路，许丛军　摄，新华社通稿

3. 插图照片

插图照片通常是指报刊上为了配合文字报道而刊发的照片，这也是一种常见的体裁形式。插图照片的应用强调与文字报道的有机配合，因而最具价值的插图照片，是与文字报道一起对同一具有报道价值的新闻事实的配合报道。一方面利用文字报道展示新闻事实的宏观背景与变化发展过程，对新闻事实做系统而全面的介绍；另一方面利用新闻照片对新闻现场做直观证实，使读者目睹其人、其情、其景，从而给人以深刻印象。

4. 专题照片

专题照片又称为组照、图片故事等，是指以多幅或成组的照片与文字结合，集中阐释一个主题思想，深入细致地刻画人物的精神面貌，以全面地表现新闻人物或新闻事件的一种报道体裁。专题摄影是对新闻事件的深度报道，通过系统地提供背景材料，分析和解释新闻事件的性质、起因、后果和发展趋势等，从不同的发展层面表现同一对象，从而使被摄主体立体化，成为一个有机整体。[①]

二、新闻影像的传播渠道

新闻影像要到达读者需要经过一定的渠道。新闻影像的传播渠道主要有展览传播、报刊传播、电视传播、网络传播以及其他传播渠道。

1. 展览传播

展览传播意即图片实体传播，这是新闻影像最古老的一种传播方式。在照片印刷术发明之前，新闻影像主要以各种形式的展览来传播新闻信息。如1855年克里米亚战争中英国摄影家芬顿及其助手在战地所拍摄的360多张战地新闻照片，就是以新闻影像展览的形式与世人见面的，这也是世界上第一个新闻摄影展览，在当时引起了轰动。

由于展览用的图片都经过精心的挑选和放大制作，画幅尺寸大、画面质量高、视觉冲击力强、传播效果好，至今仍然是一种十分重要的传播方式。

图片实物展览的不足是成本比较高，传播范围有限。

2. 报刊传播

报刊是新闻影像的主要传播渠道，制版和印刷技术的进步为新闻影像直接制成出版物创造了条件。20世纪以后，新闻影像承担了新闻信息传播中越来越重要的角色，新闻影像对于新闻报刊而言，不再是可有可无用于美化版面的装饰，它是报刊的重要内容，是新闻腾飞两翼中不可缺少的一翼。许多报刊设置了"视觉总监"或"图片总监"，专司新闻影像的处理。这一时期，新闻影像是报刊的重要内容，同时报刊也是新闻影像传播的主渠道。

3. 电视传播

电视在20世纪后期日渐普及，每天都传播着大量的视觉形象。打开报纸的要闻版，几乎所有消息都在电视上出现过。电视台的现场直播，其第一时间性、形象性曾把新闻摄影推向了尴尬境地。更有甚者，电视还直接把触角伸向新闻摄影领域，

---

① 吴建编著：《新闻摄影学》，成都：四川大学出版社，2005年，第237—241页。

将电视画面变成了新闻照片的传播媒介。电视对新闻图片的传播有被动和主动之分。在电视节目中，因主题需要或受摄制障碍和周期时效的制约，往往不得不采用部分新闻照片作为视觉补充。这是被动式的电视图片传播，在电视传播中较为常见。另一种是为了利用新闻摄影瞬间形象的视觉冲击力，特意刊播新闻摄影图片，如中央电视台体育栏目曾播出的体育摄影竞赛，中央电视台西部频道的摄影展示和比赛等。这是主动式的电视图片传播。

4. 网络传播

网络传播是近年新兴的一种图片传播方式。随着数字技术的普及，对网络的应用日益拓展，通讯社、报刊、广播、电视的功能在网络上相互交融，形成新的传播方式。这既是对传统传播方式的挑战，又是对传统传播方式的发展。网络传播以其容量大、时效快而受到人们的关注。一方面，电子网络正日益成为人们的图片传播工具。随着数码摄影的应用，利用网络进行图像传播是一个极为方便的做法。比如使用微信、QQ、E-mail，利用BBS的转信功能，利用Internet的FTP功能或是通过自己的网页等均可传递数字图像，既方便又快捷。另一方面，网络也是一个巨大的信息源，人们既通过网络来传播新闻图片，也可以从网络中选取、浏览自己需要的新闻图片。

5. 其他传播渠道

除了上述常见的新闻照片传播渠道外，现实生活中还有其他一些形式的传播渠道。

第一，礼物赠送。这在政府公关、企业公关、社会组织等公关行为中较为常见。比如有关领导人、外国首脑、大型企业领导人、国际社会组织等到单位视察、考察、出访、参加活动等，相关机构或部门会将其活动照片汇编成册作为礼物赠送。

第二，广告应用。将一些新闻照片用在公共关系活动、广告中也是一种常见的形式。

第三，内部资料、内参报道等应用。记者拍摄的新闻照片由于种种原因暂时无法公开报道但又意义重大时，常会通过内部资料、内参报道等形式在一定范围内传播。

第四，书刊插图。书刊的封面、封底、封二、封三、插页或者正文中均可使用照片作为插图，以增加读者的阅读兴趣，深化传播效果。

第五，移动终端传播。这是近年来迅速兴起的图片传播途径。现代移动终端传播中，我国移动电话用户总数达16.14亿户（数据截至2021年6月），其中绝大多数移动终端具有图片拍摄、图片接收和发送等功能。传播图片成为人们随处随心、随手可达的日常行为。

三、新闻影像的传播效果

传播效果是传播理论的核心部分，新闻传播效果理论有几十种之多，各有侧重，但还没有一种完全符合新闻传播的理论模式，更不用说新闻摄影了。新闻摄影的传播效果，是指传播者传出的图像信息通过媒介渠道到达读者，读者通过阅读引起思想、感情、态度和行为等方面的变化。

新闻摄影的传播效果，可按照不同的标准进行分类。从传播目的分，可分为正面效果和负面效果；从传播新闻信息的内容和指向上划分，可分为规范性效果、确认性效果、共鸣性效果、理解效果和享用效果；从显示时间上划分，可分为直接效果和潜在效果；而从功能上划分，又可以分为沟通效果、宣传效果、艺术效果和教育效果。[①]

新闻影像传播是新闻传播学的一个分支，遵循新闻传播学的基本规律，在新闻传播学的已有成果之上，结合新闻摄影的特殊性和内在规律，研究新闻摄影图像传播的现象和规律。我们主要从新闻影像传播形式、传播渠道和传播效果来考察新闻影像的传播。

[①] 齐洁爽：《新闻摄影传播学》，长春：吉林摄影出版社，2003年，第166—167页。

结　语

摄影的原理来自小孔成像的现象，从发现这一现象开始，千百年来多少代科学家的不懈努力终于为摄影的诞生准备了两个必要条件：暗箱和感光材料。但仅有必要条件是不够的，摄影的诞生还需要充分条件，即艰苦漫长的实践及实践目的的最终达成。在实践的过程中更多的人失败了，但终于有人成功了，时间定格在1839年，一个叫达盖尔的法国人宣告了摄影术的诞生。自此，摄影以其蓬勃的生命力迅速地发展起来。

摄影诞生后又经过几代人的努力和开拓，开始在人们的日常生活中发挥其强大功能，其中之一便是摄影纪实。战争、城市建筑、市民生活、遗址考古、自然风光，到处都显现着纪实摄影的无限魅力。大量的摄影纪实照片不仅为后人留下了关于当时社会状况的影像资料，而且使摄影第一次被赋予了展示社会问题的责任与权利。

与纪实摄影同源的新闻摄影，作为纪实摄影的一个分支也逐渐发展起来。随着制版和印刷术的发展以及照相器材的不断开发创新，新闻照片相对于文字信息无可比拟和替代的特性也逐渐显现出来，新闻照片能够吸引读者、扩大报刊销路的能力也为人们所发现，于是新闻照片在报刊上逐渐由作为插图而走上了与文字新闻并重的发展道路。

现代光学及数字科技的日新月异的进步，不断推进着照相机的更新换代，以化学感光介质为基础的胶片被数字感光元件和数字存储卡代替。高速摄影、延时摄影、微距摄影与全景摄影等技术的应用，使新闻影像所能获取的内容前所未有的广泛、画质前所未有的精细，存储和传播前所未有的经济便捷。

同时，信息时代新的传播环境也与摄影技术的更新迭代一起，使新闻图片（影像）的传播发生了极大的改变，无论是在图片（影像）传播内容的广度深度、图片（影像）秒传速度还是图片（影像）再传播频次上，都是空前并极速更新的。

随着科学技术的进一步发展，新闻摄影传播技术也得到了很大的发展，新闻影像的传播越来越广泛和深入，技术对传播效度的影响越来越显著。

第二章
中国人对影像技术的探索

Chapter 2
Chinese People's Exploration on Photography in China

在人类探索影像技术的进程中，古今中外的科学家和劳动人民付出了大量的心血，他们用勤劳和智慧创造了影像技术的辉煌。中国的科学家在影像理论探索的路上起步得更早、走得更远，在影像科学的理论探索和技术实践上取得了令人瞩目的成就，而西方的科学家在影像的哲学思辨和影像现代理论建构上取得了丰硕的成果，它们都是人类对于影像理论探索和影像技术实践的宝贵财富。

本章基于实用影像学和理论影像学的角度，对中国影像科学技术的大事件及中国科学家对影像科技的探索和实践做一简明说明，介绍中国影像科学技术的发展历程和相关研究成果。

第一节　中国影像技术的萌芽期

从远古到西周（远古—前771年），伏羲画卦，仓颉制字，卦以明数，字以象形，文明肇始，中国的影像技术也在这一时期渐渐萌芽。

这一时期我国经历了原始社会和奴隶社会两个社会发展阶段。经过漫长的旧石器时代之后进入新石器时代，以黄河流域和长江流域为中心的广袤土地上，中华民族的先民创造了绚烂多彩的物质文化和精神文化。从远古到夏商周是中国传统文化的奠基期、形成期，中国传统文化的仁政德治思想、民本思想、天人合一思想及礼仪制度等都肇端于此。夏代"家天下"国家政权的建立，奠定了国家统治制度的基础。西周是中华古典文化的全盛时期，西周人创造了崭新的制度文化，加速了神本文化向人本文化的过渡，西周的物质文明和精神文明对中国后世历史的发展产生了深远影响。

　　在远古时期，对于光现象的观察和思考没有用文字记录下来，但是考古发掘出来的这一时期的建筑、陶器、石器、骨器和玉器等，反映出当时的人们已经有了一些对光的认识，例如，光源、视觉、成影、反射等。虽然这些知识是纯感性的，极其零散、肤浅，但它毕竟是后来光学知识的萌芽，是未来图论与像论的研究基础。太阳是这个时期人们最关注的事物，并成为原始陶器的主要绘画内容之一，这可以说是我们祖先对光的最早的描述。图2-1是郑州大河村仰韶文化遗址出土的一件绘有太阳图案的彩陶片。

图 2-1　绘有太阳图案的彩陶

　　夏、商两代（约前22世纪—前11世纪），青铜器逐渐取代了石器。一些古代文献记录了"铸鼎象物"[①]之说。言夏禹曾收九牧之金铸九鼎于荆山之下，以象征九州，并在上面镌刻魑魅魍魉旳图形，让人们警惕，防止被其伤害。[②]自从有了禹铸九鼎旳传说，鼎就从一般的炊具发展为传国重器，历商至周，都把定都或建立王朝称为"定鼎"，国灭则鼎迁，这就是"问鼎"即"有得天下之心"的渊薮。[③]也有考据称后世鼎及其他青铜器上的饕餮等兽面纹饰即源于禹九鼎之"象物"，是我

---

① 《左传·宣公三年》："昔夏之方有德也，远方图物，贡金九牧，铸鼎象物，百物而为之备，使民知神、奸。"杜预注："象所图物，著之于鼎。"
② 《左传·宣公三年》："故民入川泽山林，不逢不若，螭魅罔两，莫能逢之，用能协于上下以承天休。"
③ 《左传·宣公三年》："天祚明德，有所底止。成王定鼎于郏鄏，卜世三十，卜年七百，天所命也。周德虽衰，天命未改，鼎之轻重，未可问也。"

国较早的图像刻绘应用。在迄今考古发掘出的商代青铜器中有不少青铜镜，铜镜的背面也会刻铸上一些图像纹饰（图2-2）。这些铜镜中有一些是平面镜，有些则是镜面微凸的青铜镜，可见那时的人们已经开始琢磨"以镜鉴人"等视觉、光学现象了。

图 2-2　妇好墓出土的商代多圈凸弦纹青铜镜

西周（约公元前1046—公元前771年）是我国奴隶制的鼎盛时期，人们在生活中已经积累了一些光学经验，并进行了积极利用。西周时期，中国人在世界上最早创制出"阳燧"（图2-3），即青铜凹面镜，并用其对日取火。阳燧既是青铜业的一大成就，同时也体现了光学知识具体应用的巨大成功，它是人类"天然取火→保存火种→制造火"历程中的一个里程碑。

浙江绍兴阳燧

浙江绍兴阳燧

河南上岭寸阳燧

图 2-3　浙江和河南出土的阳燧

在光线照射之下，影和形总是相伴存在，光源位置的移动引起物体投影的变化，这在生活中很容易觉察到。我国古人正是利用关于光影的这一知识来定时、定向，发明了最古老的光学仪器——圭表（图2-4），用它在地面上投影的位置和长度来测定方位与时刻。用圭表测影定向的方法，可能早在新石器时代就有，在周代已经堪称精密了，《周礼·冬官考工记》对此都有详细的记载[1]。

---

[1]《周礼·冬官考工记·筑氏玉人》："土圭尺有五寸，以致日，以土地。"译文：土圭长一尺五寸，用以测量日影，度量土地。

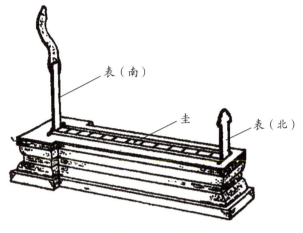

图 2-4　圭表示意图

作为一种与光学密切相关的物质，玻璃的产制一直很受关注。有人认为我国古代的玻璃是从国外传入的，这已经为考古发掘材料所彻底否定。在西周一些墓葬中发现的玻璃珠，是由一种铅钡玻璃制成的，它与古埃及的钠钙玻璃有根本的区别，可以断定为我国所自制。东周墓葬里出土的小型随葬品中，也有我国自制的玻璃品。

从远古到西周是中国影像技术和光学发展的萌芽期，很多古代典籍中都包含影像科学技术知识的记述和论述，诸如《诗经》《周礼》《尚书》《礼记》，等等。作为我国第一部诗歌总集的《诗经》，在文学发展史上具有突出的地位，它反映了西周初至春秋中叶中国社会的生活面貌，其中有许多关于彩虹、萤火虫的荧光、圭表、火炬的诗篇，充满了人们对光、影、像的关注、疑惑和猜想。《周礼》被称为"中国古文化史的宝库"，内容极为丰富，其中记载了阳燧、烽燧通信、土圭等，是早期影像光学知识的珍贵记录。

从这些典籍中我们知道，从远古到西周期间，我国的光学成就主要有人造光源的发明、圭表的发明、反射镜的发明三个方面。这三项发明的意义十分重大，为春秋战国及之后人们揭示光的性质、成像规律和广泛应用提供了必要条件和有力支撑，为中国影像科学技术的发展奠定了坚实的基础。

第二节　中国影像技术的形成期

东周到秦（公元前770—公元前206年）是中国影像科学技术的逐渐形成期。

东周到秦是中国社会大变革的时代，东周又分为春秋和战国两个阶段。这一时期中国从奴隶社会向封建社会过渡，人们的思想异常活跃，出现了百花齐放、百家争鸣的局面，形成了一些有代表性的学派，如儒家、道家、墨家、法家、名家等。那时的大思想家有李耳、孔丘、墨翟、杨朱、庄周、荀况、韩非等，史称"先秦诸子"。诸子各家相互批判，又相互借鉴、吸收、渗透，使春秋时期成为中国历史上思想最活跃、文化最灿烂的时期。诸子的

图2-5　韩非子，程乃莲　绘

学术思想对中国传统文化产生了深远的影响，中国传统文化的基本构架由此形成。

东周到秦，也是从青铜器过渡到铁器的时代。铁器的广泛使用促进了生产力的迅速发展，生产技术的改革出现了生气勃勃的景象，生产关系处于巨大变革之中，科学技术亦达到前所未有的发展高峰。

坚硬铁器的使用，使春秋时期影像的承载物从甲骨、青铜延伸到更为坚实耐久的石头上。考古发现，春秋时期秦国就有石鼓石刻，及至秦统一天下，始皇出巡，在重要的地方刻石7次①。刻石的内容多为文字，而文字就其形式而言也是图像的一种，特别是中国的象形文字本来源出图像。图像在那时就被镌刻下来，发挥立威传名和发布政令的功用。

---

① 司马迁《史记·秦始皇本纪》记载始皇帝在公元前221年统一六国后，曾五次出巡，在这五次巡游中，他四次在七个地方立巨石刻字建碑以记其功绩。共有七处，分别称"峄山刻石""泰山刻石""琅琊刻石""之罘刻石""东观刻石""碣石刻石"和"会稽刻石"。秦七刻石原石大多毁损无存，经考证，属于秦代原刻者，仅存"泰山刻石"和"琅琊刻石"残石。其中"泰山刻石"仅存二世诏书10个字，又称"泰山十字"，现存于泰山脚下的岱庙内。"琅琊刻石"也已大部剥落，仅存12行半、84个字，现存于中国历史博物馆。秦七刻石中六篇刻石碑文《史记·秦始皇本纪》中均有全文记载，独"峄山刻石"有名无文，后世"峄山刻石"多根据南唐徐铉摹本。秦七刻石大多有摹拓本传世，各本碑文与《史记》所载略有不同，相传均由秦相李斯书写，为秦篆的代表作，是秦统一文字的标准和历史见证。

在前一时期感性经验的基础上，东周时期人们开始把光现象作为一个专门的研究对象，并且出现了实验手段与理论概括。圭表的长期应用，使成像理论的探求成为可能；金属冶炼技术的成熟，使反射镜的制作水平大大提高，这一时期不但有了性能良好的平面镜与球面镜，而且出现了曲率不等的反射镜；透明材料已有使用。这些都为光的反射与折射研究提供了物质基础。此外，天文天象研究所获得的成果丰富了人们的光学知识，染色工艺的进步推动了对颜色的研究。

特别要提及的是，这一时期与光学有关的玻璃、平面镜制造有了重大进展。在战国曾侯乙墓中出土了大量的料珠和玻璃珠，这说明玻璃制造技术在此时已较为成熟。战国时人们还制造出了被称为"魔镜"的特制铜镜，镜背面的花纹和铭字都是凸起的，用这种铜镜反射日光，墙上出现与背面图形相似的花纹轮廓，好像光会从镜中透过似的，所以又称"透光镜"（图2-6）。

图 2-6　透光镜（右下为墙上出现的与背面图形相似的花纹轮廓）

公元前 221年，秦始皇统一中国，中央集权代替了诸侯割据，秦开始了统一文字、统一度量衡等改革。秦及其以前的远古及三代时，我国影像文化纯正自然，没有受到外域文化影响，秦统一天下，中国版图扩张，与域外交涉日广，外域的影像风格、科学技术、文化也渐次传入。秦世短暂，许多变化始肇端而未渐，至秦以后，中国社会及其科学技术文化焕然一变。

东周至秦这一时期出现了许多传世典籍，其中有很多有关影像科学技术的内容。战国时韩非（约前280—前233年）在其著作《韩非子》中记载，有人在豆荚内膜上作精细图画，然后放在阳光照射的墙板洞上，则屋内墙壁上龙蛇车马历历可见。①春秋末年齐国人所著《考工记》中记述了许多光学方面的技术与知识，如《考工记·栗氏》中记述了制造青铜器物的合金比例；②《考工记·画缋之事》中依据染色、刺绣选彩线的实践而认识到颜色及其相次之法则；③《考工记·匠人》和《考工记·玉人》中还分别记述了以标竿和土圭测日影、定方向的方法。④墨家学派的领袖墨子是这一时期影像科学、光学技术方面最卓越的人物，墨家的《墨经》则是这一时期影像科学、光学技术方面最出色的典籍。

墨子（约前476—前390年），名翟，春秋战国时宋国人，战国时期著名的思想家、科学家、社会活动家，墨家学派的创始人。墨翟和他所创立的墨家学派中的大多数人都是直接参加生产劳动的，并且有刻苦钻研的精神，热衷于自然科学的研究，墨翟自己就是一个精通木工的手工业者。墨家的许多创造发明都对后世的科学技术发展产生了极大的推动作用。墨家的针孔暗匣实验是世界上第一个小孔成像实验。小孔成像是光学上最基本的原理之一，是摄影术的基础，人们发现小孔成像后，原则上只要在暗匣内屏幕处放上底片就可以照相了，再进一步，就有可能制成世界上第一个针孔照相机。

图 2-7 墨子，程乃莲 绘

墨翟和他的弟子把他们的思想、言论、活动以及科学技术知识汇编成一本书，

---

①《韩非子·外储说左上》："客有为周君画筴者，三年而成。君观之，与髹筴者同状。周君大怒。画筴者曰：'筑十版之墙，凿八尺之牖，而以日始出时加之其上而观。'周君为之，望见其状，尽成龙蛇禽兽车马，万物之状备具。周君大悦。此筴之功非不微难也，然其用与素髹筴同。"

②《周礼·考工记》："氏为量，改煎金、锡则不耗，不耗然后权之，权之然后准之，准之然后量之。量之以为鬴。深尺，内方尺而圜其外，其实一鬴。其臂一寸；其实一豆；其耳三寸；其实一升，重一钧。其声中黄钟之宫，概而不悦。其铭曰：'时文思索，允臻其极，嘉量既成，以观四国，永启厥后，兹器维则。'凡铸金之状：金与锡，黑浊之气竭，黄白次之；黄白之气竭，青白次之；青白之气竭，青气次之，然后可铸也。"

③《周礼·考工记》："画缋之事，杂五色。东方谓之青，南方谓之赤，西方谓之白，北方谓之黑。天谓之玄，地谓之黄。青与白相次也，赤与黑相次也，玄与黄相次也。青与赤谓之文，赤与白谓之章，白与黑谓之黼，黑与青谓之黻，五采，备谓之绣。"

④《周礼·考工记》："匠人建国，水地以悬，置槷以悬，眡以景为规，识日出之景，与日入之景，昼参诸日中之景，夜考之极星，以正朝夕。"

这就是春秋战国时期科学技术知识的代表作《墨子》。《墨经》是《墨子》的主要组成部分。一般认为《墨经》有《经上》《经下》《经上说》《经下说》四篇，其中《经说》是对《经》的解释或补充。《墨经》以连续八条文字记载了光学成像问题，集中反映了春秋战国时期我国光学的重大成就。它们依次为：

（1）对影的定义及影子生成的道理；

（2）光线与影的关系；

（3）光的直线行进的性质，并以小孔成像（图2-9）的实验证明这种性质；

（4）光反射特性；

（5）从物体与光源的相对位置来确定影子的大小；

（6）平面镜反射成像；

（7）凹面镜反射成像；

（8）凸面镜反射成像。

这"光学八条"寥寥数百字，从基本的、简单的现象到比较复杂的现象；从影的分析到像的分析，条理清晰、逻辑严谨，是墨家从事光学实验、进行精密观察的忠实记录，也是人类在光学知识方面最早的文字记载。"光学八条"是几何光学的奠基石，是摄影光学的始祖，更是影像学的理论先驱，可称得上是两千多年前世界上最伟大的光学研究。它比世界上公认的、最早的光学著作——欧几里得的《光学》早了一百多年。墨家在光学领域的研究成果，奠定了今天光学及数字成像的理

图 2-8　《墨经校解》书影

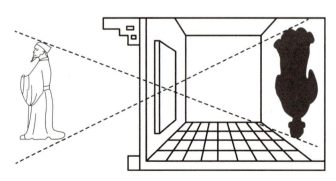

图 2-9　《墨经》对小孔成像的研究

论基础，为我国古代科学技术的发展做出了不可磨灭的贡献，他们的研究所达到的广度和深度，在当时是世所罕见的。

第三节　中国影像技术的上升期

从汉到五代（公元前206年—公元960年），是中国影像科学技术的快速发展期。

汉承秦制，并确立了以儒家学说为核心的思想文化格局。两汉时期是中国传统文化的大一统时期，国家生产力和科学技术得到了空前的发展。两汉至隋唐五代的一千多年中，中国既有龙争虎斗、战火纷飞的政权分立时期，也有江山一统、天下太平的相对稳定时期。其中，西汉继秦统一四海，治理天下前后四百余年，一时极盛；到了东汉，社会生产生活、科学技术等许多方面都走在世界的前列，同时，对外交流增多，佛教东渐，依赖此时兴盛的国力，佛教画像、雕像等造像图像也兴旺繁多。继汉之后的"三国"时期，虽政权分裂，但科学技术在汉代的基础上继续稳健发展。"三国"统一于晋，晋亡后的一百多年间中国一度处于分裂局面，直到隋朝（公元581年—618年）建立才重又统一。

唐朝（公元618年—907年）继隋而起，宇内统一，四海昌平，威令达全亚细亚大陆大半。唐朝中外交流频繁，思想开放包容，开一代文明新风，中国的文化艺术和科学技术迅速发展，成就卓著，堪称一代宗师的文化名人纷纷涌现。当时东西方各国的使者、学者和商人慕名而来，涌入长安等地进行学习和交流，并产生了中华文化圈，改变了东亚地区的文化面貌。中国的造纸术、炼丹术、数学和瓷器传入西方，中国传统科学技术走向世界，对印度、阿拉伯、欧洲和非洲都产生了一定的影响，有力地推动了世界科学技术发展的进程。唐末五代虽战事频仍、政权更替应接不暇，但影像文化及影像科学技术发展延传不辍，及至宋，乃有大成。

这一时期中国经历了几次统一、分裂的社会政治发展轮回，封建制度日趋完善，科学技术不断进步，我国古代影像科学技术也随之循序稳健发展。作为影像制作和传播技术的印染与拓印在这一时期得到了空前发展和普遍应用。1972年，湖南长沙马王堆一号汉墓（公元前165年左右）出土了两件采用印染技术用凸纹板印的印花纱。印染是在木板上刻出花纹图案，再用染料印在布上的技术。专家考证这种技术可能早于秦汉，可上溯至战国，可以说是较早的图像的机具复制技术。而后起的拓印，则可视为印染的发展分支。汉朝时，在太学门前树立《诗经》《尚书》《周易》《礼记》《春秋》《公羊传》《论语》等七部儒家经典的石碑，很多人争相抄写，可是抄写太费事而且容易有错漏，在东汉蔡伦发明造纸术后的魏晋南北朝，就有人用纸将经文拓印下来，这样的方法比手抄简便、可靠。印染和拓印的产品都是图像，可以说是较早的机具复制影像。影像就这样分为两大获得途径：一面展开着手工绘制图像及与手工绘制图像平行相对的机具复制影像发展的历程；一面展开着影像光学科学及技术发展的历程。它们朝向各自的方向、沿着各具特色的道路，不断推进拓展，共同构成了影像发展的总体历程。

这一时期也出现了许多出色的思想家、科学家和优秀的文化历史书籍。许多书籍中记载或详述了影像科学技术的经验观察及影像光学现象。

中国史学名著《史记》的《天官书》中有最早的关于海市蜃楼的记载。[1]《史记》和另一部史学著作《汉书》中都记载有西汉时期汉武帝刘彻因思念已故的李夫人，延请方士齐人少翁以光影"招魂"的故事。少翁于夜间挂帷帐，张灯烛，造影像，以"活动影片"（图2-10）使武帝恍如重见李夫人容貌，武帝还为之写下"是邪，非邪？立而望之，偏何姗姗其来迟？"的诗句。[2]这

图2-10　少翁用"活动影片"为武帝重现李夫人影像

---

[1]（汉）司马迁《史记·天官书》："北夷之气如羣畜穹闾，南夷之气类舟船幡旗。大水处，败军场，破国之虚，下有积钱，金宝之上皆有气，不可不察。海旁蜄气象楼台；广野气成宫阙然。云气各象其山川人民所聚积。"

[2]（汉）班固《汉书·外戚传上》："上思念李夫人不已，方士齐人少翁言能致其神。乃夜张灯烛，设帷帐，陈酒肉，而令上居他帐，遥望见好女如李夫人之貌，还幄坐而步。又不得就视，上愈益相思悲感，为作诗曰：'是邪，非邪？立而望之，偏何姗姗其来迟！'令乐府诸音家弦歌之。上又自为作赋，以伤悼夫人。"

有趣的记述表明，幻灯、电影艺术实在也滥觞于中国，欧洲人直到17世纪才设计出第一台投影图片的幻灯机。

东汉王符在《潜夫论》中提出了人的眼睛能看见物体是由于物体受到光的照射，该书《释难》篇中还首次记述了光的叠加现象。

东晋葛洪在其著作《抱朴子》中多次记述了组合平面镜中所见多个影子的情形，具体涉及由两个平面镜组成的"日月镜"、由四个平面镜组成的"四规镜"，葛洪称此为"镜道"，将这种组合平面镜成影技术称为"分形术"。

图 2-11　王符，程乃莲　绘　　　　　　　图 2-12　葛洪，程乃莲　绘

唐初的王度在《古镜记》中描述了"承日照之，则背上文画，墨入影内，纤毫无失"的透光镜。

唐代著名词人张志和所撰《玄真子》中包含了丰富的自然科学技术知识，其中对大气光象的研究十分出色，他对雷、电、虹、霓等现象的本质及其成因都进行了比较科学的分析。书中所载"背日喷水成虹霓之状"描述的是我国古代对虹霓现象进行研究的著名的"人造彩虹"实验，是十分珍贵的科学技术史料，它在公元8世纪就证实了虹霓是由日光照射水滴所形成，对虹霓的本质作出了正确的解释。而欧洲对虹霓的人工模拟实验13世纪才开始，比张志和晚了500多年。除了对大气光象研究的记载与分析，《玄真子》还对光与影、视觉暂留、视错觉作了生动的记载，是中国古代一部十分了不起的学术著作。

晚唐段成式的《西阳杂俎》，不仅记述了从南北朝至唐代的政治、历史、文化与社会生活史料，而且兼及大量科学技术史料和自然现象，其中有关光学现象的文字，论述了月球上阴影的成因、画佛所用磷光物质以及冷光现象、塔影倒垂等。该书不仅在我国声名远播、历代流传，同时也很受国外学者的重视。

图 2-13 张志和，程乃莲 绘   图 2-14 段成式，程乃莲 绘

南北朝时梁朝皇侃在《礼记·玉藻》中关于颜色的见解是这一时期的重要光学成就。书中较确切地叙述了织染颜色过程中由两种颜色混合而产生第三色的现象，即青与黄成绿（青黄），朱与白成红（赤白），白与青成碧（青白），黑与黄成骝黄（黄黑）。皇侃提出的五色（青、赤、黄、白、黑）中，前三色的顺序与近代颜色学中减色法（青、品红、黄）的本质是相同的。

当然，在这一时期最出色的、与影像科学思想及光学技术关系最密切、对中国影像科学技术发展产生深远影响的典籍是：西汉刘安的《淮南万毕术》、东汉王充的《论衡》、西晋张华的《博物志》和五代南唐谭峭的《化书》。

1. 刘安与《淮南万毕术》

刘安（前179年—前122年），西汉沛郡丰（今江苏省丰县）人，西汉淮南王，汉高祖刘邦之孙，西汉思想家、文学家。刘安好读书鼓琴，善为文辞，才思敏捷，曾招宾客方士集体编写《淮南子》和《淮南万毕术》。

成书于公元前139年的《淮南万毕术》中有很多光学成像方面的重要记载，是十分宝贵的资料，反映了西汉时期我国影像科学技术的主要成就。书中以生动有趣的例子来说明某些光学现象，显示出丰富的光学成像知识和高超的影像科学思想。书中多次述及阳燧及其焦点的朦胧概念，记载了"冰透镜"及其取火方法（图2-16），所录实验中对"影"的描绘是迄今已发现的关于焦点的最早记载。书中还记述了以组合平面镜的形式制造开管式潜望镜（图2-17）的实验："取大镜高悬，置水盆于其下，则见四邻矣"便是利用了平面镜两次成像的原理，可以说是世界上最早的潜望镜。

图 2-15　刘安，程乃莲　绘

　　从《淮南万毕术》所记载的光学知识看，刘安及其门客不仅掌握了一定的自然科学知识，而且能动手实验，尽管书中的有些实验记载还不够翔实，但对于物理现象和规律的创造性设想难能可贵。有些影像科学思想，如对光学的认识等，在当时处于世界先进水平。

图 2-16　冰透镜取火　　　　　　图 2-17　汉代开管式潜望镜

2. 王充与《论衡》

王充（约公元27—97年），字仲任，东汉大思想家。王充自幼聪明好学，博览群书，胸怀远志，青年时负笈千里，游学于京都洛阳。在洛阳，王充入太学，观大礼，阅百家，增学问，开眼界，访名儒，并拜大学者班彪为师，初步形成了博大求实的学术风格。王充一生仕路不亨，只做过几任郡县僚属，且多坎坷沮阻，但他在学问思想上孜孜以求，极具独立精神，他以事实验证言论，写出了中国历史上一部不朽的古代唯物主义的哲学、无神论著作《论衡》。

图2-18 王充，程乃莲 绘

《论衡》不但是我国古代科学思想史上一部划时代的杰作，而且也是我国古代科学技术史上极其重要的典籍。《论衡》书题之意乃"论之平也"，"衡"字本义是天平，《论衡》就是评定当时言论价值的天平。它的目的是"冀悟迷惑之心，使知虚实之分"（《论衡·对作》篇）。王充以唯物主义自然观和自然科学知识为基础，集前人无神论思想之大成，以元气自然论论证万物生化。他冲决了正统思想的束缚，努力掌握当代科学技术知识作为阐明自己思想体系的有力依据，他在一系列科学技术问题上都提出了自己的精辟见解。

《论衡》中涉及大量的自然知识、物理知识及影像科学思想和光学成像知识。主要有阳燧及金属制光滑凹面物聚焦点火、日食月食的成因、玻璃的制造、玻璃透镜的聚焦取火等问题，阐述了光的强度、光的直线传播问题。其中有些记述是他书所未见者，是非常珍贵的科学技术史料。王充的影像科学思想不但超过前人，甚至超过许多后世学人。他对自然现象的把握和叙述提纲挈领、深得要旨，他的科学思想对后世产生了深远影响。

3. 张华与《博物志》

西晋张华（公元232—300年），字茂先，范阳方城（今河北固安县）人，西汉留侯张良十六世孙，西晋文学家、政治家。张华幼年丧父，家贫而勤学，《晋书·张华传》说他学业优博，图纬方伎之书，莫不详览，曾著《鹪鹩赋》以自喻。惠帝时，八王之乱暴发，张华被赵王司马伦和孙秀杀害。

张华编撰的《博物志》是一本分类记载异境奇物、古代琐闻杂事及神仙方术等的书籍，书中文章短小精悍、言简意赅、生动有趣，有很强的知识性、趣味性，是一部脍炙人口的传世之作。《博物志》为研究中国古代文化和自然科学发展提供了珍贵的资料，其中包括许多光学现象和其他自然科学技术知识，如虫鸟羽毛的衍射现象、磷光现象、"小儿辩日"的光学故事。此外，《博物志》继《淮南万毕术》之后再一次记述了冰透镜的制作及其对日取火的光学实验。

图 2-19　张华，程乃莲　绘

3. 谭峭与《化书》

谭峭（公元860/873—968/976年），字景升，福建泉州人，五代南唐著名道士、道学理论家、科学家。谭峭幼时聪颖、博闻强识，成年后，辞家出游，足迹遍及天下名山。他醉心黄老之术，随嵩山道士学道十余年，得辟谷、养气之术，后入南岳衡山修炼，炼丹成，隐居青城山。谭峭本老庄思想，认为道即"虚实相通"的精神境界，修道者经常保持此境界，就可以"无生死"，达到神化。

图 2-20　谭峭，程乃莲　绘

谭峭所著《化书》是一部重要的道教思想著作，在中国思想史上有着重要地位。《化书》共六卷，即《道化》《术化》《德化》《仁化》《食化》《俭化》，共110篇。唐末五代社会动乱，谭峭以学道自隐，却十分关心世道治乱、民生疾苦，他著述《化书》并提出统治者可以此"六化"医治社会弊病，实现天下太平。

《化书》中涉及多学科的知识，每篇以某种现象来喻明哲理，于哲学、物理、化学、生物、心理、医药等科学都有独到见解。《化书》常以镜的光学成像作为论"道"的依据，其中关于光学成像的论述主要有"四镜"（图2-21）、"形影"、

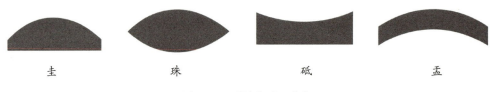

| 圭 | 珠 | 砥 | 盂 |

图 2-21 谭峭的"四镜"

"耳目"等篇。① 从"四镜"篇可以看出，谭峭对于各种透镜成像的情况、光的折射、反射规律的认识都已具备相当的科学水平。

第四节 中国影像技术的鼎盛期

宋元（公元960—1368年）时期，是中国影像科学技术发展的鼎盛期。

从公元10世纪宋代到14世纪蒙元帝国的400多年时间里，中国的自然科学处于繁荣阶段，人才济济、硕果累累，而欧洲此时正处于中世纪的黑暗时期。这一时期中国众多的科学家和能工巧匠，众多的科学发现和技术发明，共同谱写了中国及世界科学技术史上的灿烂篇章。

宋三百年间，武运不兴，屡受外侮，国政烦扰，朋党倾轧，学术上多起竞争，但正因此，思想界呈现出活泼状态，俨然如春秋时代自由勃兴。自唐以来的科学技术发展到宋得以一结硕果，影像科技也在此时得到了空前发展与较为系统的总结，如沈括及其百科全书式的科学技术巨著《梦溪笔谈》、赵友钦及其记载了中国古代最大型最完善的光学实验的《革象新书》等。除了光学影像科学技术的发展，宋元时期人们注意到"影像"与"文字"两者的关系，如郑樵在《通志略·图谱略》中就专门讨论了"图"与"书"携手的重要性，阐述了影像对认识事物所起的作用等等。

宋时"影戏"（图2-22）尤为盛行。"影戏"可归于应用光学，它发源于秦汉、成形于唐代，在宋代得到进一步发展和普及。宋代的《都城纪胜》中介绍了影

---

① 《化书·形影》："以一镜照形，以余镜照影。镜镜相照，影影相传，不变冠剑之状，不夺黼黻之色。"《化书·四镜》："小人常有四镜：一名圭，一名珠，一名砥，一名盂。圭视者大，珠视者小，砥视者正，盂视者倒。"《化书·耳目》："目所不见，设明镜而见之；耳所不闻，设虚器而闻之。"

戏制作材料的演变和表演的内容；宋代高承所撰《事物纪原》（卷九）之《博弈嬉戏部·影戏》中有关于影戏的详细描述，当时无论是汴梁还是临安，以皮影表演的"三国"故事、传说等均得到人们的普遍喜爱；周密所著《武林旧事》在追述南宋京城临安往事时，记载了专门从事影戏业的人和组织，其中著名的有22家，除男子之外，还有"女流王润卿"等也从业影戏。由此可见宋代影戏之繁盛，国际上有人认为，有声电影的来源，不能不拜中国影戏为开山祖。

图 2-22 皮影戏《刘金定招亲》，中国美术馆藏

在宋代，以荧光物质作画为一时风尚。周辉的《清波杂志》、释文莹的《湘山野录》均对荧光作画进行了生动描述。江南徐知谔得一幅《画牛图》，白天牛在栏外吃草，夜晚则会自己回到牛栏里卧睡。徐知谔拿这幅画献给南唐后主李煜，李煜献给了宋太宗，宋太宗给众臣看，无人能解出此画的秘密。这里说的就是用荧光物质作的画。以不同的荧光材料作画，昼夜便呈现不同的画景于画面上，荧光材料就这样在艺术品上产生了奇特的效果，时人称之为"术画"。

这一时期还有许多其他光学发现。如由于玻璃制造业的兴盛，人们制造了多种透镜（水晶或玻璃质地），对透镜成像知识也有了相当了解；水晶分光现象、宝石的变彩变色现象，都在这时被人们发现；元代时，郭守敬还利用小孔成像原理发明了仰仪和景符①。

这一时期的许多书籍，特别是小说笔记、本草著作中，都包含了大量的描写影像科学技术知识的内容。

宋代的苏轼不仅是位文学家，也是个杂家。《物类相感志》中就有涉及感光化学的记载。感光化学是摄影的基础原理，是影像科学技术的基础之一。

公元1116年，北宋药学家寇宗奭在所撰《本草衍义》中提道："菩萨石映日射之，有五色圆光。"所述内容即水晶的晶体形态及其分光现象。

图2-23　苏东坡，程乃莲　绘

图2-24　寇宗奭，程乃莲　绘

南宋程大昌所著《演繁露》中含有不少光学知识。《演繁露》（卷九）之《菩萨石》中有："《杨文公谈苑》曰：嘉州峨嵋山有菩萨石，人多收之。色莹白如玉，如上饶水晶之类，日光射之有五色，如佛顶圆光。"于此，可见古代中国对色散现象的观察和发现。

---

① 仰仪是我国古代的一种天文观测仪器，景符是测算日心位置时高表的辅助仪器，都是元朝天文学家郭守敬设计制造的。仰仪是采用直接投影方法的观测仪器，非常直观、方便。当太阳光透过中心小孔时，在仰仪的内部球面上就会投影出太阳的映像，观测者便可以从网格中直接读出太阳的位置。《元史·天文志》："景符之制，以铜叶，博二寸，加长博之二，中穿一窍，若针芥然，以润方为跌，一端设为机轴，可令开阖，稽其一端，使其势斜倚，北高南下，往来迁就于虚梁之中。穿达日光，仅如米许，隐然见横梁于其中。"景符利用的是小孔成像原理，使高表横梁所投虚影成为精确实像，清晰地投射在圭面上，达到了当时人类测影史上的最高精度。

元代《元史·天文志》中有关于孔与影的记述："表高景虚，罔象非真"，意思是光孔距离承影板远，见到的影像是虚的；反之，光孔距离承影板近，那么影像就逼真清晰。

宋元之际，最显著的特点是出现了许多重大的技术发明，以及一大批论述自然科学技术的典籍，体现了这一时期人们对影像科学技术的关注、探究与成就。这一时期是中国古代科学技术史上的黄金时代，中国对作为影像科学技术基础的光学的观察与研究达到全盛，与同时期的欧洲相比，其观察研究年代之早、范畴之广、钻研之深、成就之大，当

图 2-25　程大昌，程乃莲　绘

之无愧地居于世界前列。特别是中国古代大科学家沈括及其科学技术著作《梦溪笔谈》，郑樵及其《通志略·图谱略》所创建的图谱学理论体系，赵友钦及其详尽记载了许多实验设计及方法的《革象新书》，是标志着我国古代科学技术到达中外历史巅峰的代表人物及作品。

1. 沈括与《梦溪笔谈》

沈括，字存中，浙江钱塘（今杭州）人，北宋卓越的科学家、政治活动家。沈括出身于官宦之家，自幼爱读书，在母亲指导下，14岁就读完了家中藏书，又随父亲外任，走过许多地方，大大扩展了他的眼界。沈括博学多才，他的研究活动是多方面的，他的成就也不局限于某一科学技术门类，他精通天文历法、气象、数学、物理、化学、生物、地理、建筑、农艺、工程、医药、卜算等等，几乎在自然科学的所有领域都有所建树，显示出超群的才华。沈括是我国乃至世界少有的科学技术通才，英国剑桥大学著名的科技史家李约瑟对沈括思维的精微和敏捷惊叹不已，他在《中国科学技术史》中曾断言："沈括的《梦溪笔谈》是这类（笔记）文献中的代表作，他可能是中国整部科学技术史中最卓越的人物了。"[1]1979年，国际上以沈括的名字命名了一颗新星。沈括以其卓越的贡献被载入世界科学技术的史册。

---

① [英]李约瑟《中国科学技术史》第1卷，上海：科学技术出版社、上海古籍出版社，1990年，第140页。

《梦溪笔谈》是沈括所著的笔记体著作，成书
于1086—1093年，是一部百科全书式的著作，内容
丰富、资料信实，包括天文、数学、地质、地理、
气象、物理、化学、生物、农学、医药学、印刷、
机械、水利、建筑、矿冶等各个类别，在众多学术
领域都有真知灼见，集中反映了我国古代自然科学
技术发展到北宋时期所达到的辉煌成就，极富学术
价值和历史价值。《梦溪笔谈》中所记述的许多科
学技术成就均达到了当时世界的最高水平，无论在
我国，还是在世界科学技术史上，都享有极高的声
誉，被誉为"中国科学技术史上的里程碑"。

图 2-26　沈括，程乃莲　绘

《梦溪笔谈》中沈括所阐述的光学知识非常丰富，沈括将影像、成像在更大的
社会范围内理解和阐述，见解全面、深刻、独到，他的许多观察、论述和实验在当
时世界上都是领先的。沈括不仅善于总结前人的科学技术成果，而且对光的直线传
播、凹面镜成像、凸面镜的放大和缩小作用、透光镜的探讨、虹的研究、荧光物质
的显隐[①]等，均根据亲身观察和实验，提出自己的见解。

沈括为说明光是沿直线传播的性质进行了"鸢影为窗隙所束"的实验：在纸窗
上开一个小孔，使窗外的飞鸟和楼塔的影子成像于室内的纸屏上面。"鸢影为窗隙
所束"是小孔成像（图2-27）现象，沈括用算家所谓的"格术"阐述小孔成像的
原理，解释小孔和凹面镜成像，开辟了"格术光学"这一光学新领域。这一实验
中，鸢是物，影是物的像，从物发出的光沿直线前进，又都通过小孔，所以物向东
则像向西，物向西则像向东，光线好像一支橹，小孔就像橹的支柱，支点不动，首

---

① （宋）沈括：《梦溪笔谈》，上海：上海书店出版社，2003年，第179页："卢中甫家吴中，尝未明而起，
墙柱之下，有光熠然。就视之，似水而动；急以油纸扇挹之，其物在扇中混漾，正如水银，而光艳烂然；
以火烛之，则无一物。又魏国大主家亦尝见此物……予昔年在海州，曾夜煮盐鸭卵，其间一卵，烂然通
明如玉，荧荧然屋中尽明；置之器中十余日，臭腐几尽，愈明不已。苏州钱僧孺家煮一鸭卵，亦如是。物
有相似者，必自是一类。"

尾则向相反的方向运动。①根据实验，他准确地指出了物、孔、像三者之间的直线关系。

《梦溪笔谈》继《墨经》之后再次精辟地阐述了"塔影倒"现象。沈括用科学技术阐释了光学成像的基本原理，认为"塔影倒"正是前述小孔成像的结果。②

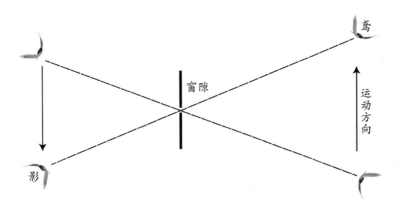

图 2-27　小孔成像示意图

《梦溪笔谈》中关于阳燧焦点的讨论、通过焦点的诸光线的光路问题、对"透光镜"的机理及其工艺的记述、对平面镜和凸面镜成像的解释、对虹的色散、对油膜干涉与衍射色彩、对冷光的描写等，都是科学技术史上极具价值的研究，对光学科学的发展产生了至为重要的承继与推动作用。

在大气光学方面，沈括详细记录了他对虹（图2-28）的实地观察，记下了虹出现的条件"雨过新晴"，虹出现的方位"与日相对"，观察虹的方向"背日"，并对虹的成因做出了"虹乃雨中日影"的解释。③这比英国的培根（公元1214—1294年）对虹的解释早了两百多年。

① （宋）沈括：《梦溪笔谈》，上海：上海书店出版社，2003 年，第 15 页："阳燧照物皆倒，中间有碍故也。算家谓之'格术'，如人摇橹，臬为之碍故也。若鸢飞空中，其影随鸢而移，或中间为窗隙所束，则影与鸢遂相违：鸢东则影西，鸢西则影东。又如窗隙中楼塔之影，中间为窗所束，亦皆倒垂，与阳燧一也。"
② （宋）沈括：《梦溪笔谈》，上海：上海书店出版社，2003 年，第 16 页："《酉阳杂俎》谓海翻则塔影倒，此妄说也。影入窗隙则倒，乃其常理。"
③ （宋）沈括：《梦溪笔谈》，上海：上海书店出版社，2003 年，第 177 页："是时新雨霁，见虹下帐前涧中……自西望东则见（盖夕虹也）。立涧之东西望则为日所铄，都无所睹。……孙彦先云：'虹乃雨中日影也，日照雨则有之。'"

沈括在《梦溪笔谈》中还记录了海市蜃楼（图2-29）现象。海市蜃楼，也称蜃景，是一种有趣的大气光学现象，在海上或沙漠中比较容易见到。沈括访问了当地老人，作出了符合事实的记载，科学解释了人们传说的"车马人畜之声——可辨"的现象，并非"夜有鬼神自空中过"。[①]这说明了作为一个严谨的科学家，沈括注重实地调查，具有不轻信传闻的实事求是的科学精神。

图 2-28　虹

图 2-29　海市蜃楼

沈括《梦溪笔谈》中详细记载了活字印刷术，这是我国印刷术发明发展的重要史料，也是影像科学技术发展的重要史料。隋唐之际（7世纪前后），中国就已经出现了雕版印刷术，但还只是用于印刷佛像、经咒、历书等。目前，世界上发现的有确切日期的最早的雕版印刷书籍，是1900年在甘肃敦煌县千佛洞发现的藏书中的一卷雕版印刷的《金刚经》，其末尾题着"咸通九年四月十五日王玠为二亲敬造"一行字，"咸通九年"即公元868年，是中国的唐朝时期。[②]书卷最前面是一幅扉画，画的是释迦牟尼在祇树给孤独园说法的情景，其余印的是《金刚经》全文。《梦溪笔谈》记述"板印书籍，唐人尚未盛为之。自冯瀛王始印五经，已后典籍

---

① （宋）沈括：《梦溪笔谈》，上海：上海书店出版社，2003年，第181页："登州海中时有云气，如宫室、台观、城堞、人物、车马、冠盖，历历可见，谓之'海市'。或曰蛟蜃之气所为，疑不然也。欧阳文忠曾出使河朔，过高唐县，驿舍中夜有鬼神自空中过，车马人畜之声——可辨，其说甚详，此不具纪。问本处父老，云二十年前尝昼过县，亦历历见人物，土人亦谓之'海市'，与登州所见大略相类也。"
② ［美］卡特：《中国印刷术的发明和它的西传》，吴泽炎译，商务印书馆1957年第1版，第八章《最早的雕版书——咸通九年金刚经》。《金刚经》现藏大英博物馆。

皆为板本。庆历中，有布衣毕昇，又为活板"①。雕版印刷是影像机具复制的新发展，雕版印刷书籍唐代即有但尚未盛行，在沈括生活的北宋才发展到全盛时期，"布衣"毕昇在此时又发明了活字印刷术。印刷术是机具复制影像技术的飞跃进步，是中国对世界文化的重大贡献。印刷术传入欧洲后，有力推动了文艺复兴和宗教改革的进行，印刷术对中国、欧洲乃至世界文化发展有着深远影响，是人类历史上最伟大的发明之一。

2. 郑樵与《通志略·图谱略》

郑樵（公元1104—1162年），字渔仲，兴化郡莆田县（今福建莆田）人，南宋史学家、目录学家。郑樵出身书香门第，从小就受到家庭较好的影响和教育。他一生不应科举，立志读遍古今书，刻苦力学30年，毕生从事学术研究，在经学、礼乐之学、语言学、自然科学、文献学、史学等方面都取得了相当高的成就。

图2-30　郑樵，程乃莲　绘

郑樵的代表作《通志》是一部涉及诸多知识领域的巨著，共200卷，分传、谱、略三部分，其中"二十略"共52卷，是全书精华。《通志》初稿1152年完成，堪称世界上最早的一部百科全书。中国自古以来就有"图经书纬"的说法，认为书和图是相辅相成的，但后人往往专注于书而忽略了图。在《通志略·图谱略》中，郑樵详细阐述了图像对认识事物起到的作用，讨论了"图像"与"文字"两者相辅在学习、认知、记录、说明、阐释中的必要性和重要性，提出治学的"要义"是图、书并读。其中，用《索象》《原学》《明用》三个专门题目说明了图与书的关系；用《记有》著录了当时尚存的图谱；用《记无》著录了当时已经亡佚的图谱，《记有》和《记无》共载各种图样、谱系计381幅。

郑樵以严密的逻辑、生动的笔触，深入浅出地论述了图谱的作用、价值及意

①（宋）沈括：《梦溪笔谈》，上海：上海书店出版社，2003年，第153页。

义，创建了图谱学的理论体系，这是对中国古代图学认识功能的第一次全面总结，也是世界上最早进行的图学研究的系统性理论。郑樵的图学思想为后世大量有图谱的科学技术专著的出现奠定了思想基础，同时也确立了图谱学的历史地位。

兹引用《索象》《原学》《明用》三篇，并附简略释义，以表达对这位世界级的大科学家的敬意。

【原文】索象

河出图，天地有自然之象；洛出书，天地有自然之理。天地出此二物以示圣人，使百代宪章必本于此而不可偏废者也。图，经也；书，纬也。一经一纬，相错而成文。图，植物也；书，动物也。一动一植，相须而成变化。见书不见图，闻其声不见其形；见图不见书，见其人不闻其语。图，至约也；书，至博也。即图而求易，即书而求难。古之学者，为学有要：置图于左，置书于右；索象于图，索理于书；故人亦易为学，学亦易为功。举而措之，如执左契。后之学者离图即书，尚辞务说，故人亦难为学，学亦难为功，虽平日胸中有千章万卷，及真之行事之间，则茫茫然不知所向。秦人虽弃儒学，亦未尝弃图书，诚以为国之具，不可一日无也。萧何知取天下易，守天下难，当众人争取之时，何则入咸阳，先取秦图书以为守计。一旦干戈既定，文物悉张，故萧何定律令而刑罚清；韩信申军法而号令明；张苍定章程而典故有伦；叔孙通制礼仪而名分有别。夫高祖以马上得之，一时间武夫役徒，知诗书为何物？而此数公又非老师宿儒博通古今者，若非图书有在，指掌可明见，则一代之典，未易举也。然是时挟书之律未除，屋壁之藏不启，所谓书者有几？无非按图之效也。后世书籍既多，儒生接武，及乎议一典礼，有如聚讼，玩岁愒日，纷纷纭纭。纵有所获，披一斛而得一粒，所得不偿劳矣。何为其然哉？歆向之罪，上通于天。汉初典籍无纪，刘氏创意。总括群书，分为七略，只收书不收图，艺文之目，递相因习。故天禄兰台三馆四库内外之藏，但闻有书而已，萧何之图自此委地。后之人将慕刘班之不暇，故图消而书日盛。惟任宏校兵书一类，分为四种，有书五十三家，有图四十三卷，载在七略，独异于他。宋齐之间，群书失次，王俭于是作七志以为之纪。六志收书，一志专收图谱，谓之图谱志。不意末学而有此作也，且有专门之书，则有专门之学。有专门之学，则其学必传，而书亦不失。任宏之略，刘歆不能广之；王俭之志，阮孝绪不能续之。孝绪作七录，散图而归部录，杂谱而归记注。盖积书犹调兵也，聚则易固，散则易亡。积书犹赋粟也，聚则易赢，散则易乏。按任宏之图与书几相等，王俭之志自当七之一。孝绪之录，虽不专收犹有总记，内篇有图七百七十卷，外篇有图百卷，未知谱之如何耳。隋家藏书，富于古今，然图谱无所系，自此以来，荡然无纪。至今虞、夏、商、周、秦、汉，上代之书具在，而图无传焉。图既无传，书复日多，兹学者之难成也。天下之事，不务行而务说，不用图谱可也。若欲成天下之事业，未有无图谱而可行于世者。作图谱略。

【解说】

在《索象》这一篇中，作者阐明为何作图谱略。

所谓"索象"即对实物图谱的研究及探索，并与文献资料相佐证。该篇"辩章学术"，追本溯源。首先指出："河出图，天地有自然之象；洛出书，天地有自然之理。天地出此二物以示圣人，使百代之宪章，必本于此，而不可偏废者也。"郑樵将图谱的渊源归结到"河图"。按历史的有关记载，"河图"为五千年前的伏羲所得，并据此绘出了八卦；而"洛书"为大禹所获。尽管当时的历史记载还未十分确凿，但跟图画与文字的产生孰先孰后的情况大体相符。图早就作为人们传递信息的手段应运而生了。

继而他从不同角度、不同层面，阐明和论述了"图谱"的重要性。他说："古之学者，为学有要：置图于左，置书于右；索象于图，索理于书；故人亦易为学，学亦易为功。……离图即书，尚辞务说，故人亦难为学，学亦难为功。"又言："图，至约也；书，至博也。即图而求易，即书而求难。"

郑樵从正反两方面讲明了图谱在"为学"中的重要意义与作用，同时也交代了"即图而求易"的原因。

郑樵特别强调："秦人虽弃儒学，亦未尝弃图书，诚以为国之具，不可一日无也。"又言："天下之事，不务行而务说，不用图谱可也。若欲成天下之事业，未有无图谱而可行于世者。"这就说明要"治国平天下"，图谱亦是必不可少的，而且还用历史上的事实加以印证。楚汉之争时，萧何一入咸阳，"先取秦图书"。刘邦等人"若非图书有在，指掌可明见，则一代之典，未易举也。然是时挟书之律未除，屋壁之藏不启，所谓书者有几？无非按图之效也。"也正像他在《年谱序》中讲的：“为天下者不可以无书，为书者不可以无图谱，图载象，谱载系。为图所以周知远近，为谱所以洞察古今。”同时表明他已认识到，图和文字一样，也是一种“语言”。即今按现代信息论的观点，一切图样都是信息的载体，即图形信息。图在人类社会和科学技术发展历程中，发挥了语言文字所不能替代的巨大作用。图比文字直观性更强。

郑樵还用了一连串形象而贴切的比喻说明了“图”与“书”的关系：见书不见图，如“闻其声不见其形”；见图不见书，如“见其人不闻其语”。这正是郑樵的真知灼见，生动地揭示了二者密不可分的关系。他又讲：“图，经也；书，纬也。一经一纬，相错而成文。”道出了“图”与“书”相辅相成，不可偏废。又说：“图，植物也；书，动物也。一动一植，相须而成变化。”点明了二者相辅相成的关系。郑樵以无可辩驳的哲理，对图谱的作用和重要性作了全面而系统的总结。它打破了宋以前“知有书而不知有图”的学术风气，为后世图学专著的大量出现奠定了思想基础。

郑樵论证了图与书的相互关系，史称“左图右书”，“索象于图，索理于书”为古今学者治学和读史的重要方法。但古人辑录书目，重书而废图。郑樵在《通志·图谱略》中对前人如何对待“图谱”也作了品评。他的评价多数是恰当的、客观的。如对王俭的《七志》能设“图谱志”，专收图谱，给予称赞。对阮孝绪的《七录》虽能“书”“图”兼收，却将“图谱”分散于各部录而有微词。但有的则是苛求前人，语多偏激，如“武夫役徒，知诗书为何物？”尽管如此，也不能否定他的成就与贡献。

【原文】原学

何为三代之前学术如彼，三代之后学术如此？汉微有遗风，魏晋以降，日以陵夷。非后人之用心不及前人之用心，实后人之学术不及前人之学术也。后人学术难及，大概有二：一者义理之学，二者辞章之学。义理之学尚攻击，辞章之学务雕搜。耽义理者，则以辞章之士为不达渊源；玩辞章者，则以义理之士为无文彩。要之，辞章虽富如朝霞晚照，徒焜耀人耳目；义理虽深如空谷寻声，靡所底止。二者殊途而同归，是皆从事于语言之末而非为实学也。所以学术不及三代，又不及汉者，抑有由也。以图谱之学不传，则实学尽化为虚文矣。其间有屹然特立风雨不移者，一代得一二人，实一代典章文物法度纪纲之盟主也。然物希则价难平，人希则人罕识，世无图谱，人亦不识图谱之学。张华，晋人也，汉之宫室，千门万户，其应如响，时人服其博物。张华固博物矣，此非博物之效也，见汉宫室图焉。武平一，唐人也，问以鲁三桓、郑七穆，春秋族系，无有遗者，时人服其明春秋。平一固熟于春秋矣，此非明春秋之效也，见春秋世族谱焉。使华不见图，虽读尽汉人之书，亦莫知前代宫室之出处；使平一不见谱，虽诵《春秋》如建瓴水，亦莫知古人氏族之始终。当时作者，后世史臣，皆不知其学之所自，况他人乎！臣旧亦不之知，及见杨佺期洛京图，方省张华之由；见杜预公子谱，方觉平一之故，由是益知图谱之学，学术之大者。且萧何刀笔吏也，知炎汉一代宪章之所自，歆、向大儒也，父子纷争于言句之末，以计较毫厘得失，而失其学术之大体。何秦人之典萧何能收于草昧之初，萧何之典歆、向不能纪于承平之后？是所见有异也。逐鹿之人意在于鹿，而不知有山；求鱼之人意在于鱼，而不知有水。刘氏之学，意在章句，故知有书而不知有图。呜呼，图谱之学绝纽，是谁之过与！

【解说】

《原学》这一篇，作者分析学术今不如昔的原因。郑樵认为，三代以后的学术不如三代之前，汉代又不及三代，魏晋以来，更是日益衰败。郑樵针对当时的学风指出：后人学术不及前人学术的原因是义理、辞章二者各偏执一端，相互攻讦。"耽义理者，则以辞章之士为不达渊源；玩辞章者，则以义理之士为无文彩"，皆是"从事于语言之末而非为实学"。除了当时学风的原因外，还有一个重要的原因："以图谱之学不传，则实学尽化为虚文矣！"

郑樵还列举了历史上的人与事加以说明。他在说明图谱的重要性时，以晋代建筑学家张华为例。他认为张华之所以对汉代的官室、建章千门万户了如指掌，回答武帝之问"能应答如流，听者忘倦，画地成图，左右属目"，关键在于他对《汉宫室图》强记默识。又如唐人武平一"问以鲁三桓、郑七穆，春秋族系，无有遗者"，是因为武看到了《春秋世族谱》。若"使华不见图，虽读尽汉人之书，亦莫知前代宫室之出处；使平一不见谱，虽诵《春秋》如建瓴水，亦莫知古人氏族之始终"。这也是郑樵见到杨佺期的《洛京图》、杜预的《公子谱》之后，才得知的个中缘由，"益知图谱之学，学术之大者"。

既然古之学者早已形成"左图右书"的阅读传统，为何到了宋代却有"见书不见图"之弊呢？如果追本溯源，可上至东汉刘向、刘歆编《七略》创立体例时收书不收图。刘向父子虽为汉代大儒，然重书而轻图，"纷争于言句之末，以计较毫厘得失，而失其学术之大体"，恰如"逐鹿之人意在于鹿，而不知有山；求鱼之人意在于鱼，而不知有水"，形象生动地说明了"刘氏之学，意在章句，故知有书而不知有图"的偏颇。

【原文】明用

善为学者，如持军治狱。若无部伍之法，何以得书之纪？若无核实之法，何以得书之情？今总天下之书，古今之学术，而条其所以为图谱之用者十有六：一曰天文，二曰地理，三曰宫室，四曰器用，五曰车旗，六曰衣裳，七曰坛兆，八曰都邑，九曰城筑，十曰田里，十一曰会计，十二曰法制，十三曰班爵，十四曰古今，十五曰名物，十六曰书。凡此十六类，有书无图，不可用也。人生覆载之间，而不知天文地理，此学者之大患也。在天成象，在地成形，星辰之次舍，日月之往来，非图无以见天之象；山川之纪，夷夏之分，非图无以见地之形。天官有书，书不可以仰观；地理有志，志不可以俯察，故曰：天文地理，无图有书，不可用也。稽之人事，有宫室之制，有宗庙之制，有明堂辟雍之制，有居庐垩室之制，有台省府寺之制，有庭甫户牖之制。凡宫室之属，非图无以作室。有尊彝爵斝之制，有簠簋俎豆之制，有弓矢铁钺之制，有圭璋璧琮之制，有玺节之制，有金鼓之制，有棺椁之制，有重主之制，有明器祭器之制，有钩盾之制。凡器用之属，非图无以制器。为车旗者，则有车舆之制，有骖服之制，有旗旐之制，有仪卫卤簿之制，非图何以明章程？为衣服者，则有弁冕之制，有衣裳之制，有屦舄之制，有笄总之制，有禭含之制，有杖绖之制，非图何以明制度？为坛域者，则有坛墠之制，有邱泽之制，有社稷之制，有兆域之制，大小高深之形，非图不能辨。为都邑者，则有京辅之制，有郡国之制，有闾井之制，有市朝之制，有蕃服之制，内外重轻之势，非图不能纪。为城筑者，则有郭郭之制，有苑囿之制，有台门魏阙之制，有营垒斥候之制，非图无以明关要。为田里者，则有夫家之制，有沟洫之制，有原隰之制，非图无以别经界。为会计者，则有货泉之制，有贡赋之制，有户口之制，非图无以知本末。法有制，非图无以定其制。爵有班，非图无以正其班。有五刑，有五服，五刑之属有适轻适重，五服之别有大宗小宗。权量所以同四海，规矩所以正百工，五声八音十二律有节，三歌六舞有序，昭夏肆夏宫陈轩陈，皆法制之目也，非图不能举。内而公卿大夫，外而州牧侯伯，贵而妃嫔，贱而妾媵，官有品，命有数，禄秩有多寡，考课有殿最，缲籍有数，玉帛有等，上下异仪，尊卑异事，皆班爵之序也，非图不能举。要通古今者，不可以不识三统五运，而三统之数、五运之纪，非图无以通。要别名物者，不可以不识虫鱼草木，而虫鱼之形、草木之状，非图无以别。要明书者，不可以不识文字音韵，而音韵之清浊、文字之子母，非图无以明。凡此十六种，可以类举。为学者而不知此，则章句无所用。为治者而不知此，则纪纲文物无所施。

【解说】

《索象》《原学》从理论上，对"图谱"的产生、流传和重要意义与价值作了深入地探讨，《明用》篇，则从"图谱"在实践中的应用，阐明其职能及作用。

作者在占有丰富的资料与前人成果的基础上，经过自己细致的研究与筛选，系统地总结了图在各个领域的应用，包括天文、地理、宫室、器用、城筑、会计、法制等十六个方面，而"凡此十六类，有书无图，不可用也"。而后一一讲明理由："人生覆载之间，而不知天文地理，此学者之大患也。在天成象，在地成形，星辰之次舍，日月之往来，非图无以见天之象；山川之纪，夷夏之分，非图无以见地之形。天官有书，书不可以仰观；地理有志，志不可以俯察，故曰：天文地理，无图有书，不可用也。"又如"凡宫室之属，非图无以作室"，"凡器用之属，非图无以制器"，"为坛域者，……大小高深之形，非图不能辨"。郑樵的这些论述是对中国古代图学认识功能的第一次全面总结。

郑樵对于"图谱"十六类应用中的每类都申明其理由。有的从建筑的规格、样式的不同来区别，有的从各种器皿的不同用途来叙说，有的从古代的典章制度来讲，有的从内外有别、轻重之势加以区分。有的从税赋制度来说，有的从社会等级制度区分，有的从音律的不同来划分，有的需要懂得音韵的清浊与文字的先后，有的需了解"上下异仪，尊卑异事""长幼有序"，有的需知道草木虫鱼的名称与种类。该篇篇末作者还特别强调："为学者而不知此，则章句无所用。为治者而不知此，则纪纲文物无所施。"凡此种种有图则迎刃而解，若无图则茫茫然不知所措，甚至一筹莫展。

3. 赵友钦与《革象新书》

赵友钦，宋末元初的学者（约13世纪中——14世纪中），又名钦，字子恭，自号缘督，鄱阳（今江西鄱阳）人。南宋末为避祸遁为道家，后定居龙游（今浙江衢县龙游）鸡鸣山，在山上筑观象台（又名观星台），观察天象。赵友钦学问广博，对天文、数学、光学都有较深的研究。他是我国对光线直进、小孔成像与照明度进行大规模实验的第一人。

赵友钦的《革象新书》主要涉及光学和数学，有许多精辟见解，书中详尽记录记载了他的许多观察、实验过程及研究成果。赵友钦十分注重从客观

图 2-31　赵友钦，程乃莲　绘

实际出发探索自然规律。研究物理学问题时，边实验边推理；进行实验时，边操作边分析结果。在《小罅光景》一节中，记录了他设计的中国古代最大型、最周全的小孔成像实验，他称之为"小罅光景"（图2-32），实验布置非常合理，实验步骤井井有条、步步深入。通过这个实验，他对光线直进、小孔成像与照明度

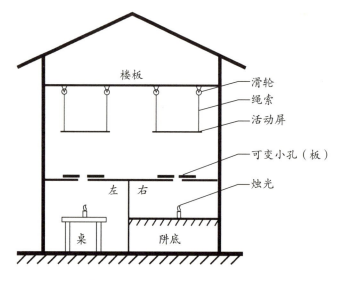

图 2-32　赵友钦实验布置示意图

都进行了深入细致的观察研究。他的这一实验设计在世界物理学史上是首创的，在13～14世纪之交，无论是实验室之规模、烛光数之多，还是实验程序之详以及定性的实验结论之正确，都可以看作中国古代最大型、最周全的光学实验。

第五节　中国影像技术的融合期

明清民国（1368—1949年）时期，是中国影像科学技术的融合期。

从世界科学技术发展的水平来看，明清时期的中国科学技术同当时西方突飞猛进的近代科学技术相比明显落后，如是观，则可称这一时期为中国影像科学技术的"衰落期"。而从中国科学技术的发展来看，与宋元鼎盛时期相比，科学技术的发展特别是影像光学一项的发展仍然保持其连续性，并且在进步的幅度上甚至比宋元时期还要大，这是因为吸收融合了西方先进科学技术，如是说，则这一时期当称为中国影像科学技术的"融合发展期"。

明清时期，中国的封建制度逐渐衰弱，明朝中叶以后，皇帝昏庸，吏治腐败，阶级矛盾日益尖锐，农民起义相继爆发，同时北方新崛起的政权不断入侵。1644年，明王朝在内忧外患的夹击下灭亡。继明而起的清是中国最后一个封建王朝，共268年。清朝在康熙、雍正、乾隆三朝逐步达到鼎盛，科学技术发展迅速，经济繁荣。乾隆时期是清代强盛的顶峰，也是其衰败的起点，后继的清朝皇帝奉行闭关锁国政策，各种社会矛盾日趋尖锐，中国逐渐脱离了世界先进国家行列。

明代中叶以后，中国的资本主义萌芽已经存在，它推动着生产与科学技术的发展，但并不强劲。在同一时期，欧洲资本主义发展迅猛，终于促成了工业革命以及近代科学技术的诞生，科学技术水平远远超越了仍在传统轨道上缓慢发展的中国。随着世界贸易渠道开放和工业化生产，西方国家的财富和实力迅速增强，西方强大的军事力量日益威胁着没落的清王朝，并终于在1840年的鸦片战争中用枪炮轰开了中国的大门。从1840年鸦片战争开始到1949年中华人民共和国成立的这一段时期，中国处于半殖民地半封建社会。明清时期成为中国传统文化的总结期和转型准备期。晚清文化成为中国传统文化发展的总结，同时又拉开了近代文化发展的序幕。

从1840年清末鸦片战争爆发，到1912年清亡、中华民国建立期间，中国经历了从封建社会向民主主义社会的转变，其间帝国主义侵略、军阀混战，社会动荡，在中国的国家发展史上，这段历史是中国人的苦难史，也是中国人反抗侵略的历史。但是科学技术却于此夹缝与动荡不安中得到了持续发展，中国人在影像科学技术的理论探索和影像实践上均达到了一个新的高度。究其内因，是革命资产阶级实业救国的实践和广大爱国知识分子、爱国人士卫国、强国愿望的合力推动、促进、学习与引进西方先进的科学技术的努力；外因是强劲"西风"持续"东渐"，将西方工业革命后的先进科学技术文明带入中国。内外因共同造成了中国这一时期"混乱不羁"的文化思想状态，各种主义、观念竞争冲撞，无拘无束，中国影像科学技术个体探索者的研究空间反而非常自由。研究个体的独立性、国际交流的开放性，成为这一时期科学技术研究者的两大特征。特别是在1919年以"五四"爱国运动为标志开始的新民主主义革命时期，以"科学""民主"为口号的新文化运动引导自古有着"重文轻工"思想的中国人真真正正地对属"工"的技术科学重视起来、崇尚起来，大大促进了我国对国外先进科学技术的引进、学习和持续融合发展。

摄影术在这一时期传入我国，影像科技的中国历程与影像科技的世界历程相交接。从凝固瞬间的摄影底片可以复制出无数相同的照片，也让以往倏忽即逝、不可复得的光学影像与传统的机具复制图像技术方式在这一时期得到了交接。

总体来说，从明清到民国的近600年，是中国科学技术发展史上十分复杂、曲折又颇重要的阶段，是一个由传统逐渐向近现代过渡的时期。在内忧外患、战争纷扰的社会背景下，中国的科学家和能工巧匠披肝沥胆、攻坚克难，继承中国传统科学技术的同时努力学习西方先进科学技术，借鉴探索，融会贯通，中国的影像科技在中西科学技术文化的融合中得到了突破式发展。

明代继承了宋元科学技术的传统，一些才识卓越的科学家，在科学技术上做出了巨大的贡献，如李时珍、方以智、宋应星、陶宗仪等，取得了卓越的成就。明清时期还出现了一些带总结性的科学技术著作，如宋应星的《天工开物》、方以智的《物理小识》、郑光祖的《一斑录》，等等。这一时期的医药本草著作中所述及的光学知识也是令人关注的。如李时珍在他的药物学巨著《本草纲目》里保存了许多已散佚的古代矿物药及光学知识；王肯堂的《证治准绳》中论述了晶体光学现象、眼睛与视觉的有关问题等。

明代著名科学家宋应星（约1587—1666年）所著《天工开物》是世界公认的科学技术巨著。书中记载了许多光学知识，如《天工开物·卷下》"珠玉篇"："惟西洋琐里有异玉，平时白色，晴日下看映出红色，阴雨时又为青色，此可谓之玉妖，尚方有之。"意思是：在西洋一个叫琐里的地方产有异玉，平时白色，晴天在阳光下显出红色，阴雨时又成青色，这是一种异玉，宫廷内才有这种玉。这里记载的其实是晶体变色和变彩现象。

图 2-33　宋应星，程乃莲　绘

清初大批西方传教士在中国传教的同时，也传播西方的科学技术知识，对中国传统科学技术产生了很大的影响。一般认为，从意大利耶稣会士利玛窦（Matteo Ricci）入华到雍正王朝，是西方科学技术传入中国的开始。西方传入中国的近代科学技术知识中物理学占有一定的比例，物理学中的光学部分又占有很大的比例。这些科学技术知识既有理论的，也有仪器实物的。

西方近代物理学知识传入中国后，中国的很多科学家又对实验结果加以印证，如清代科学家徐寿（1818—1884年）对三棱镜分光实验时"尝购三棱镜玻璃不得，磨水晶印章成三角形，验得分光七色"，徐寿还翻译介绍了多种摄影方面的书籍。

中国知识分子在学习、吸取和传播近代光学的过程中，把西洋近代光学和中国传统光学结合起来，产生了一些带有中西光学知识融合特点的光学成果。这些成果记载于各具特色的著作或译著中，例如，郑光祖的《一斑录》、博明的《西斋偶得》、郑复光的《镜镜詅痴》、邹伯奇的《格术补》，等等。其中以清代郑复光和邹伯奇为代表的光学理论研究为主，该研究不但继承了中国古代传统的光学知识，而且充分吸收了西方光学知识，实现了中国近代的中西科学技术思想的融合，成为中国光学史上的里程碑。

清代郑光祖对光学的贡献是多方面的，是成功结合东西方文化及思想方法并做出卓越贡献的先行者。他的《一斑录》描述了日食、云、雾、雷电、虹等自然现象，并且给出了自己的解释。

清代学者博明的著作《西斋偶得》对自然科学技术知识问题的论述较之传统颇有突破，尤其是光学部分极具特色。《西斋偶得》的光学成像知识包括对色觉的认识、互补色的初步概念、负后像现象，对眼睛视物特征的理解，对眼睛的近视、远视成因及用眼镜矫正近视、远视原理的解说，对小孔成像的认识等等。

明末清初，中国在光学应用技术方面进了一大步。在西方光学器具传入不久，国人很快就掌握了制造眼镜、放大镜和望远镜等光学器具的技术。如德国传教士汤若望（Johann Adam Schall von Bell）的《远镜说》是比较集中介绍光学知识的"西学"译著，最早介绍了望远镜的制法和用法。《远镜说》刊行后，中国开始自行研制望远镜。到鸦片战争前，国人自制的眼镜质量已超过舶来品，诞生了如孙云球（活跃于17世纪30—60年代）、薄珏（生活于17世纪上半叶）、黄履庄（1656—？）、邹伯奇（1819—1869年）等一批光学仪器制造师。他们努力钻研，研制或改进了一批实用的摄影器材与光学仪器。其中，薄珏是世界上最早在实战中使用望远镜的人，孙云球和黄履庄制造了许多光学器具，而邹伯奇是中国以玻璃版照相术成功拍摄人物肖像的第一人。

清初的孙云球是制镜的高手，他制造了眼镜、望远镜等各类光学器具达七十余种（图2-36），并撰写了我国第一部光学仪器专著《镜史》，为我国光学与天文仪器的发展做出了卓越贡献。《镜史》详细介绍了多种镜具的制作方法，流传极广，对当

图 2-34　博明，程乃莲　绘

图 2-35　孙云球，程乃莲　绘

图 2-36　江苏吴县毕沅墓出土的眼镜

时光学仪器制造技术影响很大，后来从事眼镜手工业的作坊都依照书中介绍的方法大量制造"眼镜"。

1840年爆发了英国侵略中国的第一次鸦片战争，中国国门被迫打开，大批外国商人、传教士接踵而来，客观上疏通了西方科学技术传入中国的渠道。1839年刚刚在巴黎公布的达盖尔银版摄影术也随之在19世纪40年代传入中国。摄影术的发明给人类文化开辟了新的领域，开始了影像科技的新篇章。摄影的出现也为动态影像，如电影提供了技术基础。1895年也是在法国巴黎，电影诞生了。摄影术与电影的诞生是影像科技的突破性发展，给人类的"视界"带来了全新的感受。在摄影与电影诞生不久之际，战乱中的中国开始了与之继续发展相关联的探索与研究，并取得了一定的成就。

明清时期，我国出现了很多出色的暗箱制造家。如《虞初新志》中记载康熙年间江都的黄履以擅长制造"临画镜"和"缩容镜"等光学器具出名；《苏州府志》和《湖南通志》分别记载了长洲人薄钰、湖南清泉人谭学之均擅长制造光学器具；被梁启超大为称赞的清代女科学家黄履还曾制作出"多镜头暗箱"——他们为摄影技术的完善和发展起了很大的推动作用。

19世纪50年代初，上海出版了一批自然科学技术方面的翻译著作，其中由英国传教士艾约瑟（Joseph Edkins，1823—1905）和张福僖合译的《光论》是最早把西方近代光学知识系统地介绍到中国的一本书。

19世纪60年代，美国传教士金楷理（Carl T. Kreyer）和赵元益（1840—1902年）合译了英国物理学家丁锋尔的《光学》，该书解释了许多自然现象，讲述了一些重要实验，介绍了许多光学的应用知识，全面、系统地介绍了西方近代光学知识。

20世纪初，随着摄影的发展和国内印刷条件的不断改善，国内出版了多种摄影专业书籍。这些著作有的是中国人自己编写的，有的是编译的，满足了国内摄影爱好者的迫切需要。随着摄影术的普及，许多知识分子乐于谈论摄影，摄影出现在许多文学作品中。

图 2-37　吴敬恒

如清末吴敬恒的科普小说《上下古今谈》第八回就特别谈到了摄影术，有些知识分子还创作了诗歌来歌颂摄影。这些文学作品在国内的流行，对中国摄影事业的发展起到了积极的推动作用。

民国初年，社会的重大转型给中国文化带来了前所未有的变化，新文化运动的兴起，促使中国文化发生了由古至今的转变，外来文化的影响，促进了中国文化现代化的进程。我国的科学技术工作者和摄影家，不畏艰难，积极从事影像科学技术的研究工作，取得了不少成果，有些早于外国，有些达到当时世界先进水平。

民国时期是中国摄影史上的第一个繁荣兴盛期。文化人对于摄影的兴趣和介入，使摄影在中国首次大范围普及，当时的文艺界对于摄影的诸多问题进行了富有个性的探讨与判断。从徐悲鸿、张大千、丰子恺、齐白石等著名画家，到康有为、鲁迅、胡适、蔡元培等这些思想文化界巨擘，均对摄影进行了尝试或评价。蔡元培、刘半农、张大千、胡适、徐悲鸿等文化界泰斗对摄影均有自己的独到见解。他们中的很多人还身体力行，用摄影的方式来表达自己的情感，创作了很多艺术摄影作品。

民国期间，战争的破坏和干扰，一方面使中国科技文化备受摧残；另一方面，在爱国精神的激励下，人们又发挥出空前的创造力。我国的科学技术工作者和摄影家在非常艰难的条件下，通过自己艰苦卓绝的努力，填补了国内影像科学技术领域的一个个空白，为中国的影像科学技术发展做出了贡献。

这一时期在光学方面做出突出贡献的有严济慈、吴大猷、王大珩等科学家。

严济慈在影像光学研究方面卓有成果，先后在国外期刊上发表论文50多篇（至抗战前夕），其中与钱临照合作撰写的《压力对于照相片感光性之影响》发表在法国的《科学院周刊》上。严济慈对视觉理论亦有研究，他提出的小孔成像实验条理分明、简便易行，很有说服力。

王大珩是当之无愧的中国光学事业的奠基人，他在激光技术、空间光学、遥感技术、仪器仪表、计量科

图 2-38　严济慈

学、色度标准等方面都有很深的学术造诣，对应用光学特别是国防光学工程做出了杰出贡献。他编写的《彩色电视中的色度学问题》，解决了当时彩色电视中的彩色复现问题，对中国彩电事业的发展具有重要的指导意义。

　　摄影理论方面，刘半农是奠基人。他在《半农谈影》中阐述了自己的摄影艺术理论。从1927年至1949年，"刘氏理论"对中国摄影事业的发展产生了重要影响。无论是在摄影艺术理论研究上，还是在摄影艺术创作方面，刘半农在中国摄影艺术史上都是贡献卓著的开拓者与先驱者。图2-41为刘半农创作的摄影作品《郊外》。

图 2-39　王大珩　　　　　　　　　　图 2-40　刘半农

图 2-41　《郊外》，刘半农　摄

民国时期摄影技术和影像出版事业有了很大的发展，到1937年抗日战争全面爆发为止的18年间，国内编辑出版的摄影书籍和各种内容的摄影集约有300种，其中编写和翻译的摄影技术书籍约50种。这些摄影出版物对传播影像科学技术知识、推动我国影像科学技术事业的发展起了很大作用，同时也保存了很多影像历史资料。这些专著中影响较大的有：杜就田1913年编译的《新编摄影术》，陈公哲1917年所著的《摄影测光捷径》，欧阳慧锵1923年所著的《摄影指南》，高维祥1926年所著、后改名

图 2-42　吴印咸在延安

为《增广摄影良友》的《袖珍摄影良友》，舒新城1929年所著的《摄影初步》，吴印咸1939年所著的《摄影常识》，等等。

影像科学器材和光学仪器是影像科学技术的基础，对影像科学技术的发展起着重要的、有时甚至是决定性的作用。我国前辈科学家和摄影家对摄影器材和设备的功用有充分的认识，因而在制作这些硬件上身体力行，花费许多心血，有颇多发明创造与改进，诸如摄影家钱景华研制成功的"三色一摄机""景华环象摄影机"（即全景相机，图2-43为景华环象摄影机所摄的照片）等。钱景华在20世纪20年代就研制出了"三色一摄机"，而到1934年德国的伯伦波尔（Wilhelm Bremphl）才研制成"伯伦波尔一次曝光摄影机"并在5年后又作了改进。钱景华的"三色一摄机"比伯伦波尔的初制品早了四五年，比他的改进品早了约十年。此外，摄影艺术家张印泉研制出极受欢迎的用120胶卷可拍17张底片的小型反光镜箱，等等，这些

图 2-43　景华环象摄影机所摄的照片（原照长 29 英寸，高 7.5 英寸）

成果都早于外国，有的已达到当时世界先进水平。

这一时期最出色的、最有代表性的影像科学技术典籍，当属明代李时珍的《本草纲目》、明代方以智的《物理小识》、清代郑复光的《镜镜詅痴》和清代邹伯奇的《格补术》。

1. 李时珍与《本草纲目》

李时珍（1518—1593年），字东璧，号濒湖，晚年自号濒湖山人，湖北蕲州（今湖北省黄冈市蕲春县蕲州镇）人。中国明代最著名的医学家、药学家和博物学家。李时珍出身医生世家，24岁时放弃科举，专心学医，他向父亲表明心迹："身如逆流船，心比铁石坚。望父全儿志，至死不怕难。"他刻苦学习，很快掌握了治病方法，成为一位很有名望的医生。李时珍认为做一个好医生，不仅要懂医理也要懂药理，他在临床实践中发现古代的本草书存在不少问题，就决心对这些书籍进行整理。

图 2-44　李时珍，程乃莲　绘

《本草纲目》是李时珍参考历代有关医药学书籍800余种，结合自身经验和调查研究，历时27年写成的医药学著作，成书后又花了12年修订了3次。《本草纲目》是我国古代药物学的总结性巨著，在国内外均得到极高的评价。书中保存了许多已散佚的古代矿物药及其光学知识。李时珍深入考察了"菩萨石"晶体，即"水晶"，记述了晶体分光现象，并绘制了菩萨石样貌的插图。《本草纲目》还记载了用阳燧和火珠取火的方法、海市蜃楼的成因等光学现象。

2. 方以智与《物理小识》

方以智（1611—1671年），字密之，号曼公，又号鹿起、龙眠愚者等，安徽桐城人，明代著名哲学家、科学家。方以智天资聪颖，少年时跟随父亲

图 2-45　方以智，程乃莲　绘

游历名山大川，青年时博览群书，并吸收了西方传入的科学技术文化知识。他在哲学、文学、音韵学、历史、天文、数学、医学、美术等方面，都有较深造诣。方以智从20岁就开始写《物理小识》，其时正值明末清初，兵荒马乱，他"乱里著书还策杖"，经过了22年才完成写作。

方以智的《物理小识》是明清之际集自然知识之大成的笔记体著作，涉及天文、地理、物理、生物、医学诸多学科，尤以物理中光、声和流体现象记前人之所未记，发前人之所未发。书中对物质发光、光的传播、阴影的形成以及海市蜃楼等大气光学现象做出了哲理性的解释，特别是提出了被我们称为"气光波动说"的朴素光波动学说。方以智在"气光波动说"的基础上阐释了他的"光肥影瘦"主张，认为光在传播过程中，总要向几何光学的阴影范围内侵入，使有光驱扩大，阴影区缩小。这些都是前无古人的学术贡献。《物理小识》关于光的色散、反射和折射，关于声音的发生、传播、反射、共鸣、隔音效应，关于比重、磁效应等诸多问题的记述和阐发，都是极出色的。《物理小识》继承和融合了中国古代与近代从西方传入的科学技术成果，对明清时期的科学技术和文化的发展产生了深远影响。

3. 郑复光与《镜镜詅痴》

郑复光（1780年—不详），字元甫，又字瀚香，安徽歙县人，清代著名科学家。郑复光笃行"行万里路，读万卷书"的为学方式，少年时即开始游历中国各地。在游历中广结名流学者、能工巧匠，他尤对望远镜感兴趣，特别注意对观象台天文仪器的考察。郑复光在研究光学问题的过程中，边钻研边实验，把自己所领悟的光学原理应用到具体光学仪器的制作中，他制造出了白天黑夜均可放映的幻灯机，还制造了一架可对神秘的天空进行实验观测的望远镜（图2-47），用这架望远镜观察月球

图2-46　郑复光，程乃莲　绘

清晰可辨。郑复光还有一个著名实验——制造冰透镜。他的工具是一个大水壶，之所以要用盛热水的大金属壶，是因为这些壶底一般均为外凹内凸，用它加工而成的冰块自然就是圆凸形状了。其方法极为巧妙、简单、有效。郑复光在大量实验的基

础上推求光学原理，不拘泥于前人成就，也没有重复西方早期的粗浅理论，注重实践，勇于探索，他脚踏实地的科学态度和不畏劳苦的探索精神令人敬佩。

《镜镜詅痴》是郑复光经过数十年的观察、实验和研究，在道光十五年（1835年）写成的几何光学理论著作，并于道光二十六年（1846年）出版。《自序》中说，该书"时逾十稔而后成稿，复加点审又已数年，稍觉条理……"写作和修改此书共十余年才得以付印，可见他的态度是极为严谨认真的。

《镜镜詅痴》集当时中西光学知识大成，是中国近代史上第一部较为完整的光学著作，代表了清代中期的光学发展水平，也是19世纪上半叶的一部影像科学技术专著，是中国摄影技术发展史上的重要著作。全书共5卷，分为《明原》《类镜》《释圆》《述作》四个部分，七万余字，扼要地分析了各种反射镜和折射镜的镜质和镜形，系统地论述了光线通过各种镜子（主要是凹、凸透镜和透镜组）之后的成像原理，对各种铜镜的制造、铜质透光镜的透光原理作了详细的论述。

《镜镜詅痴》的著述体例也很有特色，融通中西说法，文、图、表互相显映，书中还创造了一些光学概念和名词来解释光学仪器的制造原理和使用方法。其中《释圆》部分是全书的重点，尤为出色，主要论述了几种凸、凹透镜成像的理论问题。郑复光提出了富有自己特色的"顺三限""侧三限"概念。

梁启超在《中国近三百年学术史》中评价《镜镜詅痴》"其书所言纯属科学精微之理，其体裁组织亦纯为科学的""百年以前之光学书，如此书者，非独中国所仅见，恐在全世界中亦占一位置"①。

图 2-47　郑复光制作的天文望远镜（复制品）

4. 邹伯奇与《格术补》

邹伯奇（1819—1869年），字一鹗、特夫，号徵君，广东南海县泌冲人，清代物理学家。他是中国近代光学的开创者，也是近代科学技术的先驱者之

---

① 梁启超：《中国近三百年学术史》，太原：山西古籍出版社，2011 年，第 328 页。

一。图2-49为邹伯奇的自拍像。邹伯奇对天文学、数学、光学、地理学等都颇有研究，是一个博通"经史子集"诸学，"能荟萃中西之说而融会贯通"的学者。他鄙弃功名，潜心科学技术，成就卓著，著述甚丰。他将数学与物理学充分结合，是以数学语言阐释物理（尤其是光学）问题的中国近代史上第一人。邹伯奇还曾于1844年自制"摄影器"（图2-50），即一种简单的照相机，也是我国自制的第一架照相机。

图 2-48　邹伯奇，程乃莲　绘

《格术补》（图2-51）是邹伯奇的代表作，是中国近代一部比较完整的几何光学著作，其中一些研究填补了我国光学方面的空白。在《墨经》和《梦溪笔谈》中有关光学论述的基础上，进一步用几何光学的方法，透彻地分析了许多光学原理、光学仪器的结构和光学现象。《格术补》不但深入透彻地分析了透镜成像原理、透镜成像公式、透镜组的焦距、眼睛和视觉的光学原理，以及各种望远镜和显微镜的结构和原理等等，而且还讨论了望远镜的视场、场镜的作用以及出射光瞳和渐晕等现象。

图 2-49　邹伯奇自拍像　　图 2-50　邹伯奇制造的摄影器　　图 2-51　邹伯奇《格术补》手稿

结　语

本章概略地叙述了中国古代及近世影像科学技术的发展历程，侧重于介绍与影像相关的光学成像的发展脉络。

我国影像科学技术发展历史悠久，内容极其丰富，闪耀着中华民族的智慧光辉。从目前有可靠文字记录的历程看，春秋战国开始，历唐、宋、元、明、清至民国，在这两千多年中，许多学者耗费了极大的心血对光与影、小孔成像、凸透镜和凹面镜聚光、大型暗室、小型写生镜箱以及银盐类物质见光变色等进行了长期观察与深入研究，为影像科学技术及摄影术的发生和发展做出了贡献。

在影像科学技术发展的漫长历史进程中，一大批卓越的科学家，如墨翟、刘安、王充、张华、谭峭、沈括、郑樵、赵友钦、李时珍、方以智、郑复光、邹伯奇等，他们为探索自然奥秘、改善人类生活质量而不懈努力，在科学技术发展的画卷上留下了浓墨重彩的一笔，他们是科学与技术星空中耀眼的明星，是人类历史长河中的航标，引领着人们走向精彩的科学世界。

中国古代和近现代的影像科学技术成就突出，人才辈出，著述繁多，这里难尽其详，只能撷取与影像科学技术研究相关的重点、亮点加以介绍。综观前述，大致可以看出我国古代和近代影像科学技术相关的发展历程具备如下几个特点：

1. 我国古代影像科学技术历史久远，内容极其丰富，既具有连续性，又显示出各阶段的发展特点。在连续性的发展中，先后在东周（春秋战国）、宋元、清至民国这三个时期分别出现了发展的高峰，其中有内在质与量的积累，也有外在动力的引导。特别值得骄傲的是，在很长的古代历史时期内，我国的影像科学技术曾凭借自身的良好基础和发展原动力，一直处于世界领先地位，独领风骚一千多年。

2. 明清到民国的近六百年，是中国科学技术发展史上十分复杂、曲折又十分重要的阶段，是一个由传统逐渐向近现代过渡的时期。从世界科学技术发展的水平来看，明清时期的中国科学技术同当时西方突飞猛进的近代科学技术相比明显落后。而从中国科学技术的发展来看，与宋、元鼎盛时期相比，科学技术的发展特别是影像光学一项的发展仍然保持其连续性，并没有衰落，且在进步的幅度上甚至比宋元时期还要大，这一时期是中国影像科学技术突破传统、充分汲取世界先进影像科学技术的"融合发展期"。中国对影像的认识、探索和研究历程在清至民国时期逐渐汇入影像的世界历程，中国两千多年来各自单线平行发展的光学影像、影像探索与机具影像复制技术，因摄影术相交接。

3. 我国古代孕育了许多先进的有关影像科学技术的哲学思想和杰出的研究方法。例如，墨家在公元前4世纪运用光是直线传播的这一先进物理思想，对小孔成像做出了科学系统的光学论述。如沈括周密观察、善于分析和注重实验的科学研究方法，不但在当时中国产生了重要引导作用，在世界科学技术史上也占有一席之地，在今天看来也仍然是科学严谨的。中国人对影像科学技术的探索虽然没有形成独立的影像学，但他们的工作开辟了影像学无限广阔的发展空间。

4. 我国古代的影像科学技术知识几乎都是以直接生产实践的经验以及对自然界的直接观察为基础发展起来的，具有直观性的特点。传统光学大多是经验的、定性的技术，这体现了先辈们敏锐的观察力和求真务实的科学精神。但重视经验陈述、大多缺少理性和数学的研究方法，使中国古代传统光学基本上停留在现象的观察和记录，缺少理论分析和抽象，缺少量的分析。

5. 中国古代社会重文轻工的思想对影像科学技术的发展有一定的阻碍，影像科学技术被斥为"奇技淫巧"，社会地位卑微，影响了影像科学技术的发展。与西方相比，许多中国古代的影像科学技术研究没有注意及时产业化，尚未形成生产力。

6. 作为影像科学技术基础的各门学科之间，由于缺乏必要的联系和协同，孤立零散，难以形成体系。影像科学技术没有从哲学、经学、伦理学中分离出来形成独立学科，所以我国古代科学技术典籍虽浩如烟海，但没有一本专门研究"光学"或"影像学"的专著。

第三章
摄影术在中国的传入与发端

Chapter 3
Photography's Introduction and Emergence in China

　　正如第二章所述，中国人对影像技术的探索经历了一个漫长的时期。中国人对光学成像的探索，可以追溯到公元前4世纪的墨子，在此后两千多年的时间里，也有许多科学家对光学成像进行了不同程度、不同方向的研究。在感光化学方面，《周易参同契》《抱朴子·内篇》《物类相感志》《古今秘苑》等历代古籍也有对感光现象的记载①，但遗憾的是人们并未重视这种现象并进行更深入的研究，也未把这种现象与光学成像结合起来。所以摄影术的诞生并未出现在中国。尽管没有明显迹象表明，中国人对影像技术的探索对摄影术的诞生有直接影响，但这些探索为今后中国人接受来自西方的摄影术起到了推动作用，像邹伯奇、林箴、吴嘉善等早期中国摄影师都有一些科学技术背景。

　　尽管许多资料表明，作为西方舶来品，摄影术伴随着第一次鸦片战争传入中国后，在民间流行过"照相会摄取人的灵魂"等迷信观念，但是有着悠久绘画传统的中国人还是很快接受了这种真实、准确、快捷地获取图像的技术。摄影术进入中国后，首先是在肖像摄影领域流行起来，照相馆越来越多地在香港、上海、广州等沿海城市涌现。而中国最早一批具有新闻性质的摄影图片都是由这些照相馆摄影师采制的。

---

① 马运增等：《中国摄影史 1840—1937》，北京：中国摄影出版社，1987 年，第 12—13 页。

第一节　摄影的光学与化学

在1839年法国宣布摄影术诞生之前，世界不同国家的科学技术先驱们分别为光学成像、感光化学、机械制造做出了探索和尝试。"摄下形象这一概念萦绕在人类的脑际已有很长时间了。科学家、艺术家和涉猎者们都梦想将现实形象定格为永恒，并一步步地接近这个目标。"[1]尤其是摄影术诞生前的数十年间，不少欧洲科学家、化学家通过反复实验，已经寻找到通过机械设备获取影像的一些经验，甚至有一些影像还保存至今。他们的"试错式"实验，为摄影术的诞生奠定了基础。中国人对影像技术的探索在上一章中已经详细论述，在本节中将专门论述国外科学家对摄影光学、摄影化学的探索，以及摄影术的诞生过程。

一、摄影光学与暗箱

在西方，有关光学成像最早的记载是：1850年，奥斯丁·朗亚尔德（Austen Lanyard）在西亚古国的首都尼姆罗德（Nimrod）遗址上挖掘出一枚单面凸透镜，并且预测其生产年代为公元前720年至公元前705年间。[2]

公元前3世纪古希腊哲学家、科学家亚里士多德在其《疑问》中提到过小孔成像现象："如果在一间没有窗户的房子里有一个小孔，小孔对面的墙上有一幅倒立的图像，这幅图像就是外面的景色。"同一时期的数学家欧几里得（Euclid）著有《光学》，他发现两只眼睛看到的图像并不完全一致，即存在视差，从而发现人眼视物的立体效果。

公元10世纪，阿拉伯科学家阿哈桑开始研究暗箱，并发现倒影的成像和小孔的直径有关：小孔越小，形成的倒影越清晰；小孔越大，倒影越模糊，即发现了小孔成像的景深效果。阿哈桑著有《光学论》，对之后光学视觉理论的影响较大。

1550年，意大利学者卡尔达诺（Cardano）最早使用玻璃镜片制作了一枚双

---

[1] 斯克拉罗夫：《世界因摄影而精彩，人类因摄影而进步》，戴闻名译，《参考消息》，2011年9月11日，第6版。
[2] 吴钢：《摄影史话》，北京：中国摄影出版社，2006年，第3页。

面凸透镜，并放在暗箱里观看成像效果。[1]这在其著作《根本问题》中提到过。1558年，意大利物理学家坡尔塔对暗箱成像进行了清晰地描述，并制作了真正具有照相机雏形的绘画暗箱。他把一枚水晶制作的凸透镜安装在暗箱上，通光量获得增加，从而获得一个更加明亮、更加清晰的影像。此外，他还把一面镜子固定在镜头的后方，把一个倒立的负像纠正为一个正立的正像。此后，在文艺复兴时期的欧洲，绘画暗箱逐渐流行起来，当时的艺术家、科学家都已经对暗箱非常熟悉。

在此后的几百年间，暗箱和光学镜头逐渐获得不同程度的改进。16世纪，意大利的巴尔巴罗（Barbaro）教授在暗箱里安装了一片隔膜状的光圈，使图像更加清晰，这是镜头内置光圈的雏形。后来又发明了反光镜，即在暗箱内安装一面45°倾斜的镜子，在镜子的上方安装一块磨砂玻璃，通过镜头与反光镜距离的调节可以改变成像的清晰度。这为今后单反相机的发明指明了方向。当时，许多画家都在使用这种暗箱来辅助绘画，只要把半透明的纸铺在磨砂玻璃上，即可准确地描摹出景物的图像。

图 3-1 绘画用的暗箱，版画

1611年，德国天文学家开普勒出版《屈光学》，这是一部关于镜片光学的专著。他发明了一种可携式相机的原型——可拆卸与移动的帐篷，人们可以在里面

---

[1] 吴钢：《摄影史话》，北京：中国摄影出版社，2006年，第5页。

把从外面投射进来的影像绘制在帐篷内壁。[①]1646年，阿塔纳斯·珂雪（Athanasius Kircher）在他的一篇论文中配有一幅插图，插图内容是他发明的一种幕状可拆卸暗箱装置，并说明该装置可用于辅助绘制风景画。[②]1666年，英国科学家牛顿（Newton）发现了光的色散现象，并于1704年出版《光学》。1733年，英国行政管理人员霍尔（Hall）发明消色差镜头，并在商店里出售。1778年，英国的斯托尔（Storer）制作的暗箱中，镜头上有两枚可更换的镜片，可以改变不同的焦距。1812年，英国的乌拉斯顿发明弯月形透镜，透过它可以看到60°视角的图像。

经过漫长时间不断试验的积累，光学知识和机械知识不断获得发展，终于使暗箱和镜头的制作技术走向成熟，为摄影术的诞生奠定了坚实的基础。此后，只剩下最后一步——如何将通过镜头和暗箱获得的清晰影像固定并永久保存下来。

二、摄影化学与感光材料

与摄影光学的长时期探索相比，摄影化学的历史要短暂得多。早在公元8世纪，阿拉伯化学家哈及莫（Dschabir Lbn Hajjam）把银放到硝酸里，从而获得硝酸银。公元1200年左右，德国人马尼斯（Albertu Magnus）在其化学著作中，提到过硝酸银遇到一种有机物后会变黑。此后，自公元16世纪首次发现感光现象以来，之后的数百年间有不同的人都发现了银盐的感光现象。早期的这些发现，并未让人们把它与摄影光学紧密联系在一起，因此未受到应有的重视。但这些摄影化学方面的经验，为后来摄影术的诞生奠定了感光材料方面的基础。

在西方，有关感光现象最早的记载是在16世纪，法国人法布里奇乌斯（Georg Fabricius）在炼丹时偶尔配制出氯化银，并且发现这种物质在阳光的照射下会变黑。他于1556年出版《金属》，其中提到景物的投影通过一枚玻璃滤镜时，会在角质银的涂层上固定成灰色或黑色。[③]

1663年，英国化学家博依勒（Robert Boyle）也发现氯化银经光照后会变黑的现

---

① 顾铮：《世界摄影史》，杭州：浙江摄影出版社，2006年，第2页。
② ［美］内奥米·罗森布拉姆：《世界摄影史》，包甦等译，北京：中国摄影出版社，2012年，第190页。
③ 吴钢：《摄影史话》，北京：中国摄影出版社，2006年，第11页。

象。1694年，法国化学家奥姆拜尔（Wilhem Homberg）把一只经硝酸银溶液浸泡过的牛骨盒放在阳光下晒，结果它变黑了。

1727年，德国医药学教授舒尔策也发现硝酸银遇到阳光变黑的现象。他把硝酸银与白粉混合溶液放在玻璃瓶中，结果向阳一侧变黑了。过去人们认为有些物质变黑或褪色是温度升高所导致，而舒尔策则通过上述试验告诉人们：物质变色并非受热导致，而是由于见光。

1777年，瑞典化学家舍勒发表文章说他通过试验发现氯化银的感光现象，并且发现日光中的紫色光更容易让氯化银感光。他还发现感光变黑的物质中所含的金属银颗粒可以通过氨水沉淀。[①]

1780年，法国物理学教授夏尔勒（Jacques Alexandre Cesar Charles）把涂有氯化银的白纸在阳光下晒，获得了一个影子的轮廓影像。在一次讲课中，他通过阳光把学生的影子投射到一张涂有氯化银的白纸上，结果获得了学生头部轮廓的影像。这是首次把感光现象与暗箱结合的尝试（教室相当于一个大型暗箱）。遗憾的是，夏尔勒并未成功地把这个影像固定下来，学生的影像渐渐地在白纸上消失了。

图 3-2　夏尔勒在涂有氯化银的白纸上成功捕获学生头部的影像，版画

①［美］内奥米·罗森布拉姆：《世界摄影史》，包甦等译，北京：中国摄影出版社，2012年，第191页。

19世纪初，英国的韦奇伍德也做了硝酸银感光的试验。他把树叶放在涂有硝酸银的皮革上，然后放到阳光下曝晒，他发现皮革上未被树叶覆盖的部分慢慢变黑，而树叶下方的皮革则留下白色的影像。但之后这个白色影像也在光线作用下慢慢变黑，韦奇伍德也未成功地通过化学方法将影像固定下来。

三、早期的摄影术

前文所述的摄影先驱们都没有成功获得定影的方法，直到尼埃普斯和达盖尔登场：前者拍摄了迄今留存的用暗箱拍摄的世界上最早的照片；后者是"达盖尔式摄影法"的发明者，也是将摄影术公之于众的第一人。

1. 阳光摄影法

约瑟夫·尼瑟福·尼埃普斯是一名法国退伍军官，1816年他和他的哥哥克劳德（Claode）通过暗箱在一张含有氯化银的纸上成功地生成了影像。不足的是，这是一个黑白相反的负像；而且这是一个非永久性的影像，会随着时间的流逝而逐渐消失。为了获得正像，尼埃普斯还尝试将负像重新翻拍，从而获得影调正确的正像照片。当然，这些技术是不成熟的。

1922年克劳德去国外后，尼埃普斯一直致力于在金属版上生成正像，并使这项技术用于印刷。于是，他尝试把白沥青涂在一块锡板上，经过长时间曝光使沥青硬化，再把锡板放入薰衣草

图3-3　约瑟夫·尼瑟福·尼埃普斯肖像，1854年，画布油画，李奥纳·弗朗索瓦·贝格　绘

油中，把沥青未硬化的部分洗去。这样就形成了影调正确的正像。1926年（或1927年），尼埃普斯将这种涂有沥青的锡板放入暗箱，经过长达8小时的曝光后，成功地在其工作室里捕获了窗外的风景，这也是摄影史上第一张永久性照片！这张照片至今仍完好地保留在美国得克萨斯大学。尼埃普斯将他发明的这种摄影方法称作"阳光摄影法"（Heliography）。

图 3-4　《窗外的景色》1826 年（或 1827 年），阳光摄影法照片　约瑟夫·尼瑟福·尼埃普斯　摄

尼埃普斯将通过"阳光摄影法"获得的锡板经蚀刻后形成凹版浮雕，然后将其用于印刷，他将这种方法称为"照相制版法"（photomechanical printing process）。这种方法经过不断改进后，被广泛运用于印刷制版，成为照相制版印刷工艺的先驱。[①]

不过，"阳光摄影法"由于曝光时间太长，并未成为一种流行的摄影方法。为了缩短曝光时间，尼埃普斯先后尝试用银板、镀银的铜板来替代锡板，但他依然没有获得成功。1827 年，尼埃普斯经过光学设备制造商文森特·谢瓦利埃（Vincent Chevalier）结识了画家达盖尔，并于 1829 年达成协议与之共同致力于摄影技术和工艺的研究。遗憾的是，1833 年，尼埃普斯这位重要的摄影术先驱逝世了，而达盖尔仍在继续致力于摄影术的研究工作。

2. 达盖尔式摄影法

达盖尔是法国巴黎的一名绘制全景画的画家。19 世纪，在欧洲许多大城市的剧场里都能看到全景画。全景画是一种绘有大型风景、城市建筑、战争情景的巨幅绘画，在剧场中半暗的光照环境中展出，能使观众产生一种身临其境的感受。

---

① ［美］内奥米·罗森布拉姆：《世界摄影史》，包甦等译，北京：中国摄影出版社，2012 年，第 192 页。

在全景画的基础上，达盖尔发明了"透视画"（Diorama），并获得了很大的成功。他把全景画绘制在半透明纸上，再用变化多端的灯光进行投射，从而给观众带来一种如梦似幻的视觉感受。1822年7月，达盖尔的"透视画馆"开张，上演了风光片《萨尔嫩峡谷》，通过灯光控制，产生一种震撼的视觉效果，让观众逼真地感受到峡谷风光的凄凉感。此后十多年的时间里，达盖尔都在不断推广他的"透视画"娱乐项目。

图 3-5　19 世纪欧洲风靡一时的"透视画"，版画

图 3-6　路易·雅克·曼德·达盖尔肖像　1844年，达盖尔法照片，让·巴蒂斯特·萨巴蒂尔 – 布洛　摄

　　不过，达盖尔并不满足于"透视画"这种无法固定住的幻象，而是试图用化学方法来记录并固定影像。达盖尔与尼埃普斯经过4年的合作，并未成功地提高感光速度。他曾尝试用碘蒸汽对镀银的铜板进行光敏化，使铜板上生成一层碘化银，但感光性能依然特别低。1837年，达盖尔偶然发现，曝光后的铜板遇到水银蒸汽时（相当于显影的过程），在铜板上会形成清晰、鲜明的影像。这种方法大大地缩短了曝光时间，拍摄一张照片从过去需要8个小时缩减为30分钟，这大大地提高了摄影的实用性。1837年，达盖尔把这种摄影方法命名为"达盖尔式摄影法"。

　　与谨慎的尼埃普斯拒绝公开自己的摄影研究成果相反，达盖尔认为："像这种发明专利权，如果归诸个人所有，那么就永远不会造福社会，只有由国家收购公布

图 3-7　巴黎圣殿大街　1838 年，达盖尔法照片，达盖尔　摄

图 3-8　法国科学院和艺术学院联席会议，1839 年，版画

天下，才能靠众人的力量而立刻完成。"①为了让研究获得更多的进展，达盖尔向法国政府申请资助，最终法国决定每年向达盖尔提供6000法郎来购买摄影术专利，达盖尔获得了成功。

1839年8月19日，法国科学院和艺术学院举行了一次联席会议，公布了达盖尔的发明，该发明也被认为是摄影术正式诞生的标志！法国众议院议员阿拉戈在联席会议上说："法国自豪地宣布，我们为全世界作出了贡献。……考古学将从这项新技术中得到多大的好处呀！光要把刻在第比斯、孟菲斯及卡纳克等地的巨大石碑上的象形文字摹写下来，就需要花20年的时间，还要有大批擅长描绘的工匠，而假如利用达盖尔式摄影术的话，那么只要一个人就能完成同样规模的任务。……天文学家也可受益于这项新发明，我们能期望拍摄出我们卫星的摄影地图。在几分钟的时间里，一个人就能完成一项天文学上花时间最长，而且最艰巨的工程。"

3. 其他早期摄影术

除了尼埃普斯的"阳光摄影法"与达盖尔的"达盖尔式摄影法"外，还有其他一些关于摄影术发明的记载。其中之一是法国艺术家赫拉克勒斯·弗洛朗斯（Hercules Florence）的摄影发明，这一事件直到1973年才被摄影史学家发现。弗洛朗斯有绘画基础，在1928年移民巴西。根据其实验手册的笔记可知，在巴西内地一个偏远的村庄，他在暗室中捕捉到了影像，并构想出制造负片—正片的原基。其制作影像的目的是辅助绘画。1839年10月，他曾将他的发明登载在圣保罗的报纸上。②

摄影术的另一发明者是法国财政部公务员伊波利特·贝亚尔（Hippolyte Bayard）。从1838年起他就开始研究"用光作画"的技术。1839年5月，他向阿拉戈汇报了一种可以直接在相纸上获得正像的方法，即通过含有氯化银和碘化钾的纸变灰来获得影像。但是当时法国政府正在大力支持达盖尔的摄影发明，有意地忽视了贝亚尔的摄影发明。直到1839年8月19日"达盖尔式摄影法"公布之后，1840年2月24日贝亚尔才将自己的发明公之于众，但摄影术发明者的头衔早已被达盖尔夺去。

---

① 曾恩波：《世界摄影史》，台北：艺术图书公司，中国摄影出版社影印版，1985年，第22页。
② ［法］昆汀·巴耶克：《摄影术的诞生》，刘征译，北京：中国摄影出版社，2015年，第21页。

图 3-9 扮成溺水自尽者的贝亚尔，1840 年，直接纸基正像，伊波利特·贝亚尔 摄

第二节 摄影术传入中国

摄影术1839年8月在法国巴黎宣告诞生之后，这种利用机械获取逼真图像的神奇方法便迅速穿越国境，传遍了整个欧洲，人们都争相去看这些用达盖尔法拍摄的风光和静物照片。很快，这项发明便冲出了欧洲，传入世界各地不同的角落：霍勒斯·韦尔内（Horace Vernet）和另一名画家带着相机乘船前往埃及；1839年10月底，美国百老汇的一家店铺展示了摄影爱好者西格（Seager）用达盖尔法拍摄的照片；11月起他们拍摄了雄狮并将摄影这一新媒介展示给当地的高级官员；12月底，摄影术传入南美洲，路易·孔特（Louis Compte）等人在巴西的萨尔瓦多开设了一家达盖尔法照相馆。[1]当然，不久之后摄影术也随着第一次鸦片战争传入中国。

---

[1] ［法］昆汀·巴耶克：《摄影术的诞生》，刘征译，北京：中国摄影出版社，2015 年，第 27—28 页。

一、国外文献对摄影术传入的记载

1840年6月至1842年8月，中英之间爆发第一次鸦片战争。在中国最早出现的摄影活动，很可能就出现在侵华的英国军队当中，他们可能是英军中的随军摄影师，也可能是英军里的摄影爱好者。对此，我们很难准确地判定中国最早的摄影活动出现在哪一年，只能就已知的材料来大致判断摄影术最初传入中国的情形。

1. 巴夏礼的日记

据目前已经发现的资料，关于中国摄影活动的最早记录，出现在英国人巴夏礼（Sir Harry Parkes）在第一次鸦片战争末期写的日记当中。

巴夏礼当时作为英国特命全权公使璞鼎查的见习中文翻译，随璞鼎查一行乘"维多利亚女皇号"沿长江前往南京。巴夏礼在1842年7月16日的日记中写道：

今日，麻恭少校与伍斯纳姆医生在此地拍摄了一张达盖尔银板照片。我不太清楚达盖尔银版摄影术究竟是怎么一回事：把一片抛光的金属板迎着太阳，再借助玻璃和其他一些材料，就可以原样记录下眼前所见，然后再施以药剂，影像就可以保留多年。它太神秘了，纵有文字描述也只是徒劳。[①]

"此地"是一个叫"Se-shan"的地方，有学者考证"Se-shan"是江苏镇江附近的一个叫圌山的地方，[②]在圌山上建有炮台，在第一次鸦片战争期间这里发生过炮击战。但日记并未对拍摄到的影像作任何描述，也没有任何其他资料可以证明拍摄到的影像以版画的形式出现在出版物中。我们只能推测，要么此次所摄影像散佚，要么这次拍摄以失败告终。不过，如果这次拍摄顺利的话，它很可能是中国最早的影像。

英国人泰瑞·贝内特（Terry Bennett）还对麻恭少校与伍斯纳姆医生的身份进行了考证：麻恭少校于1839年作为璞鼎查的秘书随其来华，负责与伦敦方面协商中英战后条约的修订；伍斯纳姆医生于1841年被任命为璞鼎查中国使团的医生，随海陆军行动。但是并未发现其他有关麻恭少校和伍斯纳姆医生拍摄达盖尔银版照片的

---

① ［英］泰瑞·贝内特：《中国摄影史 1842—1860》，徐婷婷译，北京：中国摄影出版社，2011 年，第 1 页。
② 金存启：《中国摄影史上第一张照片拍摄于圌山》，引自《镇江日报》，2013 年 11 月 28 日。

资料，于是巴夏礼的这篇日记成为孤证。

或许在第一次鸦片战争之初，就有像麻恭少校与伍斯纳姆医生这样在中国从事摄影活动的外国人。尽管这些摄影活动是第一次出现在中国，但我们无法找到更多的资料来判定其对中国产生的影响：这些摄影活动是否为当时的中国人看到过？当时的中国人是否看到过达盖尔法银版照片？我们都不得而知。幸运的是，两年后一位法国海关检察官也来到中国，在澳门和广州拍摄了一批达盖尔法银版照片——这些成为迄今中国发现的最早的照片，而且在摄影师的日记中详细记载了他的拍摄活动，以及与中国官员的交往活动。

2. 埃及尔和首批中国影像

于勒·埃及尔（Jules Alphonse Eugène Itier）1802年4月8日出生于法国巴黎一个军官家庭，17岁毕业后到法国海关工作。摄影术诞生后不久他便开始接触摄影，并成为一名业余摄影师。第一次鸦片战争结束后，英国通过签订《南京条约》享受了一系列特权，法国也想效仿，于是派特使兼全权公使拉萼尼率外交使团赴中国进行贸易谈判。埃及尔也是外交使团中的成员之一，1844年8月13日，法国使团所乘的"西来纳号"三桅战船抵达澳门。

埃及尔在其《中国之行日记》（1844年10月14—15日）中记载：

澳门让人惊叹。这两天，我用随身带来的一架达盖尔银版相机拍摄。行人对我的拍摄要求每每非常配合。他们是世界上最友好的人，很多人愿意为我摆姿势；作为回报，应他们的要求，我会在拍照后向他们展示相机内部的构造以及抛光的金属板上的影像。他们对此充满了惊奇，笑声不断。[1]

这则日记是目前发现最早的关于中国人与摄影术的互动，此时距1839年8月摄影术宣告发明已五年有余。而且埃及尔成功地拍摄到了达盖尔式照片，这批照片成为迄今为止已发现的最早的中国影像。根据日记记载，刚到澳门的两个月时间里，他似乎忙于公务无暇拍摄，直到10月中旬才开始拍摄。

埃及尔所在的法国使团到达澳门后，换乘"阿基米德号"战舰赴广州黄埔港。1844年10月24日，法国公使拉萼尼和清朝钦差大臣兼两广总督耆英代表两国政府在

---

① [英] 泰瑞·贝内特：《中国摄影史 1842—1860》，徐婷婷译，北京：中国摄影出版社，2011 年，第 3 页。

这艘战舰上签订了《黄埔条约》。在签约之前，埃及尔为中法双方代表拍摄了合影，之后又为耆英和广东巡抚黄彤恩分别拍摄了一张单人照。①

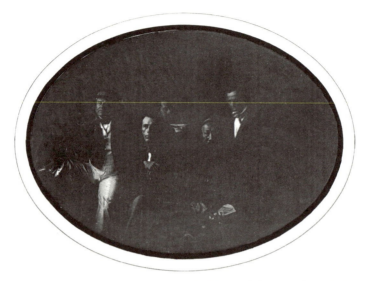

图 3-10　中法双方代表在"阿基米德号"上签署《黄埔条约》时的合影
1844 年，达盖尔法照片，于勒·埃及尔　摄

签署《黄埔条约》时拍摄的合影，可以说是现存最早的关于中国的新闻摄影图片之一。不过限于当时的技术条件，这张照片并未进入新闻传播领域。耆英的半身照是现存最早的中国人物肖像照片之一。1843 年，耆英曾用妻子的画像交换璞鼎查夫人的画像②，他认为赠送肖像是外交礼节的需要。在谈判签约时，意大利、英国、美国、葡萄牙等四国官员向他索取"小照"时，他将一式四份"小照"分别赠予。"小照"原指人物画像，在摄影术传入中国的早期，借用"画小照"来称呼摄影。③

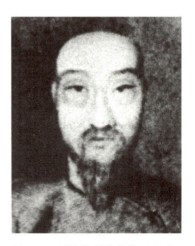

图 3-11　两广总督耆英像，1844 年，达盖尔法照片，于勒·埃及尔　摄

---

① ［英］泰瑞·贝内特：《中国摄影史 1842—1860》，徐婷婷译，北京：中国摄影出版社，2011 年，第 4 页。
② ［美］徐中约：《中国近代史》（第 6 版），北京：世界图书出版公司，2008 年，第 156 页。
③ 马运增等：《中国摄影史 1840—1937》，北京：中国摄影出版社，1987 年，第 16 页。

　　《黄埔条约》签订后，埃及尔随使团回到澳门，利用闲暇时间用达盖尔相机拍摄了一些当地的风景照片，如南湾码头、庙宇、宝塔、集市等，他也拍摄了一些当地人的肖像照片。之后，埃及尔随使团到广州，拍摄了一批广州的风景照片。

图 3-12　澳门南湾风光，1844 年，达盖尔法照片，于勒·埃及尔　摄

　　在埃及尔的日记中记载了中国人刚刚接触摄影时的情景，不仅是普通百姓对摄影感到好奇，就连广州的官员也对这种前所未有的新技术啧啧称奇：

　　我今天一天都在潘仕成府上照相。我带来的达盖尔银版相机给他们全家人招来不少"麻烦"。谁该第一个被照呢？排在第一位的是潘仕成的母亲。潘的妻子李氏谢绝了拍照的提议，所以我照了潘仕成的姊妹——一位尽管在脸上涂了白色、红色、蓝色、黑色化妆品，却仍然算不上漂亮的女孩子。我还拍摄了他的两个大儿子、保姆、襁褓中的孩子。有的拍得好一些，有的差一些。艰难的拍照过程持续了3个多小时，这时候，街上响起了锣声，广州城的五位官大人驾到来看这个全城人都在谈论的神奇的发明。最重要的一位大人是广州提督，和他一起驾到的还有统领八旗官兵的广州将军……潘仕成和他的子女们的照片被一抢而空，每个人都非常高兴地拿到自己的小照……一群新来的人围了上来……让我去外面照相给其他人看看，我很乐意答应他们的请求。[①]

1844年10月中旬到11月底，埃及尔在澳门和广州拍摄的达盖尔式人物和风景照片现存40余幅，其中的37幅被保存在法国摄影博物馆中，这也是目前发现的19世纪40年代关于中国的唯一一批影像。

二、本土文献对摄影术传入的记载

除了前文提到的1842年巴夏礼的日记、1844年埃及尔的日记提及摄影术传入中国之初的情景外，中国本土的相关文献也有记载。从不同侧面呈现了中国人对摄影术这种新事物的认知和反应。

1. 摄影术传入广东

目前最早关于摄影术传入中国的文献记载，出现在1846年湖南进士周寿昌的日记《广东杂述》当中，当年他在广东游历了三个月，将见闻写入，他写道："奇器多而最奇者有二。一为画小照法：坐人平台上，面东置一镜，术人自日光中取影，和药少许涂四周，用镜嵌之，不令泄气。有顷，须眉衣服毕见，神情酷肖，善画者不如。镜不破，影可长留也。取影必辰巳时，必天晴有日。"[②]"画小照法"即周寿昌对摄影术的形容；"术人"即摄影师；"不令泄气"意味着周对摄影暗箱和成像原理缺乏了解；"奇器多而最奇者"，说明周对摄影这一新事物感到无比好奇，这与埃及尔日记中描述的人们对摄影术的好奇如出一辙。

1883年周寿昌又在原文下加注："今照相法中国人皆能之，各省皆有，但制药必自外洋，镜亦如此，有高下数等。""各省皆有"说明在1883年之前摄影术已经变得十分流行；"必自外洋"说明当时的照相机、感光用的化学品都依赖于从国外进口。

此外，另一条记载是广东浔州营副将福格在其著作《听雨丛谈》中记录的："海国有用照影，涂以药水，铺纸揭印，毛发毕具，宛然其人。其法甚妙，其制甚

---

① [英]泰瑞·贝内特：《中国摄影史1842—1860》，徐婷婷译，北京：中国摄影出版社，2011年，第5—6页。
② 马运增等：《中国摄影史1840—1937》，北京：中国摄影出版社，1987年，第16—17页。

奇……"①《听雨丛谈》是一本关于清代掌故的
笔记，作者死于1856年。这条记录反映了19世纪
四五十年代广东省摄影技术传入的情况。

　　除了文献外，还有少量早期中国摄影师拍摄
的照片实物留存。在此举一例：中华人民共和国
成立后，曾征集到两幅罗以礼的肖像作品，现藏
于中国摄影家协会，一幅是"自摄像"，另一幅
是《广东老妪像》。两幅作品风格朴实，充满乡
土气息，均使用安布罗法拍摄。②

图 3-13　罗以礼自摄像，罗以礼　摄
中国摄影家协会收藏

　　2. 摄影术传入香港

肇初在《广东摄影界之开山祖》中记载：

周森峰、张老秋、谢芬三君……咸丰年间（1851—1861年）旅居香港，三人合
伴营油画业，店名宜昌。因摄影与绘画有关系，慕之，合资延操兵地一西人专授其
术，时干片未出世，所授皆湿片法。学成各集资二百元，改营摄影业。经营数载，
大有起色，截算各盈九千余元，乃分途谋进取。周留港，谢往福州，张则回省（广
州），设照相店于省之河南，亦以宜昌名，自同治年（1862年）至清代末叶，其店
屹然存在。③

　　由此可知，在1850年代的香港，已经有中国本土的人像摄影师在从事摄影活
动，而且把生意从香港逐渐向其他沿海城市发展。

　　3. 摄影术传入上海

近代著名学者王韬在1859年3月13日的日记中记载：

晨同小异、王叔、若汀入城。往栖云馆，观画影。见桂、花二星使之像皆在
焉。画师罗元祐，粤人，曾为前任道台吴健彰司会计。今从西人得受西法画，影价
不昂贵，而眉目清晰，无不酷肖，胜于法人李阁朗多矣。④

① 福格：《听雨丛谈》（卷八），《写真》，北京：中华书局，1959 年。
② 马运增等：《中国摄影史 1840—1937》，北京：中国摄影出版社，1987 年，第 28 页。
③ 肇初：《广东摄影界之开山祖》，《摄影杂志》，1922 年，第 2 期，第 106 页。
④ 王韬：《瀛壖杂志》（卷六），《西人照相之法》，见《历代小说笔记选》清（四），上海：商务印书馆，1934 年。

"桂、花二星使"是指1858年6月与英法两国签订《天津条约》的清朝钦差大臣、大学士桂良和吏部尚书花沙纳二人，这两幅早期肖像照都出自上海职业摄影师罗元祐之手。[①]由此可知，在19世纪50年代的上海，已经出现外国摄影师和本土摄影师共同活跃在肖像摄影市场的局面。

1872年5月2日《申报》刊登过一则广告："照相。启者。本号照相，与众不同，格外清明，倘贵客光顾者，请至三马路口，认明本招牌，庶不有误，其价格外公道，特此布告。三兴主人启。三月二十五日。"该广告连续刊登了9天之久。可见，在1872年之前，上海已经出现照相馆。

上述广告并非偶然现象，1872年10月12日《申报》开始连续11天刊登广告："宜昌照相。启者。本铺开设四马路中江西路隔壁转角起首老铺，照相十分清楚，价钱格外公道，与前不同，尊客光顾者，望认明本铺招牌是荷，此布。宜昌启。"

第三节　中国人对摄影术的反应

法国摄影师纳达尔曾记录了欧洲人最初接触摄影术时的反应："照相有如妖术，与怪力乱神沦为一谈。人们觉得摄影师如同巫师，借助冥王的力量，用相机摄取他们的魂魄……人们一开始并不能接受照相，这也在情理之中；他们对相机又敬又怕。比如面对野兽，人们总要稍等片刻，才能想出个对策。"[②]在中国，人们对西方传来的新奇的摄影术，同样有一个从排斥、接收到掌握的过程。

一、中国人对摄影术的排斥

在众多的文献资料中，我们可以找到许多中国人由于迷信或其他原因排斥摄影术的例子。但这种情形并不为中国所独有，在此再举一非洲的例子。20世纪80年代早期，探险家约瑟夫·汤姆森（Joseph Thomson）记录了非洲土著人对摄影

---

① 马运增等：《中国摄影史 1840—1937》，北京：中国摄影出版社，1987 年，第 26 页。
② ［英］泰瑞·贝内特：《中国摄影史：中国摄影师 1844—1879》，徐婷婷译，北京：中国摄影出版社，2014 年，第 11 页。

的恐惧：

我很想拍些当地土著人的照片。但取得他们的信任非常不容易。我尽力表现得友好，准备了很多项链作礼物送给他们。不过他们对这些俗气的饰品丝毫不感兴趣。通过使用夹子等辅助小道具，我大致能让他们保持同一姿势，站得久一些，但我一对焦，他们就立刻害怕地跑进树林，前面这些准备就前功尽弃了。他们觉得我是个能摄取他们灵魂的巫师，一旦被照下来，就会任我摆布。拍完照，男人就赶紧带着女人逃跑，甚至不敢看一眼照片。我拍了几张，都不成功，于是只好放弃。在这里劝他们拍照，要赔笑、送东西，简直是浪费时间。①

对摄影的迷信认识，以及对这种新生事物的恐惧，在中国的情况几乎和上述的情景一模一样。在摄影术传入中国的半个世纪里，把摄影视作危险事物、"奇技淫巧"的现象非常普遍地存在。

1844年9月，美国人奥斯蒙德·蒂法尼（Osmond Tiffany）谈到一家在香港设立的照相馆开业时描述道："银版照片在当地引起了一阵轰动。在新中华街角，一家中国店的楼上，还摆着一架相机。很多守旧的中国人对照相术感到又震惊又迷惑，有些人觉得摄影师是巫师……"②

1860年10月24日，中英《北京条约》签约仪式举行，摄影师费利斯·比托（Felice Beato）在拍照时，围观的群众多达一万余人。文人刘毓楠记录了当时人们好奇的情景："大堂檐外设一架，上有方木盒，中有镜，复以红毡，不知何物？是日观者万余人。"③对同一事件，英国中将詹姆士·格兰特爵士在日记中也记录了拍照时的情景：

在签约仪式中，永不疲惫的比托先生架起了他的相机，准备为"签署合约"拍摄一张传世之作。他把相机放在靠门的位置，大镜头正对着恭亲王的胸口。亲王殿下脸色死灰，把目光投向额尔金勋爵和我，担心这个机器随时可以夺去他的性

---

① ［英］泰瑞·贝内特：《中国摄影史：中国摄影师1844—1879》，徐婷婷译，北京：中国摄影出版社，2014年，第13页。

② ［英］泰瑞·贝内特：《中国摄影史：中国摄影师1844—1879》，徐婷婷译，北京：中国摄影出版社，2014年，第16页。

③ 马运增等：《中国摄影史1840—1937》，北京：中国摄影出版社，1987年，第20页。

命——也难怪,比托的相机看起来像一架迫击炮,似乎随时可以发出炮弹,置亲王于死地。当我们向他解释,这只是在拍照,完全没有恶意时,他苍白的脸色才缓和过来。①

那次拍摄因现场光线太暗,最终没有成功。11月2日再次拍摄恭亲王时,额尔金在日记中记录了当时的情景:"恭亲王今天过来同我见面……我们在结束之前拍摄了他的照片,但是我觉得,他似乎并不太喜欢被拍照。"

作为清廷皇室要员,在1860年时恭亲王奕䜣尚且对摄影术完全不了解。摄影术虽然在19世纪40年代传入中国南方的澳门、香港、广州等沿海城市,但摄影术传入北方的时间要更晚,所以才出现上述对摄影产生误会和恐惧的情形。

以下,从鲁迅的文章《论照相之类》来再现S城人对摄影术的认识:

照相似乎是妖术。咸丰年间,或一省里,还有因为能照相而家产被乡下人捣毁的事情。但当我幼小的时候,——即三十年前,S城却已有照相馆了……S城人却似乎不甚爱照相,因为精神要被照去的,所以运气正好的时候,尤不宜照……那时却又确有光顾照相的人们,我也不明白是什么人物,或者运气不好之徒,或者是新党罢。只是半身像是大抵避忌的,因为像腰斩……所以他们所照的多是全身……②

鲁迅此文写于1924年11月11日,说明S城(应为绍兴)在19世纪90年代已经有照相馆了。作为一种从西方传入的技术,S城人对摄影这种新奇的事物充满了迷信和恐惧,摄影被认作妖术,会招致厄运。

当时人们对摄影术的排斥,也出于人们把照相当作洋人的事物而抗拒。历史学者张鸣曾提及人们对电报线的排斥:"传教士李提摩太提到过这样一个故事,甲午前,洋人工程师在山东安装有线电报线的时候,德州有家人家孩子丢了,民间哄传是被电线摄走了魂魄然后被洋人拐走了。所以,直到辛亥革命发生,各地一有点什么事儿,就有人砍电线杆。"③其实摄影的遭遇如出一辙。

---

① [英]泰瑞·贝内特:《中国摄影史 1842—1860》,徐婷婷译,北京:中国摄影出版社,2011年,第151—154页。
② 鲁迅:《论照相之类》,引自龙憙祖编著《中国近代摄影艺术美学》,天津:天津人民美术出版社,1988年,第144—145页。
③ 张鸣:《照相这点事儿》,张鸣的博客,新浪博客,http://blog.sina.com.cn/s/blog_4ac7a2f50102e45o.html。

到义和团运动出现时，北京的照相馆更是在"灭洋"的运动中被毁。"1900年义和团运动爆发，照相馆被义和团当成'二毛子'，'凡洋货店、照相馆尽付一炬'，北京的照相馆业受到巨大冲击。"[1]

二、中国人对摄影术的接受

随着摄影术在中国不断流传开来，人们也渐渐地接受了这种描摹人物无比逼真的新技术。最初接受摄影术的是清廷的外交人员及其他官员，以下以清廷钦差大臣耆英为例。

1844年10月24日，于勒·埃及尔在中法《黄埔条约》签署前为拉萼尼和清廷钦差大臣耆英拍摄合影，他在日记中记录道：

我又为耆英与黄拍摄了两张单人肖像，本想自己保留，但是在我笨手笨脚地把照片呈给他们看之后，我几乎不可能拒绝他们的恳求了——总督（耆英）笑容优雅地望着自己的照片，握着我的手大声地说："多谢，多谢"；黄则用自己带来的笔墨在扇子上为我写下了一些字句，签名以后，递给我作为答谢。[2]

从日记中的文字可知，钦差大臣耆英很早就对摄影有理性的认识，并且很自然地将其运用于外交场合。而且并非所有人都排斥摄影术，不少人初次遇到摄影术时完全是一种好奇，如于勒·埃及尔1844年10月28日在日记中写道："我一整天都带着达盖尔银版相机在澳门拍照，在拍照后，我会把玻璃上的留影给他们看。然而他们的反应却并没有我想象得那样剧烈，更像是孩子看到新奇事物时候的反应，是那种朦胧的好奇，而非震惊。"[3]

1868年，恭亲王奕䜣曾请约翰·汤姆森帮自己拍摄肖像。此时，距他1860年第一次拍照已经过去8年了，他对摄影的态度也发生了180度大转弯，完全不是当初那

---

① 徐家宁：《日本摄影师拍清末北京写真，曾为慈禧拍肖像照》，《北京日报》，2013年12月10日。
② ［英］泰瑞·贝内特：《中国摄影史：中国摄影师1844—1879》，徐婷婷译，北京：中国摄影出版社，2014年，第4页。
③ ［英］泰瑞·贝内特：《中国摄影史：中国摄影师1844—1879》，徐婷婷译，北京：中国摄影出版社，2014年，第5页。

个恐惧的样子了。醇亲王奕譞也对摄影非常有兴趣，多次请当时著名的肖像摄影师梁时泰为其拍照。

再从鲁迅的文章《论照相之类》，来看照相在S城的情况，文中描述的是当时各地照相馆拍摄肖像典型的场景：

旁边一张大茶几，上有帽架，茶碗，水烟袋，花盆，几下一个痰盂，以表明这人的气管枝中有许多痰，总须陆续吐出。人呢，或立或坐，或者手执书卷，或者大襟上挂一个很大的时表，我们倘用放大镜一照，至今还可以知道他当时拍照的时辰，而且那时还不会用镁光，所以不必疑心是夜里。①

三、中国人对摄影术的掌握

摄影术在欧洲诞生后，很快地，在1856年，伦敦大学就开设了一门新课程——摄影技术课。②不过，在摄影术传入中国的数十年间，限于人们对摄影的认识，当时的教育机构并未开设摄影类的课程（直到19世纪末，才有少数新兴学校把摄影技术列入课程学习的内容）。在摄影术传入之初，一些沿海城市的人们通过其他不同的途径掌握了摄影这门技艺，有的是通过向来华摄影师学习摄影，有的是拜本土摄影师为师学习摄影，有的是通过摄影书刊学会摄影，也有一些是在海外学会摄影……这是在中国本土形成的第一批摄影师，为摄影这门外来技术和媒介在中国落地生根奠定了基础。

1. 向来华摄影师学习摄影

据《中国摄影史：西方摄影师1861—1879》称："这些照相馆的老板大多是外国人，店铺也多立足于香港和上海。……除了摄影，不少摄影师还以传授照相技术为生，学艺的中国人里不乏跃跃欲试者。一些西方摄影师，比如威廉姆·弗洛伊

---

① 鲁迅：《论照相之类》，引自龙熹祖编著：《中国近代摄影艺术美学文选》，天津：天津人民美术出版社，1988年，第144—145页。
② 盛希贵：《新闻摄影教程》，北京：中国人民大学出版社，2003年，第3页。

德还兼销售相机、摄影耗材。"①我们无法判定这些最初学习摄影的中国人是出于什么目的，但毫无疑问，这批摄影师成为最早的中国摄影师，他们掌握摄影之后，又以师徒相授的方式传授给他们的学生或徒弟。

《广东摄影界之开山祖》一文中记载："周森峰、张老秋、谢芬三君……咸丰年间（1851—1861年）旅居香港，三人合伴营油画业，店名宜昌。因摄影与绘画有关系，慕之，合资延操兵地一西人专授其术，时干片未出世，所授皆湿片法。学成各集资二百元，改营摄影业。"从"延操兵地一西人专授其术"中可知，"宜昌"的三位店主是师从西方摄影师而掌握摄影术的。

此外，据《摄影杂志》记载："温棣南君，粤人，其父营业于本城大新街，业苏杭布匹。店名缤纷。常与外国人往来贸易。时有美国人自港来省，携有器械，欲摄取本城风景者也。寄寓该店。棣南深慕之，求得其术。时在同治年间。干片尚未发明，所用者仅湿片与蛋白纸而已。棣南学成后，即在本店开业，并以术授其兄。"②由文献记载可知，温棣南是从美国摄影师那里学会的摄影技术，并把摄影技术传授给他的兄长。

2. 师徒相传学习摄影

摄影术传入中国后，很快对之前古老的画像行业造成冲击。传统的画像方法费时费力，而且准确性会打折扣；而用照相机拍摄肖像则简便、快捷，所摄影像与真人一模一样。所以有些画师开始预见到肖像行业的新趋势，立即改行学习摄影，从《广东摄影界之开山祖》一文中也可见一斑。于是，摄影技术的传授渐渐变得和绘画技术传授一样，作为一种职业技能以师徒相传的方式传承下去。

《上海摄影史》对当时照相师傅带徒弟的微妙细节有生动的描绘："早期照相馆的工作人员，全部是由学徒一步一步学出来的，进店时必须有介绍人担保，要通过点烛烧香、跪红毯、叩头拜师仪式……学徒没有工资，每月只有少得可怜的月规钿……照相技术，则要从别人那里偷偷学来，师傅一般根本不教，恐怕教会徒弟自己反而失业，打碎了饭碗；当时流行一种说法：'教会徒弟，饿煞师傅。'……由

---

① ［英］泰瑞·贝内特：《中国摄影史：西方摄影师 1861—1879》，徐婷婷译，北京：中国摄影出版社，2013年，第 85 页。

② 肇初：《广东摄影界之开山祖》，《摄影杂志》，1922 年，第 2 期，第 106 页。

于学徒样样要做，而且为了日后能够立足于社会，混到饭吃，所以学习技术反而十分自觉，经过不断磨炼，多数人学到了一套全能的本领。"①

3.通过书刊学习摄影

以出版发行书刊来传播摄影技术，并非中国所独创。在摄影诞生的初期，达盖尔为了扩大摄影术的影响，经常请一些名人到自己家中来听课，也通过这种方式来传授摄影术。但达盖尔意识到了这种传播方式的局限性，于是出版了《达盖尔法》（1839年8月首次出版）来详细地介绍达盖尔式摄影法的每一道流程，该书法文版再版30余次，外文版也再版了8次，为早期摄影师掌握摄影术提供了极大的便利。

19世纪60年代初，清政府大力推行洋务运动，其中的一项措施是设立同文馆，培养翻译人才、外交人才及其他洋务机构所需的人才。同文馆翻译出版了大量国外的书籍，其中摄影方面的包括《脱影奇观》《色相留真》《格物入门》。《脱影奇观》出版于1873年，由苏格兰人德贞编译，是我国第一部摄影专著，也是一部完整的摄影教科书；《色相留真》1879年在《格致汇编》期刊上连载，由清末科学

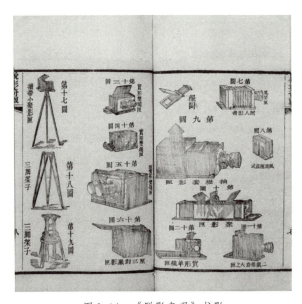

图3-14　《脱影奇观》书影

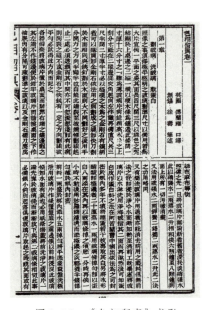

图3-15　《色相留真》书影

---

① 上海摄影家协会、上海大学文学院编：《上海摄影史》，上海：上海人民美术出版社，1992年，第194—195页。

家徐寿和英国翻译家傅兰雅共同编译；《格物入门》于1868年编译完成，是一部物理教科书，其中的《论光》部分介绍了光学原理、透镜成像原理，《照相之法》则部分介绍了各种摄影技术。

与前两种传播摄影技术的方式相比，摄影书刊的出版扩大了摄影的传播范围，为知识分子接触和学习摄影提供了更多的机会。前两种方式更多的是培养以经营照相馆为谋生手段的职业摄影师，而摄影书刊的目标对象的文化程度通常要明显高于照相馆摄影师。这样，使摄影在中国走出照相馆，使中国艺术摄影、新闻摄影的出现成为可能。

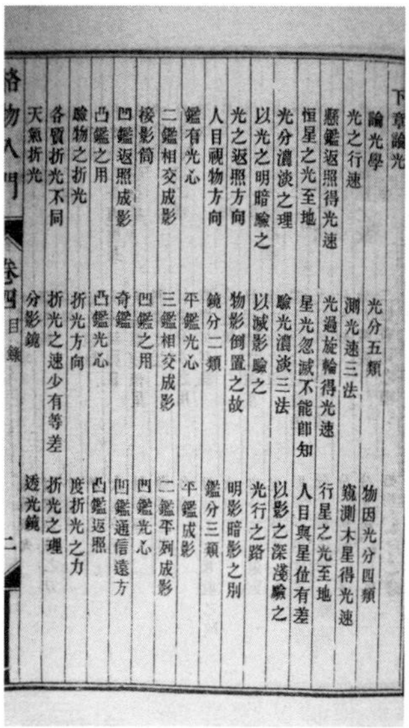
下章論光
論光學　光分五類　物因光分四類
光之行速　測光速三法　窺測木星得光速
懸鑑返照得光速　光過旋輪得光速　行星之光至地
恒星之光至地　星光忽滅不能即知　人目與星位有差
光分濃淡之理　驗光濃淡三法　以影之深淺驗之
以光之明暗驗之　以減影驗之　光行之路
光之返照方向　物影倒置之故　明影暗影之別
人目視物方向　鏡分二類　鑑分三類
鑑有光心　平鑑光心　平鑑成影
二鑑相交成影　三鑑相交成影　二鑑平列成影
稜影筒　凹鑑之用　凹鑑光心
凹鑑返照成影　奇鑑　凹鑑通信遠方
凸鑑之用　凸鑑光心　凸鑑返照
驗物之折光　折光方向　度折光之力
各質折光不同　折光之速少有等差　折光之理
天氣折光　分影鏡　透光鏡
格物入門　卷四　目錄　二

图 3–16　《格物入门》书影

4. 出国学习摄影

鸦片战争之后，清政府闭关锁国的政策被强制打破，此后不少沿海城市的人们有了海外留学或生活的经历，他们在国外亲眼看见了摄影的盛况，便在海外学会了摄影。如林箴曾于1847年应邀前往美国讲学，看到美国流行达盖尔式摄影后，便开始学习摄影，并购置了一套摄影器材；中国最早的留学生容闳曾于1847年留学美国，后来在美国学会摄影；广东摄影师罗森，在1853至1854年间，曾作为美国摄影师伊利法特·布朗（Eliphalet Brown）的助手前往日本进行采访摄影，他可能在这一时期学会摄影；北京丰泰照相馆的主人任庆泰，曾在同治、光绪年间在日本一家照相馆学会摄影；《照相新编》的作者吴仰曾在1872年留学美国，很可能是在留学期间学会摄影……

这些在海外学会摄影的人们回到中国后，或者以摄影为业余爱好，或者开设照相馆，或者以摄影为科学辅助手段，或者以摄影来记录新闻事件，或者招收摄影学徒，或者编写摄影书籍……他们以各种方式影响了中国的摄影发展。

第四节　摄影术传入中国最初的情形

摄影术随着欧洲侵略者的坚船利炮传入中国，不久就开始了摄影术在中国传播的历程。最早一批在中国进行拍摄活动的摄影师大多为国外摄影师，他们的身份大多为随军摄影师、经营流动照相馆的摄影师、商人、传教士、旅行者和外国领事馆官员。拍摄的题材主要包括：肖像、自然风光、中西建筑、外交、战争、城市风貌等。早期来华的著名摄影师除了于勒·埃及尔外，还有费利斯·比托、弥尔顿·米勒、威廉·桑德斯、约翰·汤姆森、托马斯·查尔德等。保存至今的中国早期影像中，绝大多数出自这些国外摄影师之手。而这些国外摄影师在中国的摄影活动，必然对中国人接触、认识、理解、掌握摄影术产生了深远的影响。把诞生自西方的摄影术带入中国或许并非他们的本意，但客观地说，正是由于这群国外摄影师的活动，才使摄影这种新媒介进入中国并落地生根。

不久，就出现了中国本土摄影师，他们中有的是业余爱好者，有的是开设照相馆的职业摄影师，有的将摄影用于测绘等科技用途，也有的把摄影用于纪实。其中占主流的是照相馆的职业摄影师，他们以为富裕阶层拍摄肖像为主要营生，但也会拍摄一些风景照片销售给国外旅行者。由于当时摄影所需的曝光时间仍然较长，距现代意义上的新闻摄影还有较大差距，摆拍或拍摄静态对象是主要的拍摄方式。但客观上，那些影像也在小范围内实现了类似新闻摄影的价值。尽管当时没有新闻摄影记者，但如果遇到什么重大活动，人们就会到照相馆请摄影师把活动记录下来。而完全意义上的新闻摄影传播，则是20世纪当照片能够直接印刷到新闻报纸和新闻刊物上之后的事。

一、肖像摄影

摄影术传入中国时，最初的肖像摄影包括两大类：一类是贵族阶层的肖像，包括清廷官员、皇室成员和在华的外国人等；另一类是照相馆组织拍摄的用于销售的肖像照，包括摆拍的平民肖像、伶人肖像、娼妓肖像等。

1. 贵族阶层肖像

摄影术传入中国最初的数十年里，普通百姓拍摄肖像并不普遍，仅有当时的富裕阶层才有拍摄肖像的习惯。当时在东南沿海城市的繁华街道，如上海三马路、香港皇后大道，都开设有或移动或固定的照相馆。由于当时的摄影术曝光速度非常慢，肖像照大多是在"照相楼"内拍摄的，"照相楼"是位于顶层楼上的一间玻璃摄影棚，利用日光的亮度来拍摄。而有室外景色的肖像照，要到19世纪80年代干版摄影法出现后才渐渐实现。

与西方拍摄肖像流行的拍摄3/4侧面照不同，中国受传统肖像画的影响，喜欢拍摄正面全身照。关于这一点，约翰·汤姆森在其游记中描述过：

中国人从不照那种侧面或四分之三脸部的相片，其原因是在他们看来，肖像应有两只眼睛、两只耳朵，只有这样才会使整个脸庞望如满月。按照这个传统的对称要求，中国人要把整个轮廓完整地表现出来；在脸上，要求尽可能地减少阴影。即使有一点儿，也要求对称。[1]

图 3-17　李鸿章坐像，威廉·桑德斯　摄，约 1870 年，泰瑞·贝内特收藏

---

[1]［英］约翰·汤姆森：《镜头前的旧中国——约翰·汤姆森游记》，杨博仁、陈宪平译，北京：中国摄影出版社，2001 年，第 20 页。

由于当时清廷官员与外国人接触较多，他们或被动或主动地由外国摄影师拍摄自己的肖像，交换肖像渐渐成为中外官员在外交场合的一种习惯。到后来，不少清廷官员也主动请外国或本土摄影师拍摄肖像。以晚清重臣李鸿章为例，在19世纪70年代，著名摄影师威廉·桑德斯、约翰·汤姆森、梁时泰均为其拍摄过肖像。皇室成员恭亲王奕䜣、醇亲王奕譞更是热衷于拍照，仍有不少肖像存留至今。而在东南沿海城市活动的外国人，包括外交人员、军人、旅行者、经商者等，他们经常在当地照相馆拍摄肖像，并把它寄回给远在西半球故乡的亲人。

2. 用于销售的肖像照

照相馆拍摄的用于销售的肖像照，其客户包括外国人和中国人，前者主要是反映东方风俗的、摆拍的中国平民肖像，后者主要是伶人和娼妓肖像。

在摄影术传入中国的早期，由于拍摄成本较高，中国平民极少有到照相馆拍摄肖像的，但在国外博物馆中依然保存了为数不多的中国平民肖像。如美国肖像摄影师弥尔顿·米勒于1860—1863年在香港、广州拍摄的各行各业人物的肖像照，这些照片中被摄者的真实身份未必是画面形象中所暗示的买办、军人、小贩等，很可能是米勒出资在街头请来"演员"并经过精心穿着和化妆后摆拍的。这些照片并非被摄者主动前往照相馆拍摄留念，而是出自摄影师用于销售、发表等目的而从事的经营活动。

再如19世纪最著名的来华摄影师之一威廉·桑德斯，他曾经摆拍有50多幅具有极高知名度的"中国的生活和人物"系列照片，这些照片从不同层面反映了晚清中国的风俗与人文景观，但同样是通过精心布置摆拍的照片，内容未摆脱西方人"猎奇"的目光。这些照片就像明信片一样，在西方有很大的市场，对于未能亲身来到东方的西方人具有极大的诱惑力；同时，它们也发表在《远东》杂志、《伦敦新闻画报》等刊物上。

对于中国的照片市场来说，最受欢迎的要数伶人和娼妓的肖像照。朱文炳曾作《竹枝词》说："照相申江几十家，门前罗列尽娇娃。"《申江杂咏》曾录一首《照相楼》："显微摄影唤真真，较胜丹青妙入神。客为探春争购取，要凭图画访佳人。"①说的是照相馆为了招揽生意，把漂亮娟妓的照片挂在店门口，同时也把这些照片销售给顾客；而娟妓也可以借热销的肖像照来免费为自己做宣传、提升知名度。

伶人照片的市场也很大，尤其是京剧名角的戏装照。《上海摄影史》中曾记载："大多数京昆名伶和票友，都不惜重金拍摄和放大戏装照片。旧上海县城城隍庙陆子文开设的品芳照相馆，以拍摄京戏剧照闻名，备有各式行当的戏装。"②这些戏装照非常受京剧爱好者的欢迎，尤其是在北京、上海和天津等大城市的照相馆，都有大量京剧照片出售。

二、风景摄影

由于早期摄影术的曝光时间较长，很难拍摄移动的对象；而静止的风景相较而言，则具有明显的优势。纵观摄影术传入我国的初期，自然风景、建筑景观和城市景观都被照相机记录下来。摄影师拍摄风景的目的不尽相同，大多是把风景照片用于销售，有一些是业余爱好者用于娱乐，也有少数是为了考察当地的地理风貌。至于摄影师的身份，有的是旅行摄影师，有的是随军摄影师，而更多的则是在各地开设照相馆的职业摄影师，他们经常利用肖像拍摄的间隙，拍摄各地的风景，用于印制明信片并销售。

尽管当时的西方已经强行打开了晚清的大门，但能亲身来到中国的西方人依然是极少数的，而很多西方人对中国这个古老、神秘的国度充满了浪漫的想象。所以那些充满东方味道和异域风情的风景、建筑、城市的照片，非常受西方客户的欢迎。香港和澳门的港口、江南水乡、长江两岸的山川、沿海开埠城市的教堂、苏州园林、北京皇家园林、城市街景等，都出现在这些外销的风景照片之中。

拍摄风景的摄影师既有外国摄影师，也有中国摄影师，但当时中国摄影师拍摄的风光似乎不及外国摄影师，在1877年9月号的《远东》杂志中，主编布莱克写

---

① [清] 葛元煦撰：《沪游杂记》，上海：上海书店出版社，2006 年，第 231 页。
② 上海摄影家协会、上海大学文学院编：《上海摄影史》，上海：上海人民美术出版社，1992 年，第 188 页。

图 3–18　兜鍪峰，同兴照相馆　摄，19 世纪六七十年代，美国洛杉矶盖蒂研究所收藏

道："经过7个月的等待，我们已经收到先前所派中国艺术家在扬子江上游所拍照片若干，但对照片质量，我们颇为失望……这些照片只能告诉我们，当地本来能拍摄到很多佳作……中国艺术家实在不会选景，这几乎是无人不晓的事实。他们通常只能胜任照相馆的工作。不过，总算还有个别照片可用，本期和随后诸期将陆续采用一些。"[1]

三、纪实摄影

如上文所述，由于早期摄影术曝光速度太慢，很难记录下活动对象的影像。当时的报刊尚无法直接印制照片，即使拍摄了一些新闻影像，也很难进入大众传播领

---

[1]［英］泰瑞·贝内特：《中国摄影史：西方摄影师 1861—1879》，徐婷婷译，北京：中国摄影出版社，2013年，第 310 页。

域；这些新闻影像大多是留作纪念或用于销售。摄影术传入中国早期的新闻纪实类
影像包括：以百姓生活为主要内容的日常新闻，自然灾害、外交事件、重大工程、
战争和军事活动等突发新闻。

对于已经进入工业时代的西方人而言，中国这个拥有古老文明的东方国度非常
吸引他们，所以反映中国百姓日常生活的纪实影像在西方很有销路。百姓习俗、节
日庆典、街头买卖、婚丧嫁娶、戏剧表演、农业生产等都被照相机记录下来。尽管
这其中有不少影像并非真正的"纪实"，有不少是经过精心布置摆拍的，但画面中
的服饰、交通工具、劳动工具等元素依然真实地反映了当时百姓的生活样貌。

自然灾害很早就成为摄影记录的题材，如1874年9月，一场台风席卷广东和香
港一带，民宅、教堂、码头、船只都严重损毁，香港摄影师弗洛伊德、赖阿芳都拍
摄了台风过后的受灾影像。

外交事件更是中国摄影史上最早的主题之一，如1844年于勒·埃及尔拍摄的中
法《黄埔条约》签约仪式，1858年罗元佑和英国摄影师罗伯特·马礼逊各自拍摄的
中法《天津条约》签约仪式。

图 3-19 钦差大臣桂良和花沙纳，罗伯特·马礼逊 摄，1858 年 7 月 1 日，温莎皇家收藏馆 收藏

政府主办的重大工程竣工典礼也经常会邀请摄影师前往拍摄留念，如1876年，中国第一条铁路在上海和吴淞之间建成，《上海——吴淞铁路开通时拥护的参观人群》《"先导号"机车抵达》《开通日的"先导号"机车和列车》《吴淞口火车站及普通列车》等一系列新闻影像因此而诞生。

战争和军事活动也分别被中外摄影师记录下来，最著名的是费利斯·比托对第二次鸦片战争的拍摄记录，由于曝光速度太慢，他经常拍摄战争开始前的备战、操练情况，以及战争结束后被摧毁的炮台和其他建筑等，来侧面表现战争。1885年，梁时泰拍摄了一批醇亲王奕譞在天津巡阅北洋水师的照片，舰队的战舰、海军官兵和建制、规模等都被记录下来。整个19世纪，太平天国运动、中法战争、中日甲午战争、义和团运动等，均被当时的中外摄影师拍摄并记录下来。

结　语

摄影术作为全人类共同拥有的文明成果，不同时代、不同国家的先驱们都为其诞生做出了努力。当摄影光学与摄影化学发展到一定程度时，出于人类社会对摄影图像的需求，摄影技术的出现就并非偶然了。一旦达盖尔式摄影法在早期众多摄影术中脱颖而出，便迅速地走向世界各地，当然也包括中国。尽管摄影术是伴随着鸦片战争传入中国的，具有一种"原罪"的特征，而且这门新技术在传入之初受到迷信的阻挠，但很快中国人就接受了这一新鲜事物。沿海一些先知先觉的人们在接受摄影并以不同途径学会摄影之后，迅速扮演起传播摄影技术的角色，他们不但拍摄照片，而且招收门徒，使摄影术在中国逐渐落地生根。

摄影术从一开始就表现出它的多面性特征，使其可用于不同的领域：商业、纪实、艺术，即用于照相馆的肖像拍摄、用于记录事物原貌、用于艺术图像欣赏……同样，摄影术刚刚进入中国，就与新闻结下了不解之缘——中国第一批影像中，就有诸如记录中法签署《黄埔条约》现场的新闻性图像。在摄影与报刊正式结合之前的数十年的时间里，限于摄影技术的发展水平，由于曝光时间较长，很难理想地记录动态的新闻现场，但依然有为数不少的新闻性图像被保留下来，为后人了解那一时期的社会历史提供了丰富的视觉档案。

Chapter 4
Communication Technologies of Photojournalism at Its Beginning Stage

自1839年8月19日摄影术在法国宣告诞生以来，直至1851年火棉胶湿版摄影法诞生之前，达盖尔式摄影法都是世界上最流行的摄影方法。尽管这一时期还有其他多种摄影方法，但和达盖尔法相比都黯然失色。而且当火棉胶湿版法流行之后，在肖像摄影领域，19世纪50年代的大多数时间里仍是达盖尔法的天下。

当达盖尔法诞生约一年半之后，卡罗式摄影法（Calotype）成功申请专利。尽管它未能取代达盖尔法的霸主地位，但也以其优点受到许多拍摄风光、地貌和建筑照片的业余摄影师欢迎，在19世纪40年代中期到50年代中期流行一时。卡罗式摄影法的价值还在于它的"负-正法"为今后摄影的发展指明了方向，从而改变了达盖尔法照片无法复制的缺点，这在摄影传播界的意义非同凡响！

第一节　达盖尔法摄影传播技术

与后来的各种摄影方法相比，达盖尔式摄影法的一大缺点是：照片是独一无二的，在感光铜版上获得的影像就是最终的照片，不具备可复制性。这对于摄影传播来说极为不利，这意味着达盖尔法照片传播的范围十分有限。达盖尔法从19世纪50

113

年代末开始不再流行时，世界上第一份印制照片的报纸尚未出现。所以，本书将达盖尔法纳入"萌芽时期的新闻摄影传播技术"。不过，尽管如此，在达盖尔法流行的时期里依然出现过新闻摄影活动，并产生了为数不多的新闻照片，这是世界新闻摄影的开端，对之后新闻摄影的发展产生了不可忽略的影响。

一、达盖尔法工艺流程

尽管达盖尔法是摄影史上第一种实用的、流行的摄影方法，但在工艺流程上与之后的胶片摄影已很相似。主要的差别在于：一是达盖尔法的感光材料须由摄影师制作，不像后来的摄影师可以直接购买胶卷；二是达盖尔法在定影后获得的就是最终的照片，不像胶片在定影后还需要有放大、印制照片的流程。达盖尔法工艺流程包括：抛光镀银铜板—形成碘化银感光层—对焦和曝光—显影—定影。

图 4-1　达盖尔法工艺流程所需用到的材料和设备

1. 抛光镀银铜板

准备一块镀银的铜板，铜板的大小应与照相机背板的尺寸一致。在上面抖落一些由轻质石料研磨的细粉，再用细棉纱浸上橄榄油，轻轻地反复打磨，直到变得光滑为止。用沾有稀硝酸的小棉团均匀地涂抹镀银层，如此反复涂抹多次。

图 4-2　抛光用的木支架和镀银铜板

用酒精灯对放在金属支架上的铜板加热5分钟，直至镀银层表面呈现出很薄的微白色时再熄灭酒精灯。把铜板放在阴凉处迅速冷却后，继续做抛光处理。注意不要损坏镀银层的表面白色，继续抖落一些石粉并用棉纱打磨铜板，表面变光亮后，再用棉团沾上稀硝酸轻轻地反复涂抹。①

2. 形成碘化银感光层

先准备一个带盖子的木箱子。然后把铜板用钉子固定在一块木板上，镀银面朝下，放到木箱顶部；把装有碘酒的碗放在木箱底部，然后把木箱盖子盖好。这样，就能让挥发的碘与铜板上的镀银层发生化学反应，形

图 4-3　用酒精灯加热支架上的镀银铜板

---

① 吴钢：《摄影史话》，北京：中国摄影出版社，2006 年，第 86—88 页。

成碘化银感光层。为了让碘均匀挥发，要在木箱内中间位置放一张薄纱。

这个反应的过程持续5至30分钟，直到感光层变成金黄色即可。具体时间的长短受环境温度、碘酒与铜板的距离等因素的影响。之后，在暗光处把发生反应后的铜板连同装载的背板放在存片盒里，这个感光版即相当于制作完成的"胶片"。一只存片盒可以存放多块感光版，需要使用时取出并放入照相机即可。不过，感光版存放的时间不宜太长，因为那样碘化银感光层的性能会降低。[①]

图 4-4　存放感光版的存片盒

3. 对焦和曝光

这道流程就是正式拍摄了。先让达盖尔银版相机的镜头对准拍摄对象，然后进行对焦。这种抽屉式相机由前后两部分组成，后半部分可以通过下方的铜轨前后移动，当相机后侧磨砂玻璃上的影像变得清晰后，即意味着对焦完成。

下一步是曝光。当对焦完成后闭上镜头盖，再把磨砂玻璃取出，然后把感光版从存片盒中取出装到相机后侧，让感光面朝向镜头一侧。此时，打开镜头盖即开始曝光。曝光时间一般为30分钟左右（达盖尔法宣告诞生时曝光时间是30分钟左右，但在实践过程中获得了改进，曝光时间大大地减少），具体时间的长短要受环境光线的影响。曝光

图 4-5　达盖尔银版相机和三脚架

的开始和结束，是通过打开和关闭镜头盖来实现的，即镜头盖起着"快门"的作用。曝光结束后，关闭镜头盖，此时在感光版上形成了"潜影"。之后把感光版取

---

① 吴钢：《摄影史话》，北京：中国摄影出版社，2006年，第90—92页。

出，放入存片盒内避光保存。[1]

4. 显影

在暗室里从存片盒中取出感光版，把感光面朝下插入显影箱的木制滑槽中，滑槽在箱内呈45°倾斜，然后盖好箱盖。再把盛有水银的容器放到显影箱下部，用酒精灯加热容器至60℃—75℃后再移开，在水银蒸汽的作用下，感光版上形成了影像。点燃蜡烛，通过在显影箱边上的玻璃窗可以观察显影的程度。如果显影效果理想，等温度降至45℃时，即可取出感光版，放入存片盒的滑槽里保存起来。[2]

5. 定影

先在大盆里倒入清水，把显影后的感光版放在清水里浸一下，再浸入盛有硫代硫酸钠（也称海波、大苏打）溶液的铜盘里。反复晃动铜盘，让感光版与溶液充分接触，直至感光版上的黄色消失，这样能起到消除感光层未曝光和未显影部分的感光剂的作用。再把感光版装入盛有清水的大盆里，注意拿的时候不要碰到感光面，而是从它的两端拿。

图 4-6　显影箱
显影箱的下方可放置装有水银的容器，底端圆形处用于放置酒精灯

图 4-7　达盖尔法工艺流程中需要用到的各种化学药剂

①吴钢：《摄影史话》，北京：中国摄影出版社，2006年，第94页。
②吴钢：《摄影史话》，北京：中国摄影出版社，2006年，第96页。

之后把感光版从清水中取出，放入45°的倾斜器里，再从上方用蒸馏水把感光版表面的硫代硫酸钠冲掉。最后把感光版放入盛有蒸馏水的盆里浸泡，再晾干即可。这样，就获得了一张成品的达盖尔法照片。为了便于保存，最好把它放在玻璃框中，背后用纸粘牢。[1]

图 4-8　达盖尔法肖像照片

以上主要是根据1839年8月出版的《达盖尔法》对达盖尔法工艺流程做出的描述。但是很快，这些工艺流程便得到了改进。如到了1840年，便在上面的流程二"形成碘化银感光层"之后，增加了一个步骤，将感光铜版放在卤化银溶液中漂洗，然后再按流程二略为处理一次；在流程五"定影"之后，也增加一个步骤，将定影后的感光版浸于氯化金溶液中，可以增强影像的效果。这样，再配合一种新型的F3.5大光圈镜头，可以使曝光时间缩短至1—2分钟。到了1841年，法国人安托万·弗朗索瓦·克劳德特（Antoine Francois Claudet）发明了一种能解决达盖尔法曝光时间过长问题的方法，就是在流程二完成之后，对感光铜版用氯化碘做蒸汽处理。这样能有效地提高铜版的光敏度，从而把达盖尔法的曝光时间一下子由之前的1—2分钟缩短至20秒。[2]

① 吴钢：《摄影史话》，北京：中国摄影出版社，2006年，第98—99页。
② 吴钢：《摄影史话》，北京：中国摄影出版社，2006年，第132页。

二、达盖尔法摄影器材

早期尼埃普斯和达盖尔使用的相机是以17世纪的绘画暗箱为基础进行改进的。17世纪时，绘画暗箱在功能上已经很完善，出现了便携式反射暗箱，为许多艺术家用来辅助绘画。一直到19世纪摄影术发明之前，仍有许多艺术家使用暗箱。绘画暗箱在透镜、取景、对焦方面都为后来照相机的出现奠定了基础。

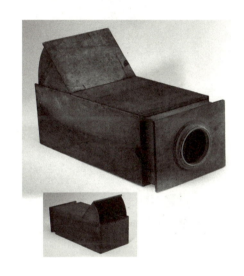

图 4-9　绘画暗箱

1. 达盖尔银版相机

达盖尔-吉鲁相机是世界上第一款商业化批量生产的相机，它于1839年面世，是达盖尔发明的，由他的姻亲阿方斯·吉鲁（Alphonse Giroux）投入生产。1839年6月22日，达盖尔、伊西多·尼埃普斯（Isidore Niépce，约瑟夫·尼瑟福·尼埃普斯之子）和阿方斯·吉鲁签订协议，授权其生产和销售达盖尔式摄影法所需的设备和材料。8月19日，公开宣布达盖尔式摄影法后，在三周之内达盖尔-吉鲁相机的销售就获得了成功，并于9月6日出口德国。[1]

达盖尔-吉鲁相机的大小是12×15×20英寸。它的底座固定，由前后两个箱子

---

① ［美］托德·古斯特夫森：《典藏相机》，杨枚译，北京：北京美术摄影出版社，2012年，第8页。

图 4-10　达盖尔 - 吉鲁相机（前侧方），机身后半部分可能通过前后移动来对焦

图 4-11　达盖尔 - 吉鲁相机（后侧方），机身后半部分的磨砂玻璃用于取景和对焦

图 4-12　1/2 版的谢瓦利埃相机

图 4-13 1/6 版的普鲁伯相机

组成。前面的箱子是主机身,与底座相连,在其前方装有镜头。后面的箱子上装有磨砂玻璃,可以通过前后移动这个箱子来对焦;拍摄时需要把磨砂玻璃取出,换上感光版;后侧还装有一面与底座成45°角的镜子,以便于取景。

达盖尔–吉鲁相机拍摄照片的尺寸是6.5×8.5英寸(约21.5×16.5 cm),这种尺寸的银版相机被称为"整版"或"全版"相机。除了全版相机外,在达盖尔法流行的年代里,还有1/2版、1/3版、1/6版、1/8版、1/9版和两种大于全版的宽幅的相机。不同规格的相机匹配不同尺寸的达盖尔感光版,在下文中将继续详细讲述。

1840年,美国纽约的亚历山大·S.沃尔科特(Alexander S. Walcott)发明了一种特殊设计的反光式相机,并取得专利。他的新型相机是在机身后部安装了一个大的凹面镜,从而把光线更加集中地反射到感光版上,这样拍摄出的影像画面更加清

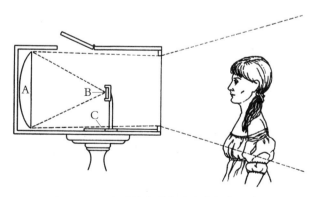

图 4-14 沃尔科特发明的反光式相机示意图

晰、更加明亮，所需要的曝光时间也大大地缩短了。此前银版相机拍摄出来的照片是左右颠倒的反像，而这种相机由于使用了凹面镜反光，把影像还原为与拍摄对象完全相同的正像。1840年5月8日，沃尔科特在美国将这种方法成功地申请了专利。这种改良的银版相机被制造出来之后，照相馆的肖像摄影才大规模流行起来。

后来非常流行的风箱式折叠相机早在1839年就已经出现，但当时尚未流行起来。1851年，纽约的W.&W.H.刘易斯公司将风箱式对焦系统与长方形机身装在一起，才让风箱式折叠相机成为广为人知的相机类型。如图4-15所示，这种风箱式折叠相机前端连接镜头处有一个固定刻槽的面板，后面与它相连的是一个装有皮腔、可以伸缩的暗箱。后侧的暗箱顶端有一个可开关的小门，更换底版夹和对焦屏都是从这里进行的。1851年在伦敦举行的第一届世界博览会上，大量由英国相机生产商制造的、配备风箱式对焦系统的折叠相机展出。到了19世纪60年代，很多风箱式对焦系统相机开始安装可打开的前板，并且前板与后侧的暗箱都可以摆动。[①]

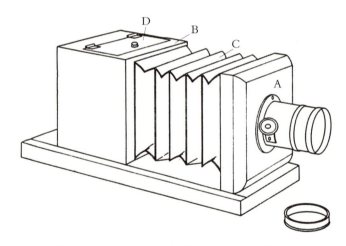

图4-15　W.&W.H.刘易斯公司发明的风箱式折叠相机，这种相机在之后的湿版相机、胶片相机时代，成为一种主流的相机类型

2. 镜头

一直以来，尼埃普斯和达盖尔实验用的镜头，是由巴黎光学仪器商查尔斯·谢瓦利埃（Charles Chevalier）提供的。谢瓦利埃出生于光学世家［他父亲文森特·谢

①［美］内奥米·罗森布拉姆：《世界摄影史》，包甦等译，北京：中国摄影出版社，2013年，第196页。

瓦利埃（Vincent Chevalier）曾在巴黎创办过著名的光学商店，也是他促成了尼埃普斯和达盖尔的会面］，他致力于显微镜和其他观察装置的开发。而达盖尔－吉鲁相机的镜头正是由谢瓦利埃研制和生产的。

如图4-10，从达盖尔－吉鲁相机正前方可以看到镜头，这是一支焦距为15英寸、光圈为F15的镜头。其内部是玻璃镜片，镜身的材质是金属铜，镜头前方有一片很小的镜头盖，在拍摄的过程中充当快门的角色：当相机内插入感光版后，打开和关闭镜头盖意味着曝光的开始和结束。

不过，早期的镜头在性能方面较弱，可以获得较好影像的有效光圈通常为F14、F16，意味着拍摄一张照片所需的曝光时间会十分漫长，这对于拍摄肖像来说是无法忍受的。于是，人们开始努力改进镜头。1840年，一种F3.6的大光圈镜头由约瑟夫·匹兹伐（Joseph Petzval）设计出来，后来被称作匹兹伐镜头，它的光圈比谢瓦利埃的镜头足足大了4级。使用这种镜头，在光线晴好的时候，只需1分钟左右即可完成拍摄，和之前相比大大地缩减了曝光时间。这对于拍摄肖像的照相馆而言，意义十分重大。在随后的半个世纪里，世界范围内的肖像照片绝大多数是使用匹兹伐镜头拍摄的。

约瑟夫·匹兹伐是一名奥地利维也纳数学家。在研磨加工前对镜片间隙和表面曲率做数学计算，他是第一人。他在1840年设计的那种匹兹伐镜头是一项划时代的产品，真正地使肖像摄影进入商业化的实用阶段。匹兹伐镜头要比之前用于肖像摄影的沃尔科特反光式相机镜头的性能优越得多，光圈也至少要大2级。这种镜头有一些特点，它对各种像差均做了很好的校正，画面中央的清晰度极高，而像场边缘则容易产生像散和像场弯曲，但对于主体通常位于中央的肖像摄影而言并无影响，像场边缘的柔焦效果反而使画面更加悦目。1840—1862年，仅福伦达商行制造的匹兹伐肖像镜头就高达10000支之多。19世纪至20世纪初的绝大多数肖像镜头都模仿了这种对称型设计的镜头，因为它能提供很大的光圈和美丽的柔焦效果。[①]

除了镜头的光圈越做越大外，镜头的焦距也在根据不同的题材来专门设计。如

---

① 美国纽约摄影国际中心：《美国ICP摄影百科全书》，王景堂等译，北京：中国摄影出版社，1995年，第379页。

图4-16，是查尔斯·谢瓦利埃为人像和风光题材设计的镜头，增加了镜头焦距，有利于拍摄半身肖像和头像特写。当然，在达盖尔法流行的年代里，镜头都是定焦镜头。谢瓦利埃还发现，在镜头中使用两枚消色差镜片，可以提高镜头的通光率，从而设计出最早用于摄影的消色差镜头，也有效缩短了曝光时间。

与现代镜头中的叶片式光圈不同，早期镜头的光圈要显得简陋一些。如图4-17，这是一些活动的光孔大小不同的光圈环，可根据拍摄需要选择安装在镜头上。再如图4-18，这是固定在镜头上的一个光圈选择装置，可以通过旋转来选择不同的光圈大小。在室内拍摄肖像时，为了缩短曝光时间会选择大的光圈；而在室外拍摄静止的风景、建筑时，曝光时间显得无足轻重，为了获得足够的景深则会选择较小的光圈。

图4-16　查尔斯·谢瓦利埃设计制作的增加焦距的镜头

图4-17　镜头和可安装在镜头内的可换光圈环

图4-18　固定在镜头上的旋转式光圈选择装置

3. 感光版

正如前文所述，感光版是一块抛光后的镀银铜板，经过多项工艺流程后成为一种可用于拍摄达盖尔照片的感光材料。感光版的尺寸和相机的规格必须是匹配的。全版是标准感光版，其他小尺寸感光版按标准感光版的大小进行等值分割；也有两种宽幅的感光版，它们的尺寸要大于标准感光版。感光版尺寸包括全版、1/2版、1/3版、1/6版、1/8版、1/9版和宽幅的。

由于达盖尔法在感光版中形成的影像就是最终的照片，感光版的尺寸也就是最终获得照片的尺寸。感光版尺寸不同，除了获得尺寸不同的照片外，还表现在两个方面：其一，小尺寸感光版的成本要低于大尺寸感光版；其二，小尺寸感光版所需的曝光时间要短于大尺寸感光版。

感光版的价格较昂贵，当时标准感光版的价格在30美元以上，普通家庭是难以接受的。例如在1840年的贝尔格莱德，拍摄一张达盖尔法照片的金额，相当于在一家高档餐厅连续用餐一个月的花费。在伦敦拍摄一张专业达盖尔法照片，则需要1英镑，一般人一个月都赚不到这么多钱。[1]达盖尔法传到俄国后，当地科学家成功地通过实验发现了一种用紫铜和黄铜替代银来获得影像的成本更低的

图4-19　达盖尔法感光版

方法。[2]这些都说明达盖尔法的拍摄成本较高，而大量出现小尺寸的感光版，与拍摄成本是有关系的。

使用小尺寸感光版所需的曝光时间要短于大尺寸的，如标准感光版的曝光时间是1/4版感光版的2—3倍，这在肖像摄影中具有较大的意义。这意味着使用小尺寸感光版，再配合大光圈的镜头（如F3.5的匹兹伐镜头），就可以使曝光时间获得最大限度的缩短。如在1841年6月，法国众议院议员阿拉戈向巴黎科学院展示了毕松（Bisson）兄弟拍摄的肖像照片，照片的曝光时间是10—12秒。

三、达盖尔法的拍摄

达盖尔法拍摄的题材主要分两类：室内肖像和室外的风景、建筑。职业摄影师通常拍摄前者；业余摄影师如艺术家、旅行者通常拍摄后者。由于光照条件和人们对照片的需求不一样，这两种题材的拍摄方法也存在区别。

为了获得理想的光线，达盖尔法时代的照相馆都设在顶楼的玻璃棚内，拍摄时可以直接使用日光。由于曝光时间较长，要求被摄者摆好姿势，端坐在椅子上良

① ［英］M.兰福德：《世界摄影史话》，谢汉俊译，北京：中国摄影出版社，1986年，第16页。
② ［美］内奥米·罗森布拉姆：《世界摄影史》，包甦等译，北京：中国摄影出版社，2013年，第23页。

久。这使被摄者经受很大考验，如塔尔博特在一封信中回忆："有一次布罗汉姆勋爵肯定地对我说他为了拍自己的肖像在太阳底下坐了半个小时，真是从来也没遭过这么大的罪。"①

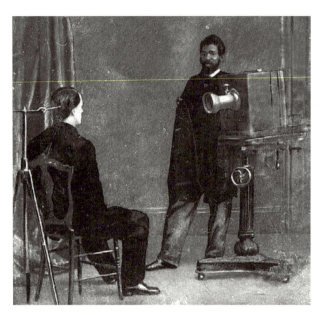

图 4-20　在照相馆拍摄肖像的情景

为了避免被摄者头部晃动造成影像模糊，摄影师通常会在椅子上方安装一个专门为了固定头部的夹子。较长的曝光时间，使照相机无法捕捉到被摄者的表情，所以我们看到的银版肖像人物通常表情僵硬而缺乏生机。拍摄会受天气和时间的影响，当晴天中光线较强的时候，可以通过棚顶配备的白布来把日光转化为适合人像摄影的柔和光线；当光线较弱时，则通过反光板来补光。当时还没有能够提供足够亮度的闪光设备，拍摄肖像完全取决于阳光的照射情况。

在室外拍摄风景和建筑时，则又是另外一番情

图 4-21　照相馆为拍摄肖像而准备的带有固定头部装置的椅子

---

① ［英］伊安·杰夫里：《摄影简史》，晓征、筱果译，北京：生活·读书·新知三联书店，2002 年，第 32 页。

景。由于这类题材是静止的拍摄对象，曝光时间的长短显得无足轻重——达盖尔银版相机一般是装在三脚架上使用的。业余摄影师拍摄的自然风光、历史遗址和风俗题材的照片，很快也变得具有商业价值，到各地旅行的人很愿意买回记录景点风光的银版照片，这一趋势到了湿版时代后变得更为流行。

另外，从图4-1可知，全套的达盖尔法摄影装备十分繁杂，包括照相机、显影箱、化学药品、抛光工具、感光版、存片盒、冲洗盘等。这套设备在当时售价400法郎，相当于一名工人8个月的工资，所以业余摄影师必须有较好的经济基础。这套设备的重量在50千克以上，如果是旅行拍摄，设备的携带会是很麻烦的问题。早期拍摄风光、名胜、建筑的达盖尔法摄影师经常要雇几个人来搬运这些笨重的设备，需要投入较大的财力，后来人们设计出一种供旅行用的、更小型的折叠式相机，以方便摄影者随身携带。

图4-22　澳门城区的妈阁庙正门
1844年10月，达盖尔法照片，于勒·埃及尔　摄

四、达盖尔法照片的特点

达盖尔法是世界摄影史上第一种实用的、通行的摄影方法，与后来的各种摄影方法相比，达盖尔法照片有着多种特点。大致说来，有以下特点：影调细腻、可视角度受限、不可冲洗复制、耐久性强等。

达盖尔法是在铜板上的碘化银感光层上成像，影像的画质十分清晰，影调层次细腻，完全没有颗粒感，具有较高的影像质量。不过，它有一个缺点是可视角度受限，因为影像的表面像镜子一样会反光，观看时需要选择合适的角度才能观看清楚。不过在1840年，法国物理学家伊波利特·斐索（Hippolyte Fizeau）发现，通过氯化金对达盖尔照片做善后处理，能够有效减轻照片的镜像效果[1]，使照片显得略暗一些，从而使白色在画面中显得更加突出。

正如前文所述，达盖尔法在镀银铜板上获得的影像是最终的照片，而不像后来的摄影方法获得的是底片，可以冲洗出无数一模一样的照片来。如果一定要复制达盖尔法照片，只能用新的感光版对准照片翻拍一张，这并不经济，很少被采用。达盖尔法的这种直接正像的方法，使照片具有"唯一性"的特点，并不利于影像的传播。

达盖尔法照片还有一个致命的缺点，就是绝不能碰照片，否则影像很容易就会擦掉一块，这使得初期的达盖尔法照片难以保存。上文提到的伊波利特·斐索用氯化金对照片做善后处理的方法也解决了这一问题，这种"镀金法"可以把铜板上的影像保护起来。具体做法是把氯化金加入硫代硫酸钠溶液，再均匀地洒在照片上，放到酒精灯上加热，这

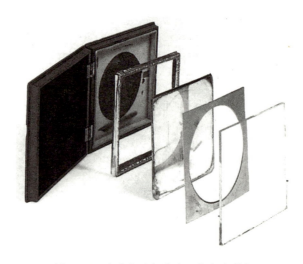

图4-23　达盖尔法相片盒、相框和挡板

---

① ［法］昆汀·巴耶克：《摄影术的诞生》，刘征译，北京：中国摄影出版社，2015年，第34页。

样就能形成保护层，使照片能经得起轻微的摩擦。①为了进一步强化达盖尔法照片的耐久性，摄影师往往会把制作完成的照片保存在丝绒镜框中，正面是玻璃，背面粘在纸板上。因此，达盖尔法照片能耐得住潮湿，在光线的作用下也不会变质，如今我们依然可以看到许多保存完好的摄影术发明之初的达盖尔法照片。

五、达盖尔法在中国

和世界上其他许多国家一样，我国最早传入的摄影术也是达盖尔式摄影法。1839年8月19日达盖尔法宣告诞生后，至多过了两个月消息就传到中国，10月19日澳门的英文报纸《广州周报》（Canton Press）刊登了一篇沃尔什（Mr. Walsh）的文章，在文中他描述了参观达盖尔工作室的经历："只要用阳光照射10分钟，就能成像。画面非常精细，简直难以形容。有一张照片拍摄的是雨中的塞纳河，码头、桥梁、建筑无不历历在目，让人喜出望外，远远超过了画师所能达到的水平。"②

1844年11月，于勒·埃及尔为广州著名的外销画家关乔昌拍摄过肖像，还向他展示了达盖尔法摄影法。关乔昌则按银版照片绘制了一幅肖像画回赠给对方。当年，在关乔昌的外销画工作坊所在的"新中华街"的转角，一家中国店里摆放了一架达盖尔式相机作为展示。③

本书第三章介绍过摄影术传入中国的情形，麻恭少校与伍斯纳姆医生在江苏镇江附近用达盖尔法拍摄了照片，于勒·埃及尔则在澳门和广州用达盖尔法拍摄了一些照片。19世纪四五十年代，在香港、澳门、广州等沿海地区出现过数量有限的摄影活动，留存至今的中国达盖尔法照片非常罕见。

1. 外国摄影师在华摄影活动

除麻恭少校、伍斯纳姆医生和埃及尔之外，在第二次鸦片战争之后还有不少

---

① 吴钢：《摄影史话》，北京：中国摄影出版社，2006年，第130—131页。
② ［英］泰瑞·贝内特：《中国摄影史：中国摄影师1844—1879》，徐婷婷译，北京：中国摄影出版社，2014年，第2页。
③ ［英］泰瑞·贝内特：《中国摄影史：中国摄影师1844—1879》，徐婷婷译，北京：中国摄影出版社，2014年，第6—7页。

外国摄影师来到中国从事摄影活动，他们的身份大多是外交人士、商人、传教士和商业摄影师。在中国从事摄影活动的达盖尔法摄影师，绝大多数都是来华的外国摄影师。

1844年，乔治·韦斯特（George West）随美国访华外交使团来到澳门，其身份是随团官派艺术家，同年年底曾在广州活动，并拍摄了达盖尔法照片。1845年，美国外交使团离开中国时，乔治·韦斯特留了下来，在香港开设了中国最早的商业照相馆。他成为"首位来华专业摄影师"。1846年，苏格兰商人休·麦凯（Hugh Mackay）也在香港开设达盖尔法照相馆，但遗憾的是，几个月后就因客源稀少而被迫停业。[①]

19世纪40年代，一些西方传教士也在中国拍过达盖尔法照片。1842年7月11日，耶稣会士南格禄（Fr. Claude Gotteland，1803—1856）抵达上海吴淞口，他曾在法国佛里堡教授过自然科学，来华时携带了不少科学仪器，可能向中国人演示过摄影术。后来他在19世纪50年代的上海拍过照片。1846年，美国传教士F.裨治文（1801—1861）从波士顿采购了一批达盖尔法摄影器材到广州，但没有留下更多拍摄方面的线索。[②]

达盖尔法流行的年代，在华的外国摄影师的拍摄活动基本上局限在香港、澳门、广州和上海这些外国人较集中的沿海地区。他们大多是流动摄影师，如有些摄影师经常要随着外交使团的移动而转换地点；而对于商业摄影师而言，每个地方的顾客数量有限，他们只能在一个地方停留几天或几周，为顾客提供肖像摄影服务，之后就要到其他地方去经营他们的生意了，当时的客源还很难让固定照相馆维持经营下去。

2. 本土摄影师的摄影活动

尽管中国本土的达盖尔法摄影师数量极少，但我们依然可以找到一些零星的资料。1984年11月，中国美术馆"中国早期历史照片展览"展出过一幅达盖尔法肖像照片，这也是目前发现的最早由中国摄影师拍摄的照片。照片尺寸为6.3×3.8 cm，

[①]［英］泰瑞·贝内特：《中国摄影史：1842—1860》，徐婷婷译，北京：中国摄影出版社，2011年，第IX、9、10页。

[②]［英］泰瑞·贝内特：《中国摄影史：中国摄影师1844—1879》，徐婷婷译，北京：中国摄影出版社，2014年，第4页。

比1/9版还要小一些，在照片盒背面的标签上印有"上海丽昌照相号开设在北""一设支店在牯岭""LAI CHONG""DAGUERREOTYPE"字样，并写有"CHINESE GENERAL""KO-LIN""1853"字样。由这些文字判断，这幅照片的名称可能是《中国将军KO-LIN》，有人考证认为这名将军可能是在第二次鸦片战争中统率清军的僧格林沁。照片采用达盖尔法拍摄，由上海丽昌照相馆在1853年拍摄。照相馆生意应该不错，在牯岭还开有分店。由此我们可以推测，在1853年或更早上海就出现了华人照相馆——丽昌照相馆。不过，我们尚未发现更多的与丽昌有关的其他资料。

图4-24　中国将军KO-Lin，1853年，达盖尔法照片，上海丽昌照相馆　摄

图4-25　照片盒背面的标签，上面印有照相馆和拍摄时间等

此外，还有一些中国本土的达盖尔法摄影师。尽管他们并没有作品留存下来，但关于他们摄影活动的信息被不同文献在有意或无意中记载下来。如林箴、罗森、邹伯奇等，都是我国使用过达盖尔法拍摄的最早一批摄影师。

林箴长期生活在厦门，1847年2月受邀到美国讲学。在他的一篇文章《救回被诱潮人记》中，记载了他的摄影经历：当时美国正流行达盖尔式摄影法，受此影响他购置了一套达盖尔法摄影设备，并学会了摄影。[1]1849年林箴回到厦门，这对当

---

[1] 马运增等：《中国摄影史1840—1937》，北京：中国摄影出版社，1987年，第21页。

地人们对摄影的认识起到了促进作用。

1853—1854年，广东人罗森曾作为美国随军摄影师伊利法特·布朗的助手前往日本进行采访摄影。日本人松浦武四郎在日记中记载了他们的拍摄活动："3月27日，从今天起，美军在下田大安寺里开始用摄影镜拍摄。拍照人是福隆，磨镜小官员是清国人。"①

1962年，中国摄影学会曾派人到广东南海邹伯奇的故居调查，发现了木盘、漏斗和装有水银的木罐等，这些可能是邹伯奇在做水银蒸发显影时用的设备，此外还发现了木质三脚架。据此推测，邹伯奇当时使用过达盖尔式摄影法。19世纪40年代法国摄影师于勒·埃及尔、美国摄影师乔治·韦斯特都在广州一带从事过拍摄活动，而一直从事光学、"摄影之器"研究的邹伯奇虽然未必直接和他们有过接触，但很可能通过朋友间接接触了达盖尔式摄影法。

第二节　卡罗法摄影传播技术

19世纪40年代，达盖尔式摄影法几乎只有唯一的竞争者——卡罗式摄影法。卡罗法申请专利的时间仅仅比达盖尔法晚一年半左右，由其发明者塔尔博特于1841年2月8日在英国成功申请专利，因而也称作"塔尔博特法"（Talbotype）。19世纪40年代前期，卡罗法的影响力还仅局限于英国，但在1847年之后这项技术逐渐扩展到整个欧洲，之后逐渐传入世界的其他地方，至晚在1853年也传入中国。不过，卡罗法并非达盖尔法的取代者，而是与达盖尔法共存于19世纪四五十年代，在肖像摄影领域卡罗法从来都没有动摇

图4-26　威廉·亨利·福克斯·塔尔博特1848年，碳纸晒印照片，约翰·莫法特（John Moffat）摄

---

① 马运增等：《中国摄影史 1840—1937》，北京：中国摄影出版社，1987年，第22页。

过达盖尔法的地位。卡罗法的流行持续到1855年，之后以边缘化的方式在业余爱好者中延续到1860年。[①]

一、卡罗法工艺流程

卡罗法工艺流程和达盖尔法工艺程序大致相似，都有一个制作感光材料、曝光、显影和定影的过程，但最大的区别是达盖尔法定影完成后即获得最终的照片，而卡罗法定影完获得的只是一张底片，需要通过在相纸上晒印，才能得到最终的照片。

1. 负像底片的制作

选择一张高质量的半透明书写纸，这相当于一张底片，用于承载负像。先在纸上刷上硝酸银溶液，干燥后再刷上碘化钾溶液。此时，在纸上便形成了碘化银感光层。为了提高感光纸的感光性能，在纸上刷上乙酸、倍酸和硝酸银溶液。在暗处用吸湿工具把溶液吸干后，便可以放入照相机内曝光了。由于碘化银容易感光，在曝光前应将感光纸放在干燥、避光的地方保存。

和初期的达盖尔式摄影法相比，卡罗法的曝光时间缩短许多，1—2分钟就可以了，如果在晴天光照条件好的时候，30秒就可以完成曝光。取出曝光后的感光纸，在暗处放入乙酸、倍酸和硝酸银溶液（与之前步骤中的溶液一样，但须加水1倍，使溶液浓度减半）中进行显影，再通过硫代硫酸钠溶液完成定影，经过水洗和晾干后，便完成了一张负像底片。在这张黑白的底片上，影像的色调与实际景物的色调完全相反：白的变成了黑的，黑的变成了白的。需要通过晒印之后，才能形成与景物色调一致的正像照片。

2. 正像照片的制作

首先要制作用于承载正像的相纸。先把纸基浸泡在盐水里，取出并擦干后涂上氯化银溶液，晾干后就制成了一张感光相纸。然后把负像底片和相纸重叠在一起，插进晒版架上，再放到阳光下晒印。在晒印照片的过程中，可以观察照片的成像，

---

① ［法］昆汀·巴耶克：《摄影术的诞生》，刘征译，北京：中国摄影出版社，2015年，第51页。

并根据需要灵活地调整照片的反差。在10—30分钟之后，相纸上的影像差不多形成了，再放入低亚硫酸钠溶液中浸泡，以阻止色彩进一步加深。[1]

　　这样就能获得一张最终的正像照片。一张负像底片可以通过晒印的方法，复制出无数张正像照片出来。这种"负-正法"第一次使影像获得大面积传播，为之后火棉胶湿版法、胶片摄影的出现奠定了基础。

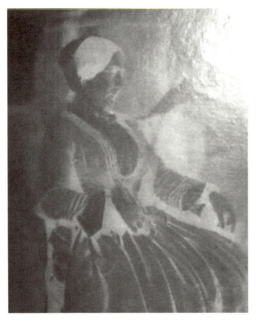

图4-27　使用卡罗法拍摄的负像底片

图4-28　使用卡罗法负像底片洗印出来的正像照片

　　值得一提的是，卡罗法的印相已经可以通过工业生产的方法来实现。法国的一名商人路易·德西雷·布兰夸特-埃夫拉尔（Louis Désiré Blanquart-Evrard）在里尔市开设了一家印相店，摄影师可以不必自己动手完成复杂费时的印相工作了，当时包括马克西姆·杜·坎普（Maxime Du Camp）、丹尼斯·巴尔多斯（Denis Baldus）在内的许多知名摄影师都来到这家印相店印制照片。[2]

①［美］托德·古斯特夫森：《典藏相机》，杨枚译，北京：北京美术摄影出版社，2012年，第22页。
②吴钢：《摄影史话》，北京：中国摄影出版社，2006年，第111页。

3.卡罗法的改进

初期的卡罗法有着种种不足，如感光性能较低、画面清晰度不够、影调层次不够丰富等。如果不加以改进，卡罗法的应用领域将会大打折扣。1847年以前，除了在苏格兰外，卡罗法并未流行起来，在英国使用卡罗法的人大多是塔尔博特圈子内的人，基本都是对科学和艺术感兴趣的小群体。幸好后来出现了两名卡罗法的改良者：路易·德西雷·布兰夸特–埃夫拉尔和古斯塔夫·勒·卡雷。从而在19世纪50年代初中期，欧洲的业余摄影师使用卡罗法拍摄风光、地貌和建筑的照片十分常见。

路易·德西雷·布兰夸特–埃夫拉尔从1844年起便开始着手改进卡罗法。1847年他获得了成功，使得卡罗法曝光更快、更易于显影、影像更安全。在制作底片时，他并不是像塔尔博特那样把硝酸银和碘化钾溶液刷在纸面上，而是把纸张浸泡在这些溶液里。这样曝光之后产生的影像色调有了很大的提升，与前者相比，这种方法使得在底片上的化学物质渗透得更加均匀。[1]经布兰夸特–埃夫拉尔改进后的卡罗法，受到了包括画家、雕刻家和艺术家在内的许多业余摄影爱好者的推崇。

1849年，法国画家古斯塔夫·勒·卡雷发明干蜡纸工艺（Dry Waxedpaper Process），对卡罗法展开了进一步改进。具体做法是把纸张浸入硝酸银和碘化钾溶液之前，先经过浸蜡变为蜡纸，从而有效地提高了感光纸的透明度。勒·卡雷的蜡纸工艺有效地缩短了曝光时间，也能使负片更好地定影，并且使影像的清晰度得到进一步提升。勒·卡雷还尝试过各种不同的化学制剂，选择从黑白到黑黄等不同色调的底片用纸，从而在摄影作品中可实现更多不同的颜色。[2]

二、卡罗法摄影器材

塔尔博特拍摄的现存最早的照片，是1835年拍摄的，当时他所使用的相机，是一名木匠L.艾比（Lacock Abbey）为他专门制造的木制小暗箱，装上感光纸后曝光10—30分钟，即可拍摄出清晰的影像。[3]1839年，塔尔博特就发明了"捕鼠器相

---

① [美] 内奥米·罗森布拉姆：《世界摄影史》，包甦等译，北京：中国摄影出版社，2013年，第194页。
② [美] 内奥米·罗森布拉姆：《世界摄影史》，包甦等译，北京：中国摄影出版社，2013年，第194页。
③ [英] M.兰福德：《世界摄影史话》，谢文俊译，北京：中国摄影出版社，1986年，第10—11页。

机"（Mousetraps），机身是一个比较粗糙的木盒子。如图4-29所示，在机身后侧带有可移动的底片支架（A），取出支架并装上感光纸后再放入相机内，光线可通过镜头（B）投射到感光纸上，开始曝光。在机身后侧有一个小孔，小孔被一个可旋转的铜片覆盖（C），通过小孔可以观察感光纸上的成像。①

卡罗法使用的相机和达盖尔银版相机十分相似，但在机身上专门针对卡罗法的特点而进行了特殊设计。卡罗法成功申请专利后，英国和法国的相机制造商们为塔尔博特制作了更加精良的设备。如前文提到的巴黎光学仪器商查尔斯·谢瓦利埃就为塔尔博特制作和设计过卡罗法相机。为

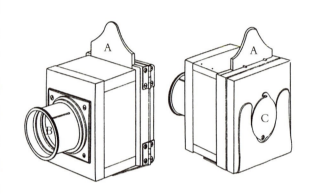

图4-29　塔尔博特发明的"捕鼠器相机"

此，1846年11月8日，塔尔博特还特别致信谢瓦利埃，说对那台相机非常满意，并寄去用那台相机在巴黎拍摄的照片。②后来的卡罗法相机都是以"捕鼠器相机"为基础，与达盖尔相机最大的区别是，机身上都有一个木片或铜片遮盖的小孔，摄影师可以通过这个小孔来检查对焦和观察曝光。

在布兰夸特-埃夫拉尔和勒·卡雷改进卡罗法之后，使用这种方法拍摄风光和建筑的业余摄影师越来越多。于是，为了使其更加适合旅行摄影，卡罗法相机又获得各种改进。在1850年克里米亚战争期间，罗杰·芬顿的助手斯帕林格（Sparling）设计了一种用于旅行的"软片式相机"，它可以把10张卡罗法感光纸放入机身内隔开的夹子里，而且能把曝光之后的底片送到机身底部的容器里。③这为旅行摄影提供了极大的便利。

到了1854年5月，A.J.美利休（Melshnie）和J.B.斯宾塞（Spencer）设计出一种类似于胶卷相机的新型相机，比"软片式相机"更加先进。它把感光蜡纸卷在一根

---

① ［美］内奥米·罗森布拉姆：《世界摄影史》，包甦等译，北京：中国摄影出版社，2013年，第193、196页。
② 吴钢：《摄影史话》，北京：中国摄影出版社，2006年，第121页。
③ 曾恩波：《世界摄影史》，台北：艺术图书公司，中国摄影出版社影印版，1985年，第39页。

卷轴上，随着蜡纸曝光完毕，一张张底片被卷到另一个卷轴上。这种软片夹，可以使用在当时的任何照相机上，因为它可以被做成各种尺寸。[1]

卡罗法和达盖尔法所使用的相机的镜头是一样的，在此不再赘述。

卡罗法所使用的感光纸，与达盖尔法所使用的感光铜版，在尺寸上并无区别，全版的感光纸也是6.5×8.5英寸（约21.5×16.5 cm），也分小版和宽幅的其他尺寸。使用宽幅的大感光纸拍摄时，需要较长的曝光时间，通常在3—7分钟，经常用于拍摄风光照片，以获得更好的成像清晰度。小版的通常是1/2版，用于拍摄肖像，以获得更短的曝光时间，但比1/2版更小尺寸的感光纸则较少使用，因为无法保证画面的清晰度。

三、卡罗法的拍摄

塔尔博特曾经希望卡罗法在肖像领域也能取得像达盖尔法一样的成功，但他的合作伙伴亨利·科仑（Henry Collen）、克劳德特在拍摄过卡罗法肖像几年后，都不得不放弃这种技术。因为照相馆的顾客并不接受这种画面不够清晰、色影不够丰富的肖像照。而且用卡罗法拍摄半版的肖像照需要1—2分钟的曝光时间，而当时用达盖尔法拍摄小版的肖像照，曝光时间仅需十多秒。卡罗法在商业肖像领域从未流行起来，使用卡罗法拍摄肖像的大多是包括画家、艺术家在内的业余摄影师。

卡罗法肖像在苏格兰的情况要好一些。有一家有名的卡罗法照相馆，是由肖像画家大卫·奥克塔维·希尔（David Octavius Hill）和摄影师罗伯特·亚当森（Robert Adamson）合伙开设的。前者负责构图、用光、摆姿，后者负责摄影，拍摄了大量具有浓郁油画风格的肖像照，较好地突出了不同身份人物的性格和气质。他们选择的拍摄地点，要么是户外临时影棚，在周围摆上简单的家具，使背景看起来就像在室内一样；要么是拍摄对象的住所，而拍摄对象包括艺术家、知识分子、上流社会的人物、渔民、牧师和士兵等。这些照片成为被公认的肖像摄影经典之作，也与僵硬、面无表情的达盖尔法肖像形成鲜明的对比。

---

[1] 曾恩波：《世界摄影史》，台北：艺术图书公司，中国摄影出版社影印版，1985年，第40页。

图 4-30　詹姆斯·林顿肖像
约 1846 年，卡罗法，大卫·奥克塔维·希尔和罗伯特·亚当森　摄

　　在风光摄影领域，则是另外一种情况。摄影术刚刚诞生时，热衷于旅游的人们就想把旅途的风景、建筑拍摄成照片，带回去给身边的亲人、朋友欣赏，但用达盖尔法拍摄风光并不方便，厚重的铜版、显影箱和抛光工具等全套设备十分笨重，给旅行摄影带来极大的不便。而且在使用达盖尔法时，要在曝光时观察影像或后期复制影像都极为困难。所以卡罗法很快受到拍摄风光和建筑的业余摄影师的欢迎，尤其是在埃夫拉尔和勒·卡雷改进卡罗法后，大量城市风光、乡村景致、历史遗迹和民俗风情被卡罗法记录下来。以斯帕林格设计的"软片式相机"为例，它可以一次把10张感光纸放入机身内，如果换成10块感光铜版，便携性则不可同日而语。

图 4-31　阿布辛贝的巨幅雕像
约 1850 年，卡罗法，马克西姆·杜·坎普　摄

四、卡罗法照片的特点

作为摄影史上一种承前启后的摄影方法，卡罗法照片有许多优点和缺点，它的缺点限制了它的使用范围，而其优点则向未来摄影的发展指明了方向。

1. 卡罗法照片的缺点

由于用于制作底片的材料是纸张，使晒印的照片中会留下纸纤维的痕迹，画面粗糙，清晰度不够，影像反差较大但缺乏中间色调，而且色调不均匀。总之，它远远达不到达盖尔法照片那样丰富的影调和细腻的细节。从英国业余摄影师罗伯特·斯拉尔（Robert Sillar）在上海拍摄的"上海茶园一景"（图4-32）可以看出卡罗法照片粗糙、不够清晰的特点。尽管后来塔尔博特发现，使用更大的底片有利于影像的细节再现，而且在布兰夸特-埃夫拉尔和勒·卡雷对卡罗法进行改良后，这些缺点得到较大程度的改善，但卡罗法已经失去了最佳的发展时机，更先进的火棉

图 4-32 上海茶园一景
1857 年，大尺寸卡罗式纸底片－盐纸照片，罗伯特·斯拉尔 摄

胶湿版法已经悄悄地来临。

卡罗法照片的另一个缺点是耐久性不足，很容易褪色和变色，这对商业摄影来说是无法忍受的。在塔尔博特出版的一本粘贴卡罗法照片的画册《苏格兰的阳光照片》中，有一些照片过了几个月便开始褪色了。这一缺点也影响了初期卡罗法的流行。

对于照相馆的肖像摄影而言，使用达盖尔法是非常方便的，顾客在拍摄照片后可以在很短的时间内领到照片。而卡罗法的制作时间较长，负片要经过一个显影、定影、晾干的过程，而在获得正片时又要经过一个晒印、定影、晾干的过程，这个流程复杂又费时。对于顾客而言，漫长的时间是难以接受的，这也让照相馆倾向于选择达盖尔法而不是卡罗法。

2. 卡罗法照片的优点

卡罗法最大的优点就是发明"负-正法"后，每张底片都可以无限量地印制照片，这是达盖尔法所无法比拟的。一直到数字影像诞生之前，"负-正法"一直是各种摄影方法的基础，从火棉胶湿版法、干版法到胶片摄影，均是如此。

卡罗法需要对底片进行晒印才能得到正片，这意味着摄影师可以在印相时进行修版，如调整照片的反差、去掉肖像照片中人脸上的皱纹和斑点等。这项技术也在之后的摄影发展史中持续下去，如胶片摄影时代的暗房处理技术、数码摄影时代的Photoshop照片处理技术。

与达盖尔法相比，卡罗法的拍摄成本要低廉很多。前者的感光材料是镀银铜版，而后者的感光材料是纸张，成本不可同日而语。而且后者复制照片的材料同样是感光纸，获得同样照片的成本非常低。用纸张来承载影像，除了成本低外，还有许多优点，如纸基照片易于观看（达盖尔法照片有镜面反光，需要找特定角度观看影像），可以许多照片放在相册中集中欣赏，可以非常方便地通过邮政传递，可以

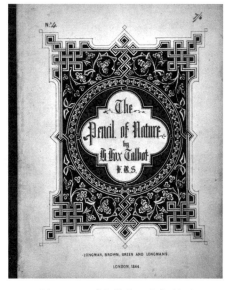

图4-33　《自然的画笔》封面
1844年，平版印刷，威廉·亨利·福克斯·塔尔博特　著/摄

装裱后挂在墙上欣赏。

卡罗法的出现，也使摄影画册的出版成为可能。尽管当时在出版物中尚未出现直接印刷照片的技术，但已经有出版物将照片手工粘在书中。如塔尔博特在1844—1846年出版了含有24张照片的摄影画册《自然的画笔》，这是世界上第一本直接刊用影像的摄影画册（摄影画册《达盖尔法摄影师的足迹：世界上最著名的风景和遗址》中的图像是基于达盖尔法照片制作的版画），该书一共出版了300本，也是最早把影像运用于大规模传播的实例。

五、卡罗法在中国

与达盖尔法传入中国的方式相似，卡罗法也是由外国摄影师带到中国的。早在1839年12月14日，澳门的英文报纸《广州周报》就刊发了英国摄影先驱塔尔伯特的"塔尔伯特摄影法"（即卡罗式摄影法）问世的消息。[①]此时，卡罗法在英国尚未申请专利。

我们无法准确地对卡罗法这种新型摄影技术是何年何月传入中国下结论，只能根据现有的文献资料、照片资料对其进行一个大致的描述。卡罗法并未在中国流行起来，只是有些国外摄影师在华使用卡罗法拍摄，流传下来的卡罗法照片数量也极为有限。而本土摄影师使用卡罗法的情况我们更是知之甚少。

1.外国摄影师的活动

目前，可知在华使用卡罗法从事摄影活动的外国摄影师有：伊利法特·布朗、罗伯特·斯拉尔和贾科莫·卡内瓦（Giacomo Caneva）等。其中后两位有卡罗法照片保存至今。他们在华使用卡罗法的时间分别在1853年、1857年和1859年。

伊利法特·布朗是美国人，1852—1854年曾以随军摄影师身份随美国海军准将马修·佩里（Matthew Perry）远征日本，在日本拍摄了一批达盖尔法照片。中国早期摄影师罗森曾作为布朗的助手在日本从事拍摄活动。1853年8月，布朗随军先

---

① ［英］泰瑞·贝内特：《中国摄影史：中国摄影师1844—1879》，徐婷婷译，北京：中国摄影出版社，2014年，第2页。

到香港，随后在澳门停留，其间使用过达盖尔法和卡罗法拍摄照片。佩里在文章中写道：

艺术家和绘图员们忙于素描、作画，已经完成了200多幅作品。电报机、达盖尔银版和卡罗式摄影法的器材都已全面就位，正安排运行。[①]

伊利法特·布朗在澳门的拍摄，很可能是在中国最早出现的使用卡罗法的摄影活动。不过遗憾的是，不知何种原因，这次拍摄并没有卡罗法照片留存下来。在那次远征的官方记录《美国海军舰队远征中国海与日本纪行》中，插图的文字说明提到，插图都是根据达盖尔法照片绘制的。

图 4-34　山上的古塔
1857 年 4 月，大尺寸卡罗式纸底片 - 盐纸照片，罗伯特·斯拉尔　摄

罗伯特·斯拉尔是一名英国商人、业余摄影师，1856年4月来到上海，并在上海拍摄了一些风景和建筑的照片。在巴斯文学和艺术学院收藏的一本相册中，收有斯拉尔拍摄的3幅有关上海的照片，其中2幅是卡罗法照片："山上古塔，上海，1857年4月"和"上海茶园，1857年"。这是现存最早的标有日期的中国卡罗法照片。[②]

贾科莫·卡内瓦是意大利摄影师。他最初是一名杰出的画家，后来开设了一家照相馆，使用的是达盖尔摄影法，在接触了卡罗摄影法后非常偏爱，并在1855年出版的一本手册中，对卡罗法采用纸版摄影的优势大加赞赏。

①［英］泰瑞·贝内特：《中国摄影史：1842—1860》，徐婷婷译，北京：中国摄影出版社，2011 年，第 45 页。
②［英］泰瑞·贝内特：《中国摄影史：1842—1860》，徐婷婷译，北京：中国摄影出版社，2011 年，第 69、74 页。

1859年4月13日，贾科莫·卡内瓦受一家丝绸公司的委托来到上海，之后又来到杭州和湖州，他此行的目的是到中国的丝绸产区寻找未被虫害传染的桑蚕。其间，卡内瓦用卡罗法对当地的官员、养蚕人家和风景进行了拍摄，这些照片被以版画的形式发表在《艺术家》和《环球画报》等刊物上。[1]卡内瓦拍摄的这些照片成为当地最早的一批照片之一。

此外，值得一提的是，塔尔博特的合作伙伴亨利·科仑用卡罗法拍摄了《南京

图4-35　富庶的养蚕人家
1859年，大尺寸盐纸照片，据卡罗法印相，贾科莫·卡内瓦　摄

条约》原件。1842年8月29日，中英《南京条约》签订后，条约母本于当年12月10日被携至伦敦，受英国官方委托，亨利·科仑于12月底利用卡罗法拍摄复制了这份条约。[2]

2. 本土摄影师的活动

马运增等编著的《中国摄影史1840—1937》中有记载："在技术和设备上，中国早期的摄影师先后使用过银版法、卡罗法、安布罗法、锡版法和湿版法等多种

---

① ［英］泰瑞·贝内特：《中国摄影史：1842—1860》，徐婷婷译，北京：中国摄影出版社，2011年，第4页。
② ［英］泰瑞·贝内特：《中国摄影史：1842—1860》，徐婷婷译，北京：中国摄影出版社，2011年，第49—50页。

方法。"①但目前尚未发现中国本土摄影师使用卡罗法拍摄的照片。在苏格兰人德贞编译、1873年出版的《脱影奇观》中，对卡罗式摄影法进行过详细的介绍。在其"脱影源流史传"中写道：

> 复增新法，名"达拉伯的法"。用艾碘不达撒蘸之纸上，俟干，再蘸硝强银水，比第一法，倍觉快利。本年国主，异予热照，于是名播太西。再用没石子，兑入硝强银水，其感光尤速，入镜照之，分秒之顷，可成也。复蘸入没石子、硝强银之水中，其影显然呈露，毫发靡遗。用甜水洗涤，再用白罗敏之不达撒，倾注其影，可以永留其像。其初，用纸之法，未尽善也，乃纸尚有不细致者，不如铂版之妙也。②

"达拉伯的法"就是"塔尔博特法"，也就是卡罗法；"第一法"是指达盖尔法。这段文字对卡罗法的工艺流程进行了细致的描述。全书对光学原理、成像原理、印相方法以及所涉及的药品均有详细阐述。《脱影奇观》是我国第一本摄影教科书，至于当时有多少中国读者阅读此书后掌握了卡罗法，并用于摄影实践，我们尚无法得知。

图4-36　《脱影奇观》对卡罗式摄影法的介绍

① 马运增等：《中国摄影史 1840—1937》，北京：中国摄影出版社，1987年，第53页。
② ［英］德贞编译：《脱影奇观》（上卷），北京：北京同文馆，1873年，第6页。

第三节　萌芽时期新闻影像的传播

在达盖尔摄影法和卡罗摄影法通行的新闻摄影的萌芽时期，受当时摄影技术和传播技术的限制，还没有出现真正意义上的新闻摄影传播。尽管如此，在这个摄影术传入中国的初期，还是出现了通过摄影来记录具有纪实内容的活动，如中国现存最早的肖像照片——于勒·埃及尔拍摄的清廷大臣耆英肖像。

一、达盖尔法纪实影像的传播

正如前文所述，由于达盖尔摄影时代还不具备直接在报纸上印刷照片的技术，加上达盖尔法曝光时间太长，拍摄成本偏高，所以这一时期尚未出现进入传播领域的新闻摄影。但我们就现存的有关中国的达盖尔法照片中，还是能发现一些具有新闻摄影性质的照片，这些照片应该是在新闻现场摆拍的。

如图3-10，这是于勒·埃及尔在1844年10月24日中法《黄埔条约》签订前拍摄的，他在日记中记载：

我们回到舰桥上，人们都聚在船尾。趁此机会，我用达盖尔银版相机为耆英特使、海军上将、第一秘书和翻译拍摄了一张合影。之后，我又为耆英与黄彤恩拍摄了两张单人肖像……①

由于照片的拍摄时间在24日下午日落之前，在画面中可以很明显地看出光线是从左侧照身右侧。尽管照片偏暗，但画面中的人物都能清晰地再现出来。拍摄的地点位于"阿基米德号"船尾。照片中共出现5人，据埃及尔日记可知，这5人分别是中方代表耆英、法方代表拉萼尼、法国海军上将、拉萼尼的第一秘书和翻译官。该照片在中国历史上第一次以影像的方式见证了近代外交史上一个重大事件。

在1844年11月，埃及尔还在广州拍摄了街头的民众，记录了当时街头的日常场景，他在日记中记载：

流动摊贩，负责小食品供应，人们从四面八方交错而过，各类叫卖声，用震耳

---

① ［英］泰瑞·贝内特：《中国摄影史：1842—1860》，徐婷婷译，北京：中国摄影出版社，2011年，第4页。

欲聋的器具夹杂着叫卖声，扁担挑在他们肩上，装着大筐的蔬菜、鱼、肉、活牲畜，就像天平一样保持着两边的平衡。[①]

图 4-37　广州街头的民众
1844 年，达盖尔法照片，于勒·埃及尔　摄

从照片中可以看出广州街头繁忙的景象，商贩们赤脚走在街头，有的戴着帽子，有的用扁担挑着牲口。画面具有很强的现场感。拍摄者似乎想用照片画面来表现动态的街头现场，但依据达盖尔法曝光时间长的特点，这张照片应该是拍摄者在街头现场摆拍的照片。埃及尔拍摄的这些照片并非用于商业用途。据此推测，在拍摄时有可能付费请街头民众配合其拍摄，而不是雇佣刻意打扮的"演员"。

二、卡罗法纪实影像的传播

由于卡罗法在中国使用得并不广泛，且至今仅发现罗伯特·斯拉尔和贾科莫·卡内瓦两名摄影师在中国拍摄的卡罗法照片存世，卡罗法影像的传播范围较为有限。当时的报纸尚不具备印刷照片的技术，这些照片只能以版画的形式进入大众

---

① "前尘影事——最早的中国影像"展览，北京华彬艺术博物馆，2012 年 12 月。

传播领域。也有一些照片经复制后，通过销售进入小范围的传播领域。

上文提及的意大利画家兼摄影师贾科莫·卡内瓦，1859年拍摄的两张上海军事总督及官员的照片，于1861年11月9日被以版画的形式发表在《环球画报》上。照片以图片的形式向西方读者介绍了晚清中国官僚阶层的风貌，从画面的内容看，这是一张经过精心布置的摆拍照片。这也是目前发现不多的进入新闻传播领域的卡罗法照片。

图4-38　上海军事总督及官员，1859年，贾科莫·卡内瓦　摄
大尺寸盐纸照片，据卡罗式摄影法印相。藏于意大利特雷维索的万泽拉收藏中心

图4-39　木版画，根据贾科莫·卡内瓦（上、下）摄影作品制版
《环球画报》，1861 年 11 月 9 日，泰瑞·贝内特收藏

结　　语

　　达盖尔式摄影法、卡罗式摄影法是摄影史上最早的两种实用的、通行的摄影方法，并且都随着鸦片战争传入我国，外国摄影师和本土摄影师都使用过这两种方法在中国从事摄影活动。在1842年摄影术传入我国之后、19世纪50年代末火棉胶湿版法传入我国之前，在中国的摄影活动采用的都是这两种方法。本章内容对达盖尔法和卡罗法的工艺流程、摄影器材、拍摄方法、照片特点和在中国的实践情况进行了全面、系统的阐述。

在中国拍摄的达盖尔法照片和卡罗法照片都没有大规模地进入新闻传播领域，即使是裱贴照片的刊物也尚未出现，只有少数照片被以版画的形式刊登在国外的报刊上。受早期摄影技术曝光时间长的限制，达盖尔法和卡罗法都很难拍摄动态的场景，这在客观上也制约了新闻摄影活动的进行。尽管如此，在中国摄影史开端的近20年时间里，依然出现了一些与新闻相关的摄影活动。综上所述，本章内容的名称被定为"萌芽时期的新闻摄影传播技术"。

第五章
玻璃版时期新闻摄影传播技术

Chapter 5
Communication Technologies of Photojournalism in the
Collotype Period

在达盖尔式摄影法、卡罗式摄影法流行的时期，尽管出现了不少具有新闻纪实性质的照片，但摄影并未与新闻传播紧密地发生联系，这一情形到了玻璃版时期开始有了改观。原因是多方面的，包括新的摄影方法拍摄成本降低、曝光时间缩短，从事摄影活动的摄影师数量大幅增加，人们在观念上对摄影这种新事物逐渐接受，近代报刊繁荣发展、石印画报兴起，信息传播对图像及其真实性的追求，等等。尽管这一时期照片还无法直接印刷在报刊上，但出现了一些过渡的新闻摄影传播形态：纪事照片贴册、随报附赠小照、照片转图画后石印在报刊上等。

玻璃版时期分两个阶段：前期是湿版摄影法，流行的年代为19世纪50年代至80年代中期；后期是干版摄影法，开始流行于19世纪70年代末，从1883年开始有人用赛璐珞来代替易碎的玻璃，胶片摄影开始发展，干版摄影法的使用一直持续到20世纪50年代。新的摄影方法从发明到成为一种实用的工艺，往往会有数年甚至数十年的时间，而在这段过渡的时间内，多种摄影工艺同时并存，新的工艺成熟之后才渐渐取代旧的工艺。

第一节　湿版法摄影传播技术

达盖尔式摄影法虽然具有理想的画质，但缺点是照片无法复制，而且拍摄成本过高；卡罗式摄影法虽然可反复复制，但画质不够清晰细腻。于是，人们开始寻找一种更加理想的摄影方法：既具备出色的画质，又能以低成本对照片进行复制。

早在1839年，英国科学家约翰·赫歇尔（John Herschel）就提议用玻璃板来制作底版，但直到1847年这一提议才被采纳。尼埃普斯·德·圣−维克多（Niepce de Saint-Victor）发明了一种利用蛋白来制作玻璃底版的方法。这种玻璃版的成像效果十分精致，不过蛋白的感光速度太慢了，而且蛋白涂层时间长了会破裂和剥落。直到1851年，弗雷德里克·斯科特·阿彻（Frederick Scott Archer）发明火棉胶湿版法后，玻璃版才成为一种实用的、流行的摄影工艺。

一、湿版法工艺流程

火棉胶湿版法工艺流程类似于卡罗法，也分为感光版制作和照片制作两个部分。但和达盖尔法和卡罗法相比，火棉胶湿版法要更为复杂，所有操作都必须在现场立即进行，如制作好的感光版须立即放入相机内曝光。除了火棉胶法外，还有一种湿版法叫作火棉胶金属湿版法（Melainotype），它包括安布罗式摄影法（Ambrotype）和锡版摄影法（Tintype Ferrotype）两种。

1. 玻璃负片的制作

先准备一块光滑的玻璃板，用浮石和酒精彻底洗干净，之后进行干燥。再把溶化有碘化钾的火棉胶倾倒在玻璃板上，来回倾斜玻璃板，使火棉胶液体均匀地涂满整块玻璃板。然后在红色安全灯下，把玻璃板放到硝酸银溶液中浸泡数分钟，从而发生化学反应，形成碘化银感光层。[①]再取出玻璃板，当液体滴净后将其放入暗盒，随后就可以安装在相机内进行拍摄了。

---

① 美国纽约摄影国际中心：《美国ICP摄影百科全书》，王景堂等译，北京：中国摄影出版社，1995年，第545页。

玻璃感光版制作完成后，要将其在湿润状态下立即放入相机内进行拍摄曝光，因为它干燥之后感光性能会降低。曝光的时间根据光照条件和使用的镜头而定，使用拍摄人像的镜头通常可以达到1—15秒，而使用拍摄风景的镜头（光圈通常为F11），曝光时间为30秒至2分钟。

图 5-1　用于对玻璃板负片进行修版的修版器

下一步是把曝光完成的玻璃板显影和定影。在暗房中把硫酸亚铁或焦性没食子酸显影液倒在玻璃板上开始显影，当影像中强光部分的密度足够时停止显影，再用清水略为清洗玻璃板。然后将玻璃板放入海波溶液中进行定影，水洗并晾干后，再涂上清漆以固定和保护影像。最后，要通过修版器对玻璃板上的影像进行修版，这样，一张负片的制作就完成了。

2. 正像照片的制作

火棉胶湿版法正像照片的制作流程，与卡罗法相似。首先要制作感光相纸。选择一张表面光滑、干净的优质纸张，在上面均匀地涂布蛋清和氯化钠，然后放入硝酸银溶液中，有涂层的一面朝下。取出后在暗室里晾干，这样相纸就制作好了，要尽早使用。

下一步是印制正片。先准备好如图5-2所示的印相夹，印相夹下方有一块玻璃，把底片放在玻璃上。底片无影像的一面朝向玻璃，底片有影像的一面放上相纸，互相紧贴着，再关上印相夹的卡板并压紧，使相纸完全紧贴在底片上。然后把

图 5-2　卡板式印相夹

图 5-3　把印相夹放在阳光下晒像时的情景

印相夹放在阳光下曝晒，玻璃面要垂直朝向阳光，直到相纸上形成紫黑色的影像为止。观察相纸上的显像效果要在暗室中进行，打开卡板观察显像时的动作要快。

最后一步是调色和定影。先将晒印完的照片用清水漂洗，此时影像会呈暗红色。再将像纸放入氯化金与氯化钾混合溶液中浸泡，这样照片不但不再发红，而且影像的清晰度和反差都有了提升，影像的牢固程度也获得提高。[①]将调色完的照片放入海波溶液中进行定影，最后水洗和晾干即可。为了让照片更加漂亮，还可以对照片进行上光处理，具体做法是把照片贴在纸板上用机器压制，再使用上光机滚压即可。

图 5-4　滚筒式手摇上光机

3. 火棉胶金属湿版法 / "黑版法" 摄影法

火棉胶湿版法发明后还未被广泛使用，便出现了建立在其基础之上的"黑版法"，它具体包括安布罗式摄影法和锡版摄影法。这两种方法所使用的化学感光材料和工艺流程与火棉胶湿版法相似，不过，安布罗法是在玻璃板上直接呈正像，锡版是在镀锡铁板上呈正像。由于是一步获得正像，都不能晒印复制照片，与达盖尔法相似，但这两种方法成本要明显低于达盖尔法，曾经广泛地用于人像拍摄。

（1）安布罗式摄影法

1851年，弗雷德里克·斯科特·阿彻和彼得·弗赖伊（Peter Fry）发现，火棉胶玻璃底版曝光不足时，如果衬上黑色背景，整个底版上的影像就变成正像了。这

---

① 吴钢：《摄影史话》，北京：中国摄影出版社，2006年，第177页。

种方法经过改进，美国人詹姆斯·安布罗斯·卡廷（James Ambrose Cutting）于1854年对该技术申请了专利，并命名为"安布罗式摄影法"，在英国也被称为火棉胶湿版正片。[①]

安布罗法照片在定影制作完成后，通常会在玻璃板背面涂黑，或者在装裱时置于黑布或天鹅绒上，然后装进相框内；照片如果未置放黑色底衬，仍呈现为负像。如图5-5显示了负、正片的对比效果。安布罗法照片的大小与标准尺寸（满版）的达盖尔法银版照片相同。

图5-5　无题肖像　约1858年，安布罗式摄影法，佚名美国摄影师　摄
为了展示安布罗法照片的负、正片对比效果，特意移除了照片右侧的底衬

图5-6　广东妇女肖像，佚名　摄
拍摄时间未知，安布罗式摄影法

作为一种主要用作拍摄人像的摄影方法，虽然安布罗法照片的影调细腻程度要逊于达盖尔法，但大众对此并不太重视，而它最大的优点是制作相对容易，成本也更低，这使得它迅速取代了达盖尔法。1855—1857年安布罗法在美国十分盛行，当然这种摄影方法也传入了包括中国在内的世界许多国家。如图5-6是一幅使用安布罗法拍摄的广东妇女肖像。

①［美］内奥米·罗森布拉姆：《世界摄影史》，包甦等译，北京：中国摄影出版社，2013年，第56页。

（2）锡版摄影法

如果在安布罗法工艺中，把易碎的玻璃板换成成本更加低廉的铁片，这种方法将会更加理想。1853年和1856年，法国人A.A.马丁（A.A. Martin）和英国人威廉·克洛恩（William Kloen）分别都使用过这种方法，1856年美国俄亥俄州凯尼恩学院的汉密尔顿·史密斯（Hamiltom Smith）教授申请了锡版摄影法专利，锡版法也被称作铁版摄影法或梅拉诺摄影法。

锡版法在工艺上和安布罗法相似，不过制作感光底版的材料是一块被涂成黑色的光滑薄铁片，所以成本要比安布罗法更低。锡版照片不但不容易碎，在重量上也要比玻璃版照片轻许多。最普通的锡版法照片尺寸较小，与1/8版的达盖尔法银版照片相近，约为2.25×3.5英寸，也有较大或更小一些的。[①]锡版法操作起来十分迅速，只需1分钟就可以完成，当场可以把照片交给顾客，所以许多锡版法摄影师带着轻便的设备和简易的暗房在街头工作。

这种制作迅速、成本低廉的摄影方法，使广大工薪阶层有机会接触摄影，使摄影一下子变得更加普及。许多平民第一次接触照相，所接触的就是锡版法。1860年美国南北战争时期，由于这种照片非常便于邮寄，许多士兵通过锡版法照片来与家人分享照片。这种亲民的摄影方法一直到20世纪初仍受广大工薪阶层欢迎。[②]

不过，也正因为锡版法的操作便捷和价格亲民的特点，使得锡版法摄影师大多缺乏专业技术，拍摄出来的照片缺乏艺术价值。此外，锡版法照片色调发灰，并没有达盖尔法银版照片表面所具有的光泽，当然，平民百姓似乎并不在乎这些。

二、湿版法照片

湿版法集中了达盖尔法和卡罗法的优点：画质清晰、影像耐久性长、照片可复制、制作成本低、可拍摄后修版等。在湿版法流行的时期，照片的规格主要包括大尺寸照片、名片式照片、立柜式照片和立体照片。其中大尺寸照片成本较昂贵，更

---

① 美国纽约摄影国际中心：《美国ICP摄影百科全书》，王景堂等译，北京：中国摄影出版社，1995年，第198页。
② ［美］内奥米·罗森布拉姆：《世界摄影史》，包甦等译，北京：中国摄影出版社，2013年，第194页。

多地用于专业摄影；名片式照片、立柜式照片是肖像摄影最常见的规格；而立体照片主要是作为一种市民的娱乐方式。

1. 大尺寸照片

湿版法拍摄的大尺寸照片规格较为丰富，常见的有10×8英寸（25×20 cm）、8.5×6.5英寸（21.5×16.5 cm，与标准达盖尔法照片尺寸相同）、7×5英寸和6.5×4.25英寸等。它的尺寸要明显大于立柜式照片和名片式照片，影像十分清晰和细腻，经常用于拍摄风光和建筑等题材，是一种技术水准和艺术水准都较专业的摄影形式。

还有一种尺寸更大的全景照片，是由多张单幅大尺寸照片拼合而成的，视角极为广阔，一般用于表现宏伟壮观的自然风光和城市全景。如费利斯·比托1860年3月在香港拍摄的《联军登陆香港》，是由5幅照片合成的全景照片。

图 5-7　广州城 1861—1863 年，大尺寸蛋白照片，弥尔顿·米勒　摄

2. 名片式照片

名片式照片（carte de visite），1854年由法国人阿道夫·欧仁·迪斯德里（Adolphe Eugène Disdèri）发明，他申请的专利还包括拍摄名片式照片的相机。一块标准的玻璃底版可以拍摄8张（也有4张或6张的）名片式照片，每张照片常见的

尺寸为3.5×2.5英寸。洗好的照片裁好后，会被装裱在一张2.5×4英寸的、标有姓名的卡片上，如果有许多张名片式照片，还可以放在照片簿中。在照片的下方或背面，会标有照相馆名称和地址信息等。

名片式照片主要用于拍摄人物肖像，由于照片的尺寸减小，使得拍摄的成本得以降低。在1855年的法国，一张大尺寸肖像照片的价格在25至125法郎之间，而名片式照片只需1法郎。[①]较低的成本，使得名片式照片在19世纪50年代末至60年代中期的欧洲十分流行。这种照片规格也随着来华摄影师传入中国，在19世纪六七十年代的中国较流行。

图5-8　不知名妇女肖像　1860—1865年，名片式照片，阿道夫·欧仁·迪斯德里　摄

3.橱柜式照片

橱柜式照片（cabinet photographs，也译作"立柜式照片"或"卡比尼式照片"）最早是由G.W.威尔逊于1862年提出来的，1866年伦敦的F.R.温多（F.R.

---

①［法］昆汀·巴耶克：《摄影术的诞生》，刘征译，北京：中国摄影出版社，2015年，第57页。

Window）照相馆首次使这种照片在商业上获得成功。①橱柜式照片的尺寸要比名片式照片大不少，通常为6×4英寸，这种照片被裱在6.5×4.25英寸（11×16 cm）的纸托上，用来陈列在橱柜上。在照片的下方会留有较大的空白，供摄影师签名或标上照相馆名称。

橱柜式照片流行的时间为19世纪60年代末至90年代。最初这种照片经常用于拍摄电影明星演员，能获得很好的销路，到了后来它成为拍摄家庭肖像与合影最常用的规格，成为名片式照片的替代者。在当时的照相馆里通常都备有风格各异的背景，专供于拍摄橱柜式肖像照片。

图5-9　一位不知名的外国人　约1875年，橱柜式照片，阿芳照相馆　摄

4. 立体照片

早在1832年，英国人查尔斯·惠特斯通（Charles Wheatstone）就发明了立体镜（steveoscope），当时是为了看图片的三维效果。1849年，苏格兰科学家戴维·布鲁斯设计了第一台实用的折射立体镜，可用于欣赏立体照片（stereograph）。1861年奥列弗·温德尔·霍姆斯（Oliver Wendell Holmes）发明了一种廉价的立体镜，它的下端是一个手柄，上端的支架上一头是装有两个目镜的遮光罩，另一头是一张3×3英寸的卡片，可用于贴放立体照片。当时拍摄立体照片所用的底片标准尺寸是5×8英寸，在一张底片上拍摄两张照片，晒印后再剪成两张3×3英寸的立体照片。

图 5-10　立体镜与立体照片

---

① 美国纽约摄影国际中心：《美国ICP摄影百科全书》，王景堂等译，北京：中国摄影出版社，1995年，第96页。

立体照片的拍摄，需要使用一台双镜头立体相机，它可以在玻璃底版上拍出两张有细微视差的照片，这相当于左右两眼看到的景物；当然，也可以通过单镜头立体相机来实现，用它拍完一张照片后，要按一定的轨道移动到指定位置拍另一张并排的照片[①]。当使用立体镜观看这对照片时，便可以获得一种三维立体的视觉效果：前景中的景物非常突出，后面的景物则似乎距离很远，画面有着出色的纵深感。[②]

1851年，维多利亚女王在水晶宫的一个展览上对立体照片表达过支持。此后，立体照片作为一种大众娱乐方式在欧洲变得极为流行，当时欧美的许多家庭都有廉价的手持式立体镜。从1855年开始欧美许多商店都出售题材广泛的廉价的立体照片，通过立体照片可以欣赏到世界各地的旅游风光、时事新闻和名人肖像等，给人们带来了极大的视觉满足感。在19世纪六七十年代，立体照片的流行达到高峰。

图 5-11　美利操场，圣约翰教堂（香港）　约 1875 年，蛋白立体照片，阿芳照相馆　摄

三、湿版法摄影器材

与达盖尔法和卡罗法所用的相对原始的摄影器材相比，湿版法摄影器材有了较

① ［美］托德·古斯特夫森：《典藏相机》，杨枚译，北京：北京美术摄影出版社，2012 年，第 52 页。
② ［英］M. 兰福德：《世界摄影史话》，谢汉俊译，北京：中国摄影出版社，1986 年，第 38 页。

大发展。湿版法所用的玻璃底版虽然制作和使用都很复杂，但能兼顾达盖尔法高画质和卡罗法可复制照片的优点。蛋白相纸是伴随着湿版法出现的，持续使用到干版摄影时期。湿版相机的品种十分丰富，分为抽屉式相机、折叠式相机两大类，还可以细分出名片相机、立体相机等特殊功用的相机。镜头在成像质量和生产工艺方面都较过去有所提升。这一时期，尽管没有出现实用的闪光灯，但人们进行了利用人造光源摄影的宝贵尝试。

1. 玻璃底版

卡罗法拍摄的照片画质粗糙的主要原因，是纸张并非理想的感光材料，它不光滑、透明性能差，而用玻璃来替代纸张则效果非常理想。在湿版法中用于涂布感光乳剂的玻璃板，要选取透明度高、没有划痕和气泡的玻璃，并且经过反复打磨抛光。经过上文所述的工艺流程后，可以制作为用于拍摄的玻璃感光版。

湿版法印相的方法和卡罗法相同，也是采用晒印的方式，所以感光底版和印出照片的尺寸是相同的。常见的有8×10英寸、6.5×8.5英寸（与标准达盖尔底版相同）、5×7英寸和4.25×6.5英寸等。通常一张玻璃感光版可以拍摄出8张名片式照片或2张立体照片，这意味着单张小尺寸照片的成本要低于满版的大尺寸照片。

2. 蛋白相纸

卡罗法用于晒印照片的是食盐相纸，而湿版法使用的是蛋白相纸，这种制作蛋白照片的工艺被称为"蛋白印相工艺"（Albumen Process）。1850年，L.D.布兰夸特-埃夫拉尔用蛋白相纸来制作照片首次获得巨大的成功，[1]他在法国里尔开设了一家照片洗印工厂，并且成功地经营了11年。从20世纪50年代到八九十年代，这三四十年的时间里，蛋白相纸一直被当作标准相纸使用。

食盐相纸是把影像浸透在纸纤维中，因而显得粗糙；而蛋白相纸的影像是由相纸表面的涂层覆盖。这种蛋白照片具有清晰度高、表面平滑、反差强烈的特点，[2]而且经过上光处理的蛋白照片表面富有光泽。

尽管蛋白照片的稳定性要强于卡罗法食盐照片，但仍未达到令人满意的程度，

---

[1] 美国纽约摄影国际中心：《美国ICP摄影百科全书》，王景堂等译，北京：中国摄影出版社，1995年，第37页。
[2] ［美］内奥米·罗森布拉姆：《世界摄影史》，包甦等译，北京：中国摄影出版社，2012年，第33页。

在经历较长的时间后仍会褪色发黄。而造成照片褪色的原因有许多：制造相纸所用的水不够纯净、冲洗技术不完善、定影不充分、空气污染等。①

3. 湿版相机

湿版相机的种类较多，按结构可分为抽屉式调焦相机、折叠皮腔式相机；按用途可分为普通湿版相机、名片相机、立体相机等。下文将一一叙述各种类型的湿版相机。

（1）抽屉式调焦相机

火棉胶湿版时代主流的相机是抽屉式调焦相机，这种相机的结构和外形都与达盖尔银版相机相似。相机的底部基座是固定的，机身由前后两个木箱子组成，前方的机身装有镜头，后方的机身可前后移动来对焦。与银版相机一样，它也可分为全版的版本和1/2版、1/4版等其他版本，也有5×7英寸、8×10英寸等其他规格的，其中有些规格成为之后大画幅胶片相机所沿用的经典尺寸。

如图5-12为马修·布雷迪工作室所有的抽屉式调焦相机，规格为1/4版（3.25×4.25英寸），前方装有固定的匹兹伐型人像镜头。该相机的生产时间约为1860年。

图 5-12　马修·布雷迪工作室所有的抽屉式调焦相机

① ［美］内奥米·罗森布拉姆：《世界摄影史》，包甦等译，北京：中国摄影出版社，2012年，第34页。

（2）折叠皮腔式相机

抽屉式调焦相机显得笨重，在火棉胶湿版时代流行一种用于户外拍摄的便携式相机——折叠皮腔式相机。这种相机也是采用木制机身，机身前端（前板）安装有镜头，机身中间是折叠的皮腔，机身后侧（后板）装有毛玻璃。皮腔可以沿着机身下方的齿轮轨道前后伸缩，可用于调整玻璃底版与镜头之间的距离，即起着调节焦距的作用。折叠皮腔要求不能透光，通常采用帆布或皮质材料。毛玻璃用于取景和检查对焦情况，当完成取景和对焦后可以换上装有玻璃底版的片盒来拍摄。

多数折叠皮腔式相机的前板是固定的，后板可连同皮腔前后伸缩，整台相机被牢牢地固定在三脚架上。但有一种更加便携的通用改进型金尼尔相机（Kinnear Camera），它采用倾斜型皮腔，相机的后板是固定的，而通过折叠皮腔可以把前板连同镜头一起收入箱状机身内。[①]这样，在户外拍摄的途中存放和运输相机会十分方便。

图5-13　纳达尔用过的5×7英寸折叠皮腔式相机，约1860年生产

图5-14　8×10英寸通用改进型金尼尔相机，约1857年生产

（3）名片相机

尽管火棉胶湿版法的拍摄成本要低于达盖尔银版法，但大尺寸湿版照片的成本依然不便宜。许多照相馆为了招徕更多的顾客，都希望能进一步降低拍摄的成本，

---

① ［美］托德·古斯特夫森：《典藏相机》，杨枚译，北京：北京美术摄影出版社，2012年，第76页。

图 5-15　迪斯德里的名片相机，约 1860 年生产

使更多普通家庭的人也成为他们潜在的顾客。于是在1854年，名片式照片以及拍摄这种照片的相机应运而生。名片相机通常拥有4个匹兹伐型人像镜头，可以在一张8.5×6.5英寸标准玻璃底版上拍摄出8张姿势不同的照片，而多张照片可以在一张底版上晒印出来。每张名片式照片的尺寸为3.5×2.5英寸。

名片相机采用火棉胶湿版工艺，它也是湿版相机的一种，同样可分为抽屉式调焦和折叠皮腔式调焦两种类型。除了典型的装有4个镜头的名片相机外，还有的装有3个、6个甚至12个镜头。在多个镜头后面的机身内部装有数块黑色隔板，把一整块感光版分为若干个部分。在拍摄时，逐次打开镜头盖对感光版的不同部分曝光，通常不要求被摄人物的姿势一模一样，从而使多张不同的照片呈现出姿势的动态变化。

（4）立体相机

顾名思义，立体相机是用于拍摄立体照片的。立体相机类似于人的双眼的功能，它装有两个相隔21×2英寸的并排的镜头，在机身内装有一块黑色隔板。立体相机的底版通常为5×8英寸，也有略大或略小一些的底版，在一块底版上生成一对大小相同、视角略有差异的负像，这对负像经过晒印获得一对照片后，可使用立体镜观察获得三维立体效果。作为湿版相机的一种，立体相机同样可分为抽屉式调焦和折叠皮腔式调焦两种类型。

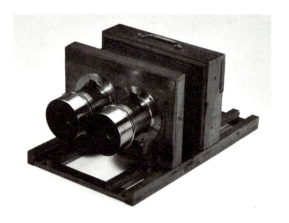

图 5-16　折叠皮腔式立体相机，约 1860 年生产

4. 镜头

和达盖尔法、卡罗法时代的镜头相比，湿版相机的镜头在成像质量和生产工艺方面都有所提升，主要可分为一般镜头和组合镜头。一般镜头的特点是镜身修长、光圈较小，镜头成像圈内的影像均能清晰呈现，适用于拍摄风景和建筑等；组合镜头的特点是镜身粗短、光圈较大，能使位于焦点的主体成像清晰，适用于拍摄人像。

一般镜头分别由一枚凹透镜和凸透镜组成，形成一支消色差镜头；组合镜头共由4枚镜片组成，有两组凹凸透镜结构。镜头的光圈装置较简易，但形式多样：有的是在镜头前装一块有圆孔的遮板；有的是在镜头中间开一个横槽，可插上有不同大小圆孔的插板。①

图 5-17　湿版相机使用的一般镜头　　图 5-18　湿版相机使用的组合镜头

此外，在镜头设计上出现了一项改进——消球差镜头。这种镜头最早由德国人施泰因海尔在1866年发明，同年英国人达尔迈耶也发明了类似的双消色透镜。这种镜头采用对称式设计，光圈两边各安装两枚镜片的消色差透镜，当光圈设为F8时成像几乎没有球差。②

---

① 吴钢：《摄影史话》，北京：中国摄影出版社，2006 年，第 168 页。
② 美国纽约摄影国际中心：《美国 ICP 摄影百科全书》，王景堂等译，北京：中国摄影出版社，1995 年，第 46 页。

5.人造光源设备

摄影离不开光线，但自然中的光线并非总是那么理想。在达盖尔摄影时期，摄影师把照相馆开设在顶楼的玻璃棚内，可以直接使用阳光，或配合反光设备来间接使用阳光。为了提高光线的强度，人们发明了一种铜制的大型反光设备，这种设备能把经反光镜反射的阳光，经特制的镜头聚光后，集中照射在被摄者身上。[①]后来，人们也尝试对油灯进行改装，即在油灯旁加装反光或聚光装置，从而实现补光的效果。

图 5-19　早期摄影中使用的大型反光设备

1839年，科学家艾伯斯顿（L. Ibbetson）拍照时使用氢氧爆气光（limelight），就是把石灰棒放在氢氧焰中灼烧，这样能产生一种很亮的白光。这种方法一度被摄影师使用过，但效果并不理想。1852年，塔尔博特曾使用莱顿瓶进行闪光摄影，他在一个玻璃瓶中内置金属线圈或金属薄片来蓄存电量，制作高压闪光用于拍摄运动中的景物。[②]1861年纳达尔使用推车灯、反光镜、数卷电线拍摄了巴黎地下排污管道和地下陵墓里的工人。1864年阿道夫·欧斯特（Adolphe Ost）使用电池进行闪光摄影，拍摄了肖像作品。但电池产生的光线较弱，成本也过于高昂。[③]

尽管在湿版摄影法流行的时期，实用的摄影闪光设备尚未出现，但人们对使用人造光进行摄影的努力和尝试从未停止过。此后，在摄影从湿版法向干版法过

① 吴钢：《摄影溯源》，北京：龙门书局，2013年，第210—211页。
② ［美］托德·古斯特夫森：《典藏相机》，杨枚译，北京：北京美术摄影出版社，2012年，第242页。
③ ［美］内奥米·罗森布拉姆：《世界摄影史》，包甦等译，北京：中国摄影出版社，2012年，第244页。

渡的过程中，出现了一种实用的闪光设备——镁光灯，这种闪光方法流行了数十年之久。

四、湿版法的拍摄

火棉胶湿版法的拍摄，远远比达盖尔法和卡罗法复杂，因为所有的操作都要在现场进行，必须在火棉胶未干之前进行曝光和显影。

1. 户外旅行摄影

湿版法要在玻璃版未干时曝光和显影，这就意味着在拍摄时要携带暗房和大量制作感光版和冲洗照片的仪器和化学用品。这对于在固定场所拍摄的照相馆而言并无大碍，但对于在户外拍摄的摄影师而言，则是苦不堪言。正如曾恩波在《世界摄影史》中所描述的那样："除了摄影机、三脚架和很多必要的镜头之外，还得携带下面的一大堆器具：一口大箱子，里面装满了各种瓶子，瓶子里装着涂原版的药；另外还准备很多玻璃瓶和铁盘子，以便装感光乳剂、显影剂、定影剂等等；同时还要携带天平、计量杯、尺、水桶、暗房帐幕等等。""一个业余摄影家在一日所需的摄影材料，总计大概在100乃至120磅重之间。"[1]使用湿版法的著名摄影师约

图 5-20　湿版法的拍摄　左侧是户外拍摄所用到的帐篷式暗房

---

[1] 曾恩波：《世界摄影史》，台北：艺术图书公司，中国摄影出版社影印版，1985 年，第 40 页。

翰·汤姆森在中国旅行拍摄时，雇用了8个人来搬动那些笨重的摄影设备。

为了便于在户外摄影中携带这些沉重的摄影设备，英国人欧内斯特·爱德华（Ernest Edwards）发明了一种搭载在独轮车上的帐篷式暗房。①制版和冲洗所需的仪器和化学药品都可以放在帐篷内，携带起来十分方便。这种帐篷式暗房受到许多旅行摄影师的欢迎。而著名的英国摄影师罗杰·芬顿的移动暗房则架设在一辆大型的四轮马车上，为其记录克里米亚战争提供了方便。

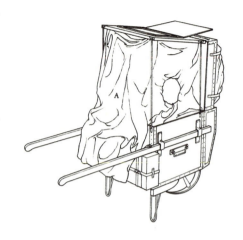

图5-21　欧内斯特·爱德华发明的搭载在独轮车上的帐篷式暗房

2. 照相馆肖像摄影

在室内的照相馆使用湿版法拍摄的情景，大致与达盖尔和卡罗法时期相同。但不同的是，达盖尔法、卡罗法时期的摄影活动只是零零星星地出现在香港、广州、上海等沿海城市，数量极其之少；而在湿版法时期，无论是室外摄影活动还是室内的照相馆摄影，都已经进入北方如天津、北京等地，同时进入武汉、成都等内陆城市。所以这也使湿版法流传到中国后，形成了一些本土化的特色。

图5-22　使用湿版法在照相馆拍摄人像的情景照相室位于顶楼，上方是大型的玻璃棚，阳光可以照射进来

尽管使用湿版法拍摄肖像所需的曝光时间要比达盖尔法短，但依然要被摄者保持静止不动，所以会准备有靠背的座椅和固定头部的装置。拍摄时，摄影师会拍一下木板，就像说书人敲"醒木"一样，以引起被摄者注意力的集中，大喊一声揭开镜头盖开始曝光，然后数

---

① ［美］内奥米·罗森布拉姆：《世界摄影史》，包甦等译，北京：中国摄影出版社，2012年，第195页。

字计时，往往要数到一二十个数曝光才算完成。[①]

图5-23　照相馆中用于固定头部的装置　卡子可上下、前后移动，以适应不同身高的被摄者

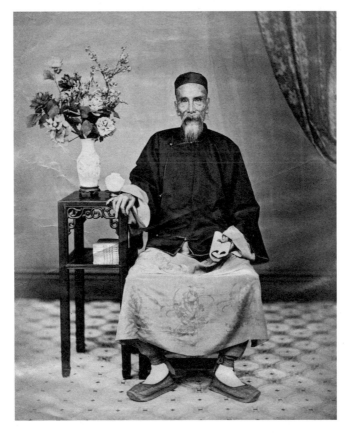

图5-24　中国男子　19世纪七八十年代，阿芳照相馆　摄

---

①上海摄影家协会、上海大学文学院编：《上海摄影史》，上海：上海人民美术出版社，1992年，第187页。

在西方，拍摄半身头像是标准肖像，但中国人一定要拍摄全身照。西方人喜欢拍摄四分之三侧面照，而中国人要拍摄不偏不倚的正面照，大概是受"祖先像"的影响。正如约翰·汤姆森所说："中国人从不照那种侧面或四分之三脸部的相片，其原因是在他们看来，肖像应有两只眼睛、两只耳朵，只有这样才会使整个脸庞望如满月。按照这个传统的对称要求，中国人要把整个轮廓完整地表现出来；在脸上，要求尽可能地减少阴影。即使有一点儿，也要求对称。"①

选择背景和道具也很有讲究。照相馆为了招揽生意，会把书籍、盆景、扇子、茶杯、盖有桌布的三脚圆桌等安排在背景中。如上海悦来容照相馆即在《申报》上刊登广告："本馆照相与众不同，因园景而得自然之气，博古琴书随意布置，兼备古装，士女照式皆有，意义可取。"②

鲁迅在《论照相之类》一文中提及早期肖像摄影：

只是半身像是大抵避忌的，因为像腰斩……他们所照的多是全身，旁边一张大茶几，上有帽架、茶碗、水烟袋、花盆、几下一个痰盂……人呢，或立或坐，或者手执书卷，或者大襟上挂一个很大的时表。至于拍摄夫妻合影，照例是左坐公右坐婆，中间放一张茶几；几上有的是盖碗茶、自鸣钟、水烟袋，或者还要加上些什么不相干的东西。③

第二节　干版法摄影传播技术

在世界摄影技术史上，干版摄影法和湿版摄影法一样，是持续使用时间最长的早期摄影方法。干版摄影法从19世纪70年代末开始流行之后，到80年代中期完全取代了湿版摄影法。直到胶片诞生后，干版摄影法依然被专业摄影师持续使用至20世纪50年代。当然，在新闻摄影领域，在20世纪20年代中期小型相机出现之后，使用

---

① ［英］约翰·汤姆森：《镜头前的旧中国——约翰·汤姆森游记》，杨博仁、陈宪平译，北京：中国摄影出版社，2001年，第20页。
② 《徐园悦来容照相馆》，上海：《申报》，1892年正月二十七日。
③ 刘半农：《半农谈影》，引自龙憙祖编著：《中国近代摄影艺术美学文选》，天津：天津人民美术出版社，1988年，第176—183页。

干版法拍摄新闻的摄影师越来越少。在整个摄影史上，干版摄影法是从早期摄影向现代摄影过渡的阶段。

一、干版法工艺流程

湿版摄影法在摄影史上流行了三十多年，这种摄影方法十分烦琐，需要现场制作感光版和显影，对于室外摄影而言极为不便。于是，人们在不断探索更加便利的方法。干版摄影法可分为不同的发展阶段，第一阶段为1855年至1878年，第二阶段为1878年之后，大体可分为火棉胶干版法和明胶溴化银工艺，两种方法的工艺流程也存在差异，但真正广泛流行的干版摄影法是明胶溴化银工艺。

1. 火棉胶干版法

湿版摄影法之所以要在玻璃底版湿的时候曝光，是因为火棉胶干燥后感光性能大幅降低，无法使用。而通过在火棉胶上面涂一层蛋清、溴化铵、碘化铵和冰糖的混合物作为保护层，能有效解决火棉胶干燥的问题，这就是火棉胶干版法，是1855年由法国物理学教授陶佩诺（J.M. Taupenot）发明的。[①]直到1860年，英国开始批量生产玻璃干版，使从事室外拍摄的摄影师不必像使用湿版法的摄影师那样携带大量制作感光版的设备，因而广受欢迎。

不过，玻璃底版涂布了蛋清混合物之后，感光度变得十分低，有时曝光时间需要半个小时，适于拍摄风景、建筑等静止对象，但并不适于拍摄人像。而且制作好的玻璃干版必须在6个小时之内使用，如果想多存放几天再用，还需要经过硝酸银处理。因此，火棉胶干版法仍不能算是一种成熟的、实用的摄影

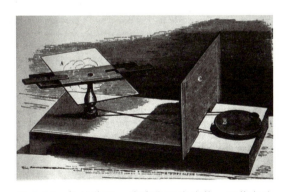

图 5-25　机械装置　玻璃能迅速旋转，以均匀涂布蛋清

---

① 吴钢：《摄影史话》，北京：中国摄影出版社，2006 年，第 192 页。

方法，它仍无法取代火棉胶湿版法。

2. 明胶溴化银工艺

火棉胶干版法发明后，人们不断尝试对其进行改进。1861年吕塞尔（Charls Russell）发现制作感光版时，在原有的碘化银里加鞣酸可以提高感光度，也可以延长感光版的保存时间。此后塞斯（B.J. Seyce）、博尔敦（W.B. Bolton）、莱阿（Carey Lea）等人也发现其他改进方法，但并未彻底解决感光度低的问题。[1]

1871年，英国医生马多克斯试图寻找取代火棉胶干版法的摄影方法，他在《英国摄影杂志》上提出改用糊状明胶作为涂布材料，这种明胶是用动物的皮骨熬制而成的。把含溴化银的明胶乳剂加热，再趁热涂在玻璃版上，干燥后化学药品不会像火棉胶一样发生结晶。明胶乳剂受潮时膨胀，使显影液和定影液易于发生作用。[2]明胶溴化银工艺的感光速度已经不亚于火棉胶湿版法了。马多克斯并未对发明的专利设定限制，任何人都可以随意使用，而且他本人指出这种配方仍可改进。

此后，明胶溴化银工艺不断获得改进。1873年，约翰·伯吉斯（John Burgess）和理查德·肯尼特（Richard Kennett）都对该工艺进行改良。直到1878年，查尔斯·哈珀·贝内特（Charles Harper Bennett）通过延长明胶乳剂的加热时间，使底版的感光速度达到火棉胶湿版法的好几倍，终于使干版

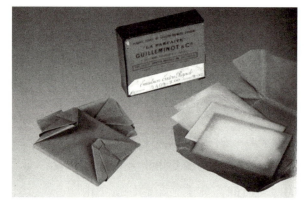

图 5-26　规格为 9×12 cm 的明胶溴化银干版　每片玻璃干版边上都有小纸条包边，以防止它们互相粘连

工艺成为一种实用的摄影方法。[3]到1879年，这种明胶干版已经实现工业化生产，摄影师不必自己动手制作玻璃底版了，而可以买到直接使用的明胶干版。

明胶溴化银工艺终于使室外摄影师从操作烦琐的湿版法中解脱出来，再也不用

① 吴钢：《摄影史话》，北京：中国摄影出版社，2006年，第209页。
② ［英］M.兰福德：《世界摄影史话》，谢汉俊译，北京：中国摄影出版社，1986年，第52页。
③ ［美］内奥米·罗森布拉姆：《世界摄影史》，包甦等译，北京：中国摄影出版社，2012年，第438页。

带笨重的帐篷、药品、容器等一系列设备，只需带照相机、干版以及干版暗盒即可，摄影从此变得十分方便、快捷。拍完的底版不必立即冲洗，摄影师可以在不忙的时候冲洗，或者直接交给别人冲洗。工厂标准化生产的玻璃干版也要比摄影师自己动手制作的质量更佳。此外，使用明胶溴化银工艺在室外拍摄时曝光时间可达1/25秒，能实现手持相机摄影。这些优势很快使湿版法相形见绌，到了19世纪80年代中期，干版摄影法取代了湿版摄影法的霸主地位。当然，干版摄影法很快也被中国摄影师采用，"早期照相馆，用的碘化银湿片，药膜现涂现用。直至1884年后才用上英国第赛尔干片，即船牌玻璃片，比使用湿片方便得多"①。

后来，干版摄影法又不断获得改进。人们发现使用玻璃材质的干版笨重而且易碎，便开始寻找能够替代玻璃的新型材料。到了1883年，0.01英寸厚的赛璐珞实现了标准化生产，此后，这种胶质干版和玻璃干版在很长一段时间内同时存在，当时不少相机既能使用玻璃干版又能使用胶质干版。

二、干版法摄影器材

与过去相比，干版法摄影器材变得前所未有的丰富。干版相机开始向小型化、手持化发展，相机的种类也变得丰富多样。感光干版已经实现了工业化批量生产，之后赛璐珞材料替代了易碎的玻璃，摄影开始向胶片时代过渡。镜头也有了很大发展，而且由于干版法曝光时间大幅缩短，镜头通常需要配合镜前快门或镜后快门组件一起工作。尽管蛋白相纸依然是主流的相纸，但碳素相纸等其他印相工艺及材料也开始出现。干版法时期，镁光灯成为世界摄影史上第一种实用的闪光灯，在新闻摄影中广泛使用。

1. 干版相机

从达盖尔法、卡罗法到湿版法，由于感光速度都比较慢，在相机的设计和制作上与最初的达盖尔-吉鲁式相机都相去不远，即使到了火棉胶干版法时期，情况也未发生多大变化。但明胶溴化银工艺流行之后，这种实用的干版摄影法的感光速度

---

① 上海摄影家协会、上海大学文学院编：《上海摄影史》，上海：上海人民美术出版社，1992年，第186—187页。

获得了质的飞跃，这使得相机发生了一场革命。过去的镜头盖式快门无法获得足够短的曝光时间，新的快门组件被设计出来；较短的曝光时间，使得手持摄影可以实现，从而使相机与三脚架连在一起不再是必需的。如图5-27所示，这是第一台可以手持的干版相机，是1883年由美国人威廉·施密特（William Schmid）发明的。这款相机外形小巧、携带方便，因而被当作早期的侦探式相机使用。

在湿版摄影时期，室内摄影使用的是笨重的抽屉式调焦相机，而折叠皮腔式相机主要用于户外摄影。到了干版摄影时期，这一情形有了改变，折叠式相机成为最主流的干版相机。折叠式干版相机最初由英国相机设计师乔治·赫尔（George Hare）于1882年发明，后来欧美国家所生产的类似折叠式相机都以此为原型（图5-28）。[①]这种相机的前面板是活动的，可以沿着底板的齿轨前后移动；当移动至相机的后面板时，取下镜头，底板可以折叠起来。

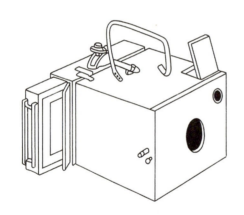

图 5-27 施密特相机 1883 年生产

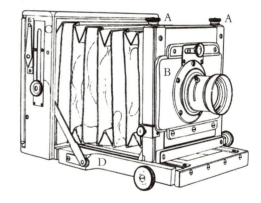

图 5-28 乔治·赫尔发明的折叠式干版相机 1882 年生产

1895年，英国设计师弗雷德里克·H.桑德森（Frederick H. Sanderson）对折叠式相机进行了改进。他在相机前面板的镜头两侧设计了一种带有沟槽的金属支撑架，从而使镜头可以在一定程度上垂直、俯仰和在水平方向摇摆，使伸缩皮腔可以最大限度地通过滑动来聚焦。在拍摄静止对象时，这种大型相机能够拍摄到具有很高清

---

① ［美］内奥米·罗森布拉姆：《世界摄影史》，包甦等译，北京：中国摄影出版社，2012 年，第 439 页。

晰度的照片。①

　　连接折叠式相机前面板和后面板的是可伸缩的皮腔，皮腔最初采用直角折叠，其缺点是拐角处容易受到触碰而毁坏，从而造成拍摄时漏光。后来，这种方式获得改进，后期的折叠式相机大多采用钝角折叠的方式。②

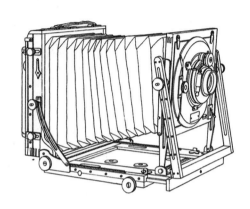

图 5-29　桑德森改进后的折叠式相机　1895 年生产

　　玻璃干版具有较高的感光速度，这就对相机的快门组件提出了更高的要求。很显然，过去那种一直沿用的镜头盖式快门无法满足要求，于是"可拆式镜前快门"和"幕帘式镜后快门"都被设计出来。顾名思义，"可拆式镜前快门"是一种独立的可拆卸快门组件，可通过卡口或卡钉安装在镜头前端，上紧快门后可用搬杆或橡皮气球驱动快门开始曝光；"幕帘式镜后快门"位于镜头之后、相机前面板之前，也是一个可拆卸组件，它的前端是镜头卡口，它内部的幕帘是由黑色软布制作而成的。③

　　除了专业摄影师使用的折叠式相机外，在干版摄影时期，常见的相机还有箱式相机、反光式相机，甚至还有各种造型奇特的侦探式相机（间谍相机）不断出现，有的像手枪，有的像一本书，有的像一根手杖……这些新型相机的出现，使得获取照片的方式变得更加丰富，也为之后不同种类的胶片相机的出现奠定了基础。如

①［美］内奥米·罗森布拉姆：《世界摄影史》，包甦等译，北京：中国摄影出版社，2012 年，第 439 页。
②吴钢：《影事溯源》，北京：龙门书局，2013 年，第 69 页。
③吴钢：《摄影史话》，北京：中国摄影出版社，2006 年，第 213—214 页。

图 5-30　折叠式干版相机的可拆式镜前快门　　图 5-31　折叠式干版相机的幕帘式镜后快门

图5-32所示，这是法国人恩贾尔伯特（E. Enjalbert）于1882年发明的左轮手枪式相机，机身内部装有10块20×20 mm的干版，枪管中装有一枚70 mm、F10的镜头，每扣动一次扳机就拍摄一张照片。[1]

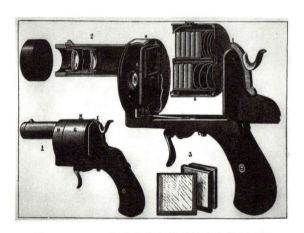

图 5-32　1882 年生产的左轮手枪式相机剖面图

2. 镜头

干版摄影时期，随着新型相机的出现，镜头的种类也越来越丰富，通光量也

---

[1]［美］托德·古斯特夫森：《典藏相机》，杨枚译，北京：北京美术摄影出版社，2012年，第101页。

不断增大。主流的折叠式干版相
机使用的镜头与湿版相机使用的
镜头相似，在制作工艺和外观方
面也变化不大。由于干版摄影时
期，"幕帘式镜后快门"已经使
用得较广泛，许多相机所使用的
镜头不再固定在相机上，而是可
以配备不同的镜头。摄影师已经
可以根据拍摄需要来选择广角镜
头或长焦镜头，如图5-33、图

图 5-33　早期相机使用的广角镜头，右下方为现代
胶卷，吴钢　摄

5-34所示，这些早期的铜质镜头外形较为庞大。

　　这一时期，组合镜头使用得很广泛，即在相机的标准镜头上再加装匹配的镜头
或接圈，使镜头的结构和焦距都发生改变。如法国1890年左右生产的Hermagis折叠
相机，所使用的镜头有7枚镜头环和11枚口径不同的光圈片，可根据不同的拍摄对
象来选择组合使用。[1]

图 5-34　早期相机使用的长焦镜头，
右下方为现代胶卷，吴钢　摄

图 5-35　折叠相机的组合镜头配件

①吴钢：《影事溯源》，北京：龙门书局，2013年，第64页。

干版摄影法时期，在镜头制作水平提升方面，最具代表性的是1892年蔡司公司设计和制作的消像差镜头。这种蔡司镜头具有均匀的亮度，能有效地对像差进行矫正，使相机能在很短的曝光时间下拍摄出清晰的照片。[①]

3. 感光版

干版摄影法所使用的感光版，在火棉胶干版法和明胶溴化银工艺时期，都是把感光乳剂涂布在玻璃干版上，而后期则用轻便的赛璐珞胶片替代了易碎的玻璃。正如前文所述，干版与湿版相比的最明显的优点是：其一，不必现场制作感光版；其二，感光版实现了工业化生产；其三，曝光时间短。

图 5-36　装载玻璃感光版的金属片盒　在暗室中把玻璃感光版放在金属片盒中，就可以带出去随时拍摄了

至于玻璃干版的尺寸，专业摄影师使用的干版与湿版相同，最常见的规格有"1/2版"（4.25×6.5英寸）、5×7英寸以及较大的规格8×10英寸等。而业余摄影者使用的相机，为了缩小相机体积，提高便携性，往往使用面积更小的感光版，如上文提到的左轮手枪式相机使用的感光版面积仅为20×20 mm。到了后期使用赛璐珞胶片后，其规格和玻璃干版基本一致，但厚度要明显比玻璃干版薄许多，仅0.01英寸厚。

4. 相纸

就在感光材料从湿版向干版迈进时，相纸工艺也在不断发展。尽管湿版法广泛使用的蛋白相纸，在干版摄影法初期仍然是使用的主流相纸，但蛋白相纸存在稳定性不足的缺点，而且"使用蛋白相纸需要一个很烦琐的准备过程，引来很多抱怨"[②]，所以人们开始寻求其他更加理想的制作照片的方法。经过许多人的探索，

---

① ［法］昆汀·巴耶克：《摄影现代时期》，迟森、夏卿译，北京：中国摄影出版社，2015年，第18页。
② ［美］内奥米·罗森布拉姆：《世界摄影史》，包甦等译，北京：中国摄影出版社，2012年，第195页。

19世纪60年代碳素印相法（carbon print process）在欧洲流行起来，这种工艺使用的是碳素相纸。到了19世纪70年代，更加先进和高效的凹版印刷法［也称"伍德伯里法"（Woodbury type）］出现，这种方法不再是简单的光学-化学印相过程，而是一种机械化的摄影印刷方法。关于蛋白印相工艺之后的摄影印刷工艺的发展情况，在本节第四小节"印相工艺的发展"中还会详细阐述。

5. 镁光灯

在摄影史上，真正被广泛使用的闪光设备，是从19世纪80年代开始流行的镁光灯。早在1862年，桑斯塔特（Edward Sonstadt）就尝试将镁光灯商业化。1864年2月，他通过在暗房里使用镁光灯，成功地用1/50秒的曝光时间拍摄了一张照片。1865年，摄影师约翰·布朗（John Browne）尝试用镁光灯拍摄群体肖像。直到80年代，成熟的镁光灯被成功地推上市场。

最开始镁光灯使用的材料是镁丝，但后来人们发现使用镁粉来替代镁丝，燃烧起来会更均匀快速，而"闪光强度"可以通过镁粉的用量来控制。使用时，先把镁粉倒在闪光灯托盘上，然后通过闪光灯下方由弹簧或发条控制的激发器来触发镁粉燃烧闪光。[①]

镁光灯是在摄影中最早使用的瞬时闪光设备，与早期使用的持续光源补光设备相比，它能获得一种高亮度的、集中的瞬时光线，能更好地满足于摄影补光。但镁光灯的缺点是，点燃后会产生一种刺鼻的白色烟雾，也容易让初次接受闪光摄影的被摄对象产生不适。1879年爱迪生发明了第一盏实用的电灯后，人们也尝试着通过加装反光设备后将其用于摄影，但它的亮度依然无法与瞬时闪光设备媲美。1925年闪光灯泡在德国发明之前，镁光灯一直是唯一实用的闪光设备。

图5-37 阿克发（Agfa）小型发条式镁粉闪光灯

---

① 吴钢：《影事溯源》，北京：龙门书局，2013年，第216—217页。

三、干版法的拍摄

与湿版摄影法相比，干版摄影法最明显的优势是曝光时间大幅度缩减，从而使照相机可以从三脚架中解脱出来（大型干版相机仍须使用三脚架），使手持相机拍摄成为一种新的拍摄方式，从而也催生了小型相机的诞生。曝光时间缩短、手持拍摄、相机小型化，干版摄影法的这三大特点使得摄影发生了翻天覆地的变化：拍摄人物时，由过去摆拍的僵硬的肖像，变为抓拍具有生动表情的肖像；通过高速摄影拍摄运动题材时，使摄影能表现人眼看不到的瞬间影像；拍摄方式的简化，使摄影从一种专业的技艺拓展为业余爱好者也能掌握的技能。对于新闻摄影而言，干版摄影的这些特点更是使得新闻抓拍成为可能，使摄影记者可以真正地手持相机在新闻现场拍摄动态的新闻事件。

下文仍以大型相机为例，介绍使用干版相机拍摄的操作流程。先让相机的镜头对准被摄对象，然后架设好相机并进行聚焦。大型相机的底板分为上下两层（下层底板通常连接着相机的前面板和镜头；上层底板通常连接着相机的后面板和磨砂玻璃，相机的前后面板用折叠皮腔连接），可以通过下层底板上的金属螺丝旋钮来使上层底板前后移动，从而进行精细聚焦。聚焦时，要用一块黑布盖在摄影师的头上，在磨砂玻璃上仔细观察，一直到倒立的暗淡影像变得清晰为止。然后，把装有干版的暗盒放进磨砂玻璃的位置，并把帘幕快门安装在镜头上（也有的相机采用镜前快门）。在拉动一根缨头绳给帘幕快门上弦后，压缩橡皮球使快门开启，从而进行曝光。[①]

四、印相工艺的发展

印制正像的工艺，在不同时期经历过不同的发展。最初是卡罗法时期采用的盐纸工艺，到了湿版法时期广泛使用蛋白印相工艺，尽管这种工艺一直使用到19世纪末，但在此期间，仍有许多种印相工艺出现，而且这些工艺试图以机械方法来代替

---

① ［英］M.兰福德：《世界摄影史话》，谢汉俊译，北京：中国摄影出版社，1986年，第81页。

手工复制照片的方法。以下将介绍珂罗版制版法（Collotype）、碳素印相法、蓝晒法（Cyanotype/Blueprint）和伍德伯里法。

1. 珂罗版制版法

珂罗版制版法是一种获得高质量的油墨复制影像的重铬酸盐工艺。这种方法是法国化学家阿方斯·路易·波特万（Alphonse Louis Poitevin）于1855年发明的，此后约瑟夫·阿尔博特（Josef Albert）等人对它进行完善，在19世纪60年代末开始广泛地运用于图书插图和复制精美的照片。

先找一块玻璃板作为珂罗版的版基，在上面涂一层黏的明胶，再涂一层含有重铬酸盐的明胶。把这块版与底片接触曝光后，阴影和中间影调部分将会硬化。然后把它放在冷水中浸泡，没有硬化部分的明胶会隆起，干燥后这部分将变得平整；而阴影和中间影调部分成为网状，出现小的裂缝凹陷。[①]这样，制成的墨版即可用于印刷。

2. 碳素印相法

早在1839年，苏格兰科学家蒙戈·庞顿（Mungo Ponton）就发现了重铬酸钾的感光性能。此后，法国人埃德蒙德·贝克勒（Edmond Becquerel）、阿方斯·波特万等人都对重铬酸盐工艺进行持续研究，从而诞生了碳素印相法这种工艺。他们用重铬酸盐明胶和碳粉或非银盐颜料的混合物作为感光乳剂来制作正像，从而取代过去的银盐感光乳剂。碳素印相法制作的照片色调丰富，而且有效避免了银盐影像容易变色、褪色的问题，在19世纪60年代深受人们的欢迎。

早期的碳素印相法并不完善，相纸接收光线较少的地方在冲洗时，明胶容易被完全冲洗掉，不会留下颜色。这一问题被约瑟夫·威尔逊·斯万（Joseph Wilson Swan）在1864年解决，就是在碳素纸表面涂抹带颜料的明胶的同时，使用一层透明明胶作为转移物质。[②]斯万通过生产不同色调的碳素相纸，也大大地简化了碳素印相法，这种改良后的印相方法在1866年获得了很大的商业上的成功。

---

① 美国纽约摄影国际中心：《美国 ICP 摄影百科全书》，王景堂等译，北京：中国摄影出版社，1995 年，第 118 页。
② ［美］内奥米·罗森布拉姆：《世界摄影史》，包甦等译，北京：中国摄影出版社，2012 年，第 195 页。

3. 蓝晒法

早在1842年，约翰·赫歇尔就发现了铁盐的感光性能。基于此项发现，出现了许多种铁盐印相工艺，蓝晒法（也称铁氰酸盐印相法）是其中使用最广泛的一种。蓝晒法能产生一种带有蓝色中间色调的影像，可以在白色背景上产生蓝色影像。19世纪40年代中期，这种成本低廉、操作简易的方法被广泛用于制作植物标本。1890年左右，蓝晒法吸引了许多业余摄影爱好者，这种明亮的蓝色影像非常吸引人。[1] 尽管蓝晒法获得的只是一种单一色彩的影像，但它依然不失为一种彩色摄影的有效尝试。

4. 伍德伯里法

19世纪70年代初，一种成像效果画质细腻、色彩丰富且持久的印相方法逐渐取代了碳素印相法，这就是伍德伯里法。这种方法最初由沃尔特·伍德伯里（Woodbury）于1864年发明。开始时将重铬酸盐明胶乳剂在负片下曝光，冲洗后形成很硬的浮雕影像，然后和铅皮一起放在液压机上冲压，使铅皮成为影像的铸模。在铸模中装入带有碳粉或颜料的液态明胶，然后把相纸压在铸模上手压成像，从而把铸模上的影像转移到相纸上。由于这种方法的成像质量较高，从1875至1900年，伍德伯里法都被广泛地运用于加工精细的图片作为图书中的插图。[2]

第三节 玻璃版时期新闻影像传播

在成熟的现代新闻影像传播技术——在报刊上印刷新闻摄影图片——诞生之前，为了将摄影图片这种形象、真实的影像资料用于新闻纪实传播，人们做了许多种不同的尝试。早期的新闻影像传播方式，主要包括裱贴原版照片传播和照片转图画传播。尽管这些传播方式存在许多缺点，如成本较高、及时性较差、受众有限、受地域限制等，但它们依然在当时发挥了一定的新闻信息传播作用，而且也为今后新闻摄影传播技术的发展提供了丰富的实践经验。此外，除了进入大众传播领域的

---

[1]［美］内奥米·罗森布拉姆：《世界摄影史》，包甦等译，北京：中国摄影出版社，2012年，第195页。
[2] 美国纽约摄影国际中心：《美国ICP摄影百科全书》，王景堂等译，北京：中国摄影出版社，1995年，第554页。

新闻影像外，仍有一些不以新闻传播为目的的记录新闻现场的照片。

一、非传播类"新闻影像"

在中国摄影史的早期，出现了一些不以新闻传播为目的、未进入新闻传播领域，但具有新闻性质的照片。摄影活动的目的也较为多样，如对重大外交活动进行记录留证，对重大庆典活动进行记录存档，还有些只是为了证明新闻事实。这些非传播类的"新闻影像"，真实地记录了各项新闻活动，也为后人了解当时的事件提供了最真实、最形象的图像资料，尽管当时由于拍摄所需的曝光时间较长，有一些"新闻影像"是现场摆拍的。

图 5-38　《北京条约》签订后，回访额尔金时的恭亲王奕䜣
1860 年 11 月 2 日，蛋白照片，费利斯·比托　摄

1876年7月15日，由英商投资建造的从上海到江湾镇的铁路完工后将举行通车典礼。《申报》刊登了一则上海日成照相馆的《拍照火轮车》广告：

本店现蒙申报馆主托照至吴淞火车形象，订于此礼拍照日五点钟，携带机器前往停顿火车处照印。惟肖物图形，尤须点缀，敢请绅商士庶来前同照，其形景更得热闹，想有雅兴者定惠然肯来也，特此预佈。[①]

这次新闻摄影活动是《申报》委托日成照相馆为其拍摄的，由于当时尚不具备在报纸上印刷照片的技术，照片并没有进入大众传播领域。在晚清时期，每逢重大的工程项目竣工、重大的庆典活动，由于当时的报馆未设记者，经常会委托商业照相馆来记录庆典活动。照片拍摄和制作完成之后，主要起纪念、宣传和存档的作用。

1873年，秘鲁派专使来华，拟与清政府签订招募华工条约。为此，经办此事的李鸿章派容闳去秘鲁调查当地华工的情况。容闳到秘鲁调查完后，立即提交了一份报告和24张照片，他在《西学东渐记》中回忆道：

予之报告书中，另附有二十四张摄影。凡华工背部受答、被烙斑斑之伤痕，令人不忍目睹者，予乃借此摄影，一一呈现于世人之目中。予摄此影，皆于夜中秘密为之。除此身受其虐之数华工外，无一人知之者。此数名可怜之华工，亦由予密告以故，私约之来也。秘鲁华工之工场，直一牲畜场。场中种种野蛮之举动，残暴无复人理，摄影特其一斑耳。有此确凿证据，无论口若悬河，当亦无辩护之余地。[②]

容闳是我国最早的留美学生，在美国学会摄影。他通过摄影真实地记录了华工在秘鲁受虐待的情形。照片在拍摄和制作完成之后，作为调查报告的附件，有力地使清政府在这次外交活动中掌握了主动权。

二、裱贴原版照片传播

在报刊上印刷照片的技术出现之前，人们已经急切地想把新闻影像用于纸质媒介的传播。于是，出现了两种特殊的传播方式：第一种是直接把原版照片裱贴在纸版上，第二种是以照片为底版，把照片内容描绘成图画，然后石印在报刊上。裱贴原版照片又可分为两种，第一种是纪事照片贴册，主要是进呈给朝廷，也有一些向民间销售，用于商业目的；第二种是在刊物中裱贴原版照片，但都是

---

① 马运增等：《中国摄影史1840—1937》，北京：中国摄影出版社，1987年，第54页。
② 容闳：《西学东渐记》，北京：中国人民大学出版社，2011年，第99页。

在华出版的英语刊物。

1. 纪事照片贴册

纪事照片贴册，就是把纪事性的照片裱贴之后装订成册。每一本照片册通常都按同一主题贴有数十张至百余张照片，这种传播新闻影像的方式流行于晚清时期，在印刷照片的技术出现后才逐渐消失。这些照片贴册涉及的内容十分广泛，反映了当时的政治、经济、军事、工业、农业以及社会生活的方方面面。按编辑目的和表现内容，清末纪事照片贴册可分为三类：一是呈奏给清廷的；二是各地照相馆摄制的；三是工矿企业摄制的。

第一种照片贴册，一般用作地方长官、部院大臣呈献给清廷的奏折的附件。所裱贴的照片线条清晰、影调丰富，每页都有标题和文字说明。册页用黄绫边装裱，显得富丽而庄重。现存的照片贴册有《湖北汉阳钢铁厂全图》《广东制造军械厂各厂机器图》《仓场验米图》《户部造币厂全图照片》《天津、保定各学堂局所照片》等。[1]

第二种照片贴册，由各地照相馆自行根据需要编制，既有向官方提供的，也有向民间销售的。这类照片贴册题材较为丰富，既有纪事题材的，也有风景题材的，现存的有《京张铁路摄影》《清西太后丧事录》《西湖各景》等。[2]

第三种照片贴册，由工矿企业摄制，用作国际交往中的纪念册和礼品册。这类照片贴册内容大多反映工业、交通、建设等，装帧讲究、样式华丽，文字说明也采用中外双语对照。现存的有《京汉铁路》《房山坨里高线铁路总公司》《京师自来水有限公司》等。[3]

2. 裱贴原版照片的刊物

在刊物中直接裱贴原版照片，这种方法取自外国，在当时出现的两种刊物《中国杂志》《远东》均采用英文。这种影像传播方法的优点是照片的画质细腻，具有丰富的影调，和只有黑和白两种色调的石印照片相比，效果不可同日而语；缺点是成本过于高昂，无法满足印数多、发行广的报刊要求，所以这种方法

---

[1] 马运增等：《中国摄影史 1840—1937》，北京：中国摄影出版社，1987 年，第82—83页。
[2] 马运增等：《中国摄影史 1840—1937》，北京：中国摄影出版社，1987 年，第83—84页。
[3] 马运增等：《中国摄影史 1840—1937》，北京：中国摄影出版社，1987 年，第84页。

并未广泛出现。

《中国杂志》，是中国第一家刊用原版照片的杂志，1868年3月在香港创刊。创办者是英国人查尔斯·兰登·戴维斯（Charles Langdon Davies）。该刊最初为周刊，之后改为月刊，持续发行至1870年，内容大多是关于19世纪中叶香港、澳门、广州等地的社会生活。[①]

《远东》杂志，1870年5月在日本横滨创刊，杂志的创办人和主编是英国人约翰·雷迪·布莱克（John Reddie Black）。1876年7月办刊地点从横滨迁至上海，该刊物持续发行至1878年12月。《远东》刊载照片的数量每期都高达上百幅，内容除了上海、香港、重庆等地的风光外，还有李鸿章、沈葆桢、禄裕、徐润芝等重要历史人物的肖像照。[②]

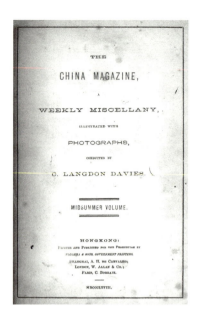

图5-39 《中国杂志》创刊号封面，1868年

图5-40 香港贫民区人像 《中国杂志》1868年卷二，弥尔顿·米勒 摄

---

① ［英］泰瑞·贝内特：《中国摄影史：西方摄影师1861—1879》，徐婷婷译，北京：中国摄影出版社，2013年，第303页。

② ［英］泰瑞·贝内特：《中国摄影史：西方摄影师1861—1879》，徐婷婷译，北京：中国摄影出版社，2013年，第307—310页。

三、照片转图画传播

　　裱贴原版照片的传播方式，由于受到成本的制约，注定不可能广泛地用于大众传播。在报纸上印刷照片的技术出现之前，报刊都采用照片转图画的传播方式。这种传播方式，最初由摄影人员到新闻现场采集新闻照片，然后由画师把照片中的内容描绘到石版上，再通过石版印刷到报纸上。石印的新闻照片虽然没有原版照片那样丰富的灰色影调，但由于画师大都拥有出色的技艺，依然能把新闻照片的轮廓准确地描绘出来。

　　采用照片转图画方式传播新闻影像的报刊，较具代表性的有《申报》《述报》《点石斋画报》。1879年5月24日，《申报》刊出头版头条消息《总统小像分赠——本馆告白》，说的是美国前总统格兰特来访上海，《申报》石印了一万张格兰特的照片，随报分赠给读者。[1]1884年4月18日在广州创刊的《述报》中提及："刘提督永福，今之人杰也，闻其名者，辄以不瞻其风采为憾。品石山人向在刘营幕中，用西国映相法拍照，得刘提督小像。"《述报》将刘永福像"另纸印行，以公同好"，还决定"赐阅本报者，本馆赠送刘提督小像，安南小地图各一张"。[2]

　　1884年5月8日，申报馆为增加新闻的可读性，出版《点石斋画报》创刊号。该画报由点石斋书局石印、申报馆出版，清末知名画家吴友如担任主笔。内容涉及时政要闻、社会新闻、新鲜事物和市井传言等，每月出版3期，每期8页，随《申报》附赠给订户，也单独发售，售价5分。《点石斋画报》从创刊至1898年停刊，刊行时间达10余年，刊

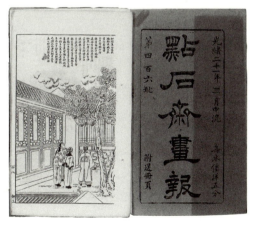

图 5-41　《点石斋画报》第 406 期封面和内页

---

①上海摄影家协会、上海大学文学院编：《上海摄影史》，上海：上海人民美术出版社，1992年，第30页。
②马运增等：《中国摄影史 1840—1937》，北京：中国摄影出版社，1987 年，第 55 页。

发的画作达4000余幅之多。在这些内容丰富的画作当中，有很多是画师直接根据照片来绘制的。

结　语

如果把达盖尔法和卡罗法视作原始的摄影方法，那么湿版摄影法和干版摄影法已经是成熟的、实用的、广泛使用的摄影方法，它们共同的特点是使用玻璃材质的感光版，它们在摄影史上流行的时间长达近半个世纪。中国摄影史上现存的早期影像，绝大多数是采用湿版法和干版法拍摄的，为今人了解晚清时期的社会生活提供了丰富而形象的视觉材料。

在"玻璃版时期"的新闻传播史中，摄影器材、摄影技术、印刷技术对新闻影像的传播起着决定性的作用。本章对湿版法和干版法的摄影工艺、摄影器材、拍摄方法进行了详细的阐述，并对裱贴原版照片和照片转图画这两种早期的新闻影像传播方式进行了简要的描述。"玻璃版时期"在新闻摄影技艺和新闻影像传播方面的探索，为后面即将到来的现代新闻摄影奠定了基础。此后，手持相机的小型化、印刷照片的照片制版术的出现，使世界新闻摄影史进入现代时期。

第六章
胶片时期新闻摄影的相机与镜头

Chapter 6
Cameras and Lens Behind Photojournalism in the Celluloid Period

照相机和摄影镜头是新闻摄影必不可少的工具，从它问世到现在已有几百年的历史，经过科学技术的发展，各种各样的照相机层出不穷，尽管外观和操作方法有很大不同，但就照相机的基本功能而言，无论是数码相机、胶片相机，还是早期的银版照相机，实质上没有多大的区别，其基本原理都是一样的。这里我们仅对胶片时期方便用于新闻摄影的照相机、摄影镜头和新闻摄影经常使用的附件作一介绍，而对大型相机和特殊用途的照相机和镜头不作论述。[①]

第一节　新闻摄影常用的照相机

胶片时期新闻摄影使用的照相机多种多样，无法进行确切的分类。照相机的款式更是数以万计，到目前为止，人们还没有一个科学的分类方法，只是粗略地按事物的相同特征来归纳，功能分类也是使用此法。

[①] 本章采用《新闻摄影基础教程》（黄河出版社，1991 年）第三章、第四章、第八章、第九章、第十二章和《新闻摄影学》（广西美术出版社，1998 年）第六章、第七章、第九章和第十章的部分内容。

一、胶片照相机的分类方法

1.按照相机的外形和结构分

如果按照相机的外形和结构来分类，有座机、便携式外拍机，折叠式、转台式、匣式、固定镜筒式、镜筒伸缩式、打火机式、钟表式及大型、小型和超小型等照相机。

2.按使用的胶片和画幅的尺寸分

如果按使用的胶片和画幅的尺寸来分类，有大幅照相机、中幅照相机和35 mm照相机；120胶卷有45×60 mm、60×60 mm、60×70 mm、60×90 mm等画幅；半幅120胶卷；127胶卷；半幅127胶卷；4×4英吋、4×5英吋、8×10英吋等页片；半幅35 mm；波尔特（Boitavit）胶卷；126 mm、110 mm、16 mm等照相机用胶卷；米诺克斯（Minox）照相机用胶卷和专用暗盒式照相机用胶片等。

图6-1 120单镜头反光照相机

3.按取景和调焦形式分

如果按取景和调焦形式来分类，有单镜头反光、双镜头反光和透视取景器照相机，以及测距计连动式照相机等。

4.按快门的种类分

如果按不同种类的快门来分类，有镜间快门和焦平面快门照相机。

5.按镜头可换方式分

如果按镜头是否可换及其交换的方式来分类，有非交换式、交换式和镜头前组交换式等照相机。

6.按曝光表的形式分

如果按曝光表的形式来分类，有曝光表内装式、连动式、追针连动式、定点连动式等照相机，以及外测光式、TTL Through-The-lens测光式和自动曝光式（EE、AE）等照相机。此外，还有快门优先式、光圈优先式、程序式和双优先式等照相机。

7. 按用途分

如果按用途来分类，有一般用途照相机、特殊用途照相机、立体照相机、水下和航空照相机等。

8. 按感光材料的处理方法分

如果按照对感光材料的不同处理方法来分类，有一步成像照相机和一般胶片照相机。

9. 按光源内装的形式分

如果按光源内装的形式来分类，有闪光内装和电子闪光内装式照相机。

上述的分类方法是按照照相机的特征来进行分类的，实际上作如此截然的分类是不太符合实际的，一架照相机并不能拘泥于它的单机特征和界限。

二、胶片照相机的种类列举

1. 35 mm 透视取景照相机

使用底片尺寸为24×36 mm（135胶卷），它成为普通照相机和大多数"傻瓜"照相机的主流，是业余新闻摄影者常使用的一类。该类机几乎都使用亮框式逆伽利略型光学取景器，并且大多在取景器内看到自动曝光的信息和区间调焦的标记。焦距为35—40 mm的F2.8广角和准广角是非常普遍的镜头。

2. 35 mm 单镜头反光照相机

在摄影镜头的光路中放置一块反光镜，观察聚焦屏上的像进行调焦和取景的这种照相机称为单镜头反光照相机。由于直接观察到摄影镜头的像没有视差，在更换镜头和近摄时都非常方便。

单镜头反光照相机在操作上与透视取景照相机一样。它没有视差，并且它具有可任意更换镜头等优点。因此，得以迅速地普及。在一般新闻摄影用途的照相机中，该类机的结构最为复杂，技术要求更高。

35 mm单镜头反光照相机大部分内装曝光表，而且无一例外地采用通过镜头测光的TTL。

图 6-2　旁轴取景照相机

图 6-3　135 单镜头反光照相机

3. 中幅照相机

用120型和220型胶卷可以拍摄60×90 mm、60×70 mm、60×60 mm、60×45 mm画幅底片。使用这种胶片摄影的相机称为中幅照相机。它与35 mm照相机一样，有透视取景式和单镜头反光取景式。

此类相机新闻摄影记者使用得很多，因为它的底片画幅大、成像优良，可以任意地更换镜头。它还有一个显著的优点：可以任意地更换后背，这样使用同一架相机，用装有不同胶卷的后背拍摄，既可拍摄黑白片，也可拍摄彩色片，还可拍摄反转片，甚至可以拍摄135胶卷的24×36 mm的画幅，给新闻摄影记者带来了很大的方便。但此类照相机价格都比较贵，且体积大、制作工艺复杂、使用时技术要求高。

4. 双镜头反光照相机

另外设置一只与摄影镜头同样性能的取景镜头，把取景器的像通过成45°位置的反光镜成像在聚焦屏上，利用两只镜头同步调焦，根据取景器的像进行调焦。这种照相机称为双镜头反光照相机。该种机型具有结构简单、制作容易以及能在聚焦屏上直接观察等优点，因此，曾被大量地生产过和被新闻摄影记者广泛使用过。但由于它的体积大、太笨重，携带不便，镜头不可更换，逐渐被淘汰。

图 6-4　双镜头反光照相机

5. 专用暗盒式照相机

这是一种使用特殊暗盒的照相机。这种暗盒把夹在摄影画幅两侧的储片室和收片室做成一体，使用专门暗盒胶卷。装片时只要把装有胶卷的这种暗盒插入照相机就可以了，这样就大大简化了子胶片的装卸工作，方便了摄影者。它所使用的胶卷为126型，公称画幅为26×26 mm，能拍12幅或20幅的胶片，由于操作简单，曾畅销全世界。照片的摄影幅数直接印在胶卷的衬纸上，从而省去了计数器，同时还在每一画幅上都预先对画框进行曝光。它们大都是固定焦距、小孔径和单速快门的简易照相机。

图 6-5　135 半幅照相机

6. 半幅照相机

这是使用35 mm胶卷，通常以35 mm画幅一半的24×17.5 mm尺寸进行摄影的照相机。它体积小、重量轻，用同样尺寸的胶卷能拍多一倍的照片，曾经有过迅猛的发展，后来在110相机和35 mm相机小型化的冲击下逐渐衰退。

7. 折叠式照相机

在摄影镜头和机身之间用皮腔连接，携带时可以折叠得很薄，摄影时只要按下按钮，由弹簧将镜头弹出而固定在一定的位置上，这种照相机称为折叠式照相机。该类机有不同的型号，有的使用120胶卷，有的使用135胶卷，还有的使用127胶卷。

图 6-6　120 折叠式照相机

8. 超小型照相机

要想将照相机做得很小，其画幅尺寸
必须非常地小，为此就要使用16 mm的胶
卷。该类机品种、规格较多。

图6-7　16 mm 旁轴取景照相机

9. 多能外拍机和便携式座机

在圆形、方形或X形等截面的单根或双
根导轨上相对装上两个工作台，前台装镜
头和快门门板，后台装聚焦屏和胶片架，两台之间用皮腔连接，这种照相机叫作多
能外拍机。它不仅可以改变两工作台的距离来进行调焦，而且两工作台可以各自上
下、左右地侧动来校正像的变形，还可自由地倾侧机身和作旋转拍摄等。

10. 一步成像照相机

拍摄后马上可以看到显影好的照片的照相机，称为一步成像照相机，它是由美
国波拉公司垄断的。拍摄后使感光材料通过一对滚子，把装有处理药的药包挤破，
使处理药均匀地涂布在乳剂面上而显影。如波拉公司生产的SX-70型及SX-70α，
还有带有超声波自动调焦的波拉洛依德SX-70声纳自动调焦型和用透视式取景器的
波拉1000型等。还有一些相机如勃朗尼卡、玛米亚RB67等都可以换上专用后背，
拍摄波拉胶片。

另外，不作一般新闻摄影而为特殊用途的，还有各种特殊照相机。如水下照相
机、航空照相机、全景照相机、立体照相机、磁录照相机等。1978年伊士曼柯达公
司研制出了一种新式的胶片，叫作圆盘胶片，在直径为2.5英寸的圆盘上装有辐射
形的15张画幅为11×9 mm的胶片，所用照相机的外形与110相机相似。

三、胶片照相机的调节装置

我们通常所指的照相机，是除了镜头以外的部分。以35 mm照相机而言，如快
门、五棱镜取景器、卷片、倒片机构、曝光表和自动曝光机构所组成的部分称为机
身。从广义上讲，照相机应包括镜头和机身两部分，这里所讲的调节装置，有的在
镜头上，有的在机身上，只有充分地了解和掌握这些调节装置的操作技术，才能正

确地使用照相机。

（一）光圈装置

光圈是由若干金属薄片构成，它们共同形成了一个可以通过成像光线的光孔，此光孔与摄影镜头主轴垂直，光孔中心位于主轴上。调节摄影镜头上的光圈调节环，可以改变该光孔的直径大小。光圈通常位于镜头当中。当然，也有根据需要设计在镜前或镜后的。

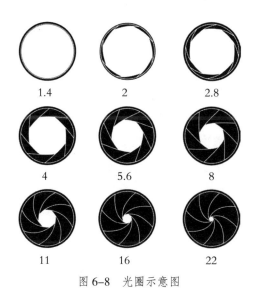

图 6-8　光圈示意图

光圈有固定式光圈和可变式光圈两种。固定式光圈不能调节，只有一个光孔，这也是最简单的光圈结构形式，这是早期相机所采用的。后来的照相机大部分采用可变式光圈，可变式光圈有调定光圈与跳动光圈两种。调定光圈是通过调节光圈调节环，使光圈开大或缩小。跳动光圈是调定时光圈保持全开状态不动，以利于取景和测光，在拍摄时，按下快门的瞬间，光圈自动缩小到调定的位置，快门启闭之后又自动跳回全开的状态。

1. 光圈系数

光圈系数是摄影镜头焦距与有效口径的比值：

$$光圈系数（F）=\frac{焦距（f）}{有效口径（D）}$$

光圈系数在早期分为两种系列。一种为大陆制，一种为英美制。世界各国通用的 f 制光圈系数的系列为：

0.25，0.35，0.5，0.7，1，1.4，2，2.8，4，5.6，8，11，16，22，32，45，64，90

f 制光圈系数的系列具有下述特点：相邻两挡光圈系数之间在数值上相差 $\sqrt{2}$ 倍，曝光量相差一级；光圈系数的数值愈大，摄影镜头的像场照度反而愈小；光圈系数的数值每增大至 $\sqrt{2}$ 倍，像场处的曝光就减小一级，即曝光量就减小原数值的1/2，反之，光圈系数的数值每减小为原数值的 $1/\sqrt{2}$，像场处的曝光量就增大一级，即曝光量就增大为原数值的2倍。

后来在一些新型摄影镜头上，除了有用白色标示的 f 值光圈系数，还有醒目的红色标示的 T 值光圈系数。T 值光圈系数比 f 制光圈系数更科学，更便于对摄影进行精确的曝光控制，尤其对透镜片数较多的变焦距摄影镜头更为有利。

后来的镜头通常采用了多层镀膜技术，使摄影镜头在同一光孔状态下的 T 数与 f 数之间的差异明显地缩小。

2. 光圈的调节

光圈的调节方式通常采用转动摄影镜头上的光圈调节环（如日产尼康FM2、卡侬AE-1、美能达700、国产海鸥DF-1、珠江S201等）或拨动镜头上的光圈调节钮（如日产雅西卡124G、国产海鸥4A、海鸥203型等）来进行。有些相机当调节到标定的每一 f 系数时能听到较轻的"嗒"的一声，称为"停滞式"；有些则不能听到声音，称为"非停滞式"。相比之下，"停滞式"较为优越，有利于新闻摄影记者在暗弱光线下凭感觉来调节光圈。

调节光圈时，可以调节在标定的 f 系数上，也可以调节在两个 f 系数之间的任何位置上。如调节在两个 f 系数正中位置，则表示该光圈进光量介于两者之间，如靠近某一系数1/3处，则表示该光圈系数的进光量较本身标定的少1/3，或多1/3。

3. 光圈的作用

光圈的作用可以归纳为以下三个方面：

（1）调节进光量。调节进光量是光圈在摄影中的基本作用。光圈调节进光量是通过开大或缩小光圈的光孔来实现的。光圈开大，进光量多，像场照度强；光圈缩小，进光量少，像场照度小。

（2）调节景深效果。调节景深效果是光圈在摄影中的重要作用。光圈与景深的关系是：光圈大、景深小；光圈小、景深大。

（3）影响成像质量。光圈对成像质量有一定的影响。纠正大部分的像差时，有效的办法就是缩小光圈，但光圈收得太小时，衍射现象严重，又会影响成像质量。实际上，每个镜头都存在着那么一挡光圈，它相对其他挡光圈成像质量优良，这一挡俗称"最佳光圈"。它一般是该镜头的最大光圈缩小三挡左右。

（二）快门装置

照相机的快门既有控制感光材料所必需的曝光量的作用，又有遮挡非曝光的光线的作用。快门有机械快门和电子快门两大类。

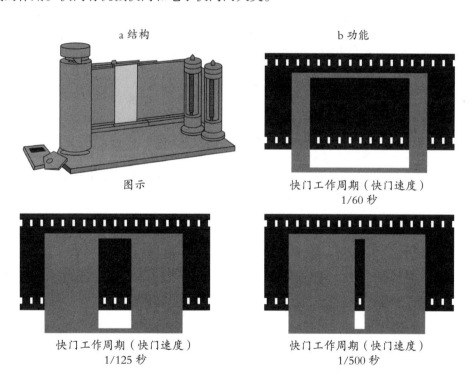

图 6-9　焦平面快门示意图

1. 快门及其主要结构

快门是控制感光材料有效曝光的装置，其结构大体由以下几个主要部分组成。

① 光闸；

② 启闭机构；

③ 慢门机构；

④ 自动机构；

⑤ B门、T门机构；

⑥ 闪光联动机构。

2. 快门的种类及特点

快门的种类可以从形式、构造、功能等几个方面来分类。以下根据快门开口对于摄影光学系统的装置位置来分类，并介绍电子快门的特点。

（1）镜间快门。镜间快门多是由2—5张扇形的叶片组成，所以又称叶片式快门，根据它的装置位置来分又有镜前快门和镜后快门。这里重点介绍镜间快门。

快门开口于摄影镜头的光圈位置，根据光圈的光学性质可知，快门开口在这个位置上，在整个画面上不会产生耀斑，又能使全画面同时曝光。开口由2—5张扇形叶片组成，快门先打开，而后关闭，以此来给出曝光时间，这种结构的快门是中心快门的基本形式，也叫叶片快门。

由于叶片是机械的往复运动，最短曝光时间很难达到1/500秒以上，这对于拍摄高速运动的物体是很不利的，但它较之焦平面快门来讲，拍摄运动的物体没有明显的变形，它还会受到大口径镜头的限制。

尽管它有一些缺点，但优点也是很明显的。快门打开时，是全画面同时曝光的，所以在使用电子闪光灯或闪光泡时，原则上各档快门速度均可同步，虽然镜间快门在镜头的互换性上使用比较困难，但这种结构与机身之间的讯号传递容易，所以对于结构比较简单的镜头快门照相机，在光圈优先、快门优先、程序AE、自动调焦等新颖机构的设计上较为有利。另外，镜间快门在镜头的内部，不易受到损伤。值得注意的是，镜间快门的高档速度对不同的光圈系数之间存在着一个差数，越是用高档快速度曝光，通光量越少，差数越大，影响越严重，低档慢速度时差数较小，影响较小。

（2）焦平面快门。焦平面快门是以移动一个装在摄影镜头和胶片之间的缝隙进行曝光的快门。顾名思义，它是将快门的开口置于焦点平面附近的，又称帘幕快门。

其最普通的结构，由具有遮光特点的布帘、金属帘或薄金属片组等组成前幕及后幕，快门开口就是两幕所构成的缝隙，这个缝隙从画面的一端走向另一端，而且对应于曝光时间的变化相应地改变空隙宽度。对于1/2000的高速快门，缝宽1.5 mm左右。低速时，后幕的释放时间由机械调速器或电子延时器来控制，从而获得所需的曝光时间。

缝隙的移动速度是有限的。以135单镜头反光照相机为例，在画幅的长度方向上，所需的行走时间为8—15毫秒。因此，在缝隙对画面始端与终端之间曝光时，存在着时间差，整个画面并不是同时曝光的。这一点和镜间快门有着本质的区别。

帘幕运动的方式有横向（从左到右）和纵向（从上到下）两种。布帘幕快门通常为横向运动，最快的速度能到1/1000秒；金属帘幕的快门通常为纵向运动，最快速度可达1/4000秒。这一点，它比镜间快门优越得多，它可以实现高速度的摄影，这对于新闻摄影记者来说是十分有利的。

焦平面快门的机件都是装在机身上的，而摄影镜头是独立的系统。这对于使用大口径镜头的测距连动式照相机和单镜头反光可换镜头式照相机来说是很适合的。它的快门曝光时间的实际通光量不像镜间快门那样受到光圈大小的影响，几乎没有影响，所以曝光量控制较为准确，而且更换镜头也方便。

但是，使用闪光灯时，必须使前幕开定，后幕仍处于画面始端的稳定速度（这个速度称为焦平面快门的同步速度，大多为1/125～1/60秒，也有的为1/250秒，如尼康FM2），整个画面在一瞬间被电子闪光灯发出的光一次性同时曝光。因此，在使用高速度的闪光灯同步时不如镜间快门，稍不注意调整速度，就会产生闪光不同步的现象。

焦平面快门的曝光方式是移动画面前后幕空隙，这在拍摄高速运动物体时，被摄物体的运动方向及运动速度都会使像发生变形，这样一来，就不能够真实地再现被摄物体的原有形态。

3.快门的作用

前面已经讲过，照相机上的快门，既有控制感光材料所必须曝光量的作用，又有遮挡非曝光用的光线的作用。归纳起来主要有以下两个方面：

（1）调节曝光量。快门最基本的作用是控制对感光材料的曝光时间，并与光圈形成不同的组合，以给出感光材料所需要的不同曝光量。

（2）影响被摄景物的清晰度。用高速快门可以把运动物体拍成静止的影像；用低速快门可以使运动物体的影像模糊，达到特定的摄影效果。

（三）取景装置

取景装置是决定被摄景物范围的指示系统，它是对广泛的被摄景物进行选择和确定应该拍摄的部分的决定。这种指示和决定就是拍摄者对所摄照片的最初的构图。

1. 取景器的功能

照相机最初的取景装置担负的任务单一，就是取景，但随着相机结构的复杂化、功能的多样化，取景装置也更加复杂，它的功能已扩展到以下几个方面：

（1）拍摄之前选择和确定画面的布局，这是取景系统最基本的和原有的功能。

（2）通过取景系统调节焦点，这是附加上去的"测距系统"功能。

（3）显示拍摄时的必要信息（如快门速度、光圈大小、警告信号等），这也是附加上去的"显示系统"功能。

（4）它还有一个附加上去的功能，就是配置"测光系统"的功能。

2. 取景器的种类

取景器的种类很多，其分类方法也各不相同。按结构来分，大体有以下五种：

（1）透视式取景器。透视式取景器的特点是取景不通过透镜和球面镜，直接用眼睛来观察被摄体，它又可分为框式取景器和轮廓式取景器两种类型。

（2）虚像式取景器。虚像式取景器是通过将一次也未成像的被摄体成虚像，此外，所成像要和设计的视场重合。实际上，往往做不到这一点，它又可分为牛顿式取景器和逆伽利略式取景器。

（3）实像式取景器。实像式取景器与虚像式相比，它的物镜可以做得很小，且不必用半透镜，视场明亮。如果在物镜焦面上放置一块聚焦屏，就可以进行调焦了。但是，因为必须具有正像系统，相对来讲，它的成本较高。

实像式的分类按正像系统中所用的光学系统划分为反射镜和五角棱镜（屋脊型）、转像式透镜、普洛直角棱镜、普洛直角反射棱镜，屋脊五角棱镜是较好的一种方式，后来被35 mm相机广泛应用。下面，重点介绍单镜头反光照相机采用的实像式取景器和双镜头反光照相机采用的实像式取景器。

（4）单镜头反光照相机采用的实像式取景器。单镜头反光照相机采用的实像式取景器也有好几种类型，这里重点介绍屋脊五棱镜式。在单镜头反光照相机中，取景物镜是和摄影物镜兼用的。在胶片平面和镜头之间有一块倾斜约45°的可以跳开的反光镜，它把光线反射到上边的聚焦屏上，成为左右相反的像，再由五角棱镜转折成平视的正方镜并由目镜放大。其缺点是，拍摄时反光镜从光末路跳开。此时，取景系统失效，成像系统工作，感光片曝光，为了减少时间的误差，反光镜跳开时动作要迅速，并要求立即复位。

因为单镜头反光照相机的摄影镜头和取景物镜是兼用的，所以具有如下优点：改变被摄物体的距离不会产生视差；交换各种镜头后，其被摄现场和取景视场一致；加用滤色镜、近摄镜和转像系统时效果不变；使用磨砂玻璃聚焦屏可以确定焦深大小。因此，它是当时比较完善的一种取景装置。

（5）双镜头反光相机采用的实像式取景器。在双镜头反光照相机的摄影镜头上方装上一支与摄影镜头相同焦距的取景物镜，在其后方置一块固定的约成45°的反光镜，它将光线向上转折，在取景物镜的焦平面位置放上聚焦屏进行俯视观察。调焦的时候，取景物镜和摄影镜头是一起调节的，在聚焦屏上可以折叠的放大镜将缩小的像再放大。

3. 取景器的视差

所谓视差，是指从取景器看到的被摄景物与感光片上拍摄到的景物不一致，有一定的差别。产生视差最主要的原因有两点：一是空间上取景视场与被摄视场不完全一致；二是时间不是对应的。因此，视差可分为空间视差和时间视差。

（1）空间视差。空间视差就是取景器中看到的像和实际在底片上所拍摄的像的位置和范围的差异。这种视差产生的原因是取景器光学系统的光轴与摄影镜头的光轴不重合，而对于摄影镜头和取景物镜兼用的单镜头反光照相机来讲是不会产生空间视差的。

（2）时间视差。单镜头反光相机虽然不会产生空间视差，但会产生时间视差。因为胶片在曝光时，反光镜必须向上翻起，就在反光镜向上翻起的瞬间，从取景器里根本无法看到被摄景物的像。因此，在这一瞬间，无论是相机或是被摄体哪一方移动，被拍摄景物在胶片上的位置都无法从取景器中得到确定，通常称之为时间视差。

4. 取景装置的作用

取景装置的作用主要有以下两点：

（1）确定被摄景物的范围。这是取景装置的基本作用，它的最初功能，也就是试图去确定与胶片记录到的景物范围相一致，从大千世界的景物中取出所要记录的景物。

（2）验证构图效果。取景器在拍摄中的一个极重要的作用，就是最大限度地体现拍摄时的构图效果，直到拍摄者满意或有意地按下快门。

（四）调焦机构

拍摄时，根据被摄体的距离改变镜头和焦平面之间的距离，将被摄体正确地成像于焦平面上的操作过程称为调焦。执行这一过程的机构称为调焦机构，也有的称为"调焦装置""聚焦系统""测距装置""对光装置"等。

虽然有过多种正确的调焦办法，但大都采用与照相机镜头联动，以便在取景器里确定对焦程度。假如在取景器里对好了焦点，那么在焦平面上就可获得较满意的调焦同步。调焦时，由于人眼分辨能力的关系，总要产生一些误差，在实际应用上是可以容许的，这个基准就是容许的弥散圈。

1. 调焦机构的种类

调焦机构有移动镜头面板、移动固定镜片的镜筒和前后移动胶片三种调焦方式。

（1）移动镜头面板的调焦方式。这种方法多用于较大型的相机，双镜头反光照相机大多采用这种方式，而对于皮腔式的相机，整组面板的移动是通过机械结构来完成的。

（2）移动固定镜片的镜筒的调焦方式。通常把固定镜片的部件称为镜筒，镜片和镜筒一起按直线或回转方式前后移动的调焦方式是当时几乎所有的单镜头反光相机所采用的唯一方式。按镜头的结构组成，根据调节的某组镜片又可分为整组调焦方式、近距离补充修正移动方式、移动前组方式、移动中组方式等。

（3）前后移动胶片的调焦方式。调焦可以通过调节镜头，也可以通过胶片做前后的移动。一般大型照相机和外拍机采用这种调焦方式，小型相机中也有采用这种调焦方式的。

2. 调焦方法

调焦方法可分为人工调焦方法和自动聚焦方法，这里重点介绍人工调焦的方法。

（1）距离刻度法。在照相机镜头上对应其调节量刻上被摄体的距离刻度。知道相机距被摄体的距离后，将镜头上的刻度调节到该距离上就可以了。单一使用此法的大多是一些低档的普及型相机，但在高档相机的几种综合调焦方式里，也标有明显的距离刻度。距离标尺的单位通常是米（m）和英尺（ft），与之相对应的是景深表。

（2）图像对焦法。将被摄体分成近景、中景、远景等几个区间，拍摄时用估算距离来判断其属于哪个区间，再与该区间的图像标记重合，这种方法称为图像对焦法。这种方法大多用在普及型及"傻瓜"相机上，它们通常是镜头的焦距较短，可获得较大的景深范围，并且在光圈全部打开时，其亮度也不太大。这种调焦方法不很准确，只是一个大致的范围，但在对清晰度要求不是很高的情况下，还是很实用的。

（3）测距对焦法。照相机上采用的测距器的原理与测距仪的原理相同，叫作三角测距法，它是用两个相隔一定距离的窗口来观察和调节，使双像重合来进行距离测定。因此，又称为"双影重叠法"。在取景视场中显示一个黄色区域，当被摄体调焦有误差时，黄色区域内的被摄景物出现双重虚化的影像；当被摄体调焦准确时，黄色区域内的双重影像合二为一。

（4）聚焦屏对焦法。在单镜头反光相机中，在光路上与焦平面等价的位置上设置一片聚焦屏，既作为调焦的部件，又作为取景之用。它的最大优点是，只要在取景器内看到焦点对准了，则焦平面上无疑也是完全对焦正确的。它主要有以下几种形式：

① 毛玻璃式；

② 裂象棱镜；

③ 微棱镜；

④ 柱面透镜形式；

⑤ 十字线方式。

使用胶片的照相机除了以上介绍的几种主要装置之外，还有一个重要的装置，那就是输片装置，它的作用就是在照相机内将感光片输送到拍摄成像的位置。有的照相机还有一些独特的调节装置，如闪光连动装置、快门延迟释放装置、景深预测装置、重复曝光装置等。

四、胶片照相机的自动装置

随着科学技术的发展，照相机的自动化程度越来越高。有自动曝光、自动对焦、自动显示拍摄情况和自动卷片、倒片等装置。

（一）自动曝光

胶片照相机的自动曝光系统是一套电子控制装置：它能自动测定出被摄景物的亮度，并根据所使用的胶片感光度值，计算出正确的曝光量，依照预定的程序去自动地选定光圈或快门的数值，给出正确的曝光组合。

1. 测光部分

电子测光部分要想实施正确曝光，首先要对被摄体的反射光量进行正确的测定，测光部分一般由光敏电阻和电子线路组成，对曝光有直接影响的是电子测光部分的测光区域。测光又分为外测光和内测光，绝大部分普及型的简易电子自动曝光相机，是采用外测光形式。稍高档一点的相机多采用内测光（测量通过镜头的成像光线）形式，一般简称为"TTL测光"。

（1）平均测光，也称全面测光。测光系统对整个拍摄区域的亮度进行全面地测光，从而根据平均亮度进行自动曝光，优点是对拍摄大景物范围的场面较为适用；缺点是如果画面景物有大面积的暗或大面积的亮区域时，会产生曝光不足或曝光过度。

（2）椭圆中央重点测光。它仍是对整个拍摄范围的测光，但侧重测量位于视场中央部分的景物。被摄景物的主体大多位于画面的中央部位，这样就可确保主体，同时又兼顾了周围的景物，因而测光精度高，曝光也较准确，应用较广泛。

（3）区域综合测光。它是将整个画幅分为若干个测光区域，对各个区域同时进行测光，然后将测光结果进行综合，得出结果，实施曝光。

（4）中央局部或点式测光。中央局部测光是对画幅中央的特定部位测光，点式测光范围则较局部更小。这种测光区域适合拍摄景物某一部位曝光精度要求很高的场合。

（5）多点平均测光。它既可以测量一点后曝光，也可以测量多次，将测光记忆结果平均，最后按平均值曝光。

以上只是几种类型，实际上，使用胶片的照相机自动测光方式还有很多，且在一架照相机上往往具有几种不同的测光区域和测光功能。

2. 曝光部分

使用胶片的照相机自动曝光控制装置，主要有三种方式。

（1）快门优先式AE。该方式是按照被摄体摄影前的状况以及摄影目的，预先给出快门速度，然后由照相机自动控制光圈的一种自动曝光方式，它一般适用于动体摄影。用高速快门可以把运动物体拍成静止物体，用低速快门也可以进行轨迹摄影来判断物体的运动过程，它还可以防止手的抖动和用于某一预定效果的摄影。

（2）光圈优先式AE。跟快门速度优先式相反，光圈优先AE是在摄影之前给出光圈值，由照相机来自动地控制快门速度。此方式主要用于要求在照片上能控制景深的被摄体，如静物、团体人像、人物摄影等。

（3）程序式AE。程序式AE是根据被摄体亮度，在设计时把快门速度和光圈按固定程序组合在照相机上的方式。无论是快门速度优先式AE，还是光圈优先式AE，拍摄者都要预先选定一个数值，因此要想得到好的效果，必须具有一定的摄影知识。程序式则没有这个要求，只要拍摄者按下快门便可得到正确的曝光。这对于明暗变化大的被摄体，或者需要抓瞬间的新闻摄影来说是很实用的。一般对高亮度被摄体用短曝光时间和小光圈相结合，对低亮度被摄体用长曝光时间和大光圈相配合的程序快门。

3. 调记部分

胶片相机自动曝光装置的胶片感光度调记部分是该机进行自动曝光的基础，它由相应的电子系统来完成。根据输入的胶片感光度数值计算出相应的条件下的正确曝光量值，以便实施曝光，根据它们的调记方式又可分为手动调记与自动调记两大类。

（1）手动调记。手动调记胶片感光度是通过旋转相机上的感光度调定盘，将调记基线对准实际使用的胶片感光度数值标记来完成的。调记后，相机内的电子线路将这个感光度信息输入计算电路，以保证正确曝光的实施。

（2）自动调记。自动调记感光片的感光度是通过胶片盘上的DX编码来完成的。DX编码是生产厂家将感光片的感光度、乳剂平衡等多种信息用数码的形式来表示，然后由机内的识码系统来进行解码，并将信息输入计算电路，然后实施正确的曝光。DX编码解除了人工调节相机感光度的操作，方便了拍摄者，相机的自动化程度更高。在实际使用中，要注意到相机有无解码功能和所使用的胶片有无DX编码，只有两种功能同时具备才可使用，否则，仍需进行人工调节。

有的自动曝光相机兼有曝光补偿功能和人工实现曝光的功能，从而使相机的适应范围更广，拍摄题材更广泛。

（二）自动调焦装置

最初，使用胶片的照相机拍摄时的测距都是依赖摄影者的眼睛来进行的。这对于初学者来说是费时的，且不能将焦点对准，对于有些特殊的摄影场合，这种调焦方式也显得不太实用。后来，人们研制出能对被摄体进行自动调焦的装置。大体有以下几种类型：

1. 视像自动调焦

这是由美国豪耐尔公司发明的自动调焦方式，它基本上是以三角测距法为测距原理的。这种系统采用两块测距用反光镜，并在镜后装上有数个灵敏的测光元件系统。当转动一块反光镜后，测量两块测光元件系统的反应由电子线路对两块反光镜的响应进行比较，并通过指定镜头的驱动装置调节镜头，使两块反光镜的影像达到一致，从而完成调焦。

它的缺点是：在被摄体的亮度不够的情况下，被摄体虽明亮，但没有明显变化。近距离拍摄形状类似、图案重复的被摄体时，该调焦系统容易失灵。

2. 声纳自动调焦

这是波拉洛依特SX-70型相机采用的方式，是按超声测距原理进行的，由照相机发出超声波信号，并测定超声波从被摄体反射回来的时间，从而知道被摄体的距离。

它的缺点是：在近距离拍摄玻璃后面的物体、有明显的近距离前景出现在"聚焦目标区"内、有吸收超声波的被摄体等情况下，容易出现失灵。

3. 相位比较自动调焦

这是由莱茨公司发明的一种自动调焦方法，以上两种方法对于单镜头反光照相机是不适用的，只有在照相机镜头像平面上进行鉴别的方法才适合于单镜头反光照相机。相位比较自动调焦是利用相位器来检查聚焦是焦前或焦后，然后来决定镜头调节的方向，最后调到镜头的对焦位置。

它的缺点是：容易受到拍摄现场某些照明灯具的干扰。

后来，胶片照相机的自动化程度越来越高，除了自动曝光、自动调焦装置外，还有自动记录显示各种信息的装置，自动卷片装置、自动倒片装置、自动闪光装置等。

第二节　新闻摄影常用的摄影镜头

摄影镜头是照相机最主要的一个组成部分，它能使被摄物体在像空间的感光片上结成影像，如同人的眼睛一样，它是观察和记录客观物体的工具。不管摄影镜头的光学系统如何复杂，其原理与单透镜的成像原理是一样的。事实上，早期的照相机镜头就是一个凸透镜。由于人们发现这种透镜成像还存在许多的缺陷，就使用了多片的可以校正像差的复式透镜组。这种光学系统使用的是精选的光学玻璃材料和最新的镜头加工工艺；较好地校正了和最大限度地减弱了像差，从而获得理想的成像质量。现在，照相机大多采用的是正光镜头。

一、摄影镜头的光学结构

镜头主要由三部分组成：一是由透镜组组成的光学系统；二是由光阑组成的控制进光量的光圈系统；三是由镜筒等组成的机械系统。

复杂透镜组的发展经历了一个较长的过程，由原始的新月形镜头、消色差镜头、快直镜头发展到正光镜头。

图 6-10　新闻摄影常用的摄影镜头

（一）非对称型标准镜头

① 新月形镜头；

② 消色差镜头；

③ 珀兹伐镜头；

④ 柯克镜头；

⑤ 天塞镜头；

⑥ 松纳镜头。

（二）对称型标准镜头

光圈前、后两方的光学结构彼此对称或基本对称的镜头，称为对称型摄影镜头。由于这类镜头的光学结构呈对称性，可以自动消除一些垂轴像差。

① 速直镜头；

② 双高斯镜头；

③ 改进型双高斯镜头。

（三）普通超广角镜头和鱼眼镜头

1.普通超广角镜头

对角线视角一般大于90°是供非单镜头反光取景照相机使用的短焦距镜头，一般采用对称型光学结构，镜头的后顶焦距较短。常见的有两种类型：一种是最前端与最后端的透镜均为正组透镜；另一种是最前端与最后端的透镜均为负组透镜。德国卡尔·蔡司生产的托普冈超广角镜头前后两端均为正组透镜，中间两片为负组透镜。该镜头可以较好地校正色差和球差。早期得到广泛的应用，之后以此为基础发展了几种改进型镜头。

2. 鱼眼镜头

鱼眼镜头前端的第一片透镜虽然明显高高凸起，但它并不是一凸透镜，而是一凹透镜。由于这种原因，直径很大的凹透镜能够把很大视角处投射来的光线，折射到镜头的内部，进而在像平面处结成清晰的影像。

（四）摄远型镜头、反摄远型镜头、折反射型镜头

1. 摄远型镜头

由位于前方的正组透镜系统与位于后方的负组透镜系统所共同构成，且两组透镜系统的间距小于正组透镜系统焦距的镜头，称为摄远型镜头，该镜头属于长焦距镜头，视角较窄。

摄远型镜头可在增长焦距、增大影像放大率的同时使镜筒长度减小，镜头结构紧凑，易于携带，但该镜头的最大相对孔径较小。

2. 反摄远型镜头

由位于前方的负组透镜系统与位于后方的正组透镜系统所共同构成，且两组透镜系统的间距小于正组透镜系统焦距的镜头，称为反摄远型镜头。显然，反摄远型镜头的光学结构正好与摄远型镜头相反，前者好似是后者颠倒180°而成。反摄远型镜头属于短焦距镜头，视角较大，镜筒长度稍长，反摄远型镜头虽然焦距缩短，但在曝光窗和镜头之间仍有足够的反光镜工作空间。该镜头的像场边缘照度得到改善，最大相对孔径大，并具有较好的结像力。但是该镜头前组透镜片直径较大，镜头长度和体积都明显地比标准镜头大。反摄远型镜头属非对称型结构，近摄时成像性能有所降低。新型反摄远型镜头都设计有近摄补偿机构，从而改善成像质量，提高影像清晰度。

3. 折反射型镜头

成像光线在摄影镜头内不仅进行折射，而且需要反射的镜头，称为折反射型镜

头。该类镜头与成像光线只进行折射的普通镜头相比,增加了球面反光镜片,故有些光学公司又将它简称为反光镜头(以字母RF示之)。折反射型镜头属于长焦距镜头,视角较窄,外形显得又粗又短,该镜头最大孔径较小,调焦取景稍嫌困难。

折反射型镜头在获得较长焦距的同时使镜头的长度明显地缩短,虽然镜头直径稍加增粗,但整个外形显得更轻便,易于携带。由于引入了反光镜,使色差得到较好的校正,以至于一些镜头筒上设有红外线调焦基线,此类镜头价格比较便宜。调焦环一般有可调至超过无限远∞的标记,以便补偿因环境温度变化而引起的像面飘移,又由于外形粗短,以至于使焦距达500 mm的镜头仍可手持摄影。

(五)变焦距镜头

以上介绍的是固定焦距镜头的光学系统,下面再来认识一下变焦镜头的光学系统。变焦距镜头的光学结构形式复杂多样,性能差异也很大。但光学系统不外乎由下列部分组成,即调焦组、变焦组、补偿组和固定组。

(1)调焦组。调焦组一般位于变焦距镜头的前部,并与调焦环联动,起调焦作用。

(2)变焦组。变焦组一般位于变焦距镜头的中部,并与变焦环联动。调节变焦组可以改变镜头焦距的大小。

(3)补偿组。补偿组一般也位于变焦距镜头的中部,并与变焦组联动调节。当变焦组使镜头的焦距改变时,补偿组可使像平面的前后位置保持稳定不变。

(4)固定组。固定组又称中继组,一般位于变焦距镜头的后部,起主要成像作用,以及校正前面各组透镜残存的像差,有的变焦距镜头在调焦组的前方还有一个固定组。现在的变焦距镜头正进一步地改善成像质量,增大相对孔径和朝着大倍率、小型化、多功能方向发展,并进一步地缩短最近调焦距离,配有微距装置、短焦距等。

(六)非球面镜头

通常的摄影镜头,无论其结构如何复杂,其透镜组总是由一些凸透镜或凹透镜匹配而成,而这些透镜面的或凸或凹又总是球面形的。所以,把这些球面形透镜结构的镜头,统称为球面镜头。

凡是球面镜头,即使采用了新型的光学玻璃和精密的电脑设计,都难以做到完全消除球面像差和色差。尤其是制造大口径镜头，像差现象更难消除。要想圆满地解决这一难题，最有效的方法是使摄影镜头非球面化，即设计并制造非球面镜头。

非球面镜头一方面有利于进一步增大镜头的有效口径，另一方面有利于提高镜头的结像质量。非球面的结构对于变焦距镜头增大口径、增大变焦倍数、小型化和高质量具有十分重要的意义。非球面镜头的标志是在镜头的最前缘饰有一道醒目的线，在标志镜头有效口径的后面刻有一个J字母。

二、摄影镜头的孔径与像场

以上集中介绍了各种镜头的光学结构，下面重点分别介绍镜头的孔径与像场。镜头的孔径决定着镜头的通光能力，通光能力又决定着镜头成像的明亮程度。像场对成像的能力影响较大，同时像场又要受镜头焦距的制约。

（一）镜头的孔径

根据几何光学的原理，镜头的孔径与光通量和影像的明亮程度成正比例关系。即孔径面积愈大，通过的光线愈多，影像愈明亮；反之，孔径面积愈小，通过的光线愈少，影像就愈暗。这些对摄影曝光有着重要的影响。

镜头孔径又分为有效孔径和相对孔径。

1. 有效孔径

当无限远处射来的平行于主光辅的光线，通过镜头前的光束直径，就称为镜头的有效孔径，也称镜头口径。用镜头前的光束直径和镜头焦距的比数来表示，如图6-11所示。

对于一般的摄影镜头来讲，前镜片的直径约等于光束直径（广角镜头例外）。所以，镜头的有效孔径就是该镜头的最大一级孔径。镜头的有效孔径愈大，单位时间内进光量就愈多，影像明亮度则愈高；有效孔径愈小，单位时间内进光量就愈少，影像的明亮度则愈低。实际上，镜头的有效孔径决定了该镜头的基本通光性能。这在实际的拍摄中具有十分重要的意义。

有效孔径决定镜头结像的明亮度，镜头的通光孔径愈大，影像愈明亮。例如，

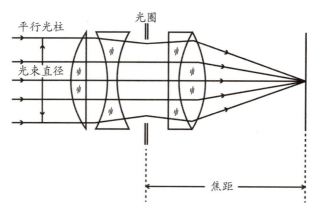

图 6-11　有效孔径示意图

有两支相同焦距的镜头，其有效口径不一样。我们发现：孔径大的镜头结像较明亮。且孔径每增大一倍，影像的明亮度、射入光束的截面积和通光量，都要随之增加四倍。由此得知，影像的明亮度（即镜头的通光力）与通光孔径的平方成正比。

镜头结像的明亮程度不但受镜头孔径所决定，同时还要受到镜头焦距的影响。标准镜头的焦距大约等于像场的直径，焦距愈长，结像愈大；焦距愈短，结像愈小。

镜头的影像明亮度（即镜头的通光力）与通光孔径的平方成正比，与焦距的平方成反比。

2.相对孔径

相对孔径是指经过光圈装置调节后的镜头通光孔直径，相对孔径用各级光圈调节后的光束直径和镜头的焦距的比值来表示。相对孔径是可变的，就是相对于有效孔径而言。

有效孔径表示镜头的最大通光能力，这仅对光线微弱的景物有作用。如果景物亮度很高的话，曝光就要加以控制。一种办法是配制各种只有有效孔径而没有相对孔径的大小不一的镜头，供拍摄不同等级亮度的景物去选择。还有一种办法，就是在一个具有有效孔径的镜头中间配制一种称为光圈的装置控制镜头通光量，形成相对孔径，以适应对各种不同等级亮度的景物的拍摄。毫无疑问，第一种办法既浪费，又麻烦。第二种办法既经济，又方便。相对孔径用f系数来表示，也就是$\frac{镜头焦距}{光束直径}$，如某一

镜头的焦距为58 mm，其中某级相对孔径的光束直径为7.25 mm，那么这级相对光圈

为$\frac{58}{7.25}=8$，通常写作f/8，也就是说，这级相对孔径的光束直径为镜头焦距的1/8，

也称光圈8。

一个镜头的通光能力和该镜头的孔径平方成正比。因此，若要比较镜头的通光力，就只能用它们通光孔径的平方来比较。

（二）光圈及其作用

光圈与快门都是用来控制通光量的，相互制约、相互配合，使感光片能得到正确曝光。

1.光圈的作用

在摄影镜头的结构中，除了透镜组这一最主要部分外，另外一部分的重要装置就是光圈。光圈的功能就是以不同的孔径来调节镜头的通光量。早期简易的新月形单透镜照相机的光圈，是在金属薄板上钻上一些规格不同的圆孔，装在镜头前或镜头后，拨动金属片，使圆孔对准镜头中心，来达到调节通光量的目的。现代复式镜头的光圈由许多弧形金属叶片组成可变孔径，装在镜头的透镜组之间，根据需要可以随意调节光圈的孔径。

光圈的作用是使镜头的通光量得到准确的调节和控制，使感光材料正确曝光；在收缩光圈的情况下，可减少镜头残存的某些像差；可以利用光圈的收缩或放大来控制景深，光圈小景深长，光圈大景深短。

2.光圈的刻标

光圈的刻标是以$\sqrt{2}$倍级数排列的。之所以选用$\sqrt{2}$作为公比，是因为$\sqrt{2}^2=2$，也就是光圈每差一级，光孔的面积差一倍，透光力也差一倍，这样每个相邻的读数之间便成为倍数关系。

以$\sqrt{2}$倍级数排列，逐级数据如下：

$\sqrt{2}$…………………………1.4

$\sqrt{2}^2$…………………………2

$\sqrt{2}^3$…………………………2.8

$\sqrt{2}^4$…………………………4

$\sqrt{2}^5$…………………………5.6

$$\sqrt{2}^{6}\cdots\cdots\cdots\cdots\cdots\cdots 8$$

$$\sqrt{2}^{7}\cdots\cdots\cdots\cdots\cdots\cdots 11$$

$$\sqrt{2}^{8}\cdots\cdots\cdots\cdots\cdots\cdots 16$$

$$\sqrt{2}^{9}\cdots\cdots\cdots\cdots\cdots\cdots 22$$

$$\sqrt{2}^{10}\cdots\cdots\cdots\cdots\cdots\cdots 32$$

镜头的刻标系数，就是把这一系列数字以几何级数排列起来的。每一级系数的通光量均以光孔面积来计算，并未把镜头的透光率考虑在内。如在标准刻度上，将光圈开大一级，镜头透光力增为2倍；将光圈缩小一级，镜头透光力则减为1/2。光圈每差一级，其曝光量即差2倍。在摄影实践中，易于掌握，使用方便。

光圈的各级孔径系数，都是入射光束的直径与焦距的比例数，称作焦点距离数。

（三）视角和像场

1. 焦距

要想弄清楚视角、像场及成像的关系，首先要先弄清镜头焦距的含义，因为镜头焦距决定了镜头的视角，决定了镜头的像场涵盖力。

对于单个球面的凸透镜来说，焦距的长短主要是由透镜的凸度大小所决定的。镜面凸度大，其折射光线的本领大，焦距变短；镜面的凸度小，其折射光线的能力就小，焦距就长。照相机镜头的焦距，是指镜头的焦点至镜头光学系统中第二节点的距离。也就是说，假如有自无限远处射来的一束平行于镜头主光轴的光线，经镜头折射后向主轴折射会聚成一焦点，这一会聚点就是焦点。经过这一点并垂直于主轴的平面就是焦平面。常称的镜头焦距实质上是镜头的像方焦距，不过从实用的角度来讲，一般称作镜头的焦点距离。

2. 视角

从被摄物体处接受的锥形光束通过镜片折射后，摄影镜头以同样的角度缩小或放大了尺寸的锥形光束成像在底片上。底片的范围是在这折射成锥形的圆形光束之内。由被摄体到达镜头，通过锥体底至顶形成了角度，这个锥顶的角就叫作视角。如图6-12所示，与它对顶的角就称为像场角。这个圆形光束就是底片能够成像的清晰范围，称为像场（也称作像场的涵盖力）。由于所用的底片不是圆形，而是正方形或者长方形，像场角度可以表示垂直、水平或对角线的摄入范围。很显然，这里对角线最长，以此作为对着镜头的角尺寸最合适，这也就是镜头焦距的规定通用标准的原因。在镜头的制造和使用中，实际的摄入范围都比所规定的小，尤其是135胶卷底片中的24 mm尺寸显得更小。否则，将会造成底片的四周成像不清或暗淡。

从锥体的几何性质上说，光线透射锥体的高度与所用的镜头焦距成比例。由于所使用的感光片的尺寸是固定的，随着镜头焦距的减小，其视角也就增大了。如果要想摄入更大范围的物体，就必须减小镜头的焦距。

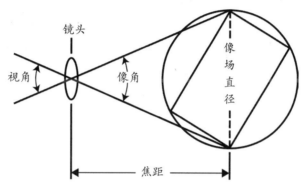

图6-12　视角、像角示意图

所谓标准镜头的定义为：镜头的焦距约等于感光片对角线长度。例如，135相机大多使用的底片尺寸为24×36 mm，其对角线长度为43 mm，视角约为52度，其标准镜头多配为50 mm、55 mm、58 mm。

3. 焦距与视角

镜头的焦距决定镜头的视角，视角的大小又直接影响着像场。依据它们之间的关系，可以按焦距将镜头分为三大类：

（1）标准焦距镜头。常称标准镜头，焦距约等于清晰像场的直径（即底片画幅对角线），其清晰视角约为52度。

（2）短焦距镜头。常称广角镜头，焦距小于清晰像场的直径（即底片画幅对角线），其清晰视角在65度以上。

（3）长焦距镜头。常称摄远镜头，焦距大于清晰像场的直径（即底片画幅对角线），其清晰视角在40度以下。

这种分类法是根据镜头和底片画幅的对角线来区分的，并不是按照镜头本身的焦距绝对值来确定。因此，各种镜头之间不存在绝对严格的分界线。例如，135底片的画幅是24×36 mm。实际见到的这类相机的标准镜头多是50 mm。但是若大于75 mm，即被定为长焦距镜头，小于35 mm又被定为广角镜头。

（四）视角与成像

镜头视角大小的变化，直接关系到像场的变化。这是因为镜头的取景视角就等于像场角，像场角的大小就关系到像场的大小。一般情况下，固定一个拍摄点和被摄对象之间距离不变，如果使用的焦距较短，那么其视角，即像场角就大，拍摄景物的范围就大，成像的比例也大；反过来，如果使用的镜头焦距较长，那么其视角及像场角就小，拍摄的景物范围就小，成像的比例也小。使用广角镜头，可以在较短的拍摄距离内获得一个较大的物方空间，容纳下比标准头多的被摄物体，而使用长焦距镜头，则可以在较远的拍摄距离内获得比标准镜头和广角镜头小的物方空间，这样可以有利于表达景物的细部或进行景物范围的取舍。

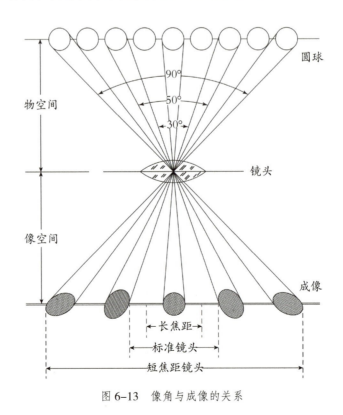

图6-13　像角与成像的关系

镜头像场角的大小，不但影响到成像比例的大小；同时，它还严重地影响像的透视感。镜头视角大的，影像较原景物变形严重，正常的透视比例遭到歪曲；镜头视角小的，影像较原景物有一种透视被破坏感。景物超出正常透视比例挤压在一起。

了解和掌握各种不同焦距镜头与视角、像场及成像透视的关系，就可以在摄影实践中，根据拍摄意图，选用各种不同焦距的镜头完成采访拍摄任务。对有些不利于某种焦距镜头去表现的体裁则要尽量避免，以免变形太大，影响画面的主题表现。当然，也可以有意地运用各类镜头造成的画面透视效果，增强画面的形象感染力。

三、摄影镜头的种类及特点

摄影镜头的型号和种类繁多。如果依据用途，可分为普通摄影镜头和特殊摄影镜头；如果依据焦距值能否调节来分，又可分为定焦距镜头和可变焦距镜头等。常规的分法是依据它们的焦距和不同使用性能来分，这样就可分为标准镜头、广角镜头、摄远镜头、变焦镜头、近摄镜头、微距镜头等。

（一）标准镜头

焦距长度约等于底片对角线长度的镜头称为标准镜头。该镜头的焦距、视角均较适中，使用该镜头所拍摄的画面中景物呈现出的透视关系较符合人眼所感觉到的透视关系（人眼的视角约为51度）。所以画面的再现性好、逼真度强，是使用最广泛的一种镜头。在国内，标准镜头一般都是随机身一同出售，人们称呼的"照相机"的概念，一般也包括标准镜头在内，而在国外，机身和镜头是分开出售的。

常见的135相机的几种标准镜头焦距为58 mm、50 mm、43 mm等多种规格。120相机的标准镜头有75 mm、80 mm、90 mm等多种规格。

标准镜头的像差比较容易校正，所以它的成像质量一般比同档次的其他镜头要好，且最大相对孔径易于做得较大，对微弱光线下拍摄有利。在单镜头反光相机的全部镜头中，标准镜头的体积最小，便于携带。

由于它有以上的优点，新闻摄影记者常用的也是标准镜头。对于拍摄风光和人

图 6-14　各种规格的摄影镜头

像来讲，标准镜头也优于其他镜头，尤其是它几乎与人眼一致的视角所形成的画面透视关系，易被大多数人所接受。

（二）广角镜头

1. 普通广角镜头

普通广角镜头的焦距接近标准镜头。例如，在135相机的镜头系列中，一般把焦距等于或大于24 mm，但又比标准镜头焦距短的镜头，称为普通广角镜头。使用该镜头拍摄的景物略微有些夸张和变形，但由于它清晰的像场、大的景深范围和足够的视角，越来越受到摄影者的重视。尤其是新闻摄影记者，宁愿舍弃标准镜头，而选择此焦距范围内（如35 mm，28 mm）的镜头作为自己的"标准镜头"。

2. 超广角镜头

超广角镜头的焦距接近鱼眼镜头。例如，在135相机的镜头系列中，一般把焦距为17—21 mm的镜头（即视角大于90度的非鱼眼镜头）称为超广角镜头。使用该镜头拍摄的景物有很大的夸张和变形，但它的视角很大，一般在90—135度，对于摄距小而场面大的拍摄现场表现得极为有利，尤其是一些新闻事件的场合更适合用这类镜头去发挥作用。它的画面给人一种身临其境的参与感。形象感染力较强，环境氛围渲染得较好。在表现宽广的风景画面时也很有用，但要注意它对主体景物的变形损害。

以上两种镜头焦距较短，故最近的调焦距离一般比其他镜头近得多，可近至0.2—0.3米处拍摄。最大的相对孔径介于标准镜头与长焦距镜头之间，因此较大。光圈系数一般难于做得很小，通常为f/16，很少有f/22或f/32的。

3. 鱼眼镜头

鱼眼镜头前端第一片透镜的前表面向前明显凸起，第一片透镜的前顶点远远高出镜筒，就像鼓起的金鱼眼，所以称为鱼眼镜头。它的焦距长度远远小于底片对角线的长度，可有鱼眼一样的广阔视角（鱼在空气中的视角可达180度），有的鱼眼镜头视角甚至可达230度，因而能拍摄下相机两侧的部分景物。鱼眼镜头的第一片透镜的直径都很大，它的焦距却很短，在135相机系列中，焦距范围一般在6—16 mm。

鱼眼镜头的像场照度比较均匀，但存在着严重的畸变像差，影像的失真比任何镜头都大。该镜头按设计原理的不同又可分为等距投影型、正投影型和立体投影型，市售的鱼眼镜头绝大部分为等距投影型。

鱼眼镜头由于第一片透镜的直径很大，又高高地突起在前方，给使用滤色镜带来困难。故它在设计时，一般采用内置方式安装滤色镜。鱼眼镜头的这些特性给维护工作带来了困难，这就要求摄影者操作时要十分精心、谨慎，以防无意中碰摸和划伤镜片，造成麻烦。

有些摄影书籍将超广角镜头和鱼眼镜头混为一谈，只是机械地从镜头的焦距来分类。如将16 mm超广角镜头和16 mm的鱼眼镜头混为一谈，认为是一回事，其实它们之间虽然焦距相同，成像上还是有区别的。超广角镜头和鱼眼镜头的最大区别，除了焦距的长短、视角的大小外，尚有画面畸变的校正程度。例如，16 mm的超广角镜头有意对画面畸变进行校正，尽量使畸变像差有所降低，而16 mm的鱼眼镜头未予校正，保留了畸变像差。

由于单镜头反光相机的短焦距镜头一般采用反摄型结构，体积比标准镜头大，长度也长。故在外观认定时，并不能认定短焦距镜头就比标准镜头短。

（三）摄远镜头

摄远镜头，又称长焦距镜头、望远镜头。该镜头的焦距长度大于底片的对角线长度，焦距均比标准镜头的焦距要长。它可以将远处的景物拍得较标准镜头大，所以人们称它为"望远"或"摄远"镜头。此类镜头按其焦距的长短，一般又可细分为普通摄远镜头和超摄远镜头，如在135相机系列中，将焦距80—300 mm的镜头称为普通摄远镜头，它的焦距是接近标准镜头的一端，而将300—2000 mm的镜头称为超摄远镜头。还有人习惯地将不同焦距的镜头称为中焦距镜头和长焦距镜头。如果此类镜头按镜头的结构分，又可分为折射型长焦距镜头和折反射型长焦距镜头。市售多为前一类，后一类在400—2000 mm焦距的镜头上采用。

摄远型镜头视角较窄，体积较标准，镜头大。由于长焦距镜头焦距较长，镜头的最大相对孔径一般较小，但最小光圈一般可做得很小，如$f/32$或$f/45$，对改善景深有益。但镜头体积较大，不易携带，手持拍摄需使用较高的快门速度。

摄远镜头在拍摄不易接近的景物时使用较多，由于它的视角小、结像较大，可使底片得到充分运用。在抓取人物瞬间动态、体育运动的场面和各种野外科研及生活摄影方面充分显示出它的优势，新闻摄影记者几乎都备有此类镜头。使用该镜头拍摄出的照片，画面透视感减弱，前后景物的大小变化不大。由于该镜头焦距长、景深范围小，故使用时须精心地调焦。

（四）变焦距镜头

焦距可以改变的镜头，称为变焦距镜头。这种镜头的结构较复杂，镜头上都置有变焦环，通过它可以调节镜头的焦距值在预定的范围内灵活地改变。变焦镜头最长焦距值与最短焦距值的比值，称为该镜头的变焦倍率。变焦距镜头的最大特点是在不改变相机位置的情况下，可以通过改变镜头焦距值的大小，连续、迅速地改变对远景物或近景物的取舍，安排合适的画面和构图，使底片得到充分的利用。这对于使用小尺寸底片的135相机，显得尤为重要。变焦镜头有"一头多用"的特点，它节省了频繁更换镜头的时间，有利于抓拍，并减少外出摄影时器材的数量，便于携带。它可以在受限制的环境下从事得心应手的画面构成，完成现场拍摄任务，同时还可以利用曝光瞬间的变焦来创造一些特殊的画面效果。

变焦镜头多种多样，其变焦倍率也不一样，有三倍、四倍、六倍、十倍、十二倍等。有的变焦镜头集广角镜头、标准镜头、长焦镜头于一身并置有微距摄影的功能。如28—85 mm、35—70 mm、35—105 mm、70—210 mm、80—200 mm、80—250 mm、100—500 mm等变焦镜头。其变焦倍率和最短、最长焦距是不一样的，同样的三倍率变焦镜头也不一样。有的最短焦距是广角，有的最短焦距却是长焦了。变焦镜头的工作状态复杂，以至于设计时很难对其在各种焦距、各种调焦距离和各档光圈系数下，均做到完善的像差校正。因此，在设计和制造变焦镜头时，为了兼顾上述各种焦距、调焦距离、F数的不同特点和不同要求，对像差校正进行了最大妥协，从而允许变焦镜头比同级定焦镜头残存某些稍大的像差。

变焦镜头又可根据变焦的调节方式分为推拉式变焦和调焦环变焦。有些变焦镜头具有光学微距摄影功能，但此类镜头的微距档一般在较小光圈下才能获得较好的效果，其像质无法与定焦距的微距镜头相比，且影像放大率也有限。变焦镜头因镜片数较多，逆光摄影时易出现严重的眩光和幻影。

（五）特殊摄影镜头

以上介绍的几种摄影镜头是常规摄影用得最多的，但当拍摄对象特殊、常规镜头无法进行正常拍摄时，就要使用一些特殊的镜头来完成任务。所谓特殊，是针对常规的摄影手段和操作程序而言。随着科学技术的发展，光学、电子、机械制造业的工艺改进，特殊的镜头也将变为常规的摄影镜头了。

1. 近摄镜头

这是一种专供近距离拍摄用的镜头，它区别于"半身镜"或"附加接圈"，是一种直接安装在相机上使用的镜头。它的最大优点是在很近的距离内拍摄不会出现景物的变形。它最小可以拍到与原物等大的影像。该镜头在科学研究和刑事司法摄影中应用较广泛。

2. 微距摄影镜头

微距摄影镜头，是指同时具有微距摄影和普通摄影功能的特殊定焦距摄影镜头。使用它就无需使用近摄镜或近摄接圈、近摄皮腔等附件便可在相当近的拍摄距离内拍摄微小物体或物体局部的特写。并且能从微距摄影状态迅速调至普通摄影状态，即自近摄至无限远之间可连续调焦，使用起来非常方便。

3. 透视调整镜头

透视调整镜头，又称倾斜、移位或位移镜头。它的最大优点是在照相机身和感光片平面位置均保持不变的前提下，使整个镜头的主轴进行平移，甚至倾斜或旋转，从而达到调整影像透视关系的目的，可获得理想的、远近景物均非常清晰的画面效果。它多见于大型专业相机上，但135相机也有使用。如用反转片直接拍摄幻灯片时，就要对影像进行透视校正。

4. 柔焦镜头

柔焦镜头，又称柔光镜头。它是指不在镜头前使用柔光镜或加纱等附件的条件下，直接拍出具有柔光效果的画面。该镜头主要用于人物肖像摄影，它能使被摄人物面部的皱纹、斑点等凹凸不平的缺陷在画面上变得不明显；使影像柔和、悦目，使人物变得年轻、漂亮、娇柔且富有韵味。柔焦镜头也可用于风光摄影，能渲染出一种梦幻的氛围，造成一种朦胧的效果。

5. 医用镜头

它是一种有内置环形X闪光灯的微距镜头，可对不便使用一般方法加以照明的被摄物体进行无阴影现象的X闪光摄影，且操作简便、影像清晰，它除被广泛应用于医学解剖、手术摄影外，还被广泛地应用于军事、刑事、司法证据摄影。

6. 显微镜头

显微镜头的焦距一般很短，是专供拍摄微小物体用的镜头，它配合显微仪器或使用一定的接圈，可获得高倍率的影像。

7. 内窥镜头

内窥镜头，是由显微镜头及传像与照明光缆共同组成的特殊摄影系统。微型镜头可深入复杂物体的内部，并摄下物体被窥内部的清晰影像，通过具有全反射性能的光导纤维传导到外部的照相机上，这是用普通镜头无法实现的。微型镜头体积非常小，焦距短、视角大，有的镜头甚至具有变焦距功能。照明光源一般位于光缆的另一端，并通过光缆将光线传导至物体内部的被摄区域进行照明。该镜头被广泛地应用于医学领域中，如检查人体内部的肠胃、食道、子宫及心脏等部位的病变；应用于工业生产领域，如在发动机气缸内部的火花塞中测量汽油发动机的燃烧状态。它已成为科学研究的一项重要手段和唯一获取内部直观形象的途径。

8. 红外线、紫外线镜头

红外线、紫外线专用摄影镜头属于超消色差镜头。它主要用于科学研究、刑事、司法领域和军事领域。例如，用于卫星资源考察、探矿、森林火灾预警、刑事侦查、司法证据和军事侦察等。用普通镜头安装红外线或紫外线滤色镜后也能进行此类摄影，但效果和成像质量远远不如使用此类专用的镜头。

9. 夜视镜头

夜视镜头，是指可在夜间月光甚至星光的微弱光线照明下不需要人工光源的辅助而进行正常摄影，并能获得适宜曝光、清晰影像的特殊摄影镜头。这是因为该镜头的内部装置有独特的"电子影像增强器"。它可以将光强增大到几万倍，让原本无法使胶片感光的弱光线，经影像增强器的放大后，达到胶片正常感光的程度。该镜头被广泛地应用于军事、公安、科研和新闻摄影领域。

10. 闪光摄影镜头

闪光摄影镜头上有GN调节环，环上刻有GN标尺刻度。拍摄时按所用电子闪光灯的闪光指数值，将GN调节环拨至相应的刻度上拍摄，一旦转动调焦环，该镜头的光圈系数跟着相应改变。距离增大时，光孔自动开大，距离移近时，光孔又自动缩小，从而可始终保证正确的曝光。该镜头既可快速进行闪光同步摄影，又能进行普通摄影，操作简便迅速，便于抓拍，尤其适于新闻摄影记者使用。

11. 自动调焦镜头（AF）

自动调焦镜头，是指摄影镜头无需人工操作而依据电子指令完成调焦的工作。它又可分为主动型和被动型两种。前者是在镜头上装有驱动调焦环转动的直流伺服电动机和有关电子元件，以及传送该电动机运动的传动齿轮和电池室。后者是镜头上只有传动齿轮，而测距传感元件、电源、直流伺服电动机和有关电子元件等均置于照相机机身上。

该镜头的工作原理是：当照相机或镜头测量出被摄景物主体至胶平面的精确距离，并发出相应电子信号的瞬间，自动调焦镜头能依据该电子信号的指令，立即自动、精确、迅速、无惯性地驱动调焦环完成调焦工作，使被摄主体在感光胶片上获得最清晰的影像。

第三节　新闻摄影常用的附件

新闻摄影的现场环境十分复杂，有的发生在光线照明充足的环境下，有的发生在光线照明不足的环境下，而黑白胶片和彩色胶片对光线和色彩敏感是有一定范围的。因此，新闻摄影的器材除了照相机和摄影镜头，还需要一些辅助曝光和调节色彩的器材，新闻摄影最常用到的辅助器材有闪光灯、滤光器、测光表、三脚架等，这里重点介绍与新闻摄影密切相关的闪光灯与滤光器。

一、闪光灯

闪光摄影扩大了摄影的范围，并成为新闻摄影的一个重要方面。新闻事件的现场光，有时对于拍摄来讲不是理想的，甚至依靠现场光根本无法完成摄影采访任务，这就要使用闪光灯来照明被摄体，从而取得理想的画面效果。

人们最初研制的闪光照明器械，并不是我们今天所常见的轻便、高能的电子闪光灯，而是采用燃烧金属粉末的方法（约在1880年）。后来，改用在玻璃泡内封金

属箔（约在1927年），最后，在1936年把金属箔改成金属
丝等。人们进行了各种各样的研究，作了多次改进。1931
年，有人发明了电子闪光灯的原型，使它成为现代闪光灯
的主流。今天，可以说所有的专业和业余的摄影者在进行
闪光摄影时，使用的都是电子闪光灯。

图 6-15　摄影闪光灯

（一）闪光灯的种类及性能

闪光灯随着机械和电子技术的不断发展，逐步变得自
动化、小型化以及高功能化，正朝着电子化的自动调光方
向发展。由于照相机机构和闪光机构趋向一体化，使得电子闪光灯成为照相机不可
缺少的装置，并且正朝向在任何条件下都能作自动曝光摄影的方向发展。

电子闪光灯种类繁多、性能各异，从不同的角度区分，可以有不同的类别。如
果从实用的角度上区别，大体有如下几种类型：

1. 从使用电源上分

从闪光灯使用的电源上来分，有使用交流电的闪光灯、使用直流电的闪光灯和
交直流电源兼用的闪光灯。

2. 从功能上分

从闪光灯的使用功能上分，有自动闪光、非自动闪光和特配闪光。

（1）自动闪光。指闪光灯能在一定范围内随着拍摄时的实际需要而自动调节
输出闪光量的大小，获得准确的曝光。自动闪光灯有的具备"非自动闪光"的功
能，这就给摄影者提供灵活使用的余地。

（2）非自动闪光。指闪光灯的闪光量是相对稳定的，也就是说，闪光灯不能
随着拍摄时的实际需要而自动调节输出闪光量的大小。

"自动闪光"与"自动曝光"的闪光灯不是一个概念。"闪光自动曝光"，是
指相机上也有具备相应的自动曝光系统，无需人为调节，就能自动地调节准确曝光
所需要的闪光量。

（3）特配闪光。指为某种单镜头反光相机特别配备的闪光灯。它限相机厂商
制造的专供该厂某款型的相机使用，可以充分地发挥相机的曝光机构功能来控制闪
光灯的工作状态。

3．从形式上分

闪光灯从形式上来分有独立式和内藏式。

（1）独立式。指闪光灯是独立的单体，使用时，既可置于相机的位置，也可以与相机分离使用。

（2）内藏式。指闪光灯内装于相机内，与相机合为一体，使用时不能与相机分离。

4．从输出功率上分

闪光灯从它输出功率上来分，有大小之分和可否手动调节之分。

（1）大小之分。指闪光灯可以达到的最大输出闪光量有大小之分。电子闪光灯的最大输出闪光量多种多样，有小有大。较小的，俗称"袖珍闪光灯"；较大的，称为"大型闪光灯"。

（2）可否手动调节。无论非自动闪光灯还是自动闪光灯，都有可否用手动调节输出闪光量功率之分。有的可以进行手动调节，有的不能用手动来调节。可以手动调节的又有调节幅度大小之分。有的可调范围小，只有2—3种，如全光、1/2光、1/4光，有的可调范围大，如全光、1/2光至1/128光等。

5．从输出光角上分

闪光灯从输出光角来分，有可调输出光角和不可调输出光角。

6．从灯头的方向上分

闪光灯从灯头的方向来分，有可调方向和不可调方向。

7．从使用的特点上分

还有一些特殊的种类。如子母闪光灯、高频连闪闪光灯、环形闪光灯、水下闪光灯、红外线闪光灯、紫外线闪光灯等。

（二）电子闪光灯的性能

发光时间是电子闪光灯的一个重要性能指标，了解它的发光色温也是十分重要的。

一般的电子闪光灯的光谱分布跟昼光相似，大多分布在400—500毫微米波长范围之内（色温5500 K左右），光谱特性稍微偏蓝。电子闪光灯对于彩色胶片来说，由于发出的蓝光较多，市售电子闪光灯为了改善光谱特性，在闪光罩上采用滤色板，使发出的光谱特性符合彩色片的需要。

闪光灯的发光强度，是由多方面因素决定的，如曝光指数、反光罩及该灯的功率等。一般较小的袖珍闪光灯一次闪光的强度相当于50支100瓦的灯泡，可见它的瞬时功率相当大。

作为电子闪光的重要性能有发光间隔和发光次数，但它们又受电池性能的影响。由于各种碱锰电池、锰干电池和镉镍电池等不同，发光间隔和发光次数也不同。即测定它们的方法和标准，也因各国厂家而异。一般地说，装上新电池以30秒为间隔反复发光。从闪光到下一次充电指示（氖管）亮为止的时间称为发光时间，厂家在说明中所表示的是它的最短发光时间。这样，以30秒的发光间隔反复发光所能产生闪光的次数称为发光次数。

电子闪光灯发光具体的持续时间因闪光灯的种类及输出光量的不同而不同。其规律是：输出光量越小，持续时间越短；输出光量越大，持续时间越长。

（三）自动电子闪光灯

自动电子闪光灯是在测定被闪光灯照明的被摄物体亮度时，当受光部件内的照度对时间的积分为某一定值的瞬间，电子闪光灯就停止发光，有如照相机像面的光量为一定值一样，对通光量或照射的时间进行控制。用这种方式进行控制的电子闪光灯，称为自动调光式。

闪光灯发出的光照射在被摄物体上，再由被摄物体反射回来的光分别进入照相机和闪光灯的受光部位（"电眼"）。进入受光部位的光通过积分电路，当这个反射光达到一定值时，由控制电路发出一个信号，使发光电路停止工作，闪光停止，从而得到合适的曝光量。

反射光的强弱是由被摄体到照相机和闪光灯的距离来决定的。如果这个距离远，则反射光弱，反之则强。因此，当被摄物体比较远时，闪光灯的照射时间要长，或者相反，近的时候，则在很短的时间内就会使闪光灯停止发光。

（四）专用电子闪光灯

随着曝光机构自动化的迅速发展，过去仅仅作为附件的电子闪光灯，由于照相机的多功能化，就有可能在各类照相机上装上专用的电子闪光灯，使之具有新的功能。除了在照相机插座上的触点功能之外，更具有以下功能：

① 能向定时闪光摄影自动转换；

② 能给出发光器主电容器充电电压指示；

③ 能向发光器发出自动调光信号；

④ 给出光圈转换信号；

⑤ 感光度信号的传递；

⑥ 闪光机构的自动转换等信号的传递。

对于焦平面快门照相机来讲，特别要注意防止曝光不均匀，需要很好地设定快门速度。由于电子快门照相机多了，自动定速的照相机逐步增加。

作为专用电子闪光灯的新功能，也就是当氖泡亮时，快门会自动地转换到X触点，同时当充电指示氖泡不亮时，快门依然不会动作。另外，在氖泡亮的同时，在取景器内还可以看到电子闪光灯的使用状态，自动光圈定在电子闪光的优先位置上，就能由照相机把感光度信息送入电子闪光灯。虽然马达转动和自动卷片器连动，但在照度过低时不能够完成手动、闪光指数挡级的转换以及其放电管过热告警指示等。但是，这种闪光灯和照相机用于信息交换的接头，由于各厂家独立生产，互换性很差。

二、滤光器

滤光器又称滤色镜，是影调调节的重要工具，是新闻摄影记者表现现实生活的一种手段。胶片时期的新闻摄影记者，可以说没有不使用滤光器的，消除紫外线要用；消除反光要用；色彩饱和要用；透视调节要用；柔化影像要用……事实证明，它同照相机、感光材料一样，对新闻摄影记者来讲，显得尤为重要。

（一）滤色镜的分类

对于滤色镜种类的划分，有各种各样的分法。可以按颜色来分类，例如各种黄滤色镜、橙滤色镜、红滤色镜、绿滤色镜、蓝滤色镜；也有按照载色物质来分类，例如玻璃滤色镜、明胶滤色镜、有机玻璃滤色片或色染液。这两种划分方法，前者概括了某些光谱特征，后者着眼于制造工艺的特点。如果把物理性能和摄影造型效果这两个方面结合起来，先从物理性能出发来分类，然后再按摄影造型效果来阐明，则可将滤色镜归纳为以下几类。

（1）截止光波滤色镜。如吸紫外系列、黄系列、橙系列、红系列与红外系列。

（2）单通光波滤色镜。如蓝滤色镜、青滤色镜等。

（3）中性灰阻光片。即各种不同密度的中性灰阻光片，或称中性灰滤光器。

图 6-16　滤色镜

（二）截止光波滤色镜

截止光波滤色镜，是指能对紫外线、可见光、红外线等辐射光谱起到截止、阻拦作用的吸紫外、黄、橙、红及红外滤色镜。表示透光镜透光性能最科学的方法是用分光透光曲线或密度曲线来表示。

1. 标准值

标准值是表示截止光波滤色镜光谱特性的主要依据，它表示这一类滤色镜所截止的光波波长范围。表示滤色镜的这一性能有各种方法，包括

（1）按起波；

（2）按最大值；

（3）按最大透光率的1/2处所对应的波长来表示。

2. 斜率

斜率，又称陡度，通称K值，这是对截止光波滤色镜的又一要求。

截止光波滤色镜的斜率K值愈大，即曲线的陡度愈大，对不透过的短于滤色镜标准值的光波就截止得愈彻底。

3. 吸收率

吸收率表示各种滤色镜在最大透过范围内的透过情况，通常用对某一规定波长（λo）在规定厚度（如1毫米）的吸收率（光学密度）来表示。

标准值、斜率（陡度）是衡量滤色镜技术性能的主要指标，也是选择滤色镜的重要依据。至于对滤色镜的加工平行度和光洁度、原材料中允许的气泡数量和直径大小、光学玻璃的条道等问题也都有一定的规定。

（三）单通光波滤色镜

单通光波滤色镜，是指能单独通过某种光波的滤色镜。这类滤色镜的分光透光曲线或吸收曲线都有明显的波峰或波谷。通常这类滤色镜是指摄影用的绿、青、蓝色滤色镜或某些带有两个峰值的滤色镜（如黄绿滤色镜），以及只允许某一有明显峰值单独通过的黄橙、红滤色镜。这类滤色镜的主要指标，有以下几点：

1. 主波长

主波长是单通光波滤色镜的标准值，指滤色镜对色光透过范围内，具有最大透光率或最小吸收率处所对应的波长。

2. 单色性

单色性是单通光波滤色镜又一重要性能，是指某个滤色镜对两个指定波长的吸收率与对主波长的吸收率之比。一般说来，这个比值愈大，单色性就愈好；指定波长愈靠近主波长，单色性就愈佳。

（四）中性灰阻光片

中性灰阻光片，即一般摄影上所说的灰"滤光器"，也即印片及其他方面所说的灰片或密度片。

中性灰阻光片的透光特点是对各种色光，特别是对胶片比较敏感的蓝紫波段和人眼比较敏感的黄绿光波都能起到非选择性减阻的作用。通过灰阻光片观察景物或加用它之后进行实拍时，都不应由此而改变景物的真实的色反差和亮度反差，也不应改变光的视觉颜色，而只是"均匀"地减弱了光的强度或"均匀"地减阻了各种不同波长的色光。中性灰阻光片在可见光范围内应具有非选择性透过的性能。

在彩色摄影及彩色片加工的过程中，对于所应用的中性灰阻光片的中性要求尤其严格；必须保证不影响彩色影像的真实再现，不影响彩色平衡。

在中性灰阻光片的生产过程中，要进行严格的检验。通常采用分光光度计（单色仪）在可见光范围内（经常从350毫微米至760毫微米范围内），每隔10毫微米（或20毫微米）作一次计量；也可以采用自动连续计量仪器连续计量，并把测得的数据绘成曲线，用来表示中性灰阻光片的分光透光性能。线形越平，表明其中性透光性能越好。实际上，在检验过程中，即使发现中性灰阻光片对波长400毫微米左右（包括短于400毫微米的紫外线）和波长760毫微米左右（包括略长于760毫微米的近红外线）的光波的透过偏高或偏低（即表示上述波段的透过曲线略有不平），也还是被允许的。

中性灰阻光片的阻光程度是用密度计来计量，并用密度值来表示的。也可以先用其他计量透光率的计量仪器测定，然后再换算成密度值。

密度，即指中性灰阻光片（或其他中性透光片，黑白底片、黑白正片）的阻光程度。它是用阻光率的对数来表示的。

阻光率（O）是透光率的例数，即投射光通量（F）与透射光通量（F）之比。

$$O = \frac{1}{T} = \frac{F}{F_r}$$

密度（D）是用阻光率的对数来表示：

$$D = \lg O$$

表示密度值的对数是指以10为底的常用对数，即当中性灰阻光片的阻光倍数为2时，其密度为0.3。摄影上常用的中性灰阻光片的阻光倍数与它的密度的关系是：

阻光倍数	密度值
2	0.3
4	0.6
8	0.9
10	1.0
100	2.0

中性灰阻光片可以分别应用，也可以相叠使用。相叠使用时的密度值是各中性灰阻光片单片密度之和。透光率系各单片中性灰阻光片的透光率的乘积。而曝光补偿级数系各单片的补偿级数之和。下表为中性灰阻光片的分光透光特性。

表6-1　雷登中性灰阻光片的透光性能

名称	密度	透光率（%）	曝光补偿级数	补偿曝光组合级数
ND0.1	0.1	80	$1\frac{1}{3}$	$\frac{1}{3}$
ND0.2	0.2	63	$1\frac{2}{3}$	$\frac{2}{3}$
ND0.3	0.3	50	1	1

（续表）

名称	密度	透光率（%）	曝光补偿级数	补偿曝光组合级数
ND0.4	0.4	40	$2\frac{1}{3}$	$1\frac{1}{3}$
ND0.5	0.5	32	$2\frac{2}{3}$	$1\frac{2}{3}$
ND0.6	0.6	25	4	2
ND0.7	0.7	20	5	$2\frac{1}{3}$
ND0.8	0.8	16	6	$2\frac{2}{3}$
ND0.9	0.9	12.5	8	3
ND1.0	1.0	10	10	$3\frac{1}{3}$
ND2.0	2.0	1	100	$6\frac{2}{3}$
ND3.0	3.0	0.1	1000	10
ND4.0	4.0	0.01	10000	$13\frac{1}{3}$

（五）滤色镜的使用分类

以上多是从物理量上来介绍滤色镜，从实际运用的角度来认识滤色镜可能更合理。

1. 黑白摄影用滤色镜

（1）校色滤色镜。黑白摄影的校色作用是指校正黑白胶片的感色性与人眼对色光灵敏度的差别。

人眼对各种色光的感受能力与黑白胶片的感色灵敏度是不一样的，如不加以校正，冲洗出的黑白照片往往会引起不真实的感觉，"失真"度较大，特别是在室外拍摄具有天空的画面。校正方法是在照相机镜头前加用能够吸收波长较短的蓝、紫光的黄、黄绿等一类滤色镜，使照片能获得"正常"的色调效果。

（2）调整反差滤色镜。一般而言，亮度相同，而色调不同甚至互相对立的颜色，在人眼看起来两者差别很大。用黑白胶片记录，却表现出同一等级的灰，反应在黑白感光材料上影调是相同的。

为了解决这原本十分强烈的两种颜色对比，必须使用滤色镜，使黑白片的反差加大。如拍摄相同亮度的红花和绿叶，既可以使用红滤色镜，也可以使用绿滤色镜。解决天空与地面景物的反差，可用黄滤色镜，也可用橙滤色镜，甚至用红滤色镜等。一切视被摄主体和表现意图而定。

2. 彩色摄影用滤色镜

彩色摄影滤色镜比黑白摄影使用的滤色镜要求高。

（1）色温转换滤色镜。当光源的色温与所用的彩色胶片色温不平衡时，要使用此类滤色镜进行大幅度的调整。

彩色胶片分为日光型和灯光型，它们的分别平衡色温是不一样的，当光源色温不能与之相平衡时，就要在镜头前加上色温转换滤色镜进行调整。以雷登85系列和80系列为例，降低色温的琥珀色滤色镜为85系列：85C、85、85B；升高色温的为80系列：80A、80B、80C、80D。

（2）色温校正滤色镜。校正滤色镜用于较精细的色温调整。

彩色胶片的平衡色温是固定的，而一天之中能完全适合于它的色温的时刻却是极短的。新闻事件不可能都发生在这一刻。这样，即使是使用日光片在日光下拍摄也还是要对色温进行调整，使其达到和胶片平衡色温的要求相一致。如升色温的淡蓝色雷登82系列，用来提高少量的色温，淡琥珀色的雷登81系列，用来降低少量色温。

（3）色彩补偿滤色镜。色彩补偿滤色镜主要是对胶片平衡色温与被摄主体的实际色温进行更细微的调整。

影响彩色片色彩平衡的有很多因素，如胶片过期、互易律失效、拍摄条件不合要求等，这些都会影响色彩的总体表现。因此要用此类补偿滤色镜。这类镜也称CC镜，共有两组：一组是颜色浅淡的红、绿、蓝三种颜色滤色镜；一组是浅淡色的青、品红、黄三种颜色的滤色镜。六色一套，CC后面的数字代表密度的大小。

3. 黑白、彩色共用滤色镜

（1）偏振镜。偏振镜也叫偏光镜，它利用光的偏振作用对光线进行选择控制。

（2）中性镜。它是具有一定密度而不带颜色的灰色玻璃，对光线进行等量的非选择性的"均匀"吸收。

（3）UV镜。又称吸收紫外线镜。它能吸收人眼看不见，但又使胶片感光的紫外线，使远景清晰、色彩真实。它还可以起到保护照相机镜头的作用。

（4）柔光镜。柔光镜可以使被摄对象的影像变得柔和，改变视觉效果。常用来拍摄新闻人物肖像和艺术人像。

（5）天光镜。天光镜大多一半黄色，一半无色，是用来解决天空和地面的反差的。一般无需补偿曝光，大多用来拍摄风光和带有天空的全景、远景的新闻照片。

另外，还有雾镜、星光镜、魔幻镜、镜头纱、渐变镜，以及用于摄影时观察景物阶调或色调的观察镜，等等。

结　语

进入胶片摄影时期，在照相机小型化和摄影镜头多样化的技术支撑下，新闻摄影传播的速度和质量得到大幅提升。

新闻摄影传播同照相机和摄影镜头之间的关系非常紧密。从历史上看，新闻摄影传播在照相机小型化的帮助下得以实现；照相机在摄影广泛传播的基础上得到社会发展的商业和文化空间，它们之间可以说真正是相互促进、共同发展的模本。从照相机（包括摄影镜头）第一次运用到新闻摄影的实践中，照相机就与新闻摄影传播技术牢牢地联系在一起：新闻摄影传播对照相机的选择，促进了照相机及摄影镜头的技术革新与功能完善；照相机及摄影镜头的技术进步与工艺成熟为摄影传播奠定了优质的传播技术平台，促进了新闻传播朝向更好、更快、更健康的方向发展。

虽说照相机、摄影镜头和摄影附件为新闻传播准备了良好的技术平台，但同时也给新闻摄影记者提出了更高的技术要求。新闻摄影记者需要熟练掌握摄影镜头的成像性能；需要完全熟练使用操作照相机，将照相机变成身体的延伸，将镜头间接代替眼睛的感受和心灵的感应。这一时期的新闻摄影记者不单是形象新闻的传播者，还应该是视觉影像的记录者、熟悉摄影器材性能与熟练使用摄影器材的工程师。

第七章
胶片时期新闻摄影的黑白冲放技术

Chapter 7
Technologies of Black–and–white Photo Processing in Photojournalism in the Celluloid Period

感光材料及冲洗放大技术同照相机、摄影镜头一样，是新闻摄影必不可少的物质材料和技术方法。照相机和摄影镜头起成像作用，而感光材料起着记录影像的作用。感光材料种类繁多、用途广泛。新闻摄影通常使用的感光材料有两大类：一类是黑白感光材料，一类是彩色感光材料，不同的感光材料其结构特点不同、照相性能不一样，使用的技术和影像处理方法也很不一样。[①]

第一节　黑白感光材料的种类与性能

感光材料的种类极多，分类方法各种各样。通常按照感光材料的载体材料，可分为感光胶片和感光纸，它们又各有黑白和彩色之分；按照用途、性能、加工工艺又可以分出更多的细目。下面，对黑白感光材料做一简单介绍。

[①] 本章采用《新闻摄影基础教程》（黄河出版社，1991 年）第六章、第十四章、第十五章和《新闻摄影学》（广西美术出版社，1998 年）第十一章、第十九章和第二十章的部分内容。

一、感光胶片

（一）负片

负片用于实际景物的直接拍摄。将负片装入照相机中，进行拍摄曝光，经过冲洗加工，在胶片上可产生与原景物明暗相反的负像，被摄体色深，记录在黑白负片上色浅，被摄体色浅，记录在黑白负片上就色深。如被摄体中的黑色在负片上呈透明状，被摄体中的白色在负片上呈漆黑状。这就是一般的印片、放大用的底片。

负片的特点是：感光度高、反差较低、影调柔和、宽容度大，对景物中各种颜色都能感光，称作全色的片基一般染成淡灰色或淡蓝紫色，防止光晕。负片按感光度可分为高速片（GB24°—27°或更高）、中速片（GB19°—23°）和低速片（GB18°以下）。规格有135胶卷、120胶卷及各种尺寸的散页片。

黑白感光片有各种型号，型号主要表示它们各自的大小尺寸，以供不同的相机使用。感光片的型号，因是卷片还是页片而使用不同的代号。

1. 卷片

卷片是使用最多、最普遍的感光片，故感光片又俗称"胶卷"。卷片的型号主要有"135""120""220""110""126""127"等。

7-1a 135黑白胶卷　　　　　　　　　7-1b 135黑白负片

图 7-1 135胶卷

7-2a　120黑白胶卷　　　　　　　7-2b　120黑白负片

图7-2　120胶卷

（1）"135"胶卷——供135相机使用。通常一卷可拍24×36 mm的画面36张，也有的包装因其长度变化，一卷拍12张、24张或72张不等。

（2）"120"胶卷——供120相机使用。通常一卷可拍60×60 mm的画面12张，也可因120相机的画框不同，而拍摄60×45 mm的画面12张、60×70 mm的画面10张、60×90 mm的画面8张等。

（3）"220"胶卷——供220相机使用，其长度是120胶卷的两倍，因而一卷220胶卷可拍摄60×60 mm的画面24张。

（4）"110"胶卷——供110相机使用，像幅有13×17 mm和12×15 mm两种，约为135胶卷像幅的1／4大小，有的一卷可拍20张，有的一卷可拍12张等。110胶卷的外形结构有点类似盒式录音带，装入相机即可拍摄，拍完不必倒片即可打开相机取出，较为方便。

（5）"126"胶卷——供126相机使用，一卷可拍28×28 mm的像幅12张或20张等，外形结构类似110胶卷。

（6）"127"胶卷——供127相机使用，一卷可拍16张（42×42 mm）或8张（42×64 mm）。

2. 页片

页片是一张张平整的散装感光片，主要供大型相机使用，型号有3×4英寸、

4×5英寸、6×8英寸等规格。

常规的黑白负片因其感色性不同，有色盲片、分色片、全色片之分。

（1）色盲片

色盲片主要用于翻拍黑白文字、黑白图表以及拷贝黑白幻灯片，俗称"翻拍片""拷贝片"。一般不能直接用于通常的拍摄。因为色盲片只能对光线中的紫、蓝光起敏感反应，即只能对紫、蓝色光感光，而对光线中的绿、黄、橙、红色光不能起敏感反应。如果用这种感光片去拍摄红旗、绿树，由于红旗大量反射的是红色光，导致底片上的红旗和绿树呈透明状，使印放出的照片呈黑旗和黑树，严重失真。

（2）分色片

分色片又称正色片。分色片主要用于拍摄以树叶等黄、绿色景物为主的被摄体。因为分色片对紫、蓝、青、绿、黄色光能起敏感反应，即对这些色光能感光，而对红色光基本不感光。

（3）全色片

全色片是现今使用最多、最普遍的黑白感光片，它既用于通常的拍摄，也用于彩色图表的翻拍等。全色片对可见光中的红、橙、黄、绿、青、蓝、紫光都能感光。因而对各种颜色的被摄体能以黑、白、灰的不同深浅影调记录在感光片上，印放出的照片效果较接近人的视觉感受，如黑色仍呈黑色，白色仍呈白色，红色则呈深灰，黄色则呈灰色，等等。

（二）正片

正片一般用于印制放映拷贝。得到底片后还不能直接观赏，需要使用印片机，通过在正片上曝光，冲洗之后就可得到与原景物明暗一致的正片，才有实际的观赏价值。例如，电影的放映拷贝或幻灯放映的幻灯片画面。

正片的性能特点是：颗粒细、反差大、影调明朗、灰雾密度小，只对蓝紫光感光，感光度低。

（三）中间片（翻正片和翻底片）

如果制作照片的数量很多，就需要用原底片制作更多的和原底的影调、层次基本相同的翻底片，用来先制作正片（正像），再用翻正片印翻底片，翻底片可以和原底片一样印制照片，原底片得以保存。这类胶片的特点是颗粒细、清晰度和解像力高、反差高于负片而低于正片，并有足够的宽容度，偶尔需由彩色底片翻制成黑白翻底片时，则翻正片的感色性需为全色性的，中间片的感光度很低。

（四）反转片

反转片也是用于拍摄景物，但经过反转加工过程，可直接得到正像画面，供直接放映用（电影或幻灯）。反转片应兼有负片和正片的双重性能，感光度较高、宽容度尽量大些，反差较大、最低密度要小，全色片。反转片一般涂有胶体银防光晕层。

（五）红外片

红外片多用于军事、科技摄影，在电影的特技制作中也有应用，它感蓝紫光及红外线。拍摄时加红滤光片，滤掉蓝紫光，透过红外线，使胶片只对红外线产生有效曝光。

二、感光纸

照相纸的载体为反光率很高的纸基。它的性能特点和正片一致，反差大、颗粒细、灰雾小、解像力和清晰度较高、感光度低。它分为黑白相纸和彩色相纸。

黑白照相纸只用于从黑白底片制作黑白照片。一般按其反差可分为不同的纸号，按其感光度分为印相纸和放大纸，直接正像相纸可以从幻灯画面不经反转冲洗，直接制作黑白照片。

图 7-3　黑白相纸

三、黑白感光材料的结构

摄影感光材料是将感光乳剂涂布于它的载体上制成，底片和正片的载体是片基，照相纸的载体则是纸基。感光材料除乳剂层外和它的载体以外，根据不同的用途和性能要求，还要涂布其他的辅助层。

（一）片基

片基是乳剂的载体，它不但会影响画面的寿命、影响画面的质量，甚至会影响创作过程的顺利完成。因此，片基必须具备下列基本条件：

（1）透光率大。无色透明的片基透光率应在90%以上。

（2）机械强度大。胶片在制造、拍摄、洗印及一般使用中都要经受各种外力的作用。为保证胶片的正常使用，片基必须具有一定的机械强度，耐拉、耐磨、耐折、不易损坏。

（3）几何尺寸稳定。片基有较小的含湿量和较小的收缩率，不易变形。这一点在航测、遥感、印刷等特殊摄影中具有极其重要的意义。

（4）化学性能稳定。片基本身必须有耐光、耐热、耐酸碱的作用，对乳剂层不产生化学作用。

（5）不易燃烧。

（二）乳剂层

感光乳剂的主要成分为感光剂、支持剂、增感剂及其他补加剂。

1. 感光剂

普遍使用的感光材料，无论是彩色的还是黑白的，胶片还是照相纸，大多仍以卤化银为感光剂。作为感光剂使用的卤化银有氯化银（白色）、溴化银（淡蓝色）、碘化银（黄色）三种，其中溴化银感光最快，碘化银感光最慢，但在溴化银中加入其用量1%—3%的碘化银制成的乳剂，感光度和反差都可得到明显的提高。这种乳剂称为碘溴化银乳剂，多用于负片。氯化银感光较快，多用于正片和照相纸。为了提高感光度，常加入部分溴化银，称为溴氯化银乳剂。

2. 支持剂

卤化银晶体必须在彼此不相接触的分离的状况下，才能产生清晰的影像，并且感光物质自身也不能牢固而均匀地直接涂布在载体上。因此，必须把这些卤化银晶体悬浮于一定的支持剂中，再进行涂布，才能达到上述目的。作为支持剂，使用最普遍、历史最久、效果最好的就是明胶。

明胶是由动物的皮或骨（常用牛皮、牛骨）制成的优质动物胶。它淘汰了曾用过的所有支持剂，在照相工业使用中有一百多年的历史，至今不能被取代，这是因为它有如下优点：

（1）保护作用；

（2）具有照相活性；

（3）明胶容易从一种状态转变为另一种状态。

明胶有一个很大的缺点，就是其中微组分随动物的生活史的变化而变化，照相活性很不一致。这给感光材料的制造带来很大困难。因此，早已有人研究用合成高分子化合物代替明胶，但至今未有重大突破。

3. 增感剂

为了提高感光材料的感光度，需要在乳剂中加入一些增感剂。增感剂可分为两类：一类是化学增感剂；一类是光谱增感剂。

光谱增感处理不仅可得到各种不同感色性的感光材料，而且为摄影中运用滤光片获得各种视觉效果提供了可能性。更重要的是，为彩色胶片的制造和彩色摄影提供了必不可少的基础。

4. 补加剂

除卤化银、明胶和增感剂以外，乳剂中还会有下列物质：防止感光材料在保存过程中感光度下降和灰雾上升的稳定剂和防雾剂；提高明胶的熔化温度和机械强度的坚膜剂；防止明胶被细菌或霉菌侵蚀而霉烂的防腐剂；防止光谱增感染料氧化的抗氧化剂；降低乳剂的表面张力，利于在片基上均匀涂布的表面活性剂等，所有这些统称为补加剂。

四、黑白感光材料的照相性能

感光材料中直接决定和影响照相影像质量的因素，统称为照相性能。主要包括：感光度、反差性、颗粒度、解像力、密度与最大密度、灰雾度、感色性以及保存性等。有些是显影前的特性，有些是显影后银影的结构特性。

（一）密度和曝光量的关系

感光材料最终的银影密度与它获得的曝光量有密切的关系。

1. 曝光量

曝光量是决定感光层产生潜影多少的主要因素，曝光时产生潜影愈多的地方，显影后得到的银影密度愈大，潜影愈少的地方，产生的密度也愈小。

曝光量等于感光层所接受的照度和曝光时间的乘积：

$$H = E \times t$$

2. 密度

胶片经过曝光、显影得到由金属银组成的影像，简称银影。为了能定量表示曝光量和所产生摄影效果之间的关系，常常需要测量感光层曝光和显影后的银影所具有的阻光能力。

3. 互易律失效

人们发现在高速摄影、显微摄影、天文摄影以及光学录音时，有时照度很强，曝光时间很短；有时照度很弱，曝光时间很长。虽然照度和曝光时间的乘积相等，显影后所得的密度却比中等照度的曝光可得到的密度要低，这种现象叫作互易律失效或称倒易律失效。在摄影时，必须对曝光时间或显影时间作适当的调整。

4. 感光特性曲线

感光材料经过曝光和显影后就会产生一定的密度，要想知道胶片可接受的曝光量和显影后的密度之间的关系，可以通过实验来求得答案。

（二）灰雾密度

胶片灰雾密度（D_o）是指显影后胶片上未曝光部分所具有的密度，它的数值可以用密度计直接量出，以符号D_o表示之。

灰雾密度的大小对画面质量有直接的影响，底片灰雾太大时，整个画面反差降低，暗部层次损失。如果使用灰雾较大的底片拍摄，必须降低胶片的有效感光度，增加曝光。拍摄时应当多利用特性曲线的直线部分，避免影像反差的降低。

影响灰雾的主要因素有：

（1）胶片本身。一般情况下，由于负片的卤化银晶体比正片大，所以，负片的灰雾比正片大。快片的卤化银晶体比较大，未曝光部分显影后形成的灰盐便比较大，因此快片保存期比较短。

（2）显影条件。显影时间愈长或温度愈高，则灰雾上升愈多。用不同的配方冲洗胶片，所得的灰雾密度也不同，如用菲尼酮–对苯二酚（P–Q）配制的显影液冲洗底片，其灰雾要比D–76配方稍高。

（3）保存条件。胶片在保存过程中，由于乳剂的化学反应，感光中心逐步加大，因此，胶片的保存时间愈长，或者保存温度高时，显影后的灰雾愈大。

（4）使用条件。使用时，如果胶片不慎跑光，或暗室安全灯不合格，被定影液污染，会出现二色性灰雾（透光看时呈棕色，反光看时呈蓝色）。

（三）反差和反差系数

反差和反差系数有密切的关系。但它们又是两个不同的概念，需要分辨清楚。

1. 反差

反差是指画面中不同部位明暗的差别。由于被摄对象本身有不同的反光率，或景物各部位接受不同的照度，画面会产生明暗的差别，但人眼对亮度的适应性很强，故在判断景物亮度的绝对值方面并不敏感。而对于景物中同时并存的亮度差别，却有很强的分辨能力。画面影像的反差，受很多因素的影响，首先是与景物本身的亮度反差有关，其次是与胶片的反差、显影的程度、拍摄条件和镜头的眩光、滤光器的运用以及曝光情况等有关。

2. 反差系数 γ

如果用一胶片拍摄某一景物，然后用三个不同的显影时间显影（例如10分、15分、20分），便能得到三种反差不同的底片画面。假定被拍摄的景物是两块灰板，它们的亮度分别是50和200亮度单位，那么这个景物的反差为$B_2 : B_1 = 200 : 50$（即最高亮度与最低亮度之比）。如果用最高亮度与最低亮度的对数差来表示景物的反差的话，则$\triangle \lg H = \lg B_2 - \lg B_1 = \lg 200 - \lg 50 = 2.3 - 1.7 = 0.6$。由于胶片所受曝光量决定于它所接受的照度，而胶片上所接受的照度又决定于景物的亮度，胶片所接受的曝光量对数差（$\triangle \lg H$）亦等于0.6。如果拍摄时应用了特性曲线的直线部分，经过三种显影时间冲洗后，三张底片画面的密度差（即最大密度与最小密度之差）分别为0.39，0.60及0.72。

从显影15分钟的底片看，画面反差与景物反差相等$\frac{0.60}{0.60}=1$；显影20分钟的底片画面反差为原景物反差$\frac{0.72}{0.60}=1.2$倍，而显影10分钟的底片，画面反差只有原景物的$\frac{0.39}{0.60}=0.65$倍。底片画面反差和景物反差的比值，称为底片的反差比。在特性曲线的不同部位，反差比并不固定，而只有特性曲线的直线部分反差比不变，而且比值最大。反差的最大值称作反差系数，以希腊字母γ表示（格码gamma），γ值可以明确表示整个画面影像中很多部位的反差和原景物相对应部位反差的关系。

$$\gamma_{底}=\frac{底片画面反差}{景物反差}$$

$$\gamma_{正}=\frac{正片画面反差}{反片画面反差}$$

影响γ值的因素有：

（1）乳剂本身；

（2）显影条件：① 显影成分，② 温度，③ 搅动，④ 显影时间；

（3）平均斜率（$\overline{G}$）

用平均斜率来表示底片画面的反差特性比较合理。例如，在感光度标准的制定中，显影程度都是按平均斜率$\overline{G}$加以控制和规定的。

（四）感光度（S）

感光度可以说是感光材料中最重要的照相性能指标。

1. 感光度的意义

感光度是表示感光材料感光快慢的程度，是胶片厂标示自己产品质量的重要指标之一，又是曝光测定和摄影器材设计的基本参数，更是摄影时确定曝光组合、拍摄优质画面的主要依据，也是摄影者必须掌握的重要性能。

2. 常用感光度标准

（1）德国工业标准感光度（简称DIN，读"定"）。它的特点是以对数值标示感光度。

（2）美国标准协会感光度（ASA）。1972年修订，以算术值表示。

（3）国际标准感光度ISO。由于摄影用途的日益广泛，摄影器材的国际交流也随之增多，迫切要求制定一种国与国间通用的感光标准。在几十年里，国际标准化组织（IOS）对感光度问题进行了不断地研究，于1974年通过了照相用黑白负片的国际标准感光度（ISO）。

（4）中国国家标准感光度（GB）。中国黑白负片国家标准感光度于1982年通过。该标准包括两部分：一部分为照相标准；一部分为电影标准。

照相标准的有关规定，基本上和ISO相同。即$\overline{G}=0.62$，基准密度为$D_o+0.1$。和ISO的差别，只在显影配方上，ISO显影使用专用配方，GB显影液则采用加0.3克溴化钾的D-76变方。

（5）感光度对照表。由于各种感光度的制定条件不同，显影条件也不相同，各感光度之间没有直接的、固定的换算关系，但从大量的比较实验和实际拍摄中总结出了一些对照数据，可作为曝光对换参考，见表7-1所示。

表7-1 感光度对照表

中国国家标准GB	国际标准ISO		美国标准	德国工业标准
照相标准	算术值	对数值	ASA	DIN
1600/33°	1600	33°	1600	33°
1000/32°	1250	32°	1250	32°
1000/31°	1000	31°	1000	31°
800/30°	800	30°	800	30°
640/29°	640	29°	640	29°
500/28°	500	28°	500	28°
400/27°	400	27°	400	27°
320/26°	320	26°	320	26°
250/25°	250	25°	250	25°
200/24°	200	24°	200	24°

（续表）

中国国家标准GB	国际标准ISO		美国标准	德国工业标准
160/23°	160	23°	160	23°
125/22°	125	22°	125	22°
100/21°	100	21°	100	21°
80/20°	80	20°	80	20°
64/19°	64	19°	64	19°
50/18°	50	18°	50	18°
40/17°	40	17°	40	17°
32/16°	32	16°	32	16°
25/15°	25	15°	25	15°

3. 影响感光度的因素

在不同条件下，胶片的感光度可能不同。

（1）乳剂本身。感光度决定于乳剂本身的成分及制备条件，一般来说，乳剂中卤化银晶体大的，其感光度也高，卤化银晶体小的，感光度也低。但卤化银的感光度，除了决定于颗粒大小外，还决定于其晶体的结构及其化学增感、光谱增感的情况。因此，同样大小的卤化银晶体的乳剂感光度的差别可以很大。

（2）保存情况。胶片出厂以后，随着保存时间的延长，灰雾增大，同时感光度和反差也将逐渐降低，这种变化随着保存温度、湿度的提高而加快，所以胶片保存在温度较低（16℃以下）、湿度适中（相对湿度60%、±10%）的条件下，感光度的下降和灰雾的增加在一年左右的时间内不太严重。

（3）显影条件。① 显影时间：一般情况下，感光度随显影时间的增加而提高。② 显影配方：对于同一胶片，采用不同配方的显影液显影，所得到的感光度也不相同。③ 显影温度：感光度随温度的增加而上升。④ 搅动条件：负片采用罐显和盆显两种不同的搅动方式，即使其他条件一样，感光度也不会一样。

（4）曝光条件。① 光源成分：胶片在日光或灯光下拍摄，实际感光度有所不同。一般情况下，在日光下拍摄，感光度比灯光下稍高，二者相差1/3级光圈，但对某些红光特别敏感的底片，在灯光下拍摄的感光度较日光下稍高。② 曝光温度：曝光时温度的高低也影响胶片的感光度，因为潜影形成过程中银离子移动的速度和明胶对溴离子的吸收能力都受温度的影响，所以温度较高时，感光度也较高，反之，感光度较低。新闻摄影采访随机性大，在寒冷的北方或炎热的南方拍摄时，都需要考虑曝光时的温度对感光度的影响。

（五）宽容度（L）

感光材料的宽容度是指曝光容许的误差范围，它是照相性能的一个重要指标。

1. 宽容度的意义

感光材料按比例地记录景物亮度差别的本领（或曝光量的范围），称为宽容度。曝光时景物的亮度决定着胶片上产生的照度，也就决定胶片所接受的曝光量。很明显，在胶片的特性曲线上，只有直线部分是按比例在记录景物的亮度差别及曝光量范围。因此，宽容度可用特性曲线直线部分两端相应的曝光量对数差表示。如以 L 表示宽容度，则

$$L = \lg H_2 - \lg H_1$$

这样求出的宽容度是对数值。宽容度也可以用较小的曝光量 H_1 与较大的曝光量 H_2 的比值表示。

$$L = H_1 : H_2$$

2. 影响宽容度的因素

（1）乳剂本身。乳剂中溴化银晶体大小分布，对胶片的宽容度有决定性影响。在其他条件相同时，溴化银晶体大小相差大的，晶体间感光范围就较大，能记录的景物亮度范围也较大，故宽容度较大，溴化银晶体均匀一致的，宽容度便较小。

为了加大宽容度，底片采用双层乳剂，即下层涂布低感光度、高 γ 的乳剂，上层涂布高感光度、低 γ 的乳剂，以接长特性曲线的直线部分，从而扩大了宽容度。

（2）显影 γ。同一乳剂，当 γ 升高时宽容度便减小，因此，一般负片要求显影到较低的 γ，以便增大宽容度。正片的 γ 比负片高，因此，宽容度比负片小得多。

3. 宽容度在拍摄中的运用

（1）"曝光宽容度"和曝光容许误差。一种胶片在固定的冲洗条件下，测出

的宽容度值是不变的。但在实际拍摄中，由于景物的亮度范围不同，拍摄的画面对景物层次的表现有所不同。就是说实际的拍摄画面效果，不但和胶片性能有关，而且和选择的景物有关。把这两者联系起来，就可以判断拍摄时是否允许有曝光容许误差。

（2）有效宽容度。在实际摄影中，正确曝光的底片除了应用特性曲线的直线部分外，还需要用到一部分趾部，运用趾部有以下优点：

① 影调再现过程中，运用一部分趾部时，底片上的密度间距比全部用直线部分要小，这样可以在印片时，不至于超过正片的宽容度，从而使影像的细部损失较少。

② 负片的有效感光度可以提高，这样可以节省灯光，并可用较小的光圈或较短的曝光时间，以获得较大的景深，也便于拍摄动作较快的被摄体。

③ 采用较小的曝光量，使底片的光晕和光渗的现象较小，影像的清晰度较好，也可以获得较好的颗粒性。

（六）感色性

感色性是指感光材料对色彩（各种波长的光）的敏感程度。

1. 感色性的意义

感光材料对光谱中各种波长的光的敏感性，则称为感色性。对感光材料的感色性可以做定性了解，也可以做定量测定。感色性对制造者来说，是感光材料分类的依据之一。

2. 感色性与摄影效果

胶片的感色性与摄影效果有密切的关系，不同感色性的胶片所得到影像的影调和反差也不相同。例如，用色盲片来拍摄彩色对象，由于这种胶片对红、绿光不敏感，所摄得的影像反差大、层次少，而用全色片拍摄，则反差适中、层次丰富。在实际工作中，摄影人员常通过试验，用试拍色板或实物色的方法，来了解所用胶片的感色性。经过试验就可以根据要求选择适当的滤色镜，获得满意的影调效果。例如，摄影时，经常要使用黄滤色镜滤去天空蓝光，达到压暗蓝天、突出白云的效果。

为了使画面的影调与人眼的感觉更接近，摄影人员应当考虑胶片的感色性，选择被摄对象的服装和化妆的颜色，或者调整拍摄对象中某种颜色的亮度，以便获得更好的视觉效果。

由于胶片的感色性不同。当摄影光源的光谱成分改变时，它的感光度也要发生变化。例如，色盲片在日光下拍摄要比在灯光下感光快得多，因为日光中的蓝紫成分要比灯光中的多。一般全色片在灯光下使用时，感光度比在日光下降低1/3级左右。例如，在日光下感光度为100的胶片，在灯光下的感光度就降为80。但是，对于感红光较强的负片，则在灯光下的感光度要比日光下稍高。

上面介绍的是显影前的感光片特性，下面则介绍显影后银影的结构特性。

（七）颗粒性和颗粒度

感光材料的颗粒性与人眼视觉效果密切相关。

1. 颗粒性的意义

人眼在一般情况下观看底片或照片的银影时，觉得比较均匀一致，看不出有什么颗粒状态，但随着放大倍数的增加，它逐渐呈现出颗粒状态。银影在人眼中产生的这种颗粒状或不均匀性的感觉，叫作颗粒性。这种"颗粒"影像放大5倍到10倍时即可察觉，但高速乳剂中最大的卤化晶体一般不超过3微米，要看到这样小的颗粒，起码要放大到100倍。一般银影所给人们的颗粒感觉，主要是由于银颗粒分散的不均匀性造成的，是许多颗粒积聚的结果，并不是银颗粒本身。画面中银影的有些部位，银粒彼此靠得紧，人眼感觉它是黑块；有些部位银粒又很稀疏，给人以空白的感觉，这些不规则分散的黑块和空白，才是造成颗粒性的原因。颗粒性既然是人眼对银影不均匀性的一种感觉，测量颗粒性的方法，最早也是用视觉来判断的。

一种方法是将均匀曝光和显影后的底片放大，在一定条件下观察，并逐渐使观察者远离，直到看不出颗粒为止。从颗粒消失的距离远近，可求出该胶片颗粒性的大小。

另一种简便的方法是将底片画面按不同放大倍数放大成一系列照片，在一定照明条件和固定的距离下观察，以能看到颗粒现象的最小放大位数来确定颗粒性。如以G代表颗粒性，M代表最小放大倍数，则G与M成反比。如比例常数定为100，则

$$G=\frac{100}{M}$$

2. 影响颗粒性和颗粒度的因素

（1）感光乳剂本身。一般来说，卤化银晶体大时，显影后的颗粒度也大，快

片的颗粒度要比慢片大。但由于现代乳剂制造技术的进展，可增加感光度而不增大颗粒度。胶片的颗粒性大小也与乳剂的制备条件和涂布工艺有关，乳剂层中卤化银晶体分散如不均匀，即使晶粒较小，也会产生较大的颗粒度。

（2）曝光条件。曝光愈过度，颗粒变粗的现象愈严重。

（3）显影条件。显影过程中，胶片的颗粒都会有所增大。而且显影时间愈长，γ便愈大，胶片的颗粒度也随之增大。在不相同的温度下，虽然显影到同样的γ值，所得影像颗粒的粗细也不相同。温度愈高，颗粒性便愈显著。因此，一般负片的显影温度常为18℃或20℃。若用含卤化银溶剂（如硫氰酸钾或大量的亚硫酸钠）的微粒显影液冲洗底片，所得的颗粒性要比普通显影液好。此外，显影液的pH值愈高，显影颗粒也随着变粗。

（八）解像力

解像力是说明画面质量的重要参数。

1. 解像力的意义

胶片的解像力（或称鉴别率、分辨本领）是指感光乳剂能记录景物细部（数量）的本领，常以符号R表示。胶片的解像力的大小以每毫米内可分辨线条的最大数目表示（线／mm）。

由于各国的不同胶片厂使用的测定解像力的仪器及冲洗条件不同，同一胶片所得解像力数值可能有很大出入，不宜做直接比较。

2. 影响解像力的因素

影响胶片解像力的因素很多，主要有下列几点：

（1）乳剂本身。乳剂颗粒细，解像力就大。

（2）曝光条件。曝光适当，解像力最大；曝光不足或过度都会减少胶片的解像力。因此，为确定某一胶片的解像力时，应改变几种不同曝光量拍摄，把在不同曝光量下所测得的解像力值对应曝光量作图，并求出最大解像力值。

（3）显影条件。显影配方、时间、温度等条件，对解像力都有影响。用微粒显影液显影，影像的解像力要大些，如用D-76显影，比D-72显影后影像的解像力约大1/4。显影过度或不足时都会使解像力降低。而在显影时间较短时，在相当大的曝光量范围内解像力能保持较高的数值。

（4）景物反差。景物反差大，则易于分辨。

（九）清晰度

胶片的清晰度是指影像上每个个别细部的边界清晰程度，边界截然分明的影像清晰度更高。影响胶片清晰度的主要因素如下：

（1）胶片本身。乳剂颗粒细，影像清晰度便较大；乳剂颗粒粗，容易产生光渗而降低清晰度。乳剂染色可以减少光渗而提高清晰度。乳剂层的厚薄和片基的厚薄，也直接影响清晰度的高低。因此，"薄层涂布"是胶片生产工艺中改进清晰度的重要手段。

（2）显影条件。显影过度或不足，都会使清晰度降低。此外，显影时不同密度的交界处会产生邻界效应（或称边缘效应），可加大边界两边的密度差，即加大画面细部的反差，从而提高画面的清晰度。边界处密度差越大，这一现象就越明显。

（3）曝光条件。曝光适当时，影像的清晰度高；曝光过度或不足，影像的清晰度降低。

（十）保存性

保存性是指在一定时间内、一定条件下，感光片的主要照相性能没有明显变化。感光片的种类不同、制造工艺不同，它的保存性也不一样。有的保存性好些（即保存时间长、保存条件不严格），有的保存性差些（即保存时间短、保存条件严格）。

一般来说，黑白片比彩色片的保存性好些；感光度低的比感光度高的保存性好些。

感光片出厂时一般都注明了该感光片的有效期，有效期主要是指该感光片可保存多长时间。值得注意的是，这种有效期是以某种温度下密封保存为条件的。黑白片要求在20℃以下的条件下密封保存，彩色片要求在10℃以下的条件下密封保存。如果保存的温度大大高于这种要求或者没有密封保存，那么这种"有效期"往往是靠不住的，会缩短有效期。感光片保存不良或过了有效期所带来的主要影响是感光度下降、反差性下降、最大密度下降及灰雾度上升。

五、黑白胶片的综合性能

前面对于黑白胶片的主要性能及其变化的规律作了介绍，下面则对这些性能进行综合分析。

（一）胶片各性能的相互关系

胶片的性能和乳剂中卤化银晶体的大小分布是有密切联系的，而且这些性能之间也常常是互相牵制的。对于黑白负片和黑白正片的性能差异加以比较，就很容易了解胶片性能之间的相互关系，如表7-2所示。

随着乳剂制造技术的不断进步，在提高感光度的同时，乳剂的颗粒度也在不断地得到改善。例如，某些伊斯曼胶片的感光度比过去提高了两倍，而其颗粒度较低，即使感光度极高的胶片，也只有中等的颗粒度。使胶片质量具有高感光度、小的颗粒度和高的解像力，这是卤化银制造技术的一个发展方向。

表7-2　胶片性能相互关系

片种	卤化银晶体大小分布	感光度	宽容度	反差系数	灰雾密度	颗粒度	解像力
黑白负片	大小兼备	高	大	低	高	大	低
黑白正片	细而均匀	低	小	高	低	小	高

（二）显影条件对胶片性能的影响

显影时间、温度、显影液的成分以及搅动情况条件改变时，胶片的性能也随之变化，其变化的规律列于表7-3。

显影液中其他成分的改变也会使胶片的性能发生相应的变化，例如使用不同的显影剂，亚硫酸钠和溴化钾的用量不同，胶片的性能将随之发生改变。胶片的解像力和清晰度只有在显影适当时才能得到最好的结果，显影不足或过度，都会使解像力和清晰度降低。

表7-3 显影条件对胶片性能的影响

显影条件	感光度	反差系数	宽容度	灰雾密度	颗粒度
延长显影时间 提高显影温度 提高显影液的pH值 加强搅动	↑	↑	↓	↑	↑
缩短显影时间 降低显影温度 降低显影液的pH值 减弱搅动	↓	↓	↑	↓	↓

（三）特性曲线

曝光正确的底片要利用一部分趾部，趾部的形状对画面的影调有着明显的影响。由于对特性曲线的论述太过专业，超出一般技术史的范围，这里做省略。

（四）黑白负片性能的综合考量

在黑白负片的实际使用中，不能择其一点，而要对其性能做综合性的考量。

1. 感光度

一般地说，黑白负片须有足够的感光度，但感光度提高，灰雾、颗粒度、解像力等性能都会变坏，因此，应根据具体的拍摄情况选用具有适当感光度的胶片。

2. 反差系数（γ）

反差系数是表示一种胶片的显影程度的参数，也是决定画面反差的基本因素之一，反差系数改变，胶片的其他性能也随之改变。一般照相负片的显影γ控制标准在0.70至0.80之间。

3. 宽容度

质量优良的负片，宽容度应在1.8（1:64）以上，当遇到景物的亮度范围大于胶片的宽容度时，可以对暗部加补助光，以提高最低亮度，也可设法压低最高亮度，缩小景物的亮度范围，使景物的明暗层次都能得到很好的表现。

4. 其他性能

如灰雾密度、颗粒度要尽可能小一些，而解像力和清晰度应尽可能高一些。

六、黑白相纸的性能

黑白相纸主要用于制作照片供直接观赏，所得正像在观赏中，应使人得到与原景物相似的效果。因此，黑白相纸的性能一般具有反差大、影调明朗、颗粒小、感光度低、灰雾小、加工速度快、适宜大量加工的一些特点。此外，一般照相纸多为色盲性乳剂，只感蓝紫光。照相纸的感光特性曲线的横坐标为曝光量对数，纵坐标为反射密度，即照相纸的吸收率（反射率的倒数）的对数。照相纸的最主要的性能指标是感光度和反差。

（一）感光度

照相纸感光度测定的依据和负片相似，用在某一确定的加工条件下，产生某一规定密度所需要的曝光量的倒数，乘以一个常数求得的。但其规定密度基准点和常数是不同的。照相纸按感光度分类可分为印相纸和放大纸，印相纸感光度低，放大纸感光度高，它们之间相差几倍到十几倍。此外，一般情况下，反差大的相纸感光度低些，反差小的感光度高些。

（二）反差

表示照相纸的反差，方法有三种：

1. 反差系数（γ）

照相纸的反差系数也是感光特性曲线直线部的斜率，这和底片 γ 的概念是相同的。

2. 平均斜率（$\overline{G}$）

照相纸的平均斜率是指感光特性曲线最高密度和灰雾以上某一密度连线的斜率。

3. 曝光范围

中国计量平均斜率 $\overline{G}$ 的两个密度点所对应的曝光量对数称为曝光范围。感光材料生产厂制作产品时，反差系数、曝光范围等都应有尽有，但出售的照相纸成品一般只给出纸号，按反差系数的大小不同，分为1号、2号、3号、4号。2号纸反差适中，适用于反差适中的底片；1号纸反差小，适用于反差大的底片；3号、4号纸反差大，适用于反差小的底片。

不同的纸号只能调节画面反差，负片的拍摄冲洗所造成的层次损失，则不可能得到弥补。因此，在拍摄和冲洗中保证良好的技术，得到质量优良的底片，是摄影过程的前提条件。

常用照相纸有各种不同的表面状态，有光面的、花纹的（如绒面的、绸纹的等）、半光的、无光的几种。它们各有用途，光面纸可用于制作较小型的照片，画面层次丰富，更适合于制作人像照片。花纹的适用于制作较大照片，表面有花纹对画面的一些缺点（如颗粒粗等）有掩盖作用，半光和无光的适合于制作展览用的照片。

由于表面状态不同，用相同性能的乳剂涂布的照相纸，反差也会不同，光面的反差最大，花纹的次之，半光的再次，无光的最低。

（三）灰雾密度（D_0）

照相纸乳剂的灰雾密度很小，一般不超过0.03。纸基都涂布灰钡底层或含钛白的聚乙烯树脂层，反光率都很高，因此，总的灰雾密度也将是很低的。

第二节　黑白影像的冲洗技术

黑白影像的制作有两个最主要的技术程序：一是对拍摄后胶片的冲洗（显、定影等）；一是对感过光的相纸进行冲洗（显、定影等）。

一、冲洗程序

黑白感光材料的显影，一般是在暗室进行的，如果有暗房袋，也可在普通的条件下进行这项工作。不管何种工作方法，都要严格遵守操作规程，按冲洗操作程序进行，不得违反和颠倒，否则会导致失败，前功尽弃。黑白底片的冲洗一般分为六个程序：①水浴；②显影；③停显；④定影；⑤水洗；⑥干燥。

（一）冲洗设备

冲洗底片的设备条件不一，各人可以根据自己的实际情况和经济条件选择，可以有几十万元的设备选择，也可以花几块钱解决问题。总之，就是不致使已曝光的胶片再感光，并能把它浸入化学药品中处理。为了保证显影的质量，一般应具备以下设备：

1. 温度计

黑白感光片显影最基本的方法就是时间温度法。时间温度显影要求精确地计量温度，因此要买一个专供暗室使用的金属显影温度计，也可用水银温度计或酒精温度计代替。

2. 显影罐

它可以将已经曝过光的胶片卷进去，并盛载显影液。在有光的情况下，使用不致使胶片感光。显影罐有塑料的和金属的两种，它由罐体、片盘和罐盖组成。

3. 计时器

暗室计时器可以在照相器材商店里买到，计时器表面积大些看得清楚，容易读出小的数字，同时夜光显示清楚不容易出差错。当然，也可以用手表或怀表一类的

图7-4　显影罐

计时工具来计数，但在显影过程中，始终以一种计时工具来读数。

4. 剪刀

准备一把剪刀是必要的，这样在装片之前可对片头剪切，利于装片。家用剪刀也可以。

5. 夹子

准备几个夹子，在胶片显、定影和水洗之后，夹住底片进行干燥，避免手指触摸药膜。还要准备量杯、漏斗、瓶子、搅拌棒之类的器材，便于冲洗时使用。

（二）冲洗

胶片显影一般有两种方法，即罐显和盘显。

1. 罐显

（1）装片。将所需要的显、定影液准备好，并按规定调到所需要的显影温度，就可以进行装片了。装片要在完全黑暗的地方进行，在暗室或者暗袋里，将感光片

装入显影罐。塑料显影罐的装片轴蕊有螺纹沟盘，不锈钢显影罐轴蕊是不锈钢制成的螺纹导槽。装片时最好将手用肥皂洗净擦干后进行，免得手指触摸药膜，留下印痕。装片时，左手持着轴蕊，右手挟住感光片的两边，左手食指摸住轴蕊中心的压片簧，将它压下，右手将感光片插入，然后左手放松，弹簧即将感光片压下。注意，此时从里向外螺纹导槽应是顺时针方向（不要装错）。如是塑料轴蕊，应将片头插入轴蕊的压片簧上，压住片头之后，可以慢慢转动轴蕊，右手持片使感光片一圈一圈地入槽，直至装完。在装片过程中，不能让感光片滑出槽，使之重叠。正常的135胶卷为36张，应正好装满，略有半圈余地，120胶卷如使用不锈钢罐120片轴，也应装满，如使用塑料的135胶卷、120胶卷通用片轴，应留下2—3个螺纹槽。如果装完片之后，发觉螺纹槽留得过多或胶片剩得过长，那么装片一定有问题，要重新装。

　　装片是个基本功，也需要点技巧，因此，新闻摄影记者最初需要反复练习装片，直至非常熟悉有把握装好为止，装好胶片后盖上罐盖，以免漏光。

　　（2）水浴。在亮光下，从显影罐注水孔注入清水，轻轻摇晃显影罐，将水倒出。因为有些感光片在制造时背面涂上了一层防光晕层，120胶片的防光晕层还是有颜色的，显影前的水浴可以溶化，使之少污染显影液；再者，水浴可使药膜湿润，便于显影均匀。

　　（3）显影。将调好温度的显影液注入罐中，注完后立刻计时。此时将显影罐拿起轻轻地磕几下，以消除药膜扩张的气泡。加注显影液的药量一定以能全部浸没感光片为准，一般的显影罐的容量多为500毫升。

　　（4）搅动。当注完显影液计时之后，就要搅动显影液了。将显影罐上下颠倒几次，然后放在工作案上，隔一段时间转动一次，搅动情况随冲洗要求而定，有的为了追求边缘效应，在注入显影液之后，干脆不搅动。

　　（5）停显。显影到规定的时间后，倒出显影液，注入停显液，也可用清水代替停显液。

　　（6）定影。停显几秒钟之后，倒出停显液，注入定影液。定影液和停显液的温度最好保持与显影时的温度一样。当定影到规定的2/3时间时就可以取下罐盖，观察冲洗效果了。一般新鲜定影液定影不得少于15分钟。

　　（7）水洗。倒出定影液，使胶片置于流动的水中水洗到规定的时间。

（8）干燥。水洗后，负片含有水分，必须让其干燥才能保存。干燥的方法有两种：一种是晾干；一种是烤干。晾干是先用海绵一类的软东西将胶片表面的水分擦去，然后将胶片挂在通风干燥的地方，注意要防止灰尘对胶片的黏附。烤干是把拭好的负片放入装有红外线灯泡的特制干燥箱内，烤干后即可取出。

在水洗后、干燥前，可将负片在配制好的稳定液中浸润，免得干燥后胶片表面产生水渍印痕。如希望胶片干得快些，可用稀薄的酒精溶液拭去表面水分，然后再晾干或烤干。

2. 盘显

盘中显影是指在显影盘或其他容器中进行显影操作，这是一种最简单的显影方法。盘中显影须在全黑的暗室里进行，在显影前，须做好一系列的准备工作。

（1）取三只洗净的显影盘，质地一般为表面光滑的塑料、搪瓷或玻璃的浅盘。分别注入显影液、停显液和定影液，并将显影的温度调至20℃上下，另取一个大盆注入清水，置于显影工作台上。

（2）将辅助器具，如剪刀、计时器等放在预定的位置上。

（3）关闭门窗，熄灭一切照明灯。在暗室待上5分钟后，检查各处是否有漏光现象。若有漏光处，一定要设法堵上。

（4）检查暗绿色安全灯是否亮，是否安全。显影正式开始，将暗室内的门窗全部关好，熄灭所有的照明灯，将感光片从衬纸内或暗盒盖中取出来。如是135胶卷，打开暗盒盖后将轴心上的胶片取下，或不打开暗盒，将盒内胶片卷出。如是120胶卷，需要将衬纸和感光片分开，取出感光片。然后用底片夹子分别夹住感光片的两端，用双手分别拿住底片夹，把感光片深入清水中洗一分钟，目的是要使显影均匀。不可让感光片拧成一团或紧紧卷住浸入水中，这样会使感光片药膜互相粘连，一下子分不开有可能拉坏药膜，而且又超过了水洗时间。拨好定时钟，时间一般是罐中显影的3/4左右。水洗后，立即将感光片药膜面朝上，浸入显影液，两手上下缓缓移动，直至定时钟铃响为止。

盘中显影的优点是工具简单、时间短，并且随时可以检查显影效果，如胶片上有曝光不同的部分，可把已经显影适度的剪下来先定影，它的冲洗比较经济，药液可多可少，冲片时感光片可得到充分搅动。

但是，盘中显影的缺点也很多：

（1）感光片必须在全黑中显影，若暗室漏光，负片就会产生灰雾。

（2）在全黑中摸索操作，显影容易不均匀。

（3）显影时容易划伤负片乳剂，尤其用来拉卷胶片。

（4）盘显时显影液接触空气面积大，药液氧化程度高，使用寿命特别短。

（5）感光片接触空气时间长，负片容易产生空气灰雾，在高温季节尤为严重。

（6）盘显感光片温度升降变化大，液温难以稳定，尤其是在高温的夏季和寒冷的冬季。

所以，对于使用小尺寸底片的135相机的新闻摄影记者来讲，很少采用盘中显影的方法。

二、显影

冲洗过程中，显影条件对画面的质量有着决定性的影响。为了使画面质量良好、影调一致，必须正确地选择显影条件，并在冲洗过程中保持不变。为此，必须对显影时间、温度、药液成分和循环搅动等显影条件严格加以控制。

1. 显影时间

不同的胶片在同一显影液中需要的正确显影时间是不同的（所谓正确的显影时间，是指影像达到一定的影调或一定的 γ 值时所需要的显影时间），同一种胶片在不同的显影液中，需要的正确显影时间也不相同（在其他条件相同时）。因此，胶片在正式使用及显影前，必须事先看清胶片说明书所推荐这一胶片冲洗时的显影时间。最好通过试拍、试验冲洗，观察画面的密度和影调，找出冲洗时正确显影所需要的时间。

2. 显影温度

显影作用既然是氧化还原反应，也和其他的化学反应一样，其反应速度必然和温度有关。温度愈高，显影剂对卤化银的作用愈快，达到同一显影程度所需的时间愈短。如果温度低于规定的显影温度，则需要延长显影时间才能达到相同的显影程度。

底片显影的正常温度是18℃，有时也采用20℃。一般所说的显影时间，都是指在这一温度下需要的显影时间。如果显影温度过高，往往会产生颗粒粗、灰雾大的影像，有时还会产生乳剂脱膜现象。如果显影温度过低，虽然延长显影时间，也不一定能达到常温下的效果，温度太低，显影剂的显影能力就会严重降低。

3. 显影液的成分

同一感光材料、同一曝光条件，分别放在不同显影液中显影，在同一温度和显影条件下，得到的影像的质量差别很大。影像的特性在一定程度上，取决于显影液中各种成分的浓度和pH值等因素。不同成分的显影液不仅影响密度、反差、灰雾、颗粒、清晰度等特性，并且还在很大程度上影响胶片的感光度。因此，胶片制造厂在说明书上均注明该胶片的推荐显影液配方，说明书中所介绍的胶片性能，是指在推荐的洗片条件下获得的性能。

显影液的新旧程度对影像质量也有很大的影响。新鲜的显影液中成分比较准确，在推荐的冲洗条件下可以获得满意的效果。显影液使用到一定时间后，由于成分的消耗及溴化物的积累，显影能力逐渐衰退，也就影响了显影的质量。一般情况下，也可以采用延长显影时间的方法，以补偿由于药液的衰旧引起的显影不足，如用600毫升D-76显影液冲洗135胶卷，每冲一卷延长10％的显影时间可冲洗四卷，保持显影效果不变。另外一种比较常用的方法是加入补充液，例如，用500毫升D-76冲洗135胶卷，每冲一卷加补充液30毫升，并使显影液体维持500毫升，可使显影液的显影性能保持不变。

底片技术质量的基本规律，如表7-4所示。

表7-4　底片技术质量的基本规律

曝光量	显影情况					
	底片显影情况	底片反差	底片密度	中间亮度部分	阴影部分	强光部分
曝光正确	显影正确	适中	适中	密度合适，层次丰富	层次较好	层次较好
	显影过度	大	大	颗粒较粗，表面质感损失，反差偏大，密度大	呈深灰色，层次较分明	呈浓黑色，层次减少

（续表）

曝光量	显影情况					
	底片显影情况	底片反差	底片密度	中间亮度部分	阴影部分	强光部分
曝光正确	显影不足	小	小	整个影像反差小，密度低	稍有层次	层次分明
曝光不足	显影正确	较小	较小	反差合适，密度偏低	缺乏层次	密度不够，但层次分明
	显影过度	较大	适中	密度正常	缺乏层次	密度大，层次分明
	显影不足	极小	淡薄	密度极度偏低	其密度接近灰雾密度，无层次	淡灰色，稍有层次
曝光过度	显影正确	较小	偏深	密度偏大	呈灰色，层次较多	浓黑，层次不分明
	显影过度	较小	特深	密度很大，颗粒特粗	层次较好	浓黑，层次极不分明
	显影不足	小	偏低	密度偏低	稍有层次	有层次，但不明显

4. 循环和搅动

显影时，借药液的循环和搅动，可移去胶片表面上已起作用的旧液，而使新鲜显影液不断地同胶片接触，这不仅可加快显影速度，还可消除显影不匀。

底片影像的质量，既取决于曝光条件，又取决于显影条件，两者有一个不合适，都不可能得到理想的视觉效果。在实际拍摄和冲洗过程中，常常因为曝光或显影没有掌握好，而导致底片质量不好。

三、定影

显影以后，感光材料上既有显影产生的黑色的银颗粒，又有未曝光也未显影的卤化银晶体。这些卤化银并没有失去感光性，曝光时仍能感光，在长时间光照的情况下，即使不进行显影也会产生可见的银密度，可以引起画面的密度、层次、影调以至色调的变化。因此，必须把显影后感光材料上剩余的卤化银除去，才能使影像固定不变。这个处理过程就是"定影"，所用加工药液就是"定影液"。

1. 定影时间

定影的时间一般以胶片刚刚透明所需时间的两倍为准。胶片刚刚透明时，尚有约5%的溴化银未被溶去，经过加倍的时间后，又可在此5%中溶去95%，只剩下0.25%的溴化银。这样少量的溴化银，又有可能被水洗掉一部分，剩下的微量溴化银对影像的质量就不会产生明显的影响了。

一般负片中，碘化银的含量较多，颗粒较粗，涂布又较厚，所以负片的定影时间均比正片长，约为6分钟，正片为2分钟。

2. 定影温度

定影温度以15℃—20℃最为合适，温度高于21℃，虽可加快定影速度，但有产生沉淀和使乳剂层过度膨胀的危险；温度过低则定影太慢，生产效率随之降低。

3. 定影液的消耗程度

定影液在使用过程中，由于各成分被消耗，溶液被冲淡，以及银的络盐和卤化物的积累等原因，它的定影速度会逐渐减慢。使用旧定影液时，可适当延长定影时间。若超过新定影液所需时间的两倍时，就应该将旧定影液废弃，另配新鲜的定影液，使用过于衰老的定影液会生成含硫代硫酸根较少的络盐（$NaAgS_2O_3$），这种难溶于水的络盐滞留在胶片上不易洗去，若干时间以后（甚至在烘干时）就会分解而产生硫化银的黄棕色污斑。

每升定影液可定影120胶卷或135胶卷20—25卷，或10×12英寸的照相纸20—25张。

在胶片的加工过程中，已显影画面的银量，实际上只占胶片全部含银量的一小部分，而大部分的银都将溶解在定影液里。这部分银平均占负片总银量的36%、正片的72%，可用电解提银法回收。提银后，对定影液中不足的成分适当补充便可重新使用。

四、水洗

黑白胶片在冲洗过程中，须经中间水洗和最后水洗。中间水洗是指在显影以后、定影以前的水洗，其目的是洗去胶片上带来的显影液及显影产物，降低其碱性以延长定影液的寿命。中间水洗的时间一般在数秒至数十秒。

最后水洗的目的，是要去除胶片上的硫代硫酸盐和存留在胶片中的微量的却不可忽视的硫代硫酸银络合物。如果水洗不足，则在高温和高湿度的保存条件下，硫代硫酸盐的分解物与银影化合生成硫化银，使影像变黄。这种现象在透明处特别显著。

最后水洗所需时间的长短，取决于水的温度、水流速度及载体的质料。水温较高和水流较快时，水洗速度较快，但这要有个限度。因为温度过高易使药膜发皱及脱落。黑白感光材料最适宜的水洗温度是16℃—24℃。照相负片因采用不透水的片基，在流量较大的水中，需水洗15—20分钟，而纸基较厚、吸药量大的照相纸则需水洗40—60分钟。

水中含有某些盐类，如亚硫酸钠溶液或海水，水洗效率则比清水高。正片如先在2%的亚硫酸钠溶液中处理2分钟，然后水洗1分钟，它的水洗效果比在一般流水中洗1个小时还要好。

五、负片的鉴别和保存

负片冲成后，其曝光如何、显影是否正常都需要鉴别后长期保存。

（一）负片的鉴别

1.鉴别负片的工具

鉴别负片一般根据其密度和反差进行。鉴别的工具是用密度计来测定，它可以提供精确的数据。如果没有密度计，可以用眼睛来鉴别。一般专业单位，是自制观察负片用的灯箱。这种负片箱，长约70厘米，宽约20厘米。里面装有25瓦的日光灯两根，五面为木质制成的箱子，顶面置上一块奶白玻璃或两层磨砂玻璃，光线从玻璃下反射出来很均匀，把要鉴别的负片放在玻璃上，即可鉴别曝光和显影情况。

最简易的方法可以不用观片箱。在较明亮的、均匀的光线下（或日光灯），用一张白纸平展地铺在桌上，利用白纸的反射光观察负片。负片与白纸距离为10厘米，眼睛与负片距离为20厘米，角度为45度。

2.曝光、显影情况不同的负片

（1）曝光正确，显影正常的负片。整张负片影像清晰、层次分明、最大的密度（强光部分）没有十分黑，能分辨出层次；最小的密度（阴影部分）大于负片片基的灰雾密度，影纹可辨。

（2）曝光过度，显影正常的负片。整张负片浑暗不清，最大密度部分浓黑，看不出影纹；最小密度部分影纹能看得很清楚；最小密度比片基灰雾密度大（用比例减薄液处理，可以得到一定的补救）。

（3）曝光不足，显影正常的负片。整张负片比较透明，最大密度部分影纹和层次分明；最小密度部分没有影纹，几乎透明，最小密度和片基灰雾密度差不多（这种负片即使用加厚的办法处理，也很难补救）。

（4）曝光正确，显影过度的负片。整张负片呈灰雾状，影像反差大。最大密度部分黑度大，影像不清；最小密度部分影纹可辨，片基灰雾密度大（用比例减薄液处理，可以降低反差，消除灰雾）。

（5）曝光正确，显影不足的负片。整张负片透明，反差平淡，最大密度部分影纹清楚可辨，但不很分明，密度不黑；最小密度部分略有影纹（采用加厚液，可以适当补救）。

（6）曝光不足，显影不足的负片。整张负片很透明，最大密度部分的影纹很淡薄，最小密度部分没有影纹，片基灰雾密度与最小密度相同（无法补救，即使采用加厚处理，最小密度部分也无法再生影纹）。

（7）曝光过度，显影过度的负片。整张负片浓黑，密度很大，几乎没有透明的部分。最大密度部分和最小密度部分的影纹很清楚，最小密度比片基灰雾密度大（用比例减薄液或等量减薄液，可得到一定的补救）。

3.负片其他问题的鉴别

（1）银粒粗细的鉴别。银颗粒的粗细，直接影响影像印放的质量。银粒粗细除了与感光片的速度高低有关外，它与曝光、显影也有密切的关系。一般来说，拍摄曝光多，显影后负片的银粒粗，有光渗现象，影像不清晰。曝光少，银粒细。显影液的碱性强，显出的负片银粒粗；显影液的碱性弱，银粒细。显影的温度高，搅动多，显影时间长，银粒粗；反之则相反。

（2）灰雾度的鉴别。有灰雾的负片，整张负片好像蒙上一层雾似的，影像朦胧，片基的边缘不透明。主要原因是显影时间太长，或绿灯观察时间久、距离近，感光片过期等。

（二）负片的保存

负片是制作照片的母片，应妥当保存。保存负片应注意以下几点：

（1）晾干后的感光片，不要整卷保存。卷着的负片，其药膜面容易相互摩擦而划伤。正确的做法是将晾干的负片药膜面反卷，用柔软干净的纸包好，半天以后，待到负片不再卷曲，然后松开，剪成单张，同时将四角略微剪圆，放入底片袋或底片夹，便于保存和寻找。

（2）使用负片时，手应持在负片的边缘，不要捏在药膜面上，以免染上手指印，操作时最好戴上汗布手套。如果不慎印上指纹，可以用清洁液洗涤。其配方为冰醋酸22毫升，无水亚硫酸钠10克，加水至500毫升。

（3）负片的药膜面如受摩擦而产生细微的划痕，可用干酪素乳液处理，使划痕减弱。其配方为：水25℃、200毫升，硼砂25克，干酪素25克，甲醛7.5克，加水至500毫升。处理时，将负片在清水中浸湿，然后浸入干酪素液15分钟，晾干即可。

（4）负片应保存在干燥处，平时要经常翻动，做到通风。不能受潮，否则会发霉、变质、药膜脱落等。如果负片因受潮而沾叠，可放入清水中浸泡，轻轻地分开。负片不能接触硫酸等化学药品，否则容易变色。

第三节　黑白影像的放大技术

正像的处理是负片处理的继续，也是获得一张新闻照片的最后一个步骤。能否获得一张符合要求的新闻照片，与采访拍摄、胶片的冲洗固然有直接关系，然而负片的印相、放大也是一个十分重要的环节。

一、黑白感光纸

感光纸俗称相纸，它的种类比较多。从感色性上分，有常用的印放相纸（色盲纸）和全色黑白相纸；从制造工艺上分，有钡底相纸和RC（涂塑）相纸；从感光乳剂上分，有溴化银相纸、氯化银相纸、氯溴化银相纸和氯溴碘化银相纸；从不同的反差性能分，有软性、中性、硬性和特硬性相纸；从纸面上分，有大光纸、半光纸、无光纸、粗面纸、绒面纸、布纹纸；从涂底的颜色上分，又有奶白色、米黄色及象牙色等。对于相纸的性能必须有一个了解，才能根据不同的负片、不同的画面表现内容和要求来选择合适的相纸。

（一）种类与构造

1.相纸的种类

照相纸的种类虽然繁多，但根据我们印相和放大的要求来分，不外乎三种：① 印相纸；② 放大纸；③ 印放两用纸。它们的主要区别在于感光乳膜中银盐的成分不同（这里仅限于色盲相纸的讨论）。

（1）印相纸。印相纸一般用氯化银乳剂涂布而成。它的特点是感光速度较慢、适宜接触印相，且银盐颗粒细腻，对影纹的细微表现力很强，印相时应在深黄色或红色的安全灯下操作。还有一种印相纸，其乳剂膜是由氯溴碘化银乳剂制成的氯溴碘化银相纸，感光速度较慢，可用于印相。

（2）放大纸。一般是用溴化银乳剂涂布而成。它的特点是感光速度比较快、银盐颗粒比印相纸粗。溴化银对光的敏感度大于氯化银。一般来讲，放大纸比印相纸的感光速度快10倍左右，放大纸应在暗橙色或深红色的安全灯下使用。

（3）印放两用纸。用氯化银和溴化银按一定比例混合的乳剂涂布而成，它的特点是感光速度介于溴化银和氯化银相纸之间，适于印相、放大合用。

所谓印相纸和放大纸，实际上是指它们的不同的感光度。因为印相是接触晒相法，光源离相纸近而且强，通常用感光度较慢的相纸。放大是投影晒相法，光源离相纸远而且弱，通常用感光速度较快的相纸。如果不受时间限制，印相纸和放大纸可以相互替用，效果也一样。总体而言，相纸的感光速度要比胶片慢几十倍到几千倍，在感光时比较容易控制。因为它同黑白胶片的色盲片一样，只能记录黑白影调，所以可在较明亮的安全灯（红橙色或黄绿色）下进行操作。

2.相纸的结构

从相纸的切面看，它的构造有点类似感光片，但比感光片要简单些。相纸的基础是纸基，上面涂有多层药膜。

（1）纸基。市售的相纸大多为钡底纸基，纸基与普通纸不同。它不仅质地纤细、化学纯度高，而且抗水性、抗酸碱性好，在冲洗加工中不易产生膨胀和松散。晒干后，几何变形要小，不至于使画面走样变形。

（2）钡底层。在纸基上涂上一层硫酸钡涂料以弥补纸基的缺陷、增加纸基的反光能力，同时又具有黏合乳剂膜和纸基的作用。

（3）乳剂层。用能够起感光作用的卤化银和明胶配成，按不同的感光速度要求，涂上不同的卤化银。

（4）保护层。在乳剂层的表面，涂有一层薄而透明的保护胶膜，它的作用是保护乳剂膜，防止因运输或使用不慎以及轻微的机械摩擦而受伤，同时还可以增加纸面的反光。

（二）反差和纸性

反差是相纸的一项重要性能。反差大的相纸，纸性就"硬"，制作出来的照片缺少中间层次，黑白对比强烈；反差小的相纸，纸性就"软"，制作出来的照片有较多的影调等级，层次丰富，黑白对比差别小。

照相纸无论是盒装的，还是散包的，在纸盒或纸包上都有明显的标志。如1号、2号、3号、4号等，这些号数表示了照相纸的反差性能。一般是号数小的反差弱；号数大的反差强。国产照相纸分为1—4号。1号属软性纸，其反差弱，对景物强光部分的影纹表现较好。3号、4号属硬性纸，其反差强，对阴暗部分的层次表现较好。2号属中性纸，其反差介于1号和3号纸之间。

反差和纸性还关系到相纸的有效曝光范围和感光速度。凡是反差大、纸性硬的相纸，它的有效曝光范围（即感光宽容度）小，感光速度慢；反之，反差小、纸性软的相纸，它的有效曝光范围大、感光速度快。

（三）色调和色泽

色调是指相纸在显影后银粒形成的影像的颜色，一般有冷黑色（蓝黑）、温黑色（褐黑）、棕色和绿色四种。色泽是由于相纸的纸基或含钡膜中加有较淡的染料，使原来白色的纸基具有一层均匀的色泽，如奶白色、米黄色和象牙色等。

色调和色泽的区别在于色调表现在影像上，而色泽则表现在衬托影像的背景上。色调可以影响人们的感觉，如冷黑色和绿色给人寒冷清凉的感觉，温黑色和棕色给人温暖愉悦的感觉。色泽除白色外，均有柔和反差的作用。在制作照片时，应根据内容的要求，选择不同色调和色泽的相纸。例如，机器、图表、冬景、夜景等可用白色相纸，以强调反差；儿童、妇女可用奶白色相纸，以增强表现力。又如冬景、夏景宜用冷色调；春景、篝火等宜用暖色调。

（四）纸面和光泽

相纸有不同的纸面和光泽度，给人以不同的视觉印象。细面纸的光泽度大、反光能力强、影像色调浓、反差大；粗面纸的光泽度小、反光能力弱、影像色调淡、反差小。

细面纸的表面，如涂有一层光滑的薄胶膜即大光纸，用它印放的照片，使人眼易于辨认影像的细节，适用于印刷制版。如胶膜中加入细粒或粗粒的淀粉或硫酸钡，使光线有所扩散，就成为半光纸或无光纸。粗面纸因在制造中加工不同，散射光线能力较大，如绒面纸或布纹纸等虽然不易表现影像的细微纹理，但具有视觉上的艺术效果。

用大光纸制作的照片，在烤干时应将药膜面贴在上光板上进行加光；用半光纸、无光纸和粗面纸制作的照片，干燥时则不能进行加光。

（五）照相纸的存放

照相纸应随买随用，不便久藏。照相纸是一种化学品，保管不善，容易起变化，影响印放照片的质量。保管时有几个注意要点：

（1）照相纸应存放在干燥通风的屋子或柜子里，室温为20℃左右。

（2）存放照相纸的屋子或柜子，不要置放汽油、香蕉水、盐酸、氨水、硫化氢等有刺激性气体的化学药物，这些物质容易使乳剂中的银盐起化学变化。

（3）照相纸启封须在安全灯下进行，启封印相纸的安全灯可比放大纸的安全灯亮些。

（4）照相纸启封后，立即使用的相纸和需要保存的相纸应分开。照相纸需要装入塑料袋置于盒中，因为暗房一般都比较潮湿。

二、黑白印相

印相，就是将拍摄冲洗后的负片与相纸紧紧结合起来，负片的药膜面和相纸的药膜面相对，通过曝光负片上的影像便大小相等地记录到相纸上，这种晒印方法也叫接触印相法。

（一）印相程序

印相的工具为印相夹或印相箱。

1.印相前的准备

印相全过程，包括曝光、显影、停显、定影、水洗和干燥等程序。在进行操作之前，要对暗房进行一些准备。

（1）关闭暗室所有光源，让眼睛适应一会儿，检查暗室是否漏光。

（2）准备印相机、安全灯、塑料盘，显、定影药液（并调至所需要的温度，倒入塑料盘内），竹夹、温度计、裁纸刀等。

（3）检查印相箱工作状态是否良好。

（4）清洁印相机、裁纸刀上的灰尘，清洁手上的灰尘，建议戴上白色汗布手套，清洁待印相的负片上的灰尘。

（5）熟悉整个操作程序，并确定显影、停显、定影等药液的位置。

2.印相操作程序

印相必须按照一定的程序进行，除了水洗和干燥（上光）之外，其他操作程序都要在暗室的安全灯下进行。

（1）接上印相箱的电源，印相箱内的红灯燃亮。

（2）在红灯下鉴别负片的正反面，有光亮的一面是背面，暗面是药膜面，即正面。注意有光亮和光亮较差是相对于同一张底片来讲的，鉴别时也请以每张底片的相对明暗来区别。

（3）置放相纸和负片。将负片的背面放在印相机的表面玻璃上，也就是向光源方向，然后将相纸的药膜面朝向负片（即光源）的方向。最后，压紧压板开始曝光。

（4）曝光。印相曝光时间的长短，取决于印相箱内光源的强弱、负片密度的大小（俗称厚薄）以及相纸感光速度的快慢。

（5）显影。相纸经印相曝光后，即产生潜影。可在暗室安全灯下投入显影盘进行显影，显影时应不断地翻动以排除气泡，并使药膜面与新鲜药液接触，并随时观察显影的进展情况。洗相用的显影液一般为D-72，按1：2冲淡使用。即1份D-72原液，加2份清水配成。显影液温度控制在18℃—20℃。刚投入显影液的相纸应药膜面朝下，待翻动显影一段时间后将药膜面朝上，在红灯下观察照片的色调，注意在红灯下所看准的画面影调，在白光下观察色调显得有些轻淡。因此，在红灯下观看应比在白光下观察的视觉印象重一些。

（6）停显。相纸显影完毕后即置入停显液中数秒钟，让其迅速停止显影。同时防止相纸上所带的显影液进入定影液，以免定影液过早地失效，这样做还可避免画面出现二次灰雾。

（7）定影。照片的定影时间一般为15分钟左右，时间不能过短也不能过长。因为定影液有减薄作用，时间过长会使照片上影像的影调变淡；定影时间不足，照片过一段时间容易变色。定影液一般用F-5酸性坚膜定影液。

（8）水洗。在印相处理所需时间中，用在水洗上的时间占相当大的比例。在处理胶片的场合下约占60%，处理相纸的场合下约占80%。但是如果对于水洗效率采取措施，就可以相当程度地降低在整个处理所需时间中水洗时间的占有率。

（9）干燥。照片经过水洗后，将其表面水分用洁净的湿毛巾或吸水纸吸去，放在通风干燥处晾干。如使用光面纸，可以把有影像的一面贴在上光板或玻璃上，挤去中间水分，干燥后，照片的表面平滑，影像鲜明。

（二）高效印相法

由于新闻照片多采用135胶卷拍摄，被摄体影像很小，底片整理起来非常费事。特别是在一卷连续拍摄的某一主题（对象）上，底片上的影像很难分辨细微的差别。为了便于选择和保存底片，将整卷（135或120的底片）印在一张相纸上进行整理是最简易的方法。这样的接触印相，也称为样片印相。样片印相有专门的印相机，也可以利用现有的放大机印相，其效果十分理想。

1. 器材准备

（1）将135底片剪成每六张画幅一条；120底片剪成60×45 mm的画面每五张一

条，60×60 mm的画面每四张一条。

（2）用整张（12英寸）的光面放大纸，将药膜面朝上（面向放大机光源），底片的药膜面朝下，面向放大纸，背面（光亮面）对着放大机光源，紧靠一边排。

（3）挑选略大于12英寸相纸面积的玻璃板，厚度比家用玻璃2 mm厚一些，且检查没有疵点和花纹。玻璃边缘用砂纸打磨，最好用黑的乙烯塑料布带镶边。

（4）带有红色滤光片的放大机，安装上50 mm放大镜头和底片夹。

2. 正确操作

拿掉底片夹，开亮放大机灯光，确定灯箱的高度，应使照明范围比相纸大一圈。

用安全灯作为暗室光，相纸乳剂面朝上放到放大机台板上，用红滤光片遮上，打开放大机灯光。确定相纸的位置同时确定光线照到整个相纸上，然后将底片乳剂面朝下放在相纸上。压上玻璃板，压时注意不要碰动底片。如底片因卷曲排列困难时，可用透明胶带将玻璃与底片互相粘连在一起。待以上一切都准备好了之后，关闭灯光，将红滤光片移开。

曝光用开关控制，放大镜头的光圈开到F8（光圈大时，曝光时间过短，不易操作，而且边缘光量降低容易产生曝光不均，曝光时长约在10秒）。

曝光后的相纸按规定时间（1—2分钟）进行显影。接近透明的片孔部分，显影10秒前后就开始急剧黑化，但不要被它的黑度所迷惑，必须按规定时间进行显影处理。

将样张一侧打上洞，以活页的形式装订起来。并在每张样片照片上记录顺序号或数据，以便于同底片相对照。或者将此样张的底片用底片袋装好，附在样张的背面，既直观便于查找，又节省保存空间，显得极有条理。

（三）注意事项

印相除了严格遵守操作程序外，还要注意以下几点：

（1）负片与印相机的光源应保持垂直。如果负片倾斜，离光源近的曝光多，反之则少，这样印出的照片色调不均。

（2）防止局部虚糊。印相时一定要将压板压紧，否则印出的照片局部有发虚的现象。

（3）不同的印相机，其光源的亮度不一致。因此调换印相机后，要重新试样，确定合适的曝光量。

（4）显影液应保持新鲜。尤其是试样与正式印相的照片要使用同一显影液，如发现显影液已变成褐色，说明其已失效，不能再使用了。

三、黑白放大

黑白影像的放大在整个新闻照片制作过程中占有非常重要的位置。胶片时期新闻摄影记者使用的大多是小型135相机，即使是120相机使用的底片其画面尺寸也只有60×60 mm的大小，通过印相还不能满足报刊的制版需求，需要对底片进行放大处理以获取比负片面积大得多的照片。展览就更需要对负片进行放大了，且在放大过程中可进一步做一些特殊加工（如剪裁，局部加减光等），以弥补拍摄上的不

图 7-5　黑白放大机

足，使得新闻照片画面形象清晰、主体突出，视觉效果增强。

（一）放大的原理

放大机的构造和照相机的构造很相似，所以放大的原理和摄影原理基本上是相同的，区别仅仅在于物和像的位置进行了调换。摄影的原理是外界景物通过镜头成像，结像在照相机内的感光片上；放大则是负片影像通过镜头投射到放大机承载板的放大纸上。摄影的光源来自外面；放大的光源则来自放大机的内部灯室。

放大时，应把负片置放在放大机的光源和镜头中间，光源发射的光线透过负片经放大镜头成像，将影像成像在与放大机中心线呈垂直状态的平面相纸上。负片密度大的部位，投射到相纸上的光线就弱一些，相纸感受到的光量就强。反之，相纸显影后就会显出深浅不一的影像，得到一张与黑白负片的影调相反的，但与实物色调相符合的一幅比负片面积大的照片了。这便是放大照片，因此也有人叫投影晒像法。

其放大倍率的计算，可用下式：

$$放大倍率 = \frac{相纸到镜头的距离}{负片到镜头的距离}$$

相纸到镜头的距离近，放大的影像就小些；相纸到镜头的距离远，放大的影像就大些。调整这段距离就是调节放大机上部与承载板的高度。一般来说，负片到镜头的距离相对可调节距离小些，通常用于微调。

（二）放大机的结构与种类

市售的放大机各种各样，按使用的光源分为自然光和灯光两类。按其特性分，有集光式、半集光式和散射光式三种，不管外形如何，但其基本构造相同。

主要结构应包括光室、集光镜、底片夹、皮腔（或镜头筒）、镜头、承纸板等。

（1）光室。放大光源从光室发出，里面装有放大用的奶白灯泡或磨砂玻璃灯泡，也可装钨丝灯。它的内壁有反光的能力，可增强光线的强度。灯室的灯光有直射式和反射式两种，主要区别是后者光线柔和、反差小，长时间放大有利于散射，并降低了热损坏底片的概率。

（2）集光镜。它是由一片或两片平凸玻璃制成。起到会聚光线的作用，增强光线强度。凡属两片平凸玻璃的集光镜，应将平面相背凸面相对，一片应将凸面向着光源，平面朝向镜头。

（3）底片夹。由两片光洁度和平整度较好的薄玻璃制成，供夹放底片用。

（4）皮腔（或镜头筒）。用来伸缩镜头作调焦用，它能使负片的影像清晰地结影在相纸上。

（5）镜头。放大镜头是放大机的最主要的光学部件，它与照相机的镜头一样，中间装有光圈装置，用来调节光量和景深。放大镜头的质量决定了放大照片的质量。

（6）承纸板。主要用来放置相纸，在它的四周装有可调整的压纸板，并刻有尺寸，以利用它确定放大的面积。

（三）集光镜、镜头、底片的关系

集光镜有大小之分，要随着放大底片的大小而更换集光镜。一般来讲，集光镜的直径必须大于底片的对角线的长度。如集光镜的直径过小，就不能把底片全部包括进去，必然有一部分放不出来，或产生四周光线较暗（放出的照片为四周较淡）的现象；如集光镜直径比对角线的长度大得多，则光线损失又很严重，既笨重又不经济，使用起来也不方便。

放大镜头的焦距必须与底片对角线的长度大致相符。若使用短焦距镜头放大尺寸的底片，则四周发暗及四周不实。放出的照片四边成浅色调或无影纹的白色；若用长焦距镜头放小尺寸的底片，随着放大倍率的增加，镜头和相纸之间的距离就要特别加长，操作上极不方便。再者，也要增加曝光时间，相纸易产生灰雾。三者之间的配合，见表7-5。

表7-5　集光镜、镜头、底片配合表（单位：mm）

负片型号	负片尺寸	负片对角线长度	集光镜直径	放大镜头焦距
135	24×36	43	50-65	50
120	60×45	75	90-100	75、80、90
	60×60	85		
	60×90	108	115-130	105、135
	90×120	150	160	162

（四）放大镜头光圈的作用和选择

放大机上镜头光圈的主要作用，就是调节相纸的受光量。

1. 光圈的作用

在使用光圈上，放大和拍照并不十分相同。在放大时，光圈一般多为收缩，其作用如下：

（1）增强放大光线的均匀度，这一点与拍照是不一样的；

（2）增加景深，纠正焦点的不实现象；

（3）控制光线的通过数量；

（4）增强分析力。

2. 对放大镜头的要求

由于以上的情况，对放大机的镜头特性有以下要求：

（1）分辨率高；

（2）反差大；

（3）畸变小；

（4）像面要干；

（5）周边要有足够的光量。

3. 放大镜头的选择

在镜头方面，影响放大质量的因素有：

（1）视场角的选择；

（2）聚焦的方法；

（3）放大倍率的选择；

（4）光圈的选择。

（五）放大操作

在放大之前，应将显影用的药液调到所需的温度（一般为18℃—20℃），其他显影的工艺与印相相同，只是要准备能承载下所放照片的显、定影盘。放大纸的感光速度比印相纸快，故要使用深红色调的安全灯。将镜头和底片夹及承纸板清洁干净，可用气刷或镜头纸。在安全灯下将相纸裁成所需放大的尺寸（略大于画面尺寸），相纸尺寸的算法是以长边为准的。如7英寸相纸说明它的最长边为7英寸，一般短边是长边的2/3，即7英寸纸的短边为5英寸。但也不完全是这样，尤其是新闻照片，可根据画面的内容及编辑版面的需要进行裁放。如压题照片可以是8×24英寸。常见的规格，如表7-6所示。

表7-6　尺寸与规格

照片尺寸	画面规格	照片尺寸	画面规格
4	4×3	12	12×10
5	5×3	14	14×12
6	6×4	16	16×12
7	7×5	18	18×14
8	8×6	20	20×16
10	10×8	24	24×20

注：单位为英寸，1英寸=2.54厘米。

（1）将负片放入底片夹，其药膜面朝向镜头方向，背面对着放大机光源。

（2）确定放大尺寸及调焦。将承纸板的活动框调到所需要的尺寸，开启光源，让负片的影像投射到承纸板上，升降机身，使要求放的画面调节到放大的尺寸为止。

（3）放大纸的选配，相纸与负片的选配简化成下图：

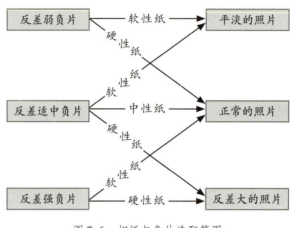

图7-6　相纸与负片选配简图

（4）曝光试样。曝光试样的目的：一是决定曝光时间；二是检视照片的影调是否合适。

（5）认清相纸的药膜后，将放大纸的药膜面朝向镜头方向放置在承纸板上，如要检视放大纸是否放好，可将镜头前的一块红色安全灯片移至镜头下面，打开光源进行检视，最后移开红色安全灯，即可计时曝光。

其他显影、停显、水洗、干燥等处理与印相相同，操作也完全一样。

（六）曝光与显像

放大曝光必须准确，照片影调才能明朗、丰富。如果曝光不足，景物明亮部分的影纹层次表现不出来，画面影调十分平淡；曝光过度，影像又会变得浓黑，反差降低，影调灰暗。影响放大曝光的因素很多，主要有以下几点：

（1）光源的强度；

（2）负片的密度；

（3）光圈的大小；

（4）相纸的感光度；

（5）放大倍率。

放大照片的显影一般在盘中进行，显影要求与印相一致，只是放大纸的出影速度比印相纸的出影速度要快。放大纸显影10—15秒后即可看到淡淡的影像，随着时间的增长，影像的浓度逐渐加深，反差也由小变大，影调也越来越丰富。如果影像明亮部分的层次显示出来时，说明显影已经完成，应进行停显和定影。一般放大时曝光准确，显影时间通常在2分钟左右，显影时间过长或过短，照片影调的效果都不理想。曝光与显影相互关系不正常的效果，如表7-7所示。

表7-7　曝光、显影的关系

曝光显影情况	效果与表现
曝光过度显影不足	显影时，影像出现过快。如按正常时间显影，整个画面变成漆黑一片。如缩短显影时间，影像不鲜明，黑色部分影调浅淡，反差较小。
曝光不足显影过度 曝光正常显影不足	显影时，影像出现过慢，如按正常时间显影，画面影像浅薄。如延长显影时间，影像透亮部分的密度增加，反差较大，照片上产生灰雾。影像浅薄无力，缺乏明快的感觉，照片反差较小。
曝光正常显影过度	影像阴暗沉重，强光部分失去鲜明感觉，照片反差较大。

四、调节反差

一张黑白新闻照片放大的好坏，画面质量的优劣，与反差是否适当有着密切的关系。以上介绍的是照片的一般操作方法。如果进一步对画面的质量提出要求，最基本的方法就是根据具体情况调节画面的反差，掌握调节照片反差的各种方法。

1.选配放大纸调节反差

放好一张黑白照片，使用反差合适的放大纸是很重要的一环，也是调节反差中最根本的方法。选用放大纸的关键首先在于正确地鉴别底片的反差，要了解底片要表现的是什么主题，要善于从复杂的景物中抓住重点，选取能够表现主题的重点景物来决定反差。底片反差鉴定后，就要选用适合于这个反差的放大纸，同时还要注意选择与内容相适应的纸张品种，如纸的色调是暖色调还是冷色调，纸面是光面、

图 7-7　反差适中的黑白照片　韩丛耀　摄

绒面还是绸纹，对纸基的薄厚等也要考虑，新闻照片还要考虑报纸制版的需要，是杂志用还是报纸用，是胶印还是铅印等等，都需要考虑。

2. 用表现不同反差的显影液调节反差

决定照片反差的主要因素是放大纸反差与底片反差的适当配合，但很多情况是底片的密度差介于放大纸反差性能之间，即如选用中性放大纸，放出的效果是反差较大，而如选用软性放大纸，反差又较小，或者手中缺少适合这种底片反差的放大纸。在这种无法用放大纸调节反差的情况下，就要设法采用其他手段达到调节反差的目的，而使用不同反差的显影液，是通常采用的重要方法。

一种反差的放大纸，经过不同的处理，会得到不同反差的照片。调节配制显影液的化学药品的用量，改变显影液的性能，可以得到表现不同反差的显影液。一般使用三盘显影液，即软、中、硬三种显影液调节反差。

3. 调节显影液的温度和浓度改变反差

显影液的正常温度是18℃—20℃。这样的温度，对于发挥各种化学药品的特性最适宜，也适合放大纸的要求。但调整显影液的温度，也可以得到反差不同的效果。在显影药物中米吐尔是急性显影剂，它的特点是对影像曝光多和曝光少的部位同时起显影作用，它对温度的要求不是很严格。对苯二酚属缓性显影剂，显影初期作用缓慢，显影后期作用迅速，在显影进行相当长的时间后对影像中曝光多的部位，显影作用显著增强，而对于曝光少的部位，显影作用并不增加。对苯二酚在温度低于正常温度时，显影能力就比较微弱，而在温度高于正常温度时，显影能力则极为活跃。米吐尔的显影能力则受温度影响不大。了解和掌握这两种显影剂的不同特性，就可以运用它们对温度要求的不同来调整显影温度，从而得到反差不同的照片。在显影液的温度高于正常温度时，对苯二酚的作用增强，影像曝光多的部位显影作用快，表现在整个照片上反差就较大。而如低于正常温度时，因对苯二酚在低温时显影作用微弱，主要由米吐尔起作用，这样可使照片大小密度同时显影，反差就较小。

显影液的浓度与调节反差的关系，即浓度大可增加照片的反差。这是因为显影液浓，还原作用强，使曝光多的部位充分显影，加大了黑度，这样与曝光少的部位对比起来，显然比正常浓度的显影液所显出的照片反差要增大些。

4. 用增加灰雾的方法降低反差

如照片反差较大，用其他方法不能降低到理想的效果时，可采用增加灰雾的方法来降低反差。具体的做法是当一张照片曝光后，把底片从放大机上撤下来，光圈缩至最小，电源电压适当降低，再做一个适量的短暂曝光。目的是使这张感光的放大纸平均地增加一个密度，这样，就使原来曝光少的部分增加了一定的曝光量，这对表现这一部分的层次起到较理想的作用，而对原来曝光多的部位因增加密度很少，几乎没什么影响。这种增加灰雾的方法，也可以在曝光后用毛玻璃或半透明纸遮住镜头所投下来的光束，再适当地曝一次光，可起到同样的作用。不过后一种方法虽然比较省事，但缺点是没有前一种方法光线均匀。总之，不论采用哪一种方法，都要靠平时不断实践、积累经验。总的要求是，增加的灰雾要适当，不能损失其层次和质感。

5. 用水洗显影法降低反差

用水洗显影的方法，也可以降低照片反差。所谓水洗显影就是在照片显影过程中，在低温（以15℃左右为宜）清水与显影液中交替进行显影，这样可将曝光多的部位上的显影液冲洗一部分，而曝光少的部位因消耗显影液较慢，虽用低温清水冲掉与曝光多的部位同样多的显影液，并不妨碍显影的继续进行。这样反复多次，在显影液与清水中交替进行显影，根据所需密度的大小，决定停止显影的时间。在采用这种方法降低反差时，必须在曝光之前就决定，水洗显影法要求比一般显影方法多增加些曝光量。明白了这个道理，也可以反过来对曝光多的照片采用水洗显影的方法，将照片置于反差大的显影液中与清水交替显影，同样能达到较好的效果。

6.用调整光源的办法调节反差

调整光源可以得到不同的光线效果，这对照片反差大小有直接影响。如使用磨砂灯泡，因发光明锐，影像也必然分明、清晰，放出的照片效果一定是反差随之增大。如若使用奶白灯泡，由于灯泡壁的奶白玻璃对光线起分散作用，影像就会变得柔和，所得照片反差就较小些。此外，如使用专用的散射光源，还可得到银粒细腻、反差更小、层次丰富的照片。

结 语

胶片时期的新闻摄影传播有很长一段时间处于黑白影像传播阶段，虽然彩色感光材料的发明和发现的时间比黑白感光材料还要早，但由于生产和处理彩色感光材料的工艺不是很成熟，一直无法在新闻摄影实践中得到广泛的应用。而黑白感光材料由于拍照和后期影像处理都比较简单并且黑白感光材料性能稳定、价格低廉，在新闻摄影的实际工作中得到了大量的使用。

黑白感光材料的性能虽然稳定、原理也较简单，真正掌握其要义还需要摄影记者下一番苦功夫，对黑白感光材料的结构尤其是它的十几项照相性能要了然于胸、自动于行。这一时期的新闻摄影记者需要具备一名化学工程师的知识和素质，不但要了解各种显影及辅助药物的物理、化学性能，还需要亲自动手配制各种药液。

在接下来的暗房冲洗、放大黑白影像的工作中，新闻摄影记者又如民间老工匠一样，熟悉黑白感光材料加工的每一道工序和技术技巧，对黑白感光材料进行影像的冲洗或者放大处理，由此而产生了摄影独有的美学观念——黑白摄影美学。这一观念对摄影传播意义重大，至今仍影响着新闻摄影的传播观念。虽然社会已经进入数字影像传播的年代，但黑白影像的传播观念在新闻界不但是一种技术实现，更是一种传播观念的表达。

第八章
胶片时期彩色新闻摄影的冲放技术

Chapter 8
Technologies of Processing Color Photographic News in the Celluloid Period

从拍摄方面来讲，彩色摄影和黑白摄影几乎是一样的，没有什么特殊的地方。除了使用彩色胶卷之外，两者使用同样的照相机，同样的测光、曝光方法等。彩色摄影是以色彩来再现被摄体的，不同于黑白照片是靠黑白影调来"再现"被摄体。新闻摄影记者首先要掌握一些光谱色和颜料色的知识。由于有许多因素影响彩色照片颜色的再现，针对这些影响彩色再现的因素，新闻摄影记者还应该掌握彩色摄影的不同于黑白摄影的一些专业技术。更主要的是，当使用彩色影像报道新闻时，新闻摄影记者应该要学会用色彩来表述报道内容、讲述正在发生的故事和传播一种社会理念。技术是工具、是报道手段，也是一种新闻观念。[①]

第一节　彩色胶片的规格与摄影特性

彩色新闻摄影首先需要了解彩色胶片的摄影特性，彩色胶片是能否实现色彩正确还原的重要因素，掌握它的成像规律和色彩再现技术条件是摄影者的基础性工作。

---

① 本章采用《新闻摄影基础教程》（黄河出版社，1991年）第十七章、第十八章和《新闻摄影学》（广西美术出版社，1998年）第十一章、第十八章、第十九章、第二十二章和第二十三章的部分内容。

一、彩色胶片的规格

在相同商标的相同彩色胶片中，有一些不同的规格，最具代表性的规格就是新闻摄影记者经常使用的35 mm胶片。为什么35 mm规格比较普及？在其他胶片中还有什么样的规格？它们都有些什么差异呢？

（一）各种胶片规格的差异及效果

之所以有各种各样的彩色胶片规格，是为了符合照相机的使用目的和结构、获得最佳的再现而生产的，从超小型尺寸到大尺寸的胶片都有。图8-1，8-2所示为彩色135胶卷、120胶卷（负片）。

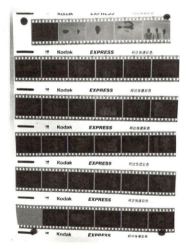

8-1a　135 彩色胶卷　　　　　　8-1b　135 彩色负片

图 8-1　135 彩色胶片

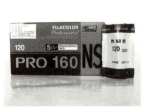

8-2a　120 彩色胶卷　　　　　　8-2b　120 彩色负片

图 8-2　120 彩色胶片

1. 照相机与胶片规格

（1）小型照相机用胶片。35 mm胶片是放入暗盒的滚筒状胶片，用于一般的35 mm单镜头反光照相机或小型照相机。拍摄张数为12、24、36三种，小型照相机可拍摄其2倍的张数。由于35 mm胶片尺寸小，照相机本身也小。同时还可使用丰富的镜头系列，这是它的长处。

（2）中型照相机用胶片。用于中型照相机的胶片，通常称为120胶片，从其拍摄张数及结构可分为两种：一是衬纸为120规格，拍摄12张；另一是无衬纸的220规格，拍24张。中型照相机的特点是有5种画面尺寸，从机动性、画面质量等方面可自由选择尺寸。但是画面尺寸一旦变更，其拍摄张数则与作为基准的6×6 mm不同，必须注意。

（3）大型照相机用胶片。大型照相机用的胶片，主要重视胶片的平面性，称为薄板胶片（又称页片），在薄板胶片暗盒的正反两面各装一张使用。除此之外，在4×5英寸用黑白胶片中，拍摄16张的被称为封装胶片。

2. 清晰度因画面尺寸的不同而异

假设35 mm胶片和120胶片以及大型用薄板胶片都是完全相同的乳剂，这时假定在相同条件下拍摄相同的被摄体，那么放大率低的大画面尺寸的画面质量高。这是因为倍率越高，用照片来看时，粒状性、尖锐度（清晰度）、反差的差别越明确。画面规格（尺寸）差别的基本考虑方法是放大率越低，越有利。

在同一牌号中各种规格齐全的胶片，虽大多数基本性能相同，但并不完全是同一乳剂，性质上多少也有点差别。其理由是画面尺寸的不同，放大率也各异，因此35 mm是为重视粒状性、清晰度而设计的，120胶片及薄板胶片则是为重视影调层次的丰富性而设计的。

因尺寸不同而有以上的差别，但实际拍摄后观看，1个等级的差别不太影响画面质量。这是由摄影镜头及距离的不同而决定的，特别是60×60 mm，如果不用无裁剪来摄影，就不能有效地利用画面的尺寸。

胶片规格一览，见表8-1、表8-2。

表8–1　页片规格

4×5英寸	94×120 mm
5×7英寸	121×170 mm
8×10英寸	193×243 mm

表8–2　胶卷规格

110型	13×17 mm
135型	17×24 mm
小型35 mm	24×36 mm
120型	
6×4.5 cm	41.5×5 mm
6×6 cm	56×56 mm
6×7 cm	56×68 mm
6×8 cm	56×76 mm
6×9 cm	56×83 mm

（二）放大率的差异

以35 mm为例，试比较一下画面尺寸，就画面的面积比而言，60×70 mm为4.5倍左右，4×5英寸为13倍。当这些画面尺寸用无裁剪放大到8×10英寸（6开）时，35 mm为7倍，60×70 mm为3.7倍，4×5英寸为2.1倍。在数值上似乎认为放得多大都可以洗印，但实际上放大超过一定限度，粗糙的粒子开始显眼，失去了清晰度及影调层次的再现。

由一般的35 mm放大到8×10英寸，再到10×12英寸（4开）左右，看起来比较美观舒服，其限度是在照相机无摇动、曝光适当的情况下，可以放到半幅（2开）。与此相反，大型的4×5英寸，半幅到全张放大，粒状性及丰富的影调层次再现很出色。这是无需同35 mm作比较的。

哪一种底片尺寸能放大到多大，没有严格的定义，放得越大越显得粗糙。但放大率低的大型照相机，有时并不适合拍摄运动的被摄体。总之，无论何种规格的照

284

相机基本上都要敏锐地运用适当的曝光来拍摄，这是很重要的。放大率一览表，如表8-3所示。

表8-3　放大率一览表

底片尺寸	放大尺寸					
	实际画面	面积比	4寸照片（83×108 mm）	6寸照片（120×165 mm）	8×10英寸（203×254 mm）	全张（457×560 mm）
小型	17×24 mm	0.47	4.88/4.5	7/6.87	11.9/10.5	26.8/23.3
35 mm	24×36 mm	1	3.45/3	5/4.58	8.45/7	19/15.5
6×4.5 cm	41.5×56 mm	2.68	2/1.92	2.89/2.94	4.9/4.5	11/10
6×6 cm	56×56 mm	3.62	1.48/1.92	2.14/2.94	3.6/4.5	8.1/10
6×7 cm	56×68 mm	4.40	1.48/1.58	2.14/2.42	3.6/3.7	8.1/8.2
6×8 cm	56×76 mm	4.92	1.48/1.42	2.14/2.17	3.6/3.3	8.1/7.3
6×9 cm	56×83 mm	5.37	1.48/1.3	2.14/1.98	3.6/3	8.1/6.7
4×5英寸	94×120 mm	13	0.88/0.9	1.27/1.37	2.1/2.1	4.86/4.66
5×7英寸	121×170 mm	23.8	0.68/0.63	0.99/0.97	1.67/1.5	3.77/3.3
8×10英寸	193×243 mm	54.2	0.43/0.44	0.62/0.67	1.05/1.04	2.36/2.3

注：左侧为短边的倍率，右侧为长边的倍率。

（三）胶片的结构与使用方法的差异

胶片的基本结构是在作为基体的乙酸盐及聚酯上涂布乳剂，但其形状则因规格而异。

1. 35 mm 胶片

35 mm胶片被卷在暗盒中，仅前端（片头）露在外面。在胶片的两侧有输送胶片的孔，称为齿孔，8个齿孔构成一个画面，便于往相机上装胶片，摄影后倒卷在暗盒中，然后从相机中取出即可。

2. 120 胶片

120胶片有120和220两种，其规格稍有不同。120有称作衬纸的读数纸附在整个胶片上，在衬纸的背面指示张数，可用这种指示来确认拍摄张数，220则没有这种衬纸。两者的区别是摄影张数不同，但往往认为220的平面性好，220不受衬纸的湿度及温度的影响。如果平面性不好，胶片起波，容易产生凹凸，自然会造成照片模糊。

120胶片的装片方法：有120、220转换钮的相机，先转换好，然后将读数纸背面的开始拍摄记号同照相机的开始拍摄记号对准。没有倒卷机构的相机，用完全卷起的方法。拍摄后如果胶片卷得松，或者读数纸部分贴得不好，就有"跑光"的可能，因此要特别注意。

3. 薄板胶片（页片）

在薄板胶片上有指示是什么胶片的缺口，称作代码缺口。缺口装在右下方，便是乳剂面的正确位置。薄板胶片在暗箱里，装入胶片暗盒时要在暗室操作。如果不熟练，可能会产生胶片装得浮起，或者贴上灰尘等情况，因此在操作时必须细心。

二、彩色胶片的特性

彩色胶片包装盒及使用说明书印满了重要的数据，可帮助摄影者最大限度地发挥胶片的能力。因此，常用胶片的包装盒、使用说明书要保存好，可能的话，数据表也要保存好，以便在需要时能够找到。

1. 胶片包装的各种数据表示

在胶片包装上有种种表示，读后可获知很多数据。下面，介绍读懂它的方法。

×××彩色，×××克罗姆——它是表示胶片种类。×××彩色是用于彩色负片的名称，×××克罗姆是用于反转片的名称。

DAYLIGHT，TUNGSTEN——是胶片对光源适当的表示。DAYLIGHT是适合于白天光线的胶片，TUNGSTEN是适合于灯光的胶片。

ISO 100/21° ——是将胶片的感光程度数值化了，称为胶片感光度（胶片速度）。一般统一采用国际标准机构（ISO）所规定的ISO感光度表示。同时一并记入德国工业标准（DIN），例如称为2l°，以往一直标用的ASA（美国国家标准局）是参照ISO的。数值越高，感光度越高，胶片感光越快。同时，数值越低则表示感光度越低。

EM.N。（EMUL.N。），乳剂编号——将卤化银等感光性化合物结晶分散在明胶等里的便是照相乳剂。制造日期等如有变化，乳剂的特性就会发生微妙变化。因此，在同期制造的乳剂上附上统一编号，作为制造记录，这便是乳剂编号。如果是同一号码，就表示它是同一工厂、同一时期制造的乳剂。

PROCESS BEFORE，有效期——如有1997.10（10/1997）字样，则表示希望使用到1997年10月为止。如果是食物就叫保质期（又称有效期、失效期）。

PROCESS——标明指定处理方法，如果是彩色反转片，则用E-6、CR-56、K-14等方法，如果是彩色负片则用CN-16、C-41等方法。注意勿用除此以外的方法来处理。

REP l35-36，PKR l35-36——前面的符号是胶片名称的缩略语，在彩色反转片上几乎都有这种缩略语。135表示35 mm规格，36表示拍摄36张。

此外，还有商品管理用的条形码，以及在暗盒上说明的DX码。

　2. 数据是表示性能的重要参考资料

大致的内容在胶片包装上已经很充分了，但若想进一步详细地了解胶片的性能，看一看数据表（使用说明书或包装盒的反面）是很方便的。

胶片的一般性说明——标明了是反转片还是负片，是日光型还是灯光型等一般性的特点。

曝光指数——除了ISO表示感光度外，还有光源（日光、灯光等）变化时的感光度表示。例如，在灯光下使用日光型ISO 100富士克罗姆拍摄时，指示用ISO32、LBB-12滤色镜校正。

曝光条件——除了指出阳光下，晴、阴天等一般性摄影条件下的光圈值及快门速度外，还说明了长时间曝光、荧光灯下曝光、使用滤色镜等事项。

依据富士克罗姆专业型来看长时间曝光的数据，则在l/4000—1秒的摄影条件下，无需特别注意，但4秒曝光时，必须作1/3的曝光补偿，使用+5M的校正滤色镜。曝光时间极端地快或慢会破坏彩色均衡，即所谓互易律失效，这是为此而作的校正方法。

同时，即便在荧光灯下拍摄，为了色彩准确地再现，也写明了荧光灯的种类和校正方法，这是非常宝贵的。

除此之外，该数据表还对保存及操作、显影处理、注意事项，以及各种胶片的基础数据等作了多方面的说明。

3. 暗盒上的标示和功能

在暗盒通用的地方所记载的是通常称为数据标签的东西，通过相机后盖有否胶片的检查孔，可检查胶片的位置上记着略称、张数及ISO感光度。

同照相机机构连动的表示有两种，一是DX码对应照相机读取的照相机自动传感码。用黑色和银色图形化，这种图形因胶片的种类而异，由照相机读取ISO感光度、张数等进行自动调节。除了像小型照相机那样限定ISO感光度读取的场合外（例如ISO100，400），感光度大多设定在ISO100。此外，在DX对应照相机中，调节ISO感光度时，也有因机种而不能调节的，势必要根据说明书设定感光度。

另一种表示是在胶片片头部分的穿孔。这便于显影时的机械设备判断胶片的种类，称为光栅图形。另外，在负片的情况下，显影后潜影条形码显现在穿孔处，这是洗印作业时输入洗印条件用的。

除此之外，还有与包装盒相同的条形码读知胶片的种类及张数。摄影者需要正确读知以上的标示，这样可以防止拍摄的失败，获得所希望的鲜艳的彩色照片。特别是在TTL曝光表的情况不良时，或者长时间曝光、荧光灯下摄影时是很方便的，稍微积累一些彩色摄影的技术数据是摄影成功的关键。

三、彩色胶片的曝光

在彩色摄影中，重要的是确定曝光。特别是在使用彩色反转片的摄影中，摄影后的补救几乎是无效的，因此确定曝光是最重要的问题，一旦确定了曝光，就决定了成品。

就彩色摄影的整体而言，可以这样说，充分理解胶片的特性、进行适当曝光是迈向准确表现的第一步。

1.何谓彩色摄影的适当曝光

所谓适当曝光，就是在摄影中取得最佳结果的曝光，这是不言而喻的。在适当曝光中有两种考虑方法：一是无过度和无不足地再现一般性被摄体的曝光——称作标准曝光（普通曝光）；另一种是将特定的被摄体置于某种意图之下，重视最亮部分或阴影部分的基准曝光，在用彩色反转片拍摄明暗差别大的被摄体等情况下是有效的方法，同普通曝光相比，必须对测光部位及微妙的曝光进行调整，因此，可以说这种方法是将摄影者的判断置于重要地位的曝光确定法。

同时，在彩色胶片的拍摄中，曝光不仅是明暗关系，同颜色再现也有关系。一旦改变曝光，色彩也自然会微妙的变化。为了进行符合意图的准确的色彩表现，必须使彩色胶片的3层乳剂平衡，良好的成色。也就是说，必须以彩色平衡最好的条件和曝光进行拍摄。广义上的彩色胶片的适当曝光，也可以认为包括使用补色的胶片。

所谓适当曝光，未必是客观的、绝对的，而往往是受到摄影者主观的影响的。

2.用特性曲线来考虑适当曝光

使用特性曲线便于了解彩色胶片的特点。所谓特性曲线，就是横坐标为给予感光材料的光量（用$\log H$来表示曝光量H的常用对数），纵坐标为胶片密度（用D表示透过率或反射率的常用对数值）表示胶片感光材料感光特性的坐标图。据此测定感光度，可知该感光材料的特点。

特性曲线的弯曲方向，负片和正片不一样：负片的黑白胶片及彩色负片是右边向上的平稳的曲线，正片的彩色反转片则是左侧向上、倾斜厉害的曲线，这是一般的情况。此外，彩色胶片由3层乳剂构成，因此用由蓝、绿、红三色的滤色镜测定的3条特性曲线来表示，但在彩色反转片的情况下，大多用视觉上的密度来观察的1条特性曲线来表示。

特性曲线弯曲的各部分中，将曝光量少的低密度部分称为趾部，倾斜大体固定的部分称为直线部，曝光量一增加倾斜就减少的高密度部分称为肩部。在直线部分，给予的光量和得到的密度大体成正比，表示被摄体明暗的数据大体正确地记录，在趾部及肩部则压缩明暗而记录。

特性曲线与适当曝光的关系是：特性曲线中的直线部是给予胶片上的光（曝光

量）的大小形成有效的影像层次的曝光量范围。也就是说，将该直线部（即有效曝光范围）和被摄体的亮度范围（应再现被摄体的尖锐度及状态的被摄体的亮度范围）巧妙地调和，就是适当曝光。

在考虑了特性曲线和适当曝光后，还有一个重要的方面就是宽容度。曝光宽容度，对胶片的直线部（即有效曝光范围）来说，在被摄体的亮度范围小的情况下，在有效曝光范围中，被摄体的亮度范围即使变动，换句话说，即使有曝光过度或不足，也可再现被摄体。将这种场合称为曝光宽容度大，反之则称为曝光宽容度小。

例如，在曝光宽容度大（有效曝光范围大）的彩色负片中，在具有平均反差的被摄体的情况下，大休上从1档光圈曝光不足到3档光圈曝光过度，可能制作出容许范围的底片。如用公式来表示曝光宽容度，则如下：

曝光宽容度＝胶片有效曝光范围－被摄体曝光范围

总之，如果使用曝光宽容度大的胶片，即使曝光失误，获得接近适当曝光的影像成品的可能性也是很大的。

3. 彩色反转片和彩色负片确定曝光的差异

在彩色反转片和彩色负片中，对于曝光的考虑方法是不一样的。那是各自的有效曝光范围不同的缘故。彩色反转片的有效曝光范围，用光圈值表示约5档光圈的程度，而彩色负片为9—10档光圈的程度，要大2倍左右。因此，彩色反转片要求严格地确定曝光。

在彩色负片的情况下，虽然也要求适当曝光，但由于有效曝光范围大，即便曝光不精确，只要被摄体光域进入特性曲线的直线部，洗印时，调整洗印时间或对底片进行精放，也能得到满意的照片。但如果是彩色反转片，其有效曝光范围只有彩色负片的一半左右。之所以说彩色反转片的曝光确定难，即在于有效曝光范围小这一点上。同时，反转片是将摄影后的胶片，原封不动地用作鉴赏，因此不容许曝光失误。

4. 因长时间曝光而需要曝光补偿的理由（互易律失效）

曝光胶片的光量（曝光量）用曝光的强度（照度）乘时间来表示。1个单位的光曝光100秒和100单位的光曝光1秒，作为曝光量来说是相同的，如果给予胶片这样的曝光时得到的结果相同的话，那么就叫作互易律。然而用极端微弱的光或极强的光曝光时，感光度不一定固定，这便称作互易律失效。

在一般的摄影中，所谓互易律失效的情况，是指光线微弱，长时间曝光时的有效感光度低下（低照度互易律失效）而言。

在彩色胶片中，低照度互易律失效不仅影响摄影感光度，而且还影响彩色平衡，因为彩色胶片的3层乳剂感光度是不同的。在彩色胶片的情况下，经常以曝光时间的长短来分别使用胶片，在专业型彩色负片中，为了符合曝光时间，获得良好的彩色平衡而有S型（短时间曝光用）和L型（长时间曝光用）两种。

在彩色反转片的情况下，普通灯光型往往设计成长时间曝光用，但由于生产厂家不同，未必都如此。在各种胶片上如有长时间曝光补偿和彩色平衡校正的滤色镜指示，则必须按此使用。

5.曝光失误带来的影响及挽救

从根本上来说，彩色负片的曝光宽容度较大，从1档不足到3档过度都可在洗印时校正，从而获得满意的照片。然而，超过这个范围的曝光失误便使用特性曲线的趾部或肩部，因此，即使洗印出影像来也得不到满意的彩色平衡。

彩色反转片的曝光宽容度小，曝光容易失败，曝光失败引起彩色平衡的问题还在其次，首要的问题是得不到影像的适当密度。尤其是因曝光过度导致影像的密度大时，可用增感或漂白等手段降低影像的密度。虽然有上述的挽救方法，但这是特殊的方法，是需要由专业人员操作的紧急措施。

四、再现色彩的条件

彩色胶片并不是像肉眼所见的那样再现色彩。彩色胶片或照片尽可能制造得再现接近被摄体的色彩，但各自分别具有独立的色彩或影调层次。同时由于光源（色温）不同，颜色也起变化。为了拍出准确的色彩，要充分了解胶片的特点，而摄影条件或旨在用光源色来校正的滤色镜的知识也是重要的。

（一）忠实地再现色彩

在创造自己个性化的色彩之前所必须具备的知识，就是尽可能地了解、忠实地再现被摄体的颜色。下面，重点论述胶片的类型与色温的关系。

彩色胶片有日光型和灯光型两种，它们各自按照不同色温的光源而制造。日光型以日光（约5500 K）为基准，灯光型以3200 K的摄影灯泡为基准。熟知作为胶片基准的色温和摄影条件、光源的色温，在接近这些条件的情况下可以做到忠实的色彩再现。然而，问题是色温不是固定的，测定也比较困难。例如，即使是日光，晴天和阴天的色温差别也相当大；即使是晴天，早晨、傍晚和晌午的色温又有差别；即使是人工照明，除了摄影用灯泡外，还有色温稍低的家用白炽灯及荧光灯等。总之，光源可以说有无限多的各种各样的条件，但胶片的色温是固定的，因此，彩色胶片的颜色自然会微妙地或很大地发生变化。可严格测定色温的工具有色温计，使用以下所述的滤色镜调节技术进行色校正和曝光校正，即可大体做到忠实的色彩再现。

这对在洗印时可进行色校正的彩色负片来说不是什么大问题，但如果是彩色反转片则成了摄影时的重要问题。因此，在使用彩色反转片摄影时，为了使各种各样的光源适合于胶片，就要频繁地使用滤色镜。巧妙地发挥滤色镜的作用，是进行准确色再现的关键。

（二）用LB滤色镜调整色温

用于彩色摄影的有代表性的滤色镜，有色温转换用的光平衡（LB）滤色镜和补色用的彩色补偿（CC）滤色镜。当使用的胶片的平衡色温和照明光源的色温不一致时，为了调整色温而使用的便是光平衡滤色镜（色温转换滤色镜、LB滤色镜）。

在LB滤色镜中，有提高色温的蓝色系列和降低色温的琥珀色系列，由密度各不相同的色温转换能力的迈瑞德变换值（数值）附在各公司简称的后面来区别（例如：LBA-2，LBB-10）。这时数字越大，色温转换能力就越大。

1. 用 LB 滤色镜再现微妙的色彩

从LB滤色镜的使用方法来说，可有两种考虑。一是以进行光源色温微调为目的的使用法。例如，日光型的胶片以约5500 K的日光为基准，但在晴天的背阴处拍摄，由于色温高的晴空的影响而出现带相当多的蓝的再现色。同样，太阳光因云彩而被扩散的阴天或雨天色温也高，出现带蓝色的再现色。为了校正这种蓝色，一般使用的是琥珀色系列的LB滤色镜（LBA）等。相反，在阳光下，早晨或傍晚色温低，出现相对发红的照片，在这种场合下，使用蓝系列的LB滤色镜（LBB）等，用以调节色温。这是与第一种方法正好相反的色温调节方法。

但是，这些校正始终是在严格考虑了色温的情况下进行的，为了在雨天再现雨天的气氛，不作校正，或只作些微校正就可解决，往往能获得良好的结果，对此也必须注意。

2. 用 LB 滤色镜使光源和胶片类型相适合

LB滤色镜的另一种使用方法，在色温大转换的情况下，即用灯光来拍摄日光型胶片，或反过来用日光拍摄灯光型胶片。柯达公司将用于上述目的、色温转换能力大的滤色镜称作彩色转换滤色镜，以示区别。

用灯光光源来拍摄日光型胶片是不大容易的，以使用符合于光源的胶片为基本。但在市场上买不到灯光型胶片等情况下，可使用将3200 K转换为5500 K的蓝色LB滤色镜（柯达的$N_0$80A，富士的LBB–12等）来摄影，洗印时可进行色校正的35 mm彩色负片，在摄影时进行滤色镜校正当然也可获得良好的结果。

3. 长时间曝光需要曝光补偿

即使在日光下摄影，专业摄影人员也经常使用灯光型胶片进行长时间曝光。日光型胶片（彩色负片为S型）基本上是根据用短时间曝光能获得良好的彩色平衡来设计的，与此相反，灯光型（彩色负片为L型）则擅长于长时间曝光。应该根据曝光时间来选择类型，光源的不同通过用滤色镜来校正。在这种场合下，使用将日光转换为灯光的琥珀色LB滤色镜（柯达$N_0$85B，富士LBA–12等）。

（三）使用CC滤色镜在荧光灯下摄影

以上所述的色温，始终是以肉眼的分光特性（光的波长特性）为标准的。而肉眼的分光感光度和彩色胶片的分光感光度是不同的，因此色温和照片的效果未必一致，但也没有别的评价光源的好办法，因此作为权宜的方法而使用。总之，用肉眼看起来是相同色温的光源，分光分布不同的话，照片的再现效果也是不同的。

其中有代表性的例子便是荧光灯，即使肉眼看起来是白色光，但它有强烈的绿色峰值，因此，在荧光灯下的摄影，只用LB滤色镜不能再现正确的色彩，必然需要采用色温补偿（CC）滤色镜。使用CC滤色镜，可以创造自己的色彩。

用于彩色摄影的色温补偿滤色镜，通常简称CC滤色镜。LB滤色镜是蓝色系列和琥珀色系列两种，而CC滤色镜则有6种，为了只吸收光谱的蓝、绿、红之中的特定色而制造。共有Y（黄色）、M（晶红色）、C（青色）、B（蓝色）、G（绿色）、R（红色），密度则从各色的2.5（025）到50为止（数字越大越密）。

就CC滤色镜的使用方法而言，一般性的滤色镜在用彩色反转片拍摄时，校正因乳剂号码或显影条件不同等而引起的一些微彩色平衡的变化。在以校正光源色为目的时，在荧光灯下摄影，使用品红色滤色镜校正荧光灯特有的绿色，这是有代表性的使用方法。

为了创造自己所喜爱的颜色，经常使用密度低的CC滤色镜。例如，为了鲜艳地表现新绿时的绿色，使用G滤色镜；强调天空的蓝色时，使用B滤色镜。

（四）为了严格地再现色彩使用色温计

像日光、摄影用灯泡等事先明确色温的场合是没有问题的，但采用其他自然光或人工光源摄影时，要测定色温，还要正确地知道与此相对应的适当的LB滤色镜，这时如有色温计和彩色监控器就很方便。

特别是彩色监控器，它是3色式，不仅可以测量蓝色光和红色光之比（B/R值），测量色温，而且可以测量绿色光和红色光之比（G/R值），指出校正所需的CC滤色镜（品红色或绿色）。因此，在荧光灯照明下摄影，无法明确确定校正值时，是非常有效的。滤色镜校正的具体方法，见表8-4、表8-5和表8-6。

表8-4 长时间曝光时的曝光校正

曝光时间（秒）	胶片感光度	
	富士50D	富士100D
曝光时间（秒）	色温补偿滤色镜	曝光量校正（光圈）
1/4000—1	不要	不要
4	5 M	+1/3
8	7.5 M	=1/2
16	10 M	+2/3

（续表）

曝光时间（秒）	胶片感光度	
	富士50D	富士100D
32	12.5 M	+164
64	无法建议	

表8-5 荧光灯下的校正（快门速度1/4秒）

灯光种类	胶片感光度			
	富士50D		富士100D	
荧光灯的种类	色温补偿滤色镜	曝光量校正（光圈）	色温补偿滤色镜	曝光量校正（光圈）
白色型（W）	40 M+10R	$+1\frac{1}{2}$	40 M	+1
日光色型（D）	20 M+35R	$+1\frac{2}{3}$	15 M+30R	$+1\frac{1}{2}$
白色丰富（W—DL）	10 M+10B	$+\frac{2}{3}$	10 M+10B	$+\frac{2}{3}$
三波长型（EL，UL）	40 M+20R	$+1\frac{1}{3}$	35 M+10R	$+1\frac{1}{2}$

表8-6 色温与转换

色温K（迈瑞德）	3000（333 M）带红色		4000（250 M）	5000 5500 6000（200 M）（167 M）日光型的色温（182M）		7000（143 M）		8000 10000 16000（125 M）带蓝色	
天气状况和时间	家庭用灯泡	摄影用灯泡日出日落	日出后日落前清晨傍晚	（春秋）晴天9时至下午3时	晴天·夏天太阳光	闪光灯光微阴天	雨天光	阴天天空光	100%阴天晴间多云	晴天
日光型胶片 5500 K（182 M） 富士	LBB-12	LBB-8	LBB-4	←LBB-2→		←LBB-2→		←LBB-4→		←LBB-8→
柯达	80B	80C	80D	82B	82A	81A	81B	81C	81EF	85
凯科	←C10→		←C4→	←C2→		←W2→		←W4→		←W10→

注：滤色镜用各厂家的符号表示。

第二节 彩色感光材料的种类与性能

前面已经对彩色感光材料的性能做过一些通用性质的介绍，下面将对彩色感光材料的性能从技术角度上做一深入的介绍。

一、彩色感光材料的分类

彩色感光材料同黑白感光材料一样，有各种各样的种类和规格。

（一）彩色负片

彩色负片用于直接拍摄景物，一般分为灯光型和日光型两种胶片，分别适应于灯光和日光照明条件下的景物拍摄。也有灯光、日光通用型的彩色负片，其性能特点为感光度高、反差较低、影调柔和、宽容度较大。

彩色负片经拍摄、冲洗后，不能直接用于观察，因为画面色彩与原景物的色彩是互补的，且蒙上一层橙色的"马斯克"，所以只用于印放彩色照片或彩色透明片（幻灯片），或是用于印放黑白照片。

灯光型和日光型的区别。彩色负片的包装盒上通常标明该胶卷是灯光型（tungsten）还是日光型（daylight）或是灯光日光通用型。S型与L型，"S"是"短时间曝光"的意思，"S"型一般用于快门快于1/30秒的时间拍摄。"L"是"长时间曝光"的意思，"L"型一般用于快门慢于1/15秒的时间拍摄。

Ⅱ型与Ⅲ型的区别。Ⅱ型是20世纪70年代彩色负片升级换代的产品。特点是：① 感光度、宽容度、颗粒度和色彩还原能力好，比原先的负片有明显的提高；② 采用高温、快速冲洗，大大缩短了加工时间；③ 绝大部分Ⅱ型彩色负片可采用C-41工艺冲洗，给使用者带来极大方便。Ⅲ型是20世纪80年代生产的，该片在感光度、颗粒度、清晰度、色彩还原性等照相性能上，比Ⅱ型有很大提高，且染料稳定性也得到提高，比Ⅱ型片保存性提高5—10倍，仍可采用C-41工艺冲洗。进口的彩色负片通常采用在该胶卷的片号后面加"color"来表示，如kodacolor（柯达彩色负片）、Agfacolor（阿克发彩色负片），也有的直接用"Colornegative"来表示。

（二）彩色反转片

彩色反转片用于景物的直接拍摄，经过反转冲洗可直接获得与原景物的明暗以及色彩一致的彩色正像。其主要用于幻灯画面的放映和直接用于印刷制版，也可印放彩色照片，但需要使用专门的彩色反转相纸。其特点是同样具有负片和正片的双重性能，既要感光度较高、宽容度较大，又要颗粒细、反差较大，最低宽容度应尽量小。

彩色反转片也分"灯光"型和"日光"型两种，但没有灯光、日光通用型。有的灯光型彩色反转片还分为"灯光A型"和"灯光B型"，使得在相应的色温条件下拍摄能有极好的色彩还原效果。

进口的彩色反转片通常采用在该胶卷片号后面加上"chrome"来表示，如"Kodachrome"（柯达彩色反转片）、"FujiChrome"（富士彩色反转片），也有的用"Color Slide"或"Color Reversal"来表示该胶卷是彩色反转片。

（三）彩色正片

彩色正片用于印刷、彩色放映、拷贝（电影和幻灯）等，一般不能用于拍摄。彩色正片基本都是灯光型，不能把彩色正片和拍摄用的彩色反转片相混淆。其特点是颗粒细、反差大、灰雾小、解像力和清晰度高、感光度低。进口的彩色正片通常用"Color Positive"来表示。

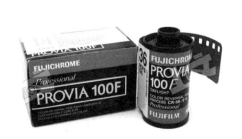

图 8-3 135 彩色反转片

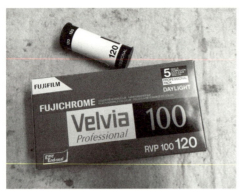

图 8-4a　120 胶卷　　　　　　图 8-4b　120 彩色反转片拍摄的画面

图 8-4　120 彩色反转片

（四）彩色反转复制片

彩色反转复制片用于从彩色正像画面（主要是彩色反转片）直接复制彩色正像，和彩色反转片一样需要进行彩色反转加工过程才能得到彩色正像画面。国外使用较多，国内使用的单位和个人较少，主要是由专业冲洗机构使用。

（五）即影彩色片

即影彩色片又称"一步成像彩色片"，是专门供即影相机拍摄的，通常的135相机不能使用，有的120单镜头反光相机装有相应的后背也可使用。即影彩色片本身有冲洗药液，拍摄后就能得到与原景物颜色一致的正像照片，不必另行冲洗。

（六）彩色相纸

彩色相纸主要用于彩色底片制作彩色照片。彩色照相纸一般只有一个型号，没有更具体的分类，通常也是通过底-正过程获得彩色照片。彩色反转纸可以从彩色正像透明画面（主要是彩色反转片），通过反转加工直接获得彩色照片。

二、多层彩色感光材料的构造

根据三原色视觉原理，任何一种色光都可以分解成一定比例的蓝、绿、红三原色光，反之，也可以用原比例的三种原色光混合起来，得到原来的色光。这就是颜色的分解和综合过程，也是实现彩色摄影过程的基点。

（一）基本原理

彩色摄影过程，首先是把景物在胶片上形成的光学影像的颜色分解成蓝、绿、红三原色，并记录在胶片上。由于记录的方式不同，以后再现原景物色的方式也就不同。如果分解为蓝、绿、红三原色光以后，就以三原色方式记录下来，再现时，只要用原来比例的三原色加在一起，就可得到原景物颜色，这一方法称为加色法。彩色电视就是采用大量的蓝、绿、红三原色点按加色法原理混合，在屏幕上再现原景物色彩的。在彩色摄影的发展过程中，也曾出现过加色法彩色感光材料，后来有些彩色感光材料又采用了加色法原理。但在一般的摄影中所采用的彩色再现方法主要是减色法，它在记录和再现的方式上都不同于前者。当光学影像照射到彩色感光材料上，利用乳剂层的不同感色性进行色的分解，并将蓝、绿、红三原色影像以其互补色方式记录下来。于是，在底片上就形成了原景物的互补负像。

（二）三个乳剂层及其感色性

多层彩色感光材料利用三个乳剂层的不同感色性，把胶片上形成的光学影像分解为红、绿、蓝三种色光，并将其记录下来。彩色感光材料记录影像的感光物质仍然是卤化银，但对三个乳剂的感色性是不同的要求。

1. 彩色负片、彩色反转片

彩色负片和彩色反转片的构造基本相同。上乳剂层为感蓝层，它是由进行光谱增感的色盲性乳剂制成，它只感蓝光，对红、绿光不敏感，可记录光学影像中的蓝色成分。中乳剂层中加入了增感染料，使卤化银对绿光有足够的敏感性，其增感峰值为550毫微米左右。因此，这一乳剂层对绿光敏感，同时对蓝光也有敏感性。下乳剂层中也加入了增感染料，卤化银对红光产生足够的敏感性，其增感峰值为650毫微米左右。这一乳剂层对红光敏感，同时对蓝光也有敏感性。为了使中乳剂层只记录光学影像中的绿色成分，下乳剂层只记录红色成分，在上乳剂层下面涂布一个黄滤光层。黄滤光层吸收蓝光，故蓝光不能进入中、下乳剂层，拍摄时就只对相应的绿光、红光产生有效曝光。

黄滤光层应只在拍摄曝光时起作用，完成加工的底片中黄滤光层应不复存在。为了在加工中容易除去，又不增加加工步骤，黄滤光层常用明胶和胶体银组成。银的微粒在不同的大小时，呈现不同的颜色，呈胶体状态的银可呈黄色，分散于明胶

299

中，涂成薄层可吸收蓝光而透过红光和绿光。在冲洗过程中，胶体银在漂白液里可被氧化为银盐（亚铁氰化银或溴化银），随后在定影液中被溶解，脱离胶片。

后来的彩色负片和彩色反转片很多都采用双层乳剂，即每个感色层的乳剂都是涂布两层，再配合一些其他的技术措施。胶片在提高感光度时，仍具有良好的颗粒性，还可加大宽容度。柯达、富士、乐凯等彩色胶卷都采用双层乳剂结构。

2. 彩色相纸

彩色照相纸的乳剂排列顺序，一般上层为感红层，中层为感绿层，下层为感蓝层。

彩色感光材料冲洗之后，在各乳剂中分别产生黄、品红和青，三种染料的稳定差别是很大的。在光照条件下，品红染料最不稳定，最容易分解褪色，黄染料其次，青染料较稳定（暗保存条件下，青染料最不稳定）。如果照相纸的乳剂涂布顺序和正片相同，最上面一层将是光照条件下最不稳定的晶红染料，这样在亮室保存时，照相纸的褪变色速度将会很快。为了避免这一情况，一般把感蓝层放在最下面，感绿层放在中间，生成青染料的感红层涂布则放在最上面。

这种涂布顺序，同样不能采用黄滤光层解决感绿层和感红层对蓝光的敏感性问题。在乳剂层的感色性问题上，采取和彩色正片相同的方法，即可得到解决。

（三）成色剂（耦合剂）

多层彩色感光材料以减色法原理为基础再现被摄体颜色。三个乳剂层因其感色性不同，可分别记录光学影像中的三种原色，而且还要求在曝光、冲洗之后，各感色层中形成其所感色光的互补影像。为此，在三个乳剂层中需加入不同的成色剂。感蓝层乳剂中加入生成黄色染料的成色剂；感绿层乳剂中加入生成品红色染料的成色剂；感红层乳剂中加入生成青色染料的成色剂。

彩色显影过程中，首先是显影剂和已曝光产生潜影的卤化银进行氧化–还原反应，卤化银中的银离子被还原为银原子（银影像），显影剂被氧化为醌二亚胺离子，醌二亚胺离子再和成色剂进行耦合反应生成染料分子，分别在各层中生成黄色影像、晶红色影像和青色影像。

成色剂种类繁多、性能特点各异，按其在乳剂中的分散状态和分散方式，可分为水溶性成色剂、油溶性成色剂和聚合型成色剂。为了改进胶片性能、提高画面质量，彩色胶片的乳剂中还常加入带色成色剂、显影抑制成色剂、释放影像增强剂的成色剂等。

（四）其他各层

彩色感光材料中还有保护层、片基、纸基、聚乙烯树脂层、背面层等。它的作用和黑白感光材料相应的各层作用是相同的，而只有中间隔层是黑白感光材料所没有的，防光晕层的处理方法也和黑白胶片不同。中间隔层是不同感色性的乳剂的隔离层，主要作用是避免涂布时不同层乳剂溶混或显影时成色剂向相邻乳剂层扩散，一般都是采用棕色胶体银和明胶溶液的分散体系，涂布于下乳剂和片基之间。这样，就可以得到较好的防光晕效果，同时也可以避免防光晕物质对显影液的污染。冲洗时也不必增加特殊加工步骤，它和银影像、黄滤光层一起，在漂白和定影过程中就可以将其去掉。

三、彩色影像的成色原理

彩色影像的成色非常复杂，这里只能根据照相性能做一般技术性的介绍。

1. 负-正过程的彩色感光材料成色原理

负-正过程就是首先用彩色负片进行拍摄冲洗得到底片，底片画面的影像为原景物色的互补负像，再从底片画面印制到照相纸或正片上，冲洗后又得到底片画面的互补色负像，再现了原景物的明暗和色彩。彩色负片和照相纸或正片，因其用途不同，乳剂性能存在明显的差别。和黑白的感光材料相似，彩色负片用于拍摄，所以感光度高、反差系数低、宽容度大，彩色照相纸和正片的反差系数高、灰雾小、颗粒细，感光度也低。

彩色负片和照相纸的冲洗过程基本相同，不同冲洗工艺，有的增加一些辅助步骤，有的把两种加工步骤的药液合为一液，但基本过程都是显影、漂白和定影。

彩色负片（或彩色照相纸）曝光时，三个乳剂层对光学影像中的三种原色光成分感光产生潜影。彩色感光材料进入彩色显影液后，显影过程的第一步和黑白显影相似，彩色显影剂和曝光的卤化银产生氧化-还原反应，生成金属银，即黑白影像。同时，彩色显影剂被氧化变成氧化物——醌二亚胺离子，醌二亚胺离子和乳剂层中的成色剂产生耦合反应，生成染料分子，形成画面上的彩色影像。然后，还要进行漂白处理，把影像的金属银氧化为银离子（银盐），再经定影把这些银盐溶解于定影液，画面上只剩下单一的染料影像。因此，在漂白和定影过程中必须把银影彻底除去，如果漂白不彻底，画面上将会留下一部分黑白影像。画面密度大，颜色饱和度就会降低。

2. 彩色反转片的成色原理

彩色反转片的前期拍摄过程与负片的使用要求和方法基本相同，但由于反转片无法在加工中对画面的颜色和密度进行校正，因此，拍摄时要求曝光必须正确。一般情况下，曝光误差不能超过三分之一级光圈。光源的色温必须符合彩色反转片的平衡色温，否则画面就会产生颜色偏差。

彩色反转片拍摄之后，进行反转冲洗，可直接获得与原景物的明暗、色彩一致的彩色正像，其冲洗的基本出发点和黑白反转片相同，必须设法使胶片拍摄曝光部位产生了潜影的卤化银不形成影像。拍摄时未曝光的卤化银形成影像，而在二次显影（彩色显影）产生彩色影像，再将全部银影除掉就可以了。因此，在彩色反转加工时，首次显影为黑白显影过程，即在胶片中拍摄曝光的部位只产生黑白影像。二次曝光是使拍摄时未曝光的那部分卤化银曝光产生潜影，然后在彩色显影液中进行二次显影，在产生黑白银影的同时，可得到彩色正像。漂白时可将首次显影、黄滤光层及防光晕层中的银一并氧化为银离子（银盐），并在定影过程中将其溶解，脱离乳剂层。胶片上，只剩下二次显影时产生的和原景物的明暗、色彩一致的彩色正像。

第三节　彩色影像的冲洗放大技术

彩色胶片的冲洗和放大，其化学反应是比较复杂的，冲洗工艺是受严格控制的。但从操作工艺上讲又比较简单，只要操作者对色彩有一定的训练，具备冲洗、放大黑白片的经验，就可以冲洗彩色片了。不同的是，彩色片的冲洗工艺比黑白片的冲洗工艺多一些，并要严格按照生产厂家推荐的工艺流程进行。

一、彩色冲洗药液的成分及功用

彩色加工药液主要有彩色显影液、漂白液、定影液以及其他辅助药液。

（一）彩色显影液

彩色显影液的主要成分与黑白显影液相似，仍为显影剂、促进剂、保护剂和抑制剂。此外，如果用普通硬水配制显影液，还需加软水剂。

1. 彩色显影剂

彩色显影液中所用的显影剂，大都是对苯二胺类化合物。冲洗时在各乳剂层中生成染料的颜色不同，主要取决于成色剂的分子结构。不同胶片系统中，由于使用了不同种类的成色剂，显影时所用的显影剂也不一样。此外，为了增强它们在水中的溶解性，一般都将其制成盐的形式，如硫酸盐或盐酸盐等。常用的彩色显影剂，有下列四种物质：

（1）TSS（二乙基对苯二胺硫酸盐），又称CD-l。

（2）CD-2（4-氨基-N-二乙基-3-甲苯胺盐酸盐）。

（3）CD-3（4-氨基-N-乙基-N-［β-甲磺酰胺乙基］基-甲苯胺硫酸盐-化合物）。

（4）CD-4（4-氨基-N-乙基-N-β-羟乙基-3-甲苯胺硫酸盐-水合物）。

2. 保护剂

彩色显影液中常用的保护剂，除黑白显影液中使用的亚硫酸钠以外，还有硫酸羟胺，代号S-55，盐酸羟胺。

亚硫酸钠和彩色显影剂，有着相互保护的作用。亚硫酸钠的存在，使彩色显影剂的氧化速度明显下降，同时彩色显影剂的存在，也使亚硫酸钠的氧化速度得到减缓。此时，氧化作用并未停止，而是亚硫酸钠和显影剂是以相等的分子比缓慢消耗，氧化速度大大下降。

3. 促进剂

彩色显影液和黑白显影液一样，显影剂只有呈负离子状态时才有足够的显影作用。一般使用的显影剂成品，都是以其硫酸盐或盐酸盐的形式存在的，这样可以增加其稳定性，同时也增大它们在水中的溶解度。

4.防灰雾剂（抑制剂）

彩色显影液同黑白显影液相同，主要用溴化钾或溴化钠做防灰雾剂。彩色显影液中，溴化钾的浓度约为2克／升，低于1克时，会产生严重灰雾；如浓度过高，则会降低显影速度和感光度。此外，有时采用有机防灰雾剂，如苯骈三氮唑、6-硝基苯骈咪唑硝酸盐等。

5.软水剂

软水剂的功用是使硬水软化，防止水中的钙镁离子在碱性环境中生成难溶盐，以至于沉淀在胶片上产生"钙网"或造成划道。常用的软水剂有M-23和M-19两种，它们都是有效的络合剂。

（二）漂白液

漂白作用是将已还原的银及黄滤光层和防光晕层中的胶体银氧化为能溶于海波溶液的银盐。一般用赤血盐（铁氰化钾）或重铬酸钾做氧化剂，加入溴化钾可以加速漂白过程，有些配方中还加入磷酸二氢钾和磷酸氢二钠，使漂白液维持稳定的pH值。

（三）定影液

定影的目的，是溶去胶片上未被还原的卤化银，溶去银影及黄滤光层等漂白时被氧化生成的银盐。彩色片定影液的基本成分和黑白片定影液相同，主要是硫代硫酸钠，为了提高定影速度也有用硫代硫酸铵的。水溶型彩色片一般使用中性或碱性定影液，油溶型彩色片多采用酸性定影液，如F-5配方在彩色片加工中的应用就是一例。

彩色照相纸的加工中，常采用漂定合一的加工工艺，以简化加工过程。

（四）其他辅助药液

1.前浴液

前浴液一般在电影胶片的冲洗中使用。电影胶片的防光晕层多为炭黑组成，在显影液中会自行脱落，污染显影液和胶片。因此，胶片在进入显影液前，须先在前浴液及水洗槽中将其除去。前浴液就其成分来说，就是一个有一定pH值的浴液。

2.稳定液

彩色影像在保存过程中，褪色的原因之一是染料水解。胶片残存的成色剂被氧化可生成红黄色的氧化产物，使画面上特别是低密度部分变成红黄色调。彩色片冲洗时经过稳定液处理，可以改善影像的褪色情况。常用的稳定剂是甲醛。

3. 润湿液

润湿液的作用是防止胶片干燥时片基上所带的水滴形成干燥斑点。常用的润湿剂是拉开粉（烷基萘磺酸钠）。润湿剂常加入稳定液中使用，成为润湿稳定液。

二、彩色胶片的冲洗方法及技术要求

彩色胶片冲洗是暗室技术中一项重要的工作，它与最后照片质量的好坏有着极大的关系。尽管我们摄影时在取景、曝光等方面做得很好，但在胶片冲洗过程中一旦产生差错，轻者会影响质量，重者也可能前功尽弃。

彩色胶片的冲洗与冲洗黑白片比较，冲洗程序较多，对于温度、时间、搅动的要求控制要更严格，更不能像黑白片冲洗那样可以在盘中显影，而是需要用显影罐、深箱及机器冲洗。

（一）彩色负片的冲洗

彩色负片的冲洗技术是胶片时期新闻摄影记者必须掌握的一门技术。这样，一是可以赢得宝贵的新闻发稿时间，二是可以根据拍摄情况调整冲洗条件以弥补拍摄时的不足。

1. C-41 原装套药冲洗工艺

C-41的原装套药是浓缩的瓶装液体，分彩色显影液、漂白液、定影液和稳定液四种。把这种浓缩的药液研制成冲洗液很简单，只要分别加水至规定容量即可。

C-41工艺是专供自动冲洗机用的一种加工冲洗方法，在严格控制冲洗温度和冲洗时间的情况下，可以采用人工罐中冲洗，其效果也很好。

C-41手工冲洗工艺

序号	药液	温度（℃）	时间
1	彩显	37.8 ± 2	3'15"
2	漂白	38 ± 3	6'30"

（续表）

序号	药液	温度（℃）	时间
3	水洗	38±3	1'15"
4	定影	38±3	6'30"
5	水洗	38±3	3'15"
6	稳定	24—41	1'15"
7	干燥	24—41	

2. 国产NO.2彩色冲洗套液

国产NO.2彩色冲洗套液是由广州摄影化学材料厂生产的，是一种类似C-41冲洗工艺的高温快速冲洗彩色负片工艺，可用于冲洗国内外各种牌号的I型彩色负片。

3. 散装套药自配液

使用散装套药自己配制药液冲洗Ⅱ型负片的配方和工艺有多种。一般大家习惯使用C-41的推荐配方和工艺。这种冲洗工艺与C-41的原装套药相同，补充液的使用可参照国产NO.2彩色冲洗套液的添加方法，既方便经济，又灵活多变。

（二）彩色反转片的冲洗

彩色反转片的冲洗技术比彩色负片的冲洗技术要求要高。

1. 冲洗彩色反转片的技术要求

（1）彩色反转片冲洗密度的控制。冲洗彩色反转片的工艺过程与彩色负片相比较长，全过程中有两次显影：一次是黑白显影，是将第一次感光后的银盐还原成金属银；第二次是彩色显影，是将第二次感光后的银盐一方面还原成金属银，同时也就生成了染料，再经漂白、定量过程，形成一张与原景物影像颜色完全一样的彩色正像。冲洗彩色反转片的关键，也就在于这两次显影。而影响彩色反转片密度的主要是第一次黑白显影，它控制着胶片的感光度，即正像密度。一张反转片的正像密度是否合适，除了拍摄时与曝光正确有关，与冲洗时对首显的控制也有很大的关系：

①注意首显时间对画面密度的影响；

306

②注意首显药液的温度以及搅动的控制对画面质量的影响；

③注意首显后的水洗工序对画面质量的影响。

（2）调整反转片彩色显影中的正像色调。反转片冲洗中彩色显影是十分重要的，它除了将二次曝光的银盐还原成金属银并生成染料外，还能根据实际需要适当调整正像的色调。彩显时间的长短，特别是对画面中黑度的影响是十分明显的，适当地调整彩显液中的配方，可以起到校正颜色的作用。

（3）各个感光材料厂家都在生产彩色反转片，对于冲洗要求也有所不同。

2. 冲洗彩色反转片的步骤

（1）首显。首显又称黑白显影。已经拍摄曝光的彩色反转片上，在感蓝层、感绿层、感红层分别形成了相应的潜影，这些潜影经首显冲洗后，被还原成黑色金属银。

（2）反转。彩色反转片冲洗中"反转"这一环节有两种方法：有的工艺是采用反转液，有的工艺是采用灯光反转（即把胶卷从药液中取出，再次曝光）。这两种反转方法的作用都是使在拍摄时彩色反转片上没有感光的部位感光，从而在这些部位形成潜影。

（3）彩显。彩显的作用是把经反转液（或再次曝光）处理而形成的潜影还原成黑色金属银，同时在这些相应部位产生染料影像。

（4）漂白和定影。漂白和定影的作用就是把彩色反转片上所有黑色金属银溶去，使胶片上仅留下染料影像。这样在彩色反转片上呈现的，便是与原景物色彩相同的彩色影像了。

3. E-6 原装套药冲洗工艺

与C-41原装套药相同，柯达公司生产的E-6原装套药也是浓缩的瓶装液体，分为首显液、反转液、彩显液、调节液、漂白液、定影液和稳定液7种。这种浓缩的药液配制成冲洗液也较简单，只要分别加水至规定容量即可。但是，在用水的温度、操作的程序、方法等方面也应严格按照套药中所附的说明进行。

反转冲洗后，如需要，其余工序可打开冲洗罐在亮光下操作。

4. 柯达"合比－派司"彩色幻灯片套药及工艺

柯达"合比－派司"彩色幻灯套药（HOBBY－PAC KODAK COLOR SLIDE

KIT）为柯达E-6反转片冲洗套药的换代产品。此套药比原E-6套药简化了反转、调整等三瓶药液，时间缩短了半个小时，全过程只需要15分钟。

此套药内还附有一计算尺，可以换算出32℃—43.5℃冲洗温度的首显、彩显和漂定的准确时间。在这个温度范围内，冲洗出的胶片，基本上能保证画面的色彩平衡、反差、颗粒性等特性。

（三）冲洗彩色片自配药液的技术要求

无论冲洗彩色负片还是彩色反转片，包括彩色相纸，当采用散装药品自配药液冲洗时，对以下几点应特别注意：

（1）注意用水的纯度，配制彩显液应使用蒸馏水为宜。

（2）注意药品的纯度，受潮解的药品不宜用。彩色液中的绝大部分药品宜用化学纯或分析纯，不要用工业纯药品。

（3）注意药品称量的准确。

（4）药品应依次溶解，待前一药品彻底溶解后再加入后一药品。

（5）药液配制后应装于密封瓶中，彩显、首显、漂白宜用棕色瓶，待12小时后再使用，以使药液性能稳定。

（6）药液在使用前，最好测一下它们的pH值，尤其是对彩显液和漂白液（或漂定液）。

（7）冲洗彩色片的药液中，不少药品有毒，有强烈腐蚀性。无论在配制或在冲洗时，均应避免与皮肤接触，应戴医用橡皮手套和穿工作服进行操作。

三、彩色照片的制作技术

制作一张色彩理想的照片其原理和方法与制作黑白片的方法差不多，但制作彩色片的精确性要比制作黑白片严格得多，因此在技术上也有一定的难度，但只要了解其要求、操作规程和校色原理，就可掌握彩色片的制作技术。这里所讨论的制作彩色照片，只是"负-正系统"。只要掌握了"负-正系统"的工艺操作和校色原理，也就能很容易地进行"正-正系统"的彩色片制作了。

（一）彩色照片的扩印

较流行的制作彩色照片的手段主要有两种：一种是采用扩印机制作（如图8-5所示）；一种是采用放大机制作，其原理是一样的，也可以把扩印机看成固定放大尺寸的放大操作。同放大机相比，采用扩印机制作照片有很多优点。

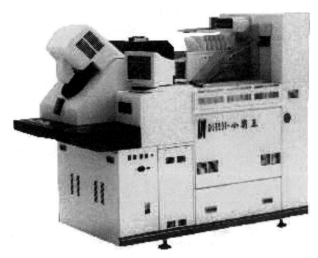

图 8-5　彩色扩印机

扩印机制作照片由于放大尺寸固定，可采用一系列的自动化控制，功效高。一般的彩色扩印机每小时可扩印400张左右的彩色照片，有的甚至更多。它的加工速度快，从冲胶卷到拿到彩色照片一般只需半小时左右，先进的扩印机需要的时间则更短。

缺点首先是放大照片的画幅和尺寸相对固定，不能灵活变化，如3×5英寸、5×7英寸等。其次，色彩还原的准确性明显不如放大机放大的，尤其对质量较差的底片（指色温平衡性和曝光的误差）。彩扩可以节省人工，故代价低。

因此，大批量作业的一般民用商业制作彩色照片，以及大型专业单位印制彩色样照，大多采用扩印机。对于新闻摄影和要求较高的彩色照片制作来讲，则需要采用放大机来制作彩色照片。

（二）彩色放大的基本设备

1. 彩色放大机

彩色放大有其专用的放大机，如图8-6所示，它与黑白放大机的区别就在于带

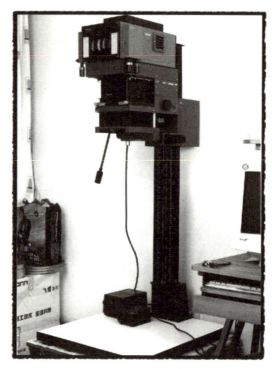

图 8-6　彩色放大机

有校色镜装置（又称"校色混色头""校色混合头"）。其结构和黑白放大机基本上是一样的，即由光室、集光镜、皮腔、镜头、底片、夹板等组成。

普通黑白放大机稍加改装或不改装，只要在放大机光源与聚光镜之间放置彩色放大用的校色滤色片，也可用来放大彩色照片，只是操作起来比较麻烦。

2. 安全灯

彩色暗房使用的安全灯与黑白暗房使用的安全灯的光谱范围不一样，黑白暗房使用的安全灯是红颜色的灯，光谱范围要求也不十分严格，它不仅是工作条件的照明，同时还要借助红色光来观察照片的显影程度。

3. 校色滤色片

如果使用的是带有混色头的彩色放大机，无需使用校色滤色片，如果使用的放大机没有校色滤色镜，则必须有一套校色滤色片。

每种颜色的滤色片都用一个英文字母来表示，如用Y表示黄，M表示晶红，C表示青。每种颜色又有由浅到深的各种不同密度，其密度分为05、10、20、30、40、

50、60、70、80、90、99共11个等级。为使每张滤色片的密度数值保持两位数，其中的最高密度用99代替100。数值越小，说明密度越小，颜色越淡，反之，数值越大，说明密度越大，颜色越深。这样，全套滤色片共有33张。有了这33张密度不等的三种颜色的滤色片，就可以排列出各种形式的组合，以改变光源所含色光的比例，达到校正照片色彩的目的。

4. 彩色印相机

彩色印相机与黑白印相机的不同之处主要在于它多一个放置校色滤色片的抽屉，同时没有红灯装置。因此，我们很容易利用黑白印相机改装而成。

5. 彩色分析仪

简易的彩色暗房，也可不配置彩色分析仪。

彩色分析仪有助于彩色放大中正确校正偏色，并使校色工作大大简化。先进一些的彩色分析仪还具有显示正确时间的功能。没有彩色分析仪则需要凭经验进行校色，同样可以放大彩色照片。

6. 稳压电源

在印放彩色片的过程中，如果电源电压不稳定，不仅会影响曝光的准确性，而且还会影响光源色温的稳定性，关系到色彩表现的正确与否。因此，在彩色印相和放大机的电源上安装电源稳压器是十分必要的。

7. 恒温设备

彩色片的显影、漂白、定影等工艺程序对温度的要求比较严格，因此要有一套使用方便的恒温设备。目前，常用的恒温设备有深箱式、滚筒式和开盘式三种显影方法。深箱式和滚筒式寿命较长，提高了药液的使用定额，并且可以防止由于安全灯失误而导致的相纸、胶片产生灰雾。开盘式显影使用起来方便，但药液与空气的接触面积大，药液极易氧化。在冲洗过程中要保持显影、漂白、定影和水洗的相对温度，温差变化不要过大，以免使感光材料的乳剂膜缩胀系数过大，影响画面的质量。

彩色暗房除以上一些基本设备必备之外，像冲洗盘、夹子、温度计等一些暗房必需用品当然也不可缺少。

（三）彩色片放大操作程序

这里所讨论的彩色片的放大仅限于减色法放大。

放大彩色片的操作与放大黑白片的操作原理是差不多的，主要区别是前者需要校色，即校正偏色。后者则不存在这个问题。可以说，没有一张彩色底片在放大时是不需要校色的，这是由拍摄时光源色温的变化、曝光情况、冲洗条件以及彩色相纸本身的偏色所决定的。彩色片放大时，因所使用的器材简陋或先进程度不同，而有着极大的差别。

1. 使用先进的彩色放大机

如果使用先进的彩色放大机和精确的彩色分析仪，放大彩色照片的操作也较简单，一般只需对这种放大机稍加调节，便能完成自动校色和确定所需要的曝光时间。然后用一小条彩色相纸置于画面的重要部位，曝光冲洗后的小样上一般还会略有偏色，只要根据一般经验，再对放大机上的校色旋钮稍加调节，便可正式放大出色彩还原较好的彩色照片。

先进的彩色放大机都带有彩色混色头，同时配有彩色分析仪和曝光探头。彩色混色头使用时，事先必须凭经验用手工放出一张色彩、影调、密度都比较标准的彩色照片，并将这张彩色照片所用的滤色片组合和曝光时间贮存于分析仪。分析仪在设计要求上是将彩色底片上三层彩色影像按一定的比率曝光。在彩色相纸上也按一定的比率感光，经冲洗后产生一张彩色表现丰富、有中性灰的照片。

彩色分析仪和测量探头无疑给暗室人员带来方便和捷径，但它们不是万能的。分析仪校色并不是一次就能获得色彩平衡良好的照片，还需要以手工方式加以微调。

2. 使用校色滤色片进行校色

如果使用的是不带有校色滤色镜的放大机，即用普通的黑白放大机来放大彩色照片，就要备有一套校色滤色片了。这种放大操作起来虽然麻烦，但不失为初学者练习和掌握校色规律的好方法。因为对初学者来讲，通过对照片偏色的反复校正，可巩固校色理论，获得放大彩色片的最重要的东西——校色经验和曝光的时间估算。

（1）将选好的待放彩色底片像黑白放大时操作的那样夹入底片夹，记住，药膜面朝下。

（2）根据剪裁要求和将要放大的照片尺寸，把放大机身调到所需要的位置，并调准焦点，使影像清晰。

（3）在底片投影的主要部位或内容丰富的中间位置放上铅笔或剪刀、尺子等物，做上标记，以便于在全黑的条件下找准样纸的位置。

（4）如果有经验可选择一组考虑好的滤色片放入放大机中。如果相纸有校正偏色的滤光镜组合，可按其组合放入滤光片；如果你没有经验，什么滤光片都不加也可以。

（5）根据放大尺寸，估计放大镜头要使用的光圈和曝光时间，并将其固定好，暂时关闭电源，重新记忆以上的三个条件：使用滤光片的单位、机身的高度、光圈与曝光时间的组合。

（6）将试条放置在选择好的位置上（应在全黑的情况下进行），然后曝光。

（7）将滤光片的单位、光圈和曝光时间、机身高度三个数据有规律地按顺序清楚地用铅笔或专用记录笔记录在试条的背后。因为进行一次试样很麻烦，需要花费时间，不能等一张片完全校准色放大完毕，再进行第二张校色、放大。可以交叉进行，几张底片同时试样，并把数据记录下来，这样不致发生差错。滤光片单位的记录顺序为：黄、品红、青。

（8）按标准冲洗条件冲洗曝光后的试条，直至完全干燥。对于油溶性的彩色相纸必须在完全干燥后，才能判断出试样的曝光是否准确和偏色情况，并且要在标准光源条件下鉴别。

以上介绍是减色法放大照片的一次试样步骤，如果试样曝光不准或仍然偏色，那就要再次选择曝光组合和使用合适的滤光片，直至试条满足标准为止，即可进行正式放大了。

3.使用滤色片的曝光调整

（1）使用校色滤色片的曝光量调整，可在实际操作中获得经验，做曝光时间的调整。因不同厂家生产的校色滤色片采用的染料不一，加上滤光片的新旧以及使用的张数多少，也会对阻光发生变化。

（2）计算获得使用滤光镜后曝光时间。彩色照片制作中曝光时间的控制不要太短，最好在10秒钟左右，时间太短照片的密度不好掌握和调整，特别是由于滤色镜改变以后曝光时间的调整，曝光时间太短，误差就大，对照片加工中的局部遮挡也十分不利。

4. 校色

校正彩色片的偏色是为了清除照片上不应该存在的多余颜色。在形成彩色底片的前期有许多引起画面偏色的因素，这就要求在放大时使用滤光片（或混色头）进行校正，使之得到一张色彩还原较正确的彩色照片。

校正彩色片偏色的能力在很大程度上是靠操作者的经验积累。首先，操作者必须学会对彩色片偏色的正确鉴别；其次才能选择合适的校色滤色片消除偏色。鉴别照片的偏色，一般采用直接鉴别和利用色卡两种方法。直接鉴别就是用眼睛直接鉴别照片画面偏向什么颜色，凭经验确定偏色的数值。

（1）选择合适的观察光源；

（2）利用第一眼印象；

（3）观察画面上的灰色部分；

（4）以中间密度部位为主；

（5）以鉴别画面上主要景物的偏色为主；

（6）采用分析对比的方法；

（7）注意特殊的情况。

5. 校色原理及校色规律

根据减色法原理，在确定偏色及偏色程度时，应按下列规律使用滤光片：

（1）画面偏什么色调再次印放曝光时，应加适量的所偏色调的滤光片进行校正。

（2）画面偏什么色调再次印放曝光时，也可减少所偏色调的互补色的滤光片进行校正［指在试样时已使用滤光片，颜色效果与（1）项是相同的，但所得的密度大小不同］。

（3）画面偏色程度越大，加上或减少滤色片的密度也越大。

（4）不能同时使用三种颜色的滤光片组合。如果同时使用的话，等于增加了以最低一个单位的中性灰，由于中性灰除了起到阻光作用而需要增加曝光时间外，不能起到任何校色效果，故必须通过计算从滤光片组合中把密度相同的部分减掉。

6. 冲洗

型号不同的彩色相纸都有着不尽相同的冲洗工艺。有些是可以互相代用的，有些却不行。使用时，一定要注意到生产厂家所推荐的冲洗工艺。

（1）EP-2原装套药冲洗工艺

彩显时要注意搅动，尤其要注意试样阶段或正式放大时搅动的一致性。漂定结束后的工序，可以在亮室操作。干燥时可用电吹风机吹干，涂塑彩色相纸不能用上光板去干燥，可用干燥机。

（2）EP-2推荐配方

EP-2原装套药的冲洗工艺可用代用配方自配。采用此配方冲洗液时，原装套药冲洗工艺的停显液可改为水洗，其他条件一概不变。

（3）No.1彩色套药及冲洗工艺

国产No.1彩色冲洗套药由广州摄影化学材料厂研制，部分国产油溶性涂塑彩色相纸以及使用EP-2工艺冲洗的彩色相纸均可使用此套药及工艺。该套药有粉剂和水剂两种，水剂主要供冲洗机使用。

（4）国产液态浓缩彩色套药

天津化学试剂三厂生产的风船牌液态浓缩套药，填补了国内的空白。之前国内只生产粉剂和水剂彩色套药，浓缩液态和彩色套药完全靠进口，液态浓缩套药配药时方便迅速，配药后马上能使用，不需要静置稳定一段时间，其色彩还原效果好、反差适中、颗粒细腻、色彩鲜艳饱和、真实自然，完全可以满足摄影者的需要。市售1000毫升的P型彩色相纸冲洗套药（EP-2工艺），可冲洗柯达RC-74、RC-78、富士、樱花以及其他适应EP-2冲洗工艺的各种相纸。

（5）PHOTOCOLOR Ⅱ TRT-KIT彩色负片冲洗、彩色照片印放、黑白负片冲洗通用套药。此套药的彩显液为液态浓缩药，只有一瓶（另有一小瓶供彩色印放作添加剂，若只冲彩色负片则不能加入此小瓶添加剂）。漂定液也只有一小瓶。彩显和漂定使用时只需按规定溶量稀释即可使用，非常迅速方便。

7. 冲洗注意事项

（1）配制好的彩显液和漂白液，应尽快使用，保存时间不宜超出表8-7所列的时间。

表8-7　彩色药液的保存时间

药液	满装于密封的深色瓶内	加浮盖的深箱
彩显（未使用过）	6周	6周
彩显（已使用过）	2周	1周
漂定	8周	8周

（2）冲洗过程中要严格控制药温、时间和搅动的一致性。

（3）彩显液应避免接触皮肤，操作要戴橡皮手套。如果手上、脸上、皮肤上沾染了药液，要立即用清水冲洗。

（4）对样片要吹干后在合适的光源下鉴别其偏色及偏色程度，因为干燥后色彩与未干燥时的色彩不一样。

四、加色法放大

采用加色法校色配光放制的照片，其色彩饱和度高。但因设备较昂贵，故一般在照片制作中，更多的是采用减色法放大。这里仅对此法的原理及操作做些简单的介绍。

加色法放大是通过特殊的滤色镜将放大机的光源分解成蓝、绿、红三束原色，根据画面偏色情况，调节三束光的比例和强弱，使画面的颜色和密度得到校正。如某画面偏青，说明感红层的密度偏高，减少红光的比例，青密度就会下降，从而得到正常的彩色再现。又比如有一画面偏蓝，说明画面中品红染料和青染料过多，再次校色曝光时，只要减少绿光和红光，画面颜色就可以得到校正。从另一方面看，画面偏蓝，也可以认为是缺少黄色，黄染料的数量不够，因而增加蓝光的量也可以使画面的色彩得以校正。根据以上情况，画面偏色时，可按加色法配光校正。加色法校色的一般规律，如表8-8所示。

表8-8　加色法校色的一般规律

正像画面的偏色	校色方法	
	应增加的原色光	应减少的原色光
黄	绿+红	蓝
品红	蓝+红	绿
青	蓝+绿	红
蓝	蓝	绿+红
绿	绿	蓝+红
红	红	蓝+绿

加色法放大的操作程序如下：

（1）加色法放大所使用的滤色镜是浓度很大的三原色滤色镜，即红、绿、蓝三种滤色镜各一片，红的编号是29R，绿的编号是61G，蓝的编号是47B。

（2）加色法放大的工作方法是让放大机光源分别透过三原色滤色镜29R、61G和47B，用光源透过三原色滤色镜时间的长短控制颜色的变化，同时也控制照片的密度。

（3）加色法放大照片的偏色是用增加某种原色光的曝光时间或减少其补色光的曝光时间的办法而进行校正的。例如照片偏红色，可用增加红滤色镜29R的曝光时间进行调整，也可以同时减少绿滤色镜61G和蓝滤色镜47B的曝光时间进行校正颜色，绿与蓝组合就是青色，因此照片偏红既可以增加红的曝光时间，也可以用减少绿和蓝的组合达到校正照片偏红的目的。

（4）加色法放大照片密度的控制，是由三原色滤色镜分别进行三次曝光所共同决定的。因此，如果照片深浅合适而有偏色，在调整偏色时，增加偏色滤色镜的曝光时间，还要适当减少另外两种滤色镜的曝光时间，才能保证照片不会由于调整偏色而密度增加。同样，如果调整偏色时减少一种滤色镜的曝光时间，还要适当增加另外两种滤色镜的曝光时间，才能保证照片最后的密度不会减少。

加色法放大需要进行三次曝光，操作麻烦，这是一个大缺点。同时，用这种方法所制作的照片，最大的问题是不能进行局部遮挡或加光。三次曝光的操作是非常不容易叠在一起的，这样对于底片或放大光源不均匀的问题就不容易解决，也就不容易制作出理想的照片，因此，这种方法一般只运用在自动化程度较高（相对的自动校色放大机）的机器和小幅照片的制作上。

五、彩色暗房技术技巧

彩色暗房除了需要严格按照技术要求进行操作外，还有一些技术技巧可以运用。

（一）局部增加曝光和局部遮挡

使用的工具，根据个人的技术水平和工作习惯可以自由选择，不外乎挡拍、运用棉花球之类，用手也可以。制作的彩色照片需要进行局部加光时，要考虑增加曝光后的局部色调与照片的主体或中间色调是否一致，如果发现不一致的现象，就要在增加曝光的同时调整一下制作照片使用的中和滤色镜，调整的范围幅度要根据加光后色调变化的程度而定。

进行局部遮挡的照片，放大时的曝光时间控制要稍长一些，这样挡出的局部层次不容易留下清楚的遮挡痕迹。遮挡要适当，不可过量，也不要蜻蜓点水而不起作用，要做到恰到好处。要做到这一点，最好在照片制作的试样过程中就进行试遮挡，这样制作整幅照片时就心中有数了。

局部增加曝光最好也采取试样时进行局部试增加曝光，冲洗出来的试样，可以看出增加的曝光量是多还是少，这样整幅照片的局部加光就准确得多。彩色照片冲洗过程中不能进行密度的再加工，所以要求加光遮挡要适当，它比黑白照片制作的加工要求要严格得多。

（二）局部色调的调整

局部调色的灵活运用，在彩色照片的制作中是一项很重要的技术，下面从四个角度阐述一下用法。

（1）底片边缘密度大，中间密度小，造成的原因是胶卷用显影罐冲洗，搅动过量。在黑白冲卷中，只造成密度不均匀；在彩色冲卷中，除造成密度不均匀之外，还会造成染料还原的不均匀。用这样的底片制作出来的照片，中间的密度和颜色如果合适，那么两边要小，色调要偏蓝紫。在增加两边密度曝光的同时，还要增加一点蓝紫滤色镜单位，使这部分的颜色增加一点黄绿色，以使其与中间内容协调一致。

（2）由于拍摄光线混杂造成的照片色调不协调。这类照片一般是在室内拍摄，使画面受到室外自然日光的影响，形成室内色温低、室外色温高，室内部分的景物在照片上还原为黄橙色调，室外部分的景物在照片上还原为青蓝调，并且密度小，照片色调很不协调。在这种情况下，照片偏色校正以室内为准，在放制照片时，先按室内景物的中和滤色镜曝光，而后在增加室外部分的景物曝光的时候，可适当增加黄和红的滤色镜，这样制作出来的照片，室内和室外部分的景物色调就可以趋于协调一致。

（3）对色调不平衡底片的挽救。这种照片的制作方法，一般是使大密度部分颜色还原准确，而小密度部分在曝光时进行遮挡，甚至可以使其不曝光，然后再调整与小密度颜色相一致的滤光镜，使其大幅度增加浓度，再增加小密度部分的曝光，这样就可以制作出比较平衡的彩色照片。

（4）为了强调渲染现场气氛，而对照片的局部进行色调的单加工。比如日出或彩霞照片，当太阳升得比较高时，黄红色调已大大减弱，周围景物的轮廓层次都很清楚。但为了强调一下日出的气氛，可采取先正常校色曝光，然后在太阳部位单独增加曝光，增加曝光的同时要减少黄红滤色镜，这样制作出来的照片，既保证了周围景物的色调，又强调了现场气氛。

（三）虚光照片的制作

先将要制作照片的主体部分的颜色、大小、曝光调整好，并根据主体影像用黑纸刻画一个轮廓，这个黑纸轮廓与下面的照片影像有一定的距离。曝光时，用刻画好轮廓的黑纸挡住不需要的部位，这样冲洗出来的照片就是虚光彩色照片。

（四）彩色照片的合成放大

（1）两张彩色底片合在一起放大成一张彩色照片，比如盛大的节日之夜，近角度拍摄建筑或欢乐的人们，而天空的焰火取景时无法拍摄，这时可将单独拍摄的天空焰火底片与下面的建筑或欢乐的人群的底片合在一起进行制作。这样的底片，要求互相利用它们之间的空间位置并加上需要的内容。

（2）黑白、彩底合放一张照片。这种照片的制作要麻烦一些，第一步用黑白负片、彩色纸试出所需部位色调的中和滤色镜和曝光时间。这个过程，实质就是用黑白底片制作彩色照片。第二步用彩色底片、彩色相纸试出所需部位色调的中和滤色镜和曝光时间。第三步是将黑白彩底两张底片所取的内容勾画在一张不透光的白纸上，影像大小与所放照片的影像大小相同。第四步是在同一张彩色放大纸上，进行两次曝光，第一次用黑白底及所需中和滤色镜曝光，将彩底内容部分遮住，第二次用彩底及所需中和滤色镜曝光，将黑白底内容部分遮住，遮挡要求准确，遮的方法是用不透光的勾有影像轮廓的白纸去找遮挡位置和调焦。这样曝好光的彩色放大纸，冲洗出来就是一张黑白彩色两底合成的照片。

（3）多底套放一张彩色照片。这种照片的制作方法，与上面所谈的黑白、彩色两底合成原理相同。

① 将所有底片都试好滤色镜和曝光时间；

② 用一张不透明的白纸，将这些底片与选择的内容排列好，套框的形状可以自由选择；

③ 依次将每张底片所需内容曝光一次，不曝光部分用黑纸挡住，用事先画好的不透明白纸选择每张底片所需内容的位置和焦点；

④ 全部曝光完毕，一次冲洗成一张彩色照片。

（五）巨型放大

关于巨型照片的制作，与一般彩色放大的方法没有什么不同，只是工作时将放大机的放置改变一下。如果是一般放在桌子上的小型放大机，可将机头转180°角，使镜头对地面投影，这样可制作24英寸左右的彩色照片。如果是较大型的放大机（国产珠江69型可算在大型之列），可将机身横过来（如意大利的138S型），使镜头对墙壁投影，在墙壁前安装画有照片尺寸的薄木板（三合板也可以、五合板最好）。试样时，将图钉钉在选择好的部位，这样试样的位置同样是准确的。其他操作与前面介绍的完全一样。因此，如果连尺寸较小的照片还不能放好，或者没有掌握好工作的方法和技巧，请不要盲目地放制巨型彩色照片，以免造成浪费。

（六）彩色照片的中途曝光

彩色照片中途曝光，是摄影创作常用的一种手法。具体做法是当正式放大的彩色照片彩显到2/3的显影时间时，将照片取出1分钟，并用毛巾擦干，用闪光灯进行微量色光曝光，然后再完成照片的后1/3显影时间，接着漂定、水洗、干燥。有些彩色照片做中途曝光效果不一定好，做出来的画面有灰暗的感觉。为了保持立体色调鲜明，还可以在彩色安全灯下采取局部涂黑，然后才进行色光中途曝光。曝光之后，用水洗去照片上的墨迹，继续显影至额定时间，然后漂定、水洗、干燥。使相纸中途曝光的底片最好是大反差的，如是反差柔和的底片，做出来的效果灰暗，色彩不明快。

（七）加网纹彩色放大

各种网纹技术的照片，主要取决于网纹蒙片的质量。照相器材商店有现成的多种图案形式的网纹蒙片供选择使用，但某些特殊纹理的蒙片只能自己制作，如手、面纸纹、镜头纸、花边、粗布、石纹等，各种有花纹的东西，都可以用制版软片印制成有花纹的蒙片；或用照相机拍下来，然后转印到高反差胶片上，供叠放或叠印使用。布纹、麻袋纹、油画效果裂纹等蒙片，画面上有少量层次，宜选用硬性OA型制版软片制作；而纯线条式的网纹蒙片，则应选用SO硬性软片制作，使蒙片网纹黑白分明，线条光洁。现在还有一种高频热压机，可以制作出各种网纹效果的照片。

六、彩色反转片的放大与复制

彩色负片需要印相和放大，彩色反转片有时根据需要也要进行复制和放大。彩色反转片的画面，如图8-7所示。

8-7a　彩色135反转片拍摄的画面　　　　8-7b　彩色120反转片拍摄的画面

图8-7　彩色反转片拍摄的画面

（一）彩色反转片制作彩色照片

彩色反转片鲜明而真实的颜色远远优于彩色负片放制的彩色照片。但由于它受观赏条件的限制，人们总希望能够洗成彩色照片。

彩色反转片的发明使用于1932年前后，先于彩色负片，但因为长时间未能很好地解决彩色照片的质量问题，所以在1970年以前发展比较缓慢。后因汽巴公司的银漂法彩色反转纸质量和印放工艺有突破，所以正-正法彩色照片很快发展起来。后来依尔福-汽巴又推出Ⅱ型系统，即CPS·1K光面相纸、CRC-44M珠面相纸及CTD.F7透明片，而且在冲洗方面推出新型的汽巴P-3X冲洗程序，将冲洗时间加快一倍，冲洗程序已缩短到几分钟，大大低于负-正系统。

柯达公司为了和依尔福-汽巴竞争，除了原生产的RC-14、RC-19和它的冲洗套药R14-3外，后来又推出埃克塔可罗姆22彩色反转纸，同时改进了冲洗套药，编号为R-3和R-3000，新型埃克塔可罗姆22正像相纸弥补了其他埃克塔可罗姆彩色反转纸的不足。

使用彩色反转片通过反转冲洗出来的彩色照片，其影像清晰度高、色彩鲜艳，甚至有取代负-正法的趋势，尤其是新闻摄影界，几乎都是拍摄彩色反转片。

彩色反转片感光度比较高，对于整个可见光谱都能感光，因此，必须在全黑的情况下操作，以免跑光。反转放大和负片放大在药液选择上和制作方法上都有区别。反转放大在校正颜色的时候，滤光镜的使用和负片放大相反。例如，负片放大中，试条偏红，就选用红滤色镜校正（黄+品红＝红）；而反转放大中，试样偏红就要加青来校正。

放大反转照片的遮挡技术也和放大彩色负片正好相反，照片中某局部要求密度大（色彩深）要减光（遮挡）；要求密度小（色彩浅）要加光。彩色反转相纸按常规方法放大，放大尺板压着的四边未经曝光，经反转冲洗后成了黑边。若想得到白边效果，可把相纸四个边缘再加光。

利用彩色反转片（或幻灯片）制作彩色照片，虽然清晰度高、色彩饱和，但一般都比原片反差大，可采取以下方法降低反差：

（1）降低首显时间和温度；

（2）放大时，对亮部进行遮挡（减光），对暗部加光；

（3）对彩色反转纸进行微量前闪光或后闪光；

（4）用全色性黑白胶片将原彩色反转片拷贝印制一张黑白负片做蒙片使用，放大时把原反转片和黑白蒙片重叠在一起进行放大，以降低影像反差；

（5）把首显配方改用D-72、D-76、D-23或DK-20，但首显配方改变后要注意补偿首显时间，D-76首显时间为4—6分钟（35℃）。

反转相纸在冲洗上要求很严格，尤其是对首显的冲洗时间和温度的控制。有时由于温度、时间、搅动不同，试验出来的试条会有很大的差别。药液新旧也有差别，新药反差大，色彩饱和度高；旧药反差小，偏蓝紫色调。

（二）利用翻拍皮腔，复制彩色反转片

复制幻灯片最方便的方法是用翻拍皮腔，它可以1∶1原大复制，或进行局部剪裁放大复制，使用有内测光系统相机曝光容易准确，如果没有，可以将硫化镉测光表放在单镜头反光相机的取景镜上去测量来自棱镜的光线（注意将光孔收至实拍时的光圈）。硒光电池测光表灵敏度低，不宜使用。复制前，需多花些功夫做好前期试验工作。固定光源、测光方法、冲洗条件，然后用一卷5071型复制反转片（灯光型，16ASA左右）做试片，除UV镜外，不允许加任何滤色镜，进行梯级曝光（一般为五级，即按4、8、16、32、64ASA各拍一张），按正确冲洗工序冲出后推算该胶片的实用感光度，作为大量实拍时的感光度依据。通过试拍，冲洗所得到的色彩效果不会太理想，但它可作为和原版片观察对照使用。观察的光源应为5400K。选出一张试拍冲洗时密度较理想的复制片，放在标准色温的灯箱前用黄、品红、青不同组合的滤光片观察，直至它的颜色与原版片相近为止，这时便可以确定正确的滤光值（一般的规律是复制片偏绿需加品红观察，偏蓝加黄来观察，即加其补色）。正确的滤光片值确定后，可把该滤片放在翻拍皮腔镜头前供正式翻拍使用。

翻拍皮腔也可以翻制中间负片，用幻灯片、反转片翻制中间负片再拷贝彩正或放彩色照片（正-负-正），若用彩色负片翻拍则会使反差增大，暗部层次损失严重。中间负片可用C-41冲洗工艺，其复制出来的彩色中间负底质量很好。

用翻拍皮腔翻拍画面局部，应把照相机镜头倒装在翻拍皮腔的镜头上（1∶1原大翻拍为正装在翻拍皮腔镜头座上）。

制作彩色照片的暗室技法、技巧很多，这里只对新闻照片制作有关的一些基本的技法做些介绍，更多的技法需要在彩色冲洗放大的实践中去总结。

结　语

彩色影像的冲洗和放大，对新闻摄影记者提出了更高的技术要求，同时改变了新闻传播的观念，正如"新闻向前进，技术长一寸"那样，摄影技术每发展进步一点，都会推动新闻传播格局的变化，给受众带来一种信息接受的愉悦和顺畅。

彩色影像是色彩的载体，色彩是彩色的具体信息方式。在制作彩色影像之前，新闻摄影记者应该对色彩有一个基本的了解。

色彩在新闻信息传播中扮演着极其重要的角色，于受众而言主要有三个作用：首先，色彩有认知的作用，可以做这样的假设，如果世界没有了色彩，人们还能够分辨多少大千世界的现实物象呢？人们辨识物体很大程度上是依据色彩来完成的；其次，色彩有调节情绪的作用，人们生活在万紫千红的物质世界中，色彩已经内化为人们的生物性信息的符号，因此人们的情绪也始终被周围的色彩所左右；最后，色彩作为某种理智或观念的表征还有象征的意义。

当然，色彩的作用是相互的，它会直接影响到人眼对单色的知觉。人眼对某一单色的感觉与评价，必然受到其周围色彩的影响。这种色与色之间的相互作用形式，主要表现为同时对比、相继对比、补色现象、后像与彩色后像等。而将色彩感受与其他的感觉形式在某种条件下联结起来，又会产生一种"联觉效应"。虽然彩色影像评价系统极其复杂，但其基本点是不变的，那就是要求彩色影像的色彩还原接近被摄体的实际颜色，曝光、冲洗、印相、复制和放大等色彩影像制作技术都要紧紧围绕"色彩还原"来进行。没有物理上正确的色彩还原，就没有生理上的正确色彩感知，也就没有视觉信息传播上的心理接受。可见，彩色影像曝光、冲洗和放大技术的好坏，直接关系到新闻信息的传播效度。

第九章
胶片时期新闻摄影的采编技术

Chapter 9
Collecting and Editing Technologies of Photojournalism in the Celluloid Period

图片新闻的采编包括新闻图片的采集（拍摄）和图片新闻的编辑，它是新闻传播的一项重要技术。这项技术运用得好，能大大增强新闻传播的效果；反之，则形同鸡肋徒占报刊版面，甚至图与意相违，使新闻传播的效果大打折扣。新闻图片的采集（拍摄）是图片新闻传播的首要环节，也是拍摄者的第一任务；图片新闻的编辑则是图片新闻传播的临门一脚，是图片最终呈现给读者的样态和叙事，是摄影报道发表前的最后一道工序。[①]

第一节　新闻图片的采集（拍摄）技术

摄影采访是新闻摄影的重要实践活动。图片新闻作为一种新闻报道形式，首先属于新闻采访与传播活动。我们把拍摄者所从事的新闻采访活动，即为拍摄新闻照片而进行的调查、寻访与拍摄活动，称为摄影采访。拍摄者通过采访、拍摄获取新

[①] 本章采用《新闻摄影指南》（江苏人民出版社，1998年）第十三章、第十四章，《新闻摄影学》（江苏教育出版社，2007年）第十二章、第十四章和《新闻摄影学》（广西美术出版社，1998年）第二十八章的部分内容。

闻形象是新闻摄影活动的一般事件过程。它集中地体现着拍摄者的新闻观、技术能力及工作作风，最终决定着新闻摄影作品的新闻价值与传播效果。

一、新闻摄影采访的要素及特点

新闻摄影采访是摄影技术在新闻信息采集上的具体运用，它不仅体现了拍摄者的技术水平、视觉表达技巧，同时也表现出拍摄者的新闻观。

（一）新闻摄影采访的特点

1. 对视觉形象的选择

采访是采集新闻材料的一种调查活动。与文字记者的采访一样，拍摄者在进行采访时也必须寻找具有新闻价值的事实。与此同时，拍摄者在整个采访过程中还须时时抓住形象这个因素。因为摄影采访活动的最终目的，是为了拍摄到精彩的新闻图片。新闻的摄影采访一方面要深入地观察、思考，抓住新闻本质；另一方面，要从形象上去把握事物内在本质与外在形态，找到能准确地体现事物内容和意义的外部形象。为了寻找合适的形象，拍摄者要用形象思维去进行观察、把握与判断。

提高形象思维能力的重要方法，是不断地进行形象积累和形象观察。形象积累，一方面来自对现实社会生活中形形色色的人和事的观察，成为日常工作中的有心人；另一方面，善于学习国内外新闻摄影佳作，分析其画面切入的角度、形象的成功之处。观察与发现是相辅相成的。

新闻摄影要扬长避短，应考虑所采访的新闻事实是否适合用摄影形式报道。并不是所有的新闻题材都适合用图片来报道，有些新闻事实尽管意义重大，具有极大的报道价值，但它可能只适合于文字报道。比如"南京大学介电体超晶格材料的设计、制备、性能和应用获得了国家自然科学奖一等奖"，这是没有明确形象特征的新闻事实，用新闻摄影来报道就有点勉为其难了；而像"中国军舰印度洋实弹演习""黑龙江遭暴风雪袭击""南京长江三桥建成通车"这类视觉形象突出的新闻，就比较适合用图片来传递新闻。

2. 现场的拍摄

新闻照片中的新闻形象是一种现场的纪实，它完成于新闻现场。拍摄者要亲临事件发生的现场或深入现实生活才能拍到特定时空状态下的特定事物。立足现场进行拍摄，这是新闻摄影的客观规定性，也是摄影的纪实特性所决定的。文字记者对新闻事实背景的各种方式的寻访、调查，可以在事前或事后，但拍摄必须绝对地在现场进行。如果记者的拍摄行动不是在特定的现场，而是在一个与现场无关的场所进行，这样拍出来的照片也就没有什么真实性可言了。

新闻的时效性对于拍摄者而言很大程度上体现在抵达新闻现场的速度，尤其是突发事件发生时，是否"抵达现场"与"抵达速度"的疾迟成为决定新闻摄影作品时效性的关键。不到达现场，事件经由文字中的"目击者说"进行的现场还原，并非新闻摄影镜头力所能及。

3.瞬间的抓取

拍摄者的任务，就是通过拍摄点的选择与拍摄时机的选择，把正在进行的新闻事实最具有意义的瞬间记录下来。这个瞬间，应该是能够真实、准确地反映出新闻事实的中心内容，能够揭示出事实价值、意义的瞬间。这就是基于新闻摄影的瞬间形象性而提出的"决定性瞬间"的要求。

4.视觉化信息传递方式

新闻图片将信息直观化、视觉化，以"形象"传递新闻信息。新闻摄影的主要目的是以视觉的方式传递新闻信息，信息量原则是新闻摄影的基本原则，不可小视，更不可忽视。能够说明新闻事件的信息未必同时符合新闻摄影的特点，因此，在新闻现场的拍摄者需要找到适合视觉化传播的新闻点。在媒体市场化的情况下，新闻图片之所以日渐重要，是因为采用图片的好坏直接影响纸媒的发行量；信息传播的价值和视觉化的可能性与水准，则是制约图片质量的关键。因此，既重视新闻信息的传播价值，也重视视觉传达规律成为新闻摄影界的共识。

（二）新闻摄影采访的要素

新闻采访活动，包括媒介、记者、素材和采访对象四个要素。

在新闻摄影活动中，媒介要素包括荷载信息的介质和工具，以及传送信息的工具和手段。如前所言，拍摄者在新闻采访过程中选择的是视觉化的新闻点，这是由摄影采访工具——照相机的特性所决定的。同时，新闻图片的呈现方式还取决于其刊登媒体的特点，包括媒体的风格、定位、政治倾向和社会立场等。报纸与杂志对图片质量的要求也是不同的，不同纸质呈现的图片效果也不同。记者在摄影采访活动中要考虑到这些因素对现场再现的影响。

作为拍摄主体，记者在整个新闻摄影活动中起主导作用。瞬间形象的最后选择或决定，就是由拍摄主体来完成的。拍摄者在拍摄活动中，总是有着积极的主观参与，他要把深刻的理性思考、敏锐的直觉活动和丰富的感情因素融入观察与拍摄当中去，积极地寻找内部世界与外部世界的碰撞。每一张照片的瞬间形象，都是拍摄者对客观事物进行主观选择与技巧运用的结果，它既是拍摄者新闻敏感、形象敏感的集中反映，同时又必然融合着拍摄者对政治、社会、现实、人生诸方面的理解与思考。种种主观因素，影响并决定着对瞬间形象时间点与空间面的选择，也决定着对瞬间形象内容和形式的最终把握。[①]

拍摄对象与新闻采访中的采访对象不同。采访对象包括拍摄对象和其他提供相关新闻信息、事件情况和意见的人，不仅是接受记者采访的人，也包括以其他各种方式呈现事实证据的人。而拍摄对象除了新闻采访中的人们，还可以是其他现场事物，记者所能见到的、所能拍摄下来的事物。图9-1所示为摄影记者的现场采访活动。

摄影采访的素材则包括有价值的新闻素材和公众所关注的新闻题材，要求摄影采访的素材应该具备新闻报道所具有的元素。在新闻写作中，通常要求新闻中的人名、地名、现场、情节、数字、结果都要写得具体。交代清楚"新闻五要素"，即五个"W"：什么事（What，何事）？谁被牵连到这个事件之中（Who，何人）？这个事件是什么时候发生的（When，何时）？是在什么地方发生的（Where，何地）？为什么发生这个事件（Why，何故）？有的还要加上一个H（How，怎么样）。在新闻摄影中，常常无法在一张图片中将所有新闻要素都完全表达，只能有选择地采用其中一些重要元素来表达，而隐匿一些新闻要素，被隐匿的相关新闻要素，则可以在文字说明和相关的文字报道中补充阐述。

---

① 徐忠民：《新闻摄影学》，杭州：杭州大学出版社，1996年，第76页。

图 9-1　新闻摄影现场采访　百度百科

二、新闻摄影采访的步骤

摄影采访与文字采访一样，主要是与人打交道，带有明显的公共关系特征。在进行摄影采访之前，必须做好各方面的准备工作，做到有备无患。

（一）准备工作

新闻摄影采访的准备，最基本也是首要的，是选择符合本次采访技术要求的摄影设备，并仔细检查确认设备功能是否良好。此外，则是搜集新闻线索和制订采访计划。

1.掌握新闻线索，确定采访主题

新闻线索是新闻摄影报道的基础，只有掌握足够多的新闻线索，才能有选择地确定报道题材；只有及时获取报道线索，才有可能尽快地报道突发事件。从某种角度上说，媒体的竞争就体现在新闻来源的竞争上。新闻线索的来源有很多，大体上可分为以下几种：

（1）政府机关、企事业单位提供新闻线索。各级党委、政府和军队中都设有专门负责新闻宣传的部门，遇到有重大活动，他们会提前通知相关媒体。而一些企事业单位也都有自己的公关部门，他们会主动地和媒体进行联系。

（2）来自编辑部的报道线索。报纸、杂志的编辑部门，对一段时期的新闻报道都有选题策划，不同时期有不同的报道重点，编辑部会给摄影记者安排拍摄任务。

（3）通过其他媒体得到新闻线索。新闻媒体是新闻信息最集中的地方，拍摄者通过报纸、书籍、电视、广播发现可供摄影报道的线索。

（4）从通信员、新闻线人处获得新闻线索。通信员、新闻线人身处社会基层，他们了解、获取特定社会新闻、突发事件有得天独厚的优势，是新闻线索的重要来源。

（5）通过"扫街"获得新闻线索。"扫街"是拍摄者的一项基本功，就是在没有指定任务时拿着相机到处转，日常新闻的拍摄往往都是通过"扫街"得来的。

2. 搜集新闻资料，制订采访计划

许多新闻报道往往是受平时累积的新闻资料启发而产生的。平时资料的积累，包括文字和照片资料的积累。通过考察事件以往的情况和相关历史，记者在到达现场时就能够更迅速地把握新闻现场的特殊之处，抓住决定性瞬间。

接受采访任务后，资料的搜集工作是根据采访任务而进行的。对一些重大题材，编辑部可能要求多个记者参与，在采访中要分工合作。记者的资料搜集除了与新闻事件相关的背景、起因、发展和相关专家观点、政策依据、社会舆论等信息，还包括新闻现场拍摄空间考察、稿件发送设备程序，以及之前关于该新闻事件的相关报道、类似的新闻报道等。

做好资料搜集工作之后，需要制订摄影采访计划。采访计划要主旨明确，主题思想集中，切实可行。完整的摄影采访计划，可以在采访过程中提醒记者不要忘记重要的细节。在采访过程中，也要根据客观情况，能动地调整采访计划，随机应变。

（1）了解报道对象，探寻报道角度。确定了报道线索后，要了解报道对象的基本情况：报道对象有何特点，相关数据、资料的搜集，其新闻价值点在什么地方，报道对象的生活、工作环境情况怎么样，对拍摄有无特殊要求，等等。

（2）准备摄影器材。每次采访前，都要做好器材的准备工作，确定带何种相机，要用哪几种镜头，三脚架、充电器、闪光灯等。拍摄者应把照相机作为身体的延伸，既要保护好它，又要能熟练地使用它。

（3）对于大型报道题材，要制订较详细的采访计划，安排好每一个采访环节，全面而有条不紊地报道新闻事件。采访计划通常应包括采访的目的、任务和要求、采访的时间安排、地点选择、交通路线、采访环节以及资料的搜集与记录等，不应遗漏报道的各个要点。如果是小型题材，通常只做简单的报道提纲或报道设想。应注意的是，报道事件是多变的，采访计划也要有相应的应变措施。

（二）现场采访

在新闻现场的采访强调一个"勤"字，有人将之总结为：勤看、勤听、勤记、勤思、勤问。[①]

勤看，就是通过对现场新闻事件的发展进程、人物活动、现场气氛以及各因素之间的联系进行密切观察，运用形象思维能力，寻找其中具体的、可感的因素。

勤听，就是尽可能捕捉所有有用信息，善于倾听，从当事人的谈话中也许会找到你想要的信息。

勤记，好记性不如烂笔头，在采访中得到的有用信息尽可能地记录下来，对于自己后期的文字写作会有帮助。

勤思，摄影不光是技术性的，好的摄影作品出现，不是因为你的镜头好，而是镜头后面的头脑思维好。

勤问，是指拍摄者在思考的同时还要求证，而求证的最佳方式就是多问，不要一味地埋头拍照，停下来和周围的人聊聊，对当事人进行深入采访，有助于对拍摄对象有深刻的认识。

1. 新闻现场的拍摄

在拍摄时，要注意把握以下三个环节：

（1）选择拍摄位置。拍摄位置不仅决定了照片的空间位置和画面结构，还可以根据新闻报道内容，观察用怎样的画面结构才有利于突出新闻主题，表现好人们最关心的人与事。因此，要认真细致地观察现场，多角度、多方面地选择。到达现场，最好多方位地观察一遍，选择多个拍摄点。由于动态拍摄时间极短，如果位置选择不好，加上记者又多、人又拥挤，很可能拍不到或拍不好照片。因而预先选好拍摄点很重要，一个点不行马上换另一个。

---

① 朱文良：《新闻摄影手册》，上海：上海文化出版社，1994年，第73页。

（2）抓取典型瞬间。新闻摄影的作用，最终要靠瞬间画面来表达。能否抓住事件发生发展的最佳瞬间，是摄影报道是否成功的关键，也是检验记者基本功是否扎实的标准。

（3）及时赶赴现场。对于突发事件，不可能事先获得线索，要及时到达现场，不失时机地进行拍摄。突发性事件往往比较危险或变数较多，这就要求记者在各种激流漩涡中冲锋陷阵，争取采访顺利进行，取得第一手材料，完成摄影报道任务。

2. 现场拍摄之外的新闻采访

（1）与采访对象充分沟通。拍摄者要拍摄好一个新闻题材，不仅需要到达新闻现场进行拍摄，还需要与采访对象做好充分的沟通。新闻摄影把采访对象的个人形象或其他相关资料公布于众，对采访对象会造成一定的影响。在采访中与采访对象建立友好的感情，争取其对采访工作的理解，是新闻摄影取得成功的关键。其次，与采访对象的双向互动，有助于获得充分的新闻信息，增进记者对新闻事件的理解和把握。

（2）在摄影采访的现场，记者还需要认真做好场记。简要地记录拍摄内容、采访对象的名字及其位置，采访之后核对人名、时间、地点、事件原因等一些重要的新闻要素。

三、不同新闻题材的拍摄

在具体的新闻拍摄中，不同性质的新闻题材其拍摄的方法是不同的。

1. 事件性新闻的拍摄

新闻报道的事件大体上可分为两种：预知事件和突发事件。二者的共同之处是有明显的发生、发展和终结过程，持续的时间性明确。二者又有不同之处：预知事件，记者可预先得知相关情况，做较充分的准备。但也是因为一般的预知事件人们接触得比较多，所以常常拍得老套。突发事件，是指那些在人们不可知的情况下突然发生、其发展进程和结果也难以预料的事件，其特点在于偶发性、突然性和未可知性。[1]

（1）预知事件的采访拍摄。预知事件主要是各种会议及各种活动，比如每年召开的两会、重要的工程竣工典礼、文娱活动、体育比赛以及其他有组织的活动。这类题材因其太常见，拍摄者拍多了容易引起心理惰性。比如会议新闻的拍摄，通常都是拍领导人在主席台上讲话的照片，在背景或前景中有会议名称字样。这样的照片从新闻信息量上来说也算全面，但这种千篇一律的会议照片，读者早已厌烦，新闻传播的效果很一般。

（2）突发事件的采访拍摄。突发新闻是指事件发生不在预期之中，无法事先进行计划的报道题材，如火灾、车祸、爆炸、凶杀等。突发事件的发生，大都包含着不同寻常的因素，影响着社会、生活的正常秩序，比如交通事故、食物中毒这些突发事件，人们普遍关注，新闻价值很大。

2. 非事件性新闻的拍摄

非事件性新闻是与事件性新闻相对的一个概念。非事件性新闻有如下特点：一是没有明确的时间性，它是现实社会生活中已经存在并缓慢发展、变化着的事物或重复出现的事物；二是不像事件性新闻那样典型、突出、被人们广泛注意，它往往不经细心观察、分析就难以发现，不经富于特征性的揭示就不为人们所关注；三是不像事件性新闻那样有强烈的时效性的要求。[2]有人这样定义非事件性新闻照片：除了事件性新闻照片以外所有的新闻照片。非事件性新闻照片在都市类报纸上出现得比较多。

非事件性新闻没有强烈的时效性要求，所以拍摄者在采访拍摄时可以有更多的时间深入生活、关注生活、反映生活，可以和采访对象有更深入的沟通交流。

无论是事件性新闻还是非事件性新闻的采访拍摄，沟通交流都是必要的，它是拍好新闻照片的前提，而非事件性新闻的拍摄尤其强调沟通交流的重要性。

---

① 盛希贵：《新闻摄影教程》，北京：中国人民大学出版社，2003 年，第 126 页。
② 盛希贵：《新闻摄影教程》，北京：中国人民大学出版社，2003 年，第 129 页。

四、新闻摄影采访的时效与时机

时效性是新闻摄影图片价值的重要保证。新闻图片的发表与新闻事件发生的时间间隔越短，图片的新闻价值就越高。新闻图片的传递速度直接影响着新闻的时效性，快速的信息传递方式会极大地提高新闻图片传播的时效性。新闻图片的时效性还包括选择适宜的发表时机。

1. 摄影报道的时效性

新闻摄影的时效性体现在新闻发布的时间与新闻发生的时间间隔。时间间隔越短，时效性越强。拍摄者要有强烈的时效观念，善于"抢时间"。提高新闻时效性，首先是发现新闻要快。拍摄者不但要具有敏锐的新闻触觉，还要有广泛的人际关系和信息来源，在新闻事件发生的时候能闻风而动，深入现场拍摄采访。其次，新闻采访过程要快。拍摄者要不断积累摄影采访经验，总结出一套适合自己的工作方法，无论是对预知性事件还是突发性事件，都能有条不紊地开展工作。再次，是在新闻采访过程中不但能够充分利用各种社会资源，还要尽可能地避免来自社会各方面的干扰。要注意政府机关的办事风格和相关行政部门的规定，避免不经意间触犯一些社会利益集团的底线，还要注意新闻事件所在地的治安、人情风俗等方面的情况，确保自己能够顺利地完成摄影报道。最后，完成拍摄后，新闻图片稿件要及时传送，充分利用先进的信息传递手段和工具，在抢时间发稿的同时兼顾新闻图片的质量。

及时拍摄报道读者所关心的新闻事件，可以消除人们对新闻事件的疑虑或恐惧心理，引导人们关注社会热点、焦点问题，进而影响社会风气，对于营造良好的社会环境有重要作用。

2. 选择恰当的时机发稿

新闻图片的发布时机，是指选择恰当的时间点发表新闻图片，以造成较大的社会影响，实现新闻摄影的社会功能。决定新闻图片发表的因素很多，包括国家重大活动、国家政策方针、社会舆论风气以及国际政治经济形势等。

新闻摄影不仅反映了新闻机构的观点，在新闻形象呈现过程中也影响了舆论的导向。恰当的发稿时机能够引起人们对于新闻事件的高度重视，在某种程度上影响了人心动向并形成社会舆论。

第二节　新闻图片编辑的技术理念

新闻图片编辑的工作包括拍摄前的组织与策划，拍摄后照片的选择与处理。新闻图片编辑的工作流程是：获得照片—选择照片—确定照片在版面上的大小—剪裁照片—写好文字说明。因各类媒体之间激烈的竞争和平面媒体报道内容同质化越来越严重，新闻媒体非常重视报刊视觉形象的整体包装，报刊视觉设计也成为图片编辑的一项重要工作内容。

一、中国新闻图片编辑理念的演变

我国图片编辑出现的时间相对于欧美要稍晚一些。1884年由中国人自己创办的绘画版《点石斋画报》在上海出版，提出"盖取各馆新闻事迹之颖异者……皆为绘图缀说，以征阅者之信"的编辑方针。20世纪20年代《时报》总编辑戈公振对《时报图画周刊》提出"今国民敝锢，政教未及清明，本刊将继文学之未逮，一一揭而出之，尽画穷形，俾举世有所观感，此其本旨也。若夫提倡美术，增进阅者之兴趣，又其余事耳"。而比美国《生活》杂志早创刊十年的综合性画报《良友》，集新闻性和文化性于一身，它充分运用了摄影、绘画等视觉手段，用图文并茂的形式报道当时中国的政治、经济、军事、社会和文化大事，在抗战爆发前的十年间，俨然已是中国最重要、最有影响力的画报。《良友》超前的图片编辑思维和运作，特别是图片专题的编辑，直到今天仍被后人津津乐道。

抗日战争和解放战争期间，国内许多著名的摄影工作者云集延安。由中国共产党直接领导的新闻出版事业得到了健康的发展，图片编辑工作也得到了应有的重视。如1942年在聂荣臻的亲自关心下，由沙飞和罗光达任主任、副主任的《晋察冀画报》创刊，此后其他解放区相继出版了《战场画报》《人民画报》《山东画报》等。

1949年后，报刊长期作为宣传阵地，新闻摄影并没有作为独立的报道手段在版面上得到重视，更谈不上其他视觉手段的运用，新闻图片只是美化版面的手段，是文字报道的陪衬，处于可有可无的位置。

1985年，全国新闻摄影作品评选委员会首次设立"总编辑慧眼奖"，"慧眼"被解释为"善识善用好新闻照片"。"慧眼奖"的设立对拍摄者而言是高标准的开始，但图片的生杀予夺权力仍然掌握在版面编辑手中。"慧眼"主要停留在新闻图片内容的选择上，新闻图片的功能仅被理解为具备新闻性和形象性，能起到文字不能代替的传播作用，并没有考虑如何利用图片吸引读者，抓住眼球。

1990年，全国第一届报纸总编辑新闻摄影研讨会整合了1985年蒋齐生提出的"图文并重"和1986年穆青提出的"两翼齐飞"，把"图文并重，两翼齐飞"的理念作为报纸新闻摄影改革的重点。"面对电视新闻的冲击，具有慧眼的报社总编辑不仅应善识善用新闻照片，而且应该对新闻摄影面临的挑战及其未来发展趋势有一个比较清醒的认识。"纸质媒体此刻才意识到电视的冲击给报刊带来的影响，但由计划经济向市场经济的转变、大量报刊走向市场化运作的浪潮和电视媒体的冲击集中到来，纸质媒体措手不及，报刊媒体在双重压力下找到新闻图片这个救命良方。

1994年，一些新诞生的期刊和一些走向市场的报纸开设了摄影专版，大量的报道摄影图片备受青睐，《三联生活周刊》大篇幅使用照片，内容多为与百姓生活相关或百姓关心的热点事件分析；《中国青年报》《南方周末》《大众日报》等一大批有影响的报纸开设了摄影版，这些报刊的图片编辑"绝大多数是摄影部的负责人，或是由摄影部里的编辑、记者担当，有的是由美术编辑担当，一般来讲，这个图片编辑没有什么实权"，"有的报社一个夜班编辑甚至一个助理编辑就可以否定图片编辑的意见"[①]。这一时期图片编辑的内涵是缺失的，没有决定权的图片编辑，还不是真正意义上的图片编辑。报业发展需要的是善于用视觉形象进行思维，善于用摄影语言表达思想，能使新闻图片实现传播功能的有发言权、决定权的图片编辑。

1996年，《人民日报》华东分社新闻摄影工作经验研讨会较清晰地肯定了"图

---

① 盛希贵、周邓燕、陈飞、尹栋逊：《图片编辑理论及实务》，盛希贵博客，2007年1月9日，http://blog.daqi.com/articie/94248.html。

片编辑"的工作，即"摄影报道同样需要图片编辑，图片编辑除了选编本报拍摄者的图片之外，还有组织摄影通讯员的工作"。

2002年3月23日，首届中国图片编辑研讨会在江苏江阴召开，来自全国40多家报社的图片编辑对图片编辑的定位、任务和素养等问题进行了广泛的讨论。此后，摄影界又提出了"大图片编辑理念"，设法以图片带版面，版面编排以图片为中心，"做亮图片这个报纸的眼睛"。在这个大思路下，总编辑和值班编委是策划的总指挥，图片编辑既是图片报道的策划者，又是图片报道的编辑者，摄影部主任是承上启下的中坚力量；拍摄者既是新闻摄影策划方案的参与者，又是具体方案的实施者。图片编辑由摄影部、版面编辑工作的一部分逐渐向独立的职业化方向转变，图片编辑对于图片使用的发言权越来越有分量。

随着新闻界对图片编辑理念的理解和实践，新闻摄影在报刊中的地位和作用逐步上升，图片编辑的地位和作用也越来越重要。在与异质媒体的竞争中，报刊由卖方市场向买方市场转变，主动运用视觉语言提高第一吸引力，首先保证版面形式能被读者浏览，其次才有内容的被阅读。

二、新闻摄影报道的组织与策划

新闻报道的组织、策划是图片编辑工作内容的重要组成部分。摄影报道策划不是指拍摄者以个人为主体的拍摄计划，而是指由编辑和记者共同完成的报道方案策划。策划是"按照新闻的客观规律，去自觉主动地追踪新闻，去合理组织最佳的人选到最出新闻的地点拍摄新闻，去把最具视觉冲击力的照片用最佳的版面效果表现出来。也就是说，是在调查研究的基础上，通过有效的组织和实施，获取最佳的图片新闻和报道效果的手段"[1]。策划的特点是"对热点、难点、焦点新闻的前期、中期和后期进行连续性策划；对突发性事件进行对策性的策划，对日常新闻进行主体提炼性策划。在这些策划中对新闻采访的切入角度以及具有典型社会意义的新问题进行谋划，对新闻素材的整理和收集、新闻主题的选择、拍摄者现场挖掘的新

---

①阮晓涛：《加强新闻策划　迎接"读图时代"》，《记者摇篮》，2003年第1期。

闻、采访关系的协调、新闻图片的编辑与组合直到报纸版面的安排，都有详细的计划"[①]。

三、新闻摄影稿件的处理

各个新闻单位对新闻稿件都有自己不同的处理方式，但目标是一致的，即把对读者最具有视觉吸引力的照片挑选出来，并在版面上将其效果强化，形成具有视觉冲击力的新闻图像。

1. 设法获得最有价值的新闻图片

新闻图片编辑最重要的工作就是找到最适合本媒体使用的新闻照片。找照片是图片编辑的基本功，途径越多，选择的余地越大，找到好照片的可能性也就越大。一般来讲，图片编辑获得新闻照片的途径有以下几种：

（1）本媒体的拍摄者，这是获得所需照片的最佳方式，图片编辑应尽可能从此入手；

（2）在没有自己的摄影记者在场的情况下，应该求助其他媒体的拍摄者；

（3）向文字记者求助，随着摄影器材的发展，很多文字记者也拍照片；

（4）自由摄影师；

（5）图片库；

（6）通讯社；

（7）被访者提供的资料照片；

（8）普通读者的傻瓜相机抓拍到的具有重大新闻价值的照片；

（9）其他途径。

2. 对新闻图片进行选择

在一个图像泛滥的年代，图片编辑每天要面对成千上万张新闻照片，在图片的海洋中，如何选择一张自己所需的新闻图片是个很大的问题。不同的报刊、不同的媒体有自己的风格定位和不同的受众群，适合这家媒体使用的图片，不一定适合

---

① 莫定有：《强化党报新闻摄影报道策划意识》，《新闻界》，2002 年第 2 期。

另一家媒体。图片编辑在选择新闻照片时，通常要考虑以下问题：

（1）本媒体的编辑方针。

（2）图片所包含的新闻价值。

（3）图片的技术质量，照片是否达到了本媒体所接受的技术质量？倘若技术质量不够好，是否影响到图片的信息传递？不允许影响印刷质量的明显技术缺陷出现。

（4）所选图片是否符合视觉传播规律，强调图片应当能在版面上营造出视觉关注中心，引起受众的阅读欲望。

（5）传播信息是新闻图片的首要任务，这一点决定了图片编辑在选择图片时不是选择最漂亮的，而是选择信息含量最多、形象性和新闻性结合最好的图片。

3. 对新闻图片进行剪裁

对新闻图片进行剪裁，是图片编辑工作中的重要环节。在拍摄中，摄影师在混乱的新闻现场，往往不可能摄取到一个恰好满足媒体版面需要的完美画面，这时，可以通过后期的剪裁来加以完善。当然摄影师在拍摄时要努力地获取最理想的图像，尽可能地避免剪裁，不能因为有后期的剪裁而放松前期拍摄。图片编辑剪裁照片的目的，是突出照片所要表现的主题和主体。例如，有的照片背景杂乱，主体被埋没，为了帮助读者找到照片的关键部分，这时就有必要对照片进行剪裁。

剪裁照片时，应该遵守一些基本的准则：为准确传递新闻信息而剪裁；为新闻图片的视觉冲击力而剪裁；为减少视觉干扰而剪裁；为版面设计而剪裁。适度、良好的剪裁是一次再创造，它能弥补拍摄时的不足、突出主题和事件主体，增强新闻照片的表现力，使内容和形式更趋于统一。

4. 确定新闻图片在版面上的尺寸

如果编辑不当，无论照片拍摄得多么精彩，影调、色彩多么丰富，也难以起到良好的新闻传播效果。如照片太小，那么谁也不会去留意版面上一张小得看不清楚的照片。研究表明，新闻图片在报纸上尺寸的大小决定着它的传播效果，随着照片尺寸的增加，读者的兴趣也在增加。约42%的读者表示愿意阅读一栏照片，约55%的读者愿意阅读两栏照片，70%的读者对四栏照片感兴趣。而且，新闻图片的大小不但影响阅读兴趣，也影响读者对相关新闻报道的理解与记忆。

新闻图片在版面上的尺寸，显示了该新闻的重要程度。给重要的照片以足够大的尺寸，以显示其重要性，形成吸引读者注意力的视觉中心。一般情况下，不要把每张照片放得同样大小，通过照片的大小划分重要照片、次要照片和说明性照片，便于编辑把想法传达给读者，读者也可一目了然。当然，大与小是相对的，版面上一张中型照片，只有在其旁边用一张更小的照片做比较才会看起来很大。

5. 撰写新闻图片的说明文字

图片说明是新闻摄影的重要组成部分，是新闻摄影的两翼之一。一幅新闻照片，如果没有文字说明，不足以构成可供发表的图片新闻。图片说明为何如此重要呢?主要基于以下两点:

（1）消除图像的模糊性和多义性，准确传播信息。同一张照片加上不同的文字说明，可以产生截然不同的意义。例如，我们把阿尔弗雷德·艾森斯塔特所摄"胜利之吻"（图9-2）换上"驻某地的美国士兵当街侮辱一位少女"的文字，照片的意义就发生了根本性的变化。可见，说明文字对图片意义的界定是决定性的。

图 9-2 《胜利之吻》阿尔弗雷德·艾森斯塔特 摄

（2）引导读者对图片的理解。新闻图片中不能提供的时间、地点、"为什么""怎么样""意义如何"等新闻要素，图片中不能表达的背景资料，都需要图片说明来补充，同时可以强调图片中有趣但容易被读者忽视的细节，进一步把新闻照片中的事实描述清楚。

新闻图片的说明要简明扼要，用最简单的文字，写最重要的内容。

6. 新闻图片编辑的边界

2003年4月1日，美国《洛杉矶时报》拍摄者布莱思·沃尔斯基因将两张在伊拉克拍摄的照片合成发表而被解雇；2006年第二届中国国际新闻摄影比赛经济与科技类金奖获奖作品《中国农村城市化改革第一爆》因将两张照片合成而被取消了获奖资格。新闻图片编辑需要严格遵守尊重新闻事实和展示真实新闻现场的原则，不能靠想象无中生有或化有为无。新闻媒体一旦合成或者将大幅度修改过的新闻照片作为现场照片刊出，该媒体将丧失新闻真实性的信誉。

对照片进行编辑处理，从报刊最初开始刊登照片之时就存在了，那么对于新闻照片来讲，哪些是图片编辑后期可以做的，哪些是不可以的？一般而言，图片编辑只可以做这几件事：

（1）剪裁照片；

（2）加光减光，将照片中的局部加黑或增亮；

（3）修掉照片由于洗印、扫描而产生的污点；

（4）改变照片的反差；

（5）对照片的局部进行漂白。[1]

除此之外，对新闻照片的任何改动都有碰触新闻真实性的风险。对照片进行修改、拼接，造成视觉信息改变、视觉符号相互关系改变，可能对读者信息接受造成误导的任何做法都是不可取的。

---

① 曾璜、任悦：《图片编辑手册》，北京：中国摄影出版社，2006年，第104页。

四、专题摄影的编辑方法

专题摄影报道，是目前报纸和杂志中采用较多的一种新闻摄影形式。要做好专题摄影报道首先要有一个好的选题策划，明白读者爱看什么，哪个记者更适合某个题材的拍摄，图片编辑在编辑时要善于整合，使之具有新意。在编辑过程中从突出主题出发，力求画面内容的丰富多彩和集中统一相结合，要考虑画面形式的多样性和丰富性，使整个版式均衡、和谐，既大小参差，又井然有序。

1. 切入选题的角度

专题摄影报道成功的关键在于选题和切入选题的角度，宜大处着眼，小处着手。美国著名拍摄者亚瑟·罗斯戴尔曾说过："当你选择一个城市作为报道对象，你完蛋了；当你选择一个社区作为报道对象，你很困难；当你选择一个街道作为报道对象，你可以办到；当你选择一个家庭作为报道对象，你容易多了；当你选择一个人作为报道对象，你成功了。"

从小处着手，并不意味着是一个小题材。在选题上，要为所选的小题材寻找其政治背景、历史背景、文化背景和社会背景。有好的背景支撑，小题材可以升华成大题材，而没有好的背景支撑，大题材也会沦落成为无关痛痒的小题材。

要做好一个选题，策划很重要。媒体竞争的白热化要求专题摄影报道必须有策划的观念。对一个具体的报道策划而言，不是为摄影而摄影、就图片而图片，而是不仅为读者提供生动、丰富的报道，而且要考虑拍摄者的风格特点，充分发挥拍摄者的主观能动性，考虑版面需求和社会发展的需要。这些都要求在策划时，要尽量全方位、综合地思考。

首先，要从读者角度思考。满足读者的需求是媒体安身立命之本，不同报纸的读者对象是不一样的。

其次，从拍摄者的角度思考。不同的记者有不同的风格特点和擅长的领域。图片编辑要清楚拍摄者的风格，选择最合适的人选，提出建设性的拍摄建议，阐明所拍摄题材的新闻价值所在，在设计版面时可以怎么用，用几个版面。

最后，从图片编辑角度思考。千篇一律的选题难以吸引读者，只有个性突出的选题才能吸引人。图片编辑要有自己的编辑风格，有的人善于整合，有的人善于创新，有的人善于指导，图片编辑在策划时要发挥自己的优势，显示犀利的洞察力和积极的创造精神。

2. 专题摄影报道的编辑

专题新闻摄影的图片编选，有两条原则：一是遵从表现主题的需要，力求画面内容的丰富多彩和集中统一相结合；二是从版式设计的需要出发，考虑画面形式的多样性和可视性。

编辑在选择和编辑专题新闻摄影报道的图片时，主要考虑的是图片的典型性、全面性、深刻性、多样性、新颖性的统一，同时还要考虑版面空间的大小和特点，充分发挥版面语言的作用。具体来讲，图片编辑在看一组专题照片之时，应考虑以下问题：版面的空间有多大？哪一张用作题图图片？哪一张用作横片？哪一张用作竖片？怎样形成一个视觉中心？怎样使照片之间产生有机的联系？同一组照片，不同的编排和组合，会产生不同的意义，所以在编排的时候要慎重对待每一幅照片，对它们的大小、位置都充分考虑，不能随意。

（1）专题照片的构成

专题新闻摄影报道的构成并没有固定的格式，但有一些好的操作方法可以借鉴。以美国《生活》杂志为例，编辑要求摄影师要拍到至少以下八个方面的照片：

第一，全景——或者对主题带有介绍性的照片；

第二，中景——对一群人或者一些活动的描写；

第三，近景——把镜头集中到专题中的某一个元素，例如，人物或者建筑物的细节；

第四，肖像——或者是人物表情丰富处于情感高潮的面部特写，或者是人物处于其生活环境中的照片；

第五，关系照片——表现人物之间交流的照片，反映他们之间的关系；

第六，典型瞬间——对这个专题有概括意义的照片，包含许多专题的关键要素；

第七，过程照片——包括开始、经过、结束，以及前后的比较。过程照片使专题具有一种发展、运动的感觉；

第八，结论性的照片。

尽管这种类似提纲的拍摄要求，被一些摄影评论者称为图像八股，但是这种拍摄要求可以使拍摄者集中于自己的主题，并且获得专题所需的完整的元素。当然，摄影师和图片编辑必须认识到，这是一组专题摄影成稿的最低要求，而不是最高要求。

（2）版式设计的基本做法[1]

第一，大小结合。为了达到上述要求，图片必须有大有小，同样大小的图片很难编排出好的版面。应根据表现主题的需要，对有些图片有所突出。一般来说，点题图片或者整个专题所围绕的核心图片应该得到强化，使其鲜明和突出。

第二，形状上的结合。版面形状应富于变化，除了最常用的矩形图片外，应敢于根据版面需要，大胆使用各种形状的图片。文字的编排则应围绕着图片的形式而变化，这样版面才能引人入胜。

第三，景别上的结合。从景别上看，一则专题新闻摄影报道应当由特定性画面、中景、近景和远景相结合而成。每种景别各有其优势及弱点，应发挥各自的优势来造成理想的组合。

第四，内容上的结合。主要是指图片的构成内容应有所变化，是人是物，是单人还是多人，是动态画面还是静态画面，这样的画面如何穿插才会使整组图片、整个报道更富于变化和多样性而又不失其统一性和一致性，这些是内容结合时应考虑的基本因素。

第五，合适的数量。指所选用图片的数量应恰如其分，不宜过多。一般报纸的专题新闻摄影报道所用的图片数为6幅至8幅，最多不超过10幅。

专题摄影报道的形式在画报中已存在多年，但较少在新闻报纸中出现。1995年，《中国青年报》率先将每周一次的画刊改为"报道类摄影专版"。《南方周末》《人民日报·华东版》《北京青年报》等紧随其后，都推出了以成组报道和图片故事为主体的摄影专版。

---

[1] 盛希贵：《新闻摄影教程》，北京：中国人民大学出版社，2003年，第80页。

五、新闻图片说明的内容要求

有些学者认为，"在报纸上除了标题外，阅读率最高的就是图片说明"。在竞争日益激烈的报业市场中，新闻图片说明是信息有效传播的途径，是图片的卖点。那么，如何写好图片说明呢？以下分别列举通讯社、单幅图片及组照图片说明的不同写作要求。

1. 通讯社对图片说明的要求

（1）新华社。新华社对新闻图片文字说明的要求是：① 准确，不可想当然；② 不能将自己的理想、愿望、想象强加入图片说明中；③ 用最简单的文字，写最重要的内容；④ 将最有价值的新闻写在前面；⑤ 先说图片中的事，再交代背景；⑥ 形象是第一位的，若找不到形象，就让位给文字记者。

（2）路透社。路透社采编人员手册上明确规定：① 图片说明必须达到准确、客观、语言简练的标准，最长不超过五行；② 没有不必要的形容词、俚语和花哨的词句；③ 必须表明图片中每个重要人物的身份；④ 必须使图片拍摄的地点和时间毫无歧义；⑤ 不要描述图片中已经展示的内容。

（3）合众国际社。图片说明的第一句用现在时描述图片中发生了什么，在第二句话中描述需要解释的新闻背景。

（4）美联社新闻照片编委会。① 完整：图片说明是否遗漏不寻常的内容；② 人物：图片说明最基本的目的；③ 时间；④ 地点；⑤ 讲述照片的故事：图片说明应该是讲述照片背后的故事，而不仅仅是照片中的图片；⑥ 可读性：说明应该简短、直接、有序；⑦ 语法用词是否正确；⑧ 详细准确；⑨ 客观；⑩ 这张照片是否意味着另一张照片？

2. 单幅图片说明的写作

单幅图片说明，短则几十个字，长则一两百字，大多只有一两句话。以下是对单幅图片说明写作的一些建议：

（1）思考新闻中的5W和1H，将最重要的事实写在前面。

（2）先说图片中的事，随后交代背景。用两句话结构，第一句讲画面正在发生什么，第二句讲相关的背景或情况介绍。这种写法已成为图片说明写作最常用的一种格式。

（3）照片中很明显的事情不必再写出来。例如，照片上的几个男孩在笑，本身已很明确，需要说明的是他们为什么笑。

（4）要如实写出拍摄日期，同样也要让读者知道拍照的地点。

（5）具体胜于笼统。例如，在图片说明中"身高两米的运动员"好于"高个子运动员"，"70岁的男子"好于"一个老头儿"。

（6）用事实说话，不要主观臆断，妄加评论。例如，某人看起来心灰意冷、悲痛欲绝等。读者会问，你怎么知道？

（7）行文要简洁，去掉任何可有可无的文字。

3. 组照图片说明的写作

组照的图片说明由两部分组成：一是总说明；二是分说明。总说明可以使用任何体裁，散文、记叙文或议论文等。一般来说，分说明点明人物、场景和正在发生什么就行，深入的解释是总说明的任务。分说明必须服从总说明，不要重复总说明的内容。

文字说明是完整的图片新闻不可或缺的组成部分，有时还可起到画龙点睛的作用，为画面内容增色。新闻图片的说明要简练、准确。简练是对新闻照片说明的最起码要求，有时甚至只有时间、地点即可。新闻图片要交代的事实已在画面中充分表达，如非有深意无需再加描述，文字说明只补充图像无法表达的内容，除时间、地点外，还有背景、原因、结果等。准确则是保证新闻真实性的必要手段，文字说明不能模棱两可，存在歧义。准确肯定的文字说明与图片相辅相成，才能如实报道所发生的新闻事实。

第三节　新闻图片编辑的技术素养

新闻图片编辑的技术素质决定了媒体的视觉质量，影响着媒体的传播效果。优秀的新闻图片编辑能够充分展示图片的新闻价值，实现传播效果的最优化；而技术素质较差的编辑反而会使新闻价值较大的图片平庸化，失去应有的传播效果。

一、新闻图片编辑的工作职责

新闻图片编辑面对着这样一个事实：经编辑处理过的照片必须在0.75秒内就能抓住读者的注意力，否则就会被读者略过。美国韦伯州立大学的希尔·约瑟夫森在写作博士论文时，做过一项关于读者浏览图片时眼球运动轨迹的实验。她用两台微型摄像机固定在实验对象的头部，观察记录他们在阅读报纸、杂志和网上各种图片时，眼睛从哪儿看起，阅读的先后顺序以及看一幅图片需要多长时间。实验结果令人吃惊，读者浏览每张图片的时间平均不足0.71秒！因此，如何给拍摄者安排任务，怎样精选照片，靠什么使照片在不到一秒钟内就能抓住读者的眼球？这是对图片编辑提出的非常高的要求。

多种媒体竞争时代的图片编辑工作已经不只是原先一般意义上的编发图片、修改说明，而是在图片拍摄之前就收集线索、策划报道；在图片拍摄时，参与指导、和拍摄者及时沟通，必要时和拍摄者一起参与到采写之中；在图片拍摄之后，选择、剪切、写作文字、包装报道、编辑版面。图片编辑通过这些具体工作，吸引和抓住读者，提升新闻图片的生产力与影响力，挖掘新闻图片的价值与内涵，增强新闻图片传播的目的性和有效性。在选择图片时，图片编辑要明确：所选择的图片不一定是最好的，但应该是最适合版面需要的。

二、新闻图片编辑的基本素质

新闻图片编辑素质的高低在一定程度上决定了一个新闻媒体水平的高下。因此，重视提高图片编辑的综合素质十分重要，优秀的图片编辑应该具备以下素质：

1.新闻价值判断力

对党和国家有关新闻宣传的方针、政策和法规能融会贯通。优秀的图片编辑，应该站在更高的平台观察社会，明晓国家的大政方针，对社会热点、焦点及难点问题具有较高的洞察力。对重大新闻事件做到心中有数，能按新闻传播规律办事，知道什么题材更适合新闻摄影报道，知道在什么时间、什么版面、什么位置、用多大篇幅及时刊发图片新闻。新闻图片编辑要对图片新闻刊发后将要产生的社会反响有前瞻性把握。

2. 专业的图片知识

图片编辑不一定是拍照片的高手，但必须懂摄影，对新闻摄影的新闻价值，图片的构图、剪裁、色阶、色调、影调、明度、反差、色彩饱和度、锐度、线条、透视、拍摄难度、作品立意等有一定的基本功；图片编辑是图像鉴赏家，要具有高水准的审美意识和视觉敏锐度，要有独到的发现力和果敢的判断力。实践证明，图片编辑的欣赏眼光和编辑水平，直接决定了媒体版面上新闻图片的高下。

3. 专业的视觉设计能力

图片编辑不仅要知道什么是好照片，还要知道如何在版面上运用好照片。版面上照片的大小、位置，图表、线条等视觉元素的良好设计，可以吸引读者的注意力，引导读者阅读，方便读者阅读。在现代的版面设计中，越来越注重利用照片营造视觉中心。

4. 新闻策划能力

图片编辑应当胸怀全局，对新闻媒体在一定时期的新闻摄影报道要善于制订计划，并善于策划具体的新闻摄影报道活动，自觉地将自己放在媒体运行的中心地带，主动地策划报道，追求新闻图片的最大效用。

5. 良好的沟通协调力

图片编辑要与拍摄者、版面编辑等进行良好的沟通，才能获得所需图片，并使自己的意见得以正确地表达。同一摄影稿件，在不同的时间、不同的版面、不同的版面编辑手中，其见报效果可能也大不一样。图片编辑应起及时沟通的作用，将版面编辑对稿件的意见和需求信息及时传达给拍摄者，同样也可以将摄影部的意见反馈给版面编辑。

三、版面设计与版面编排

1. 版面设计

版面设计是一项艺术性、技术性很强的工作，它是将编发内容具体体现出来的手段。它虽然受刊发内容的制约，但又有其独立的品格。版面设计格调的高下，与编辑的品位、修养、业务素质直接相关。版面的作用是刊发新闻内容，同时它也是编辑部的阵地，是编辑部发言的重要途径。

（1）体现报刊编辑思想。编辑思想是报刊的灵魂，是体现报刊的政治态度和思想倾向与个性的基础。最终体现这些内容的是报刊的版式，它会在长期与读者的见面中逐步形成自己独特的风格。例如，《解放军报》的版式风格与《人民日报》的版式风格不同；《解放军报》与《解放军画报》的版式风格不同；等等。

（2）编辑部的阵地。版面是编辑部的阵地和发言途径，它既要编发来稿又要刊发编辑部的主观言论，表明编辑部的态度，因此，对版面的处理是慎之又慎的。读者通过版面了解编辑的思想和报道的意图。

（3）整体作用。版面是报道内容与形式的整体体现。好的版式风格可以给读者舒适的视读体验，使读者更好地接受和理解新闻报道的内容。

2. 版面编排

版面编排的手段有：照片、新闻图画、字体、手书字、线条、装饰图案、色彩、空白等。版面编排就是运用这些手段进行版面位置的经营，如同拍摄中的构图，不过它比构图要主动和积极得多。

（1）照片的编排。照片和文字是构成版面的最主要材料。图片编辑应充分认识图片新闻的重要性，力争放在最显眼的位置，使用较大的合理篇幅，独立成文，避免插图式的用法。

（2）图底关系清楚。新闻照片在整个版面的位置形成了视觉阅读上的图底关系，这种关系要求视觉形式上有分离状态；而在整个版面阅读上又要与文字亲和统一。

（3）图片说明的编排。图片说明的编排也是技术性较强的工作，使用多大字号，横排还是竖排，都是要考虑的问题。

（4）修版与加工。要学会照相制版技术，懂得照片制版印刷程序，学会对制版的照片进行技术性修整，以便保证印刷质量的良好。同时，要对临时调整尺寸或位置的照片进行加工，使之在新设计的版面上仍然醒目。

图片编辑要懂的很多，他既是一个摄影专业人员、美术工艺师，又是熟练的操作工。

图 9-3　《人民画报》1960 年第 2 期

四、校对修正

校对修正工作是图片编辑最仔细的一项工作，稍不留神，就可能铸成错误。因此，编辑部是很重视刊发前这最后一道工序的。

1. 认真负责

校对修正要有强烈的事业心和职业道德感，任何时候、任何情况都不得以任何借口产生差错。消灭差错最有效的办法就是认真。毛泽东说过，世界上怕就怕"认真"二字，校对过程中必须时时牢记"认真"二字，把差错消灭在刊发之前。

2. 业务精通

图片编辑在校对工作中，光有认真负责的精神还不够，还要精通业务。要向摄影人员请教，向排版印刷的工人师傅学习，必要时也要练就几手绝活。熟悉每一道环节，知道提高质量、消灭差错的关键所在。称职的图片编辑既要具有广博的知识和实际操作的技能，同时还要具有较高的造型艺术修养、审美品位和健康向上的文化品格。这些业务素质的提高，也是少出差错的保证。

3. 能修会改

图片编辑要学会使用各种修改方法，在不影响画面内容的情况下，方法越丰富越好，比如常见的脱底（去除背景）、拼接画面、描绘轮廓等，虽然摄影人员可以完成，但图片编辑也要很熟练地应用。给照片加装饰框、镂空、粘贴或掩蔽背景等更是编辑图片的常规方法。修正方法没有固定的模式和专门的工具，它需要图片编辑人员根据版面的要求和新闻图片的可能性加以使用。原则是不能影响新闻的真实性，更不能为了美化而加工修改新闻图片。

4. 及时更正

虽然有严格的杜绝发生错误的具体措施，但是世界上任何一家报刊都不能保证不发生错误，尤其是报纸，其技术性错误实在是难免的。一张报纸或一份刊物在编发印刷过程中要经过很多个环节，每一个环节都有发生差错的可能。图片编辑要认真负责、严肃对待，发现错误要及时加以更正。如果最后刊发的版面出现差错，那么一定要本着实事求是、知错必改的精神，勇于承认错误，及时向读者声明致歉并予以更正。这是对广大读者负责的表现，也是图片编辑应有的气度，还可挽回损失。坚持及时更正有助于改进工作、少犯错误，提高报刊威信，取信于读者。

五、图片编辑的业务人际关系

图片编辑除了挑选照片、编辑照片、布置版面这些技术性的工作，还面临着各种各样的关系。要想得到一张好照片并且将之以最好的方式呈现在版面上，图片编辑至少要处理好与拍摄者、与版面编辑的关系。

1. 与拍摄者的关系

图片编辑与拍摄者由于所处的岗位不同、工作职责不同，对新闻照片有不同的看法。与拍摄者相比，图片编辑可以更加冷静、客观地观看照片。图片编辑往往从读者的角度出发，拍摄者更倾向于自我表达。图片编辑要尊重拍摄者各自的特点，如果一个拍摄者倾向于把画面拍得很写意，图片编辑就要提醒拍摄者：报刊需要的不仅是美的画面，还需要在其中彰显新闻特质，告诉他报纸最需要什么样的图片，而不是打击他的积极性。图片编辑要善于组织协调，调动拍摄者的积极性。在接到报题之后，记者传片回来之前，可以及时与拍摄者沟通，问他拍到了怎样的画面，这个事件是不是有很多精彩的画面，现场是不是很火爆，他在采访中是不是遇到很大阻力才拍到画面，同城媒体在处理时是不是没有他的角度好，等等。

由于各自立场角度的不同，在具体的工作中图片编辑与拍摄者发生矛盾是很正常的事情。一旦遇到这种情况，图片编辑要以大局为重。

图片编辑对新闻摄影报道运作操控滞后，是造成编辑与拍摄者之间矛盾的一个重要原因。对于一些重要的报道，图片编辑的工作要前移，从得到新闻线索的那一刻起，图片编辑与拍摄者的思维火花就要有碰撞，必要的时候，编辑与记者一起到现场，这是得到最佳报道效果的保证。编辑在现场，不仅对新闻的体察更加直接准确，对记者的拍摄建议更加具体到位，而且往往还能发现新的新闻线索和报道角度。这种发现，常常能使报道有飞跃性的提升。同时，这种合作伙伴的工作方式，也是编辑记者之间情感交流、互相理解的有效渠道。两者面对同一场景，思维指向却可能截然不同，记者头脑中浮现的是一幅图片，而编辑头脑中浮现的是这张图片的版面形态以及在版面上与其他图片的关系。

2. 与版面编辑的关系

在报社、杂志社内部，版面编辑、图片编辑和拍摄者，三者评判新闻图片的立场不同、标准不同，对图片的使用有不同看法。这种差异和争论几乎每天都在发生。其中，图片编辑既是沟通相异观点的桥梁，又是承载各方压力的桥梁。这种特殊的位置和作用是图片编辑重要性的体现，也是图片编辑必须与其他部门建立良好沟通协作关系的原因。由于专业分工的不同，大多数版面编辑对图片的认识比较传统，图片编辑应该主动与版面编辑进行专业的沟通，潜移默化地影响版面编辑的图片意识。

新闻图片本身是沉默的，但是组织好了就可以发出响亮有力的声音。一个版面最后呈现的样态，一定是图片编辑、版面编辑共同发挥各自专业技能，相互理解沟通，最后获得共识的结果。无论有多少分歧，通过良好的沟通都能达成共识，因为最终的目的是一致的，都是为了让新闻版面看起来更加合理，引起读者的阅读兴趣。

结　语

图片新闻的采编技术对新闻信息的传播至关重要，新闻图片的采集（拍摄）和图片新闻的编辑是其主要内容。

　　新闻图片的采集（拍摄）是新闻拍摄者的首要任务，也是新闻工作中的一个重要技术环节。新闻的摄影采访必须遵循新闻采访的基本原则，同时也受摄影这一特殊技术手段的限制，即新闻摄影采访的现场规定性的限制。新闻拍摄者必须深入调查研究，进入新闻现场，掌握第一手资料，选择有价值的新闻题材，摄取具有决定性意义的瞬间，呈现给读者有新闻价值的视觉形象。这一过程要求拍摄者具有熟练的摄影技术能力和较高的新闻业务素质。新闻摄影采访的目的是传递新闻信息，新闻性是第一位，形象性是第二位。

　　图片新闻的编辑作为媒体采编体系中的重要角色，其专业技术素质直接影响新闻媒体的品格。优秀的新闻图片编辑不仅要具备专业的图片知识和视觉设计能力，还要善于处理工作中的各种关系，尤其是同拍摄者和版面编辑的关系。一个精彩版面的最后呈现，一定是图片编辑、拍摄者、版面编辑之间发挥各自特长，互相沟通、相辅相成的结果。

Chapter 10
Communication Technologies of Photojournalism in the Digital Period（Part Ⅰ）

在摄影技术史上，新事物取代旧事物的步伐从未停止过。湿版摄影取代银版摄影，干版摄影取代湿版摄影，胶片摄影取代干版摄影，而到21世纪初，胶片摄影同样被新出现的数字摄影所取代。与此前的摄影技术不同的是，从达盖尔摄影术到胶片摄影的影像生成都是化学过程，而数字摄影则是一个物理过程，电子感光元件的研发水平决定了数字相机的发展水平。

在光学原理、机械原理方面，数字相机与胶片相机并没有本质区别。最初的数码单反相机直接沿用胶片单反机身；镜头方面，大多胶片时期的镜头依然可在数字相机上沿用，后来才出现专为数字相机设计的镜头。所以，摄影师、新闻摄影记者都能很快地适应从胶片相机到数字相机的过渡。

第一节　影像传感器发展简史

数字摄影和胶片摄影最本质的不同，就是前者使用胶片作为成像媒介，后者使用电子感光元件（影像传感器）作为成像媒介。尽管在数字摄影的初期阶段，出现过不同类型的影像传感器，但最终成为主流的只有两种：CCD和CMOS。

一、CCD（电荷耦合元件）

CCD的英文全称是Charge Coupled Device，译为中文是"电荷耦合元件"。CCD是一种半导体元件，能把光学信号转化为数字信号。它是由大量均匀、紧密排列的光电二极管组成，每个光电二极管就是一个像素。CCD从1969年发明，到1995年成功进入民用摄影市场，经历了二十多年的发展。

1969年，美国贝尔实验室（Bell Labs）的威拉德·博伊尔（Willard Boyle）和乔治·史密斯（George Smith）成功研发出CCD感光元件，确立了CCD的基本结构和运算法则，并描述了CCD成像和存储的程序。2009年10月6日，博伊尔和史密斯因"发明成像半导体电路——CCD电荷耦合元件影像传感器"而获得2009年度的诺贝尔物理学奖。

图 10-1　威拉德·博伊尔和乔治·史密斯在实验室　全球摄影网

1970年，贝尔实验室首次将CCD成功地用于录像机，尽管使用的只是一种简单的线型CCD。当他们通过计算机对CCD获得的影像信息进行数字处理后，成功地将干扰信息清除。此后，仙童快捷半导体公司（Fairchild Semiconductor）、美国无线电公司（RCA）和德州仪器（Texas Instruments）等都持续了对CCD的研究。

仙童公司于1973年率先推出第一款商业用途的CCD，是一款100×100像素的线型CCD，很快它就与望远镜结合用于天文领域。1975年，CCD的成像质量被贝尔实验室证实可用于广播电视。此后，CCD在军事、天文领域的应用发展很快，并且逐步用在摄像机、扫描仪和工业领域。

1981年8月，索尼推出一款首次采用CCD的电视摄像机。此后，加拿大的卡尔加里大学生产了用于拍摄极光的全天空相机，这是第一台可操作的数字相机。1984年，佳能公司尝试在相机中安装40万像素的CCD来拍摄奥运会，获得了成功，并在30分钟内将影像从洛杉矶传回日本。1995年，柯达公司发布消费级数码相机DC40，这是数字相机走向民用市场的开端。

图 10-2　电荷耦合元件 CCD

在全球范围内，柯达、索尼、佳能、富士、三洋、夏普、松下和三星等不少公司，都掌握了CCD制造技术。值得一提的是，富士在1999年推出SuperCCD，这是一种非主流的CCD。它没有采用常规的正方形二极管，而使用的是八边形二极管，像素以蜂窝状形式排列，单位像素的面积要比一般CCD大，可提高成像质量。

二、CMOS（互补型金属氧化物半导体）

CMOS的英文全称是Complementary Metay Oxide Semiconductor，译为中文是"互补型金属氧化物半导体"。CCD发明之后，在各个领域的应用发展很快，但它也存在制造成本较高、电量消耗较大等缺点。于是，人们尝试研发其他影像传感器，如CMOS、CIS（接触式影像传感器）和LBCAST传感器系统等，最终CMOS获得了成功。

20世纪70年代，美国已开发出CMOS。其原理是，在CMOS上包括带负电的N极和带正电的P极的半导体，这一正一负互补效应所产生的电流，可被处理芯片记录和转换成数字影像。不过和CCD相比，CMOS虽然有成本低、能耗小的优点，但成像质量不如前者，所以长时间未应用在相机领域。

1987年，卡西欧推出首台使用CMOS的数码相机VS-101，分辨率为28万像素。进入90年代后，CMOS制造技术获得较快发展，相机界的巨头佳能也加入CMOS研发的队伍，并在2000年发布使用CMOS的数码单反相机EOS D30，有效像素为325万。佳能除了初期单反采用CCD外，之后几乎清一色地使用CMOS为影像传感器。相机界另一巨头尼康则以2008年为分水岭，之前大多数单反都采用CCD，之后则几乎清一色采用CMOS。

图 10-3　互补型金属氧化物半导体 CMOS

在中画幅数码相机领域，一直以来都是CCD的天下；但从2014年开始，越来越多的数码后背、中画幅数码相机采用CMOS影像传感器。其中包括2016年发布的哈苏中画幅无反相机X1D、富士中画幅无反相机GFX等。

除了普通的CMOS外，还有两种特殊的CMOS：一是适马相机长期采用的Foveon X3；二是索尼首倡的背照式 CMOS。

Foveon X3是一种全色影像传感器。一般CMOS采用色彩插值法，每个像素只能感应红、绿、蓝中的一色，因此需要靠附近的其他像素提供另两色讯号加以综合，才能输出完整的色彩影像。而Foveon X3由红、绿、蓝三层像素层组成，每个像素都可感应红、绿、蓝所有颜色，不用以色彩插值法输出彩色影像。Foveon X3传感器最初由Foveon公司研发，2008年Foveon公司被适马收购，适马相机多采用Foveon X3传感器。

背照式CMOS，最初是由索尼推出的，索尼称之为ExmorR CMOS，后来松下等其他厂商也生产该类型的影像传感器。一般CMOS传感器，光线要先通过A/D转换器和放大电路才能到达光电二极管，在这一过程中光线会部分损失；而背照式CMOS通过对感光层元件进行180度翻转，让光线从背面直接照射进去，这样光线可以直接到达光电二极管感光层，避免光线损失，这样能明显改善弱光条件下的拍摄效果。

第二节 数字影像的产生原理

当相机的感光材料由影像传感器替代胶片后，影像的产生由化学过程变为物理过程，其成像原理和存储影像的方式也完全不同。影像传感器的像素在很大程度上影响了数字相机的成像品质，数字相机的发展进程几乎同时是一个像素不断增加的过程。影像传感器的色彩深度、动态范围，则决定了记录景物色彩丰富性、明暗层次的能力。

一、数字影像的产生过程

使用数字相机拍摄时，被摄对象反射的光线通过镜头透射到影像传感器（CCD或CMOS）上，传感器的光电二极管受到光信号的激发而释放出电荷，生成模拟电信号。电信号经过放大器和低通滤波器处理后，被传输到A/D转换器（模拟信号/数字信号转换器），模拟电信号被转换为数字信号。此时的影像数据还不能直接生成影像，还要输出到DSP（数字信号处理器）中，DSP会对这些影像数据进行色彩校正、白平衡处理，并编码为数字相机支持的影像格式和分辨率，最后才被存储为图像文件，并且保存在存储卡内。

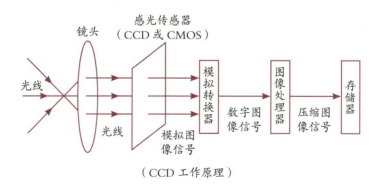

图 10-4 数字影像的产生过程示意图

除了使用数字相机可以获得数字影像外，扫描仪也是一种常用的工具。在新闻摄影领域，当摄影从胶片时代向数字时代过渡时，经常使用扫描仪对胶片相机拍摄的照片或底片进行扫描，从而获得数字影像，其原理与数字相机有些相似。扫描仪工作时，内部光源先照射照片或底片，经反射或透射的光线进入影像传感器，被转换成一系列电脉冲，再转化为数字信号。有些扫描仪可一次性完成扫描，也有的可分别扫描红、蓝、绿色光，分三次完成。[①]扫描获得的影像直接被保存在计算机中。

二、像素和分辨率

像素是构成影像的基本单位，也是表示影像分辨率尺寸的单位。如果把数字影像放大许多倍，可以发现影像是由许许多多个小方点组成的，这些小方点就是像素。像素数越高，影像的尺寸就越大。通常以像素/英寸（pixels per inch，简称PPI）为单位，来表示影像分辨率的大小。以尼康D750相机为例，最高可拍摄分辨率为6016×4016像素的影像，约为2400万像素。

数字相机的像素数走过了一段漫长的历程。1991年发布的世界第一台数码单反相机柯达DCS100为130万像素；1999年发布的尼康D1数码单反相机为266万像素；2002年发布的佳能全画幅数码单反相机EOS 1Ds为1110万像素；2008年发布的索尼A900全画幅数码单反相机为2460万像素；2012年发布的尼康D800全画幅数码单反相机为3600万像素；2015年发布的佳能全画幅数码单反相机EOS 5Ds为5060万像素。

不过像素只能表示影像的分辨率，而不能代表影像的品质。影像传感器像素数相同的便携式相机和单反相机，由于前者传感器面积通常小于后者，虽然拍摄的影像分辨率相同，但前者的影像品质要弱于后者。为了获得更高品质的影像，当今数字相机的发展趋势，除了提高影像传感器的分辨率外，也在尽可能扩大传感器的面积，所以中画幅传感器在未来会有更大的发展空间。

三、色彩深度和动态范围

色彩深度（Color Depth），也称"色位深度"，或简称"色深""位深"，它

[①] 盛希贵：《新闻摄影教程》，北京：中国人民大学出版社，2003年，第396页。

用比特（bit）值来表示数字影像的色彩数目，代表数字相机的影像传感器表现色彩和色调的性能。以24 bit的影像传感器为例，它可以产生256×256×256种色彩，即16777216种色彩。而人眼所能识别的色彩为1400万种，也就是说24 bit的影像传感器可记录的色彩超出了人眼能识别的色彩范围。[①]

数字相机的色深通常为24~36 bit，这是红、绿、蓝三原色的总数，即每一原色的色深为8~12 bit。而目前新型数码单反相机的色深可达42 bit，每一原色的色深达14 bit。色深的数值越高，越能准确地再现景物暗部和亮部的色彩、色调。

动态范围（Dynamic Range）是指数字影像中包含的从最暗到最亮部分的范围。影像传感器的动态范围越大，能表现的层次就越丰富，所包含的色彩空间就越广。

初期数字相机的影像传感器的动态范围较小，无法与胶卷的宽容度媲美；但随着近年数字相机技术不断成熟，全画幅、中画幅影像传感器的动态范围已经可以达到甚至超越胶卷的宽容度。以尼康D810全画幅数码单反相机为例，其动态范围可达14.8电子伏。

四、影像存储格式

存储格式也称"图像格式"，是指数字相机把生成的数字影像存储在存储卡中的文件格式。数字相机常用的存储格式包括JPEG、TIFF和RAW格式。

JPEG格式的全称是Joint Photograhic Experts Group（联合图像专家小组），是目前数字相机使用最广泛的影像格式。JPEG格式文件使用非常广泛，既能便捷地运用于互联网，也能满足大多数印刷的要求。由于这是一种有损影像的压缩格式，所以会对影像品质造成一定的影响。在数字相机上通常可以设定压缩的强度，压缩强度越大，影像品质越低，压缩强度越小，影像品质越高。

JPEG格式的优点是图像通用性强，几乎可以用于任何领域；而且由于文件量较小，占用存储卡空间偏少，也有利于相机的高速连拍。在相机中选择最高品质

[①] 美国纽约摄影学院编著：《美国纽约摄影学院摄影教材》，兰素红等译，北京：中国摄影出版社，2010年修订第二版，第1156页。

的JPEG格式，其对影像品质的影响是有限的，因而受到摄影师的欢迎。不过，如果用户对影像品质有极高要求，或是要对影像进行大量后期处理，仍应选择RAW格式。

TIFF格式的英文为Tag Image File Format（标签图像文件格式），这是一种无损压缩的影像文件格式。目前尼康的中高端数码单反相机和中画幅数码相机支持TIFF格式，其他相机可通过拍摄RAW格式文件后，通过软件输出为TIFF格式。与有损压缩的JPEG格式相比，TIFF格式文件由于采用无损压缩技术，能保证较高的影像品质，可用于海报印刷、图书出版等专业领域。

不过，TIFF格式的缺点也是明显的，它占用较大的存储空间，甚至也超过RAW格式文件。文件量太大，一则占用存储卡的空间，二则会影响相机的连拍速度。所以目前大多数数码单反相机并不支持直接拍摄TIFF格式，通常先拍摄RAW再导出TIFF格式文件。

RAW格式是影像传感器采集的一种原始的、未经处理的文件格式，它未经数字相机的图像处理器处理，也未进行压缩处理，因而保留了最完整的影像信息。RAW格式文件通常被视作"数字底片"，因为它无法直接使用，须通过软件进行"显影"处理，并且输出为JPEG、TIFF等文件格式才能使用。

RAW格式文件的最大优势是，影像的白平衡、锐度、色彩空间、色彩深度等参数都可以在拍摄之后通过电脑调整，而且这些调整对影像画质并不产生影响（JPEG格式文件在经软件反复处理后，画质会受损）。数码单反相机几乎都支持拍摄RAW格式文件，但便携式数码相机大多不支持，只有少数高端机型支持。

第三节　数字照相机的类型

数字相机的类型主要包括：便携式数码相机、数码单反相机、无反相机、旁轴数码相机、数字后背和光场相机。大多延续了胶片相机的类型，但也有无反相机、光场相机这些新出现的种类。胶片时期曾流行的旁轴相机在数字时期不再流行，以一种小众相机的形式出现。在画幅方面，APS画幅、全画幅、中画幅基本沿用胶片的画幅，但也出现了4/3系统、1英寸等新的画幅；大画幅胶片（4×5英寸及以上）

没有对应的数字后背画幅，最大画幅的数字后背相当于中画幅胶片。

一、便携式数码照相机

"便携式相机"并不是一种科学、准确的名称，而是对不可更换镜头、非专业相机的统称。在某些场合，这类相机也被称为"消费级相机"，与被认为"专业的"、用于"职业"领域的数码单反相机相对应。这类相机包括卡片数码相机、长焦数码相机和定焦数码相机。

1. 卡片数码相机

在多数情况下，卡片数码相机类似于胶片时代的傻瓜相机，操作大多是自动化的，有若干种场景拍摄模式可选，如人像模式、风光模式、夜景模式等。它通常外形小巧、便携，拥有3倍至6倍的光学变焦功能，传感器的面积非常小（多数为1/2.5—1/1.8英寸），但像素与同时期的数码单反相机相近。

图 10–5　卡片数码相机佳能 IXUS 115HS

这类卡片型的便携式相机较少用于新闻摄影。其主要不足是：（1）由于传感器较小，使用稍高的感光度便会造成画质受损；（2）快门时滞较为明显，很难满足新闻摄影的瞬间抓拍要求；（3）对焦速度较慢，无法满足抓拍要求。

在无反相机和智能手机普及之后，卡片数码相机逐渐被淘汰。卡片数码相机流行了近二十年的时间，对于数字摄影的普及，对于家庭摄影而言，它都扮演了重要的角色。

2. 长焦数码相机

长焦数码相机是介于卡片数字相机和单反相机之间的一种相机类型。在外观和体积上，长焦数码相机与数码单反相机十分相似，在功能和操作方面也接近单反相机，具有丰富的手动拍摄模式。其与单反相机最大的区别，在于取景方式不同：单反相机采用的是单镜头反光式取景，而长焦数码相机则采取EVF（电子取景器）或

LCD取景；其次是长焦数码相机的镜头是固定的，不可更换，变焦范围大多在6至20倍之间。

长焦数码相机的传感器，其面积因产品定位不同而不同，低端的与卡片相机相似，仅为1/2.5英寸，而高端的则是APS-C画幅，其他常见的画幅为1/1.8英寸、1/1.5英寸、4/3画幅等。通常而言，传感器面积越大，相机的定位越高，手动功能越丰富，成像质量越出色，如APS-C画幅的高端长焦数码相机在功能和画质上都已接近单反相机。

在数字摄影刚刚步入新闻领域时，由于当时的数码单反相机价格十分昂贵，尚未全面普及，所以在20世纪90年代至21世纪的头几年，长焦数码相机广泛地用于新闻摄影领域。不过，长焦数码相机的综合性能虽然明显优于卡片数码相机，但快门时滞和对焦性能仍要逊色于单反相机。当后者普及之后，新闻摄影领域便很难看到长焦数码相机的身影了。

图 10-6　长焦数码相机索尼 HX300

在无反相机和智能手机普及之后，长焦数码相机的生存空间越来越小。因为在体积、画质和价格上，总体而言，它和无反相机相比都不具备优势。目前，仅有少数高端长焦数码相机仍在生产。

3. 定焦数码相机

相对而言，定焦数码相机是一种小众的数字相机。它通常拥有一枚固定焦距的大光圈优质镜头，具有丰富的手动功能。在外形上，定焦数码相机通常介于卡片相机和长焦数码相机之间。定焦数码相机通常采用大面积传感器，除少数产品采用1/1.8英寸的外，大多采用APS-C画幅的传感器，甚至有少数采用了全画幅传感器。

图 10-7　定焦数码相机富士 X100

有不少中外知名摄影记者使用28 mm、35 mm定焦镜头拍摄出了大量新闻摄影史上的经典照片，定焦数码相机仍受到不少摄影者的欢迎。这些相机使用的定焦镜头仍以135等效焦距28 mm、35 mm为主。由于这类相机成像效果出色，而且小巧便携，所以它仍被一些新闻摄影记者作为单反相机之外的备机使用。

当卡片数码相机、长焦数码相机逐渐走向式微时，定焦数码相机仍以一种个性化的相机存在下来。其竞争对手是无反相机，后者如果搭载一枚轻巧的定焦镜头，完全可以实现同样的效果，且在体积上又是相似的。

二、数码单镜头反光照相机

新闻摄影进入数字时代后，数码单反相机是最主流、摄影记者使用频率最高的相机类型。数码单反相机继承了传统单反相机的优点，具有画质高、对焦速度快、快门时滞轻微等优点。在数字摄影技术的发展过程中，最初APS画幅（含APS-C、APS-H）的数码单反相机是新闻摄影的主流机型，当全画幅技术成熟后，全画幅单反相机成为主流机型。此外，也有中画幅的数码单反相机，但较少用于新闻摄影，而更多地用于商业广告摄影。

1. 数码单反相机的光学原理

数码单反相机的取景方式与传统的胶片单反相机相同，也是光线先通过镜头，经机身内的反光镜反射，通过对焦屏后到达五棱镜，再被两次反射到取景器中。摄影者通过光学取景器可以看到清晰的正像。大多数数码单反相机除了采用传统的光学取景外，也支持像便携式相机一样的LCD液晶屏取景，不过在该模式下相机的

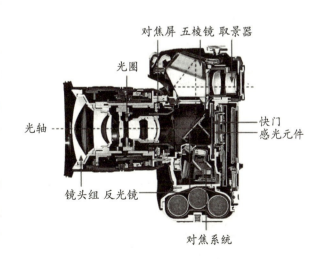

图 10-8　数码单反相机的光学成像原理

对焦速度较慢，较难满足新闻摄影抓拍的要求。

在选择光学取景器时，当摄影者按下相机快门时，反光镜会弹起，在这一瞬间取景器中一片漆黑，无法看到景物。与此同时，光线通过快门帘幕进入影像传感器，开始曝光，当快门关闭时完成曝光。在选择LCD液晶屏取景时，反光镜会预先弹起，光线通过镜头后直接到达影像传感器，并把信息传递至LCD液晶屏，其原理与便携式相机相同。数字影像的成像原理，前文已述，不再重复。

2. 数码单反相机与传统单反相机的区别

从第一台数码单反相机开始，其机身结构就沿用了传统单反相机的设计，所以在光学技术和机身设计方面，数码单反和传统单反并无本质区别。而其最本质的区别，是电子成像系统的应用，这体现在以下几个方面：

（1）感光材料不同

从银版到玻璃版，再从玻璃版到胶片，最后从胶片到电子感光元件，每一次感光材料的变革都会给摄影技术带来革命。传统单反相机与数码单反相机最大的区别，就是前者以胶卷为感光材料，而后者以电子传感器CCD或CMOS为感光材料。

早期数码相机的成像品质不够理想，在分辨率、质感、影调、色彩等方面都不如传统相机。但数字成像技术的发展十分迅速，每年相机厂商推出的新品都有不同程度的技术更新。相机市场经历了一个胶片相机和数字相机并存的时期，到后来，当影像传感器的品质已经达到甚至超过胶片相机时，数字相机开始垄断摄影市场，尤其是新闻摄影领域。

（2）成像原理不同

传统相机的成像原理，是胶片上的银盐在光线的作用下发生化学反应；而数字相机的成像原理，是光线通过影像传感器形成模拟信号，再经过模/数转换器形成数字信号，是一个物理过程。

数字相机使用电子感光元件，感光度可根据需要调整，如在暗光环境下为了成功获得影像，可提高感光度。而在胶片摄影时代，每种胶卷只有一种固定的感光度，便利性大打折扣。早期的数字相机如果使用高一点的感光度，很容易使拍摄的影像有明显的噪点。而经过数十年的发展之后，专业级数码单反相机使用超过

ISO 10000的感光度，也能获得不错的画质。

（3）存储方式不同

对于传统相机而言，胶片在光线的作用下发生化学反应后，在底片上形成了潜影，需通过冲洗、放大后才能制成最终的纸质照片。而数字相机则采用存储卡来存储数字影像，主流的存储卡有CF卡、SD卡等。数字相机获得的RAW文件或经过压缩的JPEG文件直接存储在存储卡内，可通过读卡器另存在计算机硬盘或移动硬盘内。

对于胶片而言，一张胶片可冲洗无数张照片；对于数字影像而言，复制一幅影像只是复制粘贴那么简单。而对于保存影像而言，前者是保存胶卷实物；后者是以数字影像保存在硬盘或光盘内，安全性面临着挑战。

图 10-9　存储卡闪迪 SDXC 卡

（4）其他区别

从外观上看，数字相机与传统相机最明显的区别，就是多了一个液晶显示屏。这样可以在拍摄完立即查看照片，如果拍摄效果不理想，可立即重新拍摄。而具备即时取景功能的数字相机，可直接使用液晶显示屏取景来拍摄。

对于新闻图片的时效性而言，数字技术对新闻摄影的影响是革命性的。在胶片摄影时代，摄影记者拍摄好的胶卷，要通过冲洗、放大后才能获得最终的照片；而要把照片传递给通讯社、报社，需通过邮寄、传真等方式来实现，在网络时代也需把照片扫描后通过发电子邮件的方式来传递。而在数字摄影时代，拍完的数字照片可立即使用，能在很短的时间里把新闻图片信息通过网络发送给读者。

数字摄影的使用成本也要明显低于胶片摄影。胶片摄影每拍摄一张照片，都有对应的购买胶卷和冲洗照片的成本；而数字摄影除了初期购置相机、镜头及附件的成本外，几乎无需其他成本。数码单反相机的快门寿命可达数十万次，对于单次拍摄的成本而言较低。

3. 数码单反相机的画幅

根据影像传感器大小的不同，数码单反相机的画幅可分为四种：APS画幅、4/3

系统、全画幅和中画幅。除4/3系统和中画幅相机在新闻摄影领域应用较少外，其他两种画幅都广泛地运用于新闻拍摄。

（1）APS画幅

APS-C、APS-H画幅均源自20世纪90年代中期出现的APS相机，APS是英文"Advanced Photo System"的缩写，意为"高级摄影系统"。数字相机采用的APS-C画幅面积略小于同规格胶片画幅，约为135胶卷面积的一半，佳能的为22.3×14.9 mm，尼康的为23.6×15.6 mm。APS-H画幅只有佳能EOS 1D系列采用，尺寸为27.9×18.6 mm。APS-C画幅的长宽比为3∶2，与135胶卷的长宽比完全相同；APS-H画幅的长宽比为16∶9。

图 10-10　采用 APS-C 画幅的数码单反相机佳能 EOS 7D

由于早期的数字相机生产成本极高，使用全画幅传感器会大大提高生产成本，而使用太小的传感器则对画质不利，所以在成本和画质之间折中的APS画幅，在很长一段时间里都是主流的数码单反相机。即使在全画幅传感器普及之后，APS画幅依然广泛地为数码单反相机所采用，因为较小的画幅有利于机身小型化，且对于高速连拍也有利。

（2）4/3系统

4/3系统的英文名称是"Four Thirds System"，是由奥林巴斯、柯达、富士等公司共同研发设计的，其影像传感器尺寸为17.3×13 mm。4/3系统影像传感器的面积约为135胶卷面积的1/4，有利于相机机身的小型轻量化设计。采用4/3系统的相机厂商有一个协议，即该类型相机的镜头卡口是统一的，不同品牌相机之间的镜头是可以通用的。奥林巴斯和松下的数码单反相机都采用过4/3系统影像传感器，但在更大画幅的影像传感器逐渐普及后，数码单反相机不再使用这一规格的传感器，而以M4/3系统（Micro Four Thirds）的新名称逐渐为许多无反相机所采用。

（3）全画幅

全画幅与135胶卷的画幅相同，为36×24 mm。在数字相机的早期，全画幅数码单反相机价格十分昂贵，只有柯达、佳能等少数厂家具备生产能力。全画幅数码单反相机通常具备优异的影像品质，而且在使用较高感光度时仍能获得质量不错的影像。佳能、尼康、宾得、索尼的专业机型都采用全画幅影像传感器。

2007年尼康发布的全画幅数码单反相机D3，是市场上首款主要针对新闻、体育题材的全画幅单反相机。此后，全画幅数码单反相机很快就成了最主流的新闻摄影用相机。随着数字相机技术的不断进步，全画幅相机的价格越来越平民化了。

（4）中画幅

中画幅源自传统相机时代的120胶片，具有比全画幅面积更大的影像传感器，巨大的面积能带来极高的成像品质，能满足商业广告摄影的需求，但一般不用于新闻摄影。中画幅影像传感器的面积大约为全画幅的2倍，不同品牌、不同型号的产品规格略有差异，如宾得645D使用的传感器规格为44×33 mm，哈苏H6D-100c的规格为53.4×40 mm。

三、无反光照相机

自2008年松下G1、2009年奥林巴斯E-P1发布后，数码相机市场上又多了一种新的相机类型——"无反相机"。这种新型数码相机的特点，是取消了单反相机的反光镜组件，但可以更换镜头，采用LCD液晶屏取景（也有的可通过电子取景器取景）。无反相机是胶片摄影时代所没有的新的相机类型，诞生之后，就以其小巧、轻便的特点受到市场欢迎。

这类相机的称谓经过了一些变化：最初称为"单电相机"，意为单镜头电子取景可换镜头相机；后来又称为"微单相机"，即微型单电相机，其外形像便携式相机一样轻薄，而功能类似于单反相机，从而把像索尼A系列、松下G系列那些外形较大的无反光镜相机专门称为单电相机。由于轻薄的无反光镜相

图 10-11　无反相机奥林巴斯 E-P1

机成为主流，所以微单相机、无反相机成为内涵相似的概念，在图书、网络上经常被混用。

从最初的M4/3系统开始，无反相机的画幅也发展得丰富多样，甚至种类超过了数码单反相机，除了4/3系统外，还包括APS画幅、1英寸、全画幅和中画幅。最初是奥林巴斯和松下放弃单反相机，大力推广M4/3系统无反相机；随后索尼、富士、佳能推广APS画幅无反相机；尼康推出面积较小的1英寸无反相机；索尼后来推出全画幅无反相机，使无反相机发展到一个新高度；而在2016年，哈苏、富士最终推出中画幅无反相机，使无反相机发展到前所未有的高峰。

四、旁轴数码照相机

旁轴数码相机源自胶片时代的旁轴相机。与旁轴胶片相机在新闻摄影史上扮演的重要角色相比，旁轴数码相机在新闻摄影中的影响不大。在数字时代的旁轴相机品种非常有限，仅有爱普生R-D1系列和徕卡M系列两种，而且价格非常昂贵，所以很少有新闻摄影记者会选择旁轴数码相机来工作。

图 10-12 旁轴数码相机爱普生 R-D1

与旁轴胶片相机一样，旁轴数码相机没有单反相机那样的反光镜组件，在外形上要比单反相机小巧一些。由于取景光轴和摄影镜头光轴并不一致，所以拍摄到的照片和取景时的视野存在一定的视差。

五、数字后背

数字后背并非一种独立的相机类型，它只是一种附属设备，可替代胶片片盒安装在胶片中画幅、大画幅相机中。数字后背模块内包括影像传感器和图像处理系统，和中画幅、大画幅机身组合工作。数字后背的最大特点是影像传感器面积大，

与120胶片相似，如飞思IQ3100MP后背传感
器尺寸为53.7×40.4 mm，飞思IQ150后背传感
器尺寸为44×33 mm；另一特点是像素特别
高，通常可达数千万像素至1亿像素。

数字后背可以获得极高品质的影像，以
及宽广的动态范围、细腻的层次和丰富的色
调，远远超越了专业级全画幅相机的成像品
质。数字后背被广泛地运用于商业、广告摄
影领域，但这类相机在使用便携性和高速连

图 10-13　飞思数字后背 IQ180

拍方面不及数码单反相机，所以一般不用于新闻摄影。

六、光场相机

2012年2月29日，美国Lytro公司研发的一种"先拍照后对焦"的光场相机成功
上市。这是全球第一款采用光场成像技术的相机，从而让世人第一次听说"光场
相机"这一概念。它之所以能"先拍照后对焦"，是因为安装了一种"光场感应
器"，它可以收集进入相机所有光线的颜色、强度和方向。

光场相机的主要发明者是美国斯坦福大学电脑科学系新加坡籍博士生吴义仁
（Ren Ng译音），他说："我们使用一般相机时，拍照前须选定焦点，这很有难

图 10-14　美国 Lytro 公司 2012 年发布
的第一款光场相机

图 10-15　美国 Lytro 公司 2014 年发布
的第二款光场相机

度，但'光场相机'可让你先拍照，相机捕捉大量光线资料及选定焦点，拍照时较有弹性。"也就是说，拍照时可完全不考虑景深问题，而是拍完照片后在电脑上对照片进行对焦，拍摄者可以选择画面中的任何一点为对焦点。

除了"先拍照后对焦"这一功能有别于传统相机外，Lytro相机的外形也非常独特。第一代Lytro相机像一个小巧、方形、可放入口袋的伸缩式望远镜，一端是内变焦镜头，另一端是触屏取景器，整个相机的按钮也特别少。而第二代Lytro相机则有些类似于无反相机，小巧、轻薄的机身上搭载了一枚较长、较大的30~250 mm F2变焦镜头。

尽管目前的光场相机还不够成熟，仍无法替代传统数字相机成为主流的拍摄工具，但这一技术仍在不断研发之中，前景未可限量。

第四节　数字照相机发展简史

从1975年柯达研发的第一台"手持电子照相机"开始，至今数字相机走过了四十余年。根据数字相机的完善和普及程度，大致可分为四个发展阶段：1975—1995、1995—2005、2005—2015、2015至今，即萌芽期、发展期、成熟期和多元化发展期。

一、数字照相机的第一阶段（1975—1995）

1975—1995是数字相机从诞生到发展最初的二十年。在这一阶段，数字相机还无法与成熟的胶片相机抗衡，一方面是相机的成像画质、操控性和便携性都存在明显缺点，另一方面是相机的价格仍十分高昂。尽管如此，各大相机厂商还是肯定了数字相机的价值，致力于更加完善的电子成像技术的研发。

自从1969年美国贝尔实验室发明CCD后，数字摄影、数字摄像的探索脚步便从未停止过。1974年，柯达应用电子研究中心的工程师史蒂芬·赛尚（Steven Sasson）接手了"手持电子照相机"的研发工作，1975年第一台原型机便在实验室诞生了，它的技术专利号是4131919。第一张数字照片因此诞生，那是一幅孩子与小狗的黑白影像，被记录在盒式录音磁带上，可通过电视机播放照片。

这台原型机重达3.86千克，20.9×15.2×22.5 cm，采用盒式录音磁带为存储介质，可以拍摄100×100像素的照片，每盒磁带约可存储30张照片。拍摄完，影像会经过数字化处理并存储到相机的内存缓冲区，然后被记录到盒式录音磁带上，磁带可以从相机上取下并进行播放。从曝光开始算起，相机需花费约23秒的时间将影像写入磁带。

图 10-16　"数字相机之父"史蒂芬·赛尚及其发明的"手持电子照相机"

赛尚因此被誉为"数字相机之父"，他后来回忆："在当时，数字技术非常困难，CCD很难控制，A/D转换器也很难制造，数码存储介质难于获取，而且容量很小。当时没有PC，回放设备需要量身定做。这些难点，让我们用了1年的时间才安装完这台相机。"

1981年，索尼公司发布电子静态视频照相机（Still Video Camera）——"马维卡"（Mavica）。与实验室产品的柯达"手持电子照相机"不同，"马维卡"是一款针对市场开发的不用胶片的数字相机。与"马维卡"一同发布的还有三支镜头：25 mm F2、50 mm F1.4、16—65 mm F1.4。

图 10-17　使用柯达"手持电子照相机"拍摄的第一张照片

图 10-18　索尼电子静态视频照相机"马维卡"

"马维卡"使用的CCD尺寸为10×12 mm，可拍摄分辨率为570×490像素的影像，仅可满足在电视机上显示图像。该相机借助于电视机的TV成像技术，把CCD捕捉到的图像信息转换为NTSC制式的视频模拟信号，并存储在3.5寸的软盘里。与柯达"手持电子照相机"相似，使用"马维卡"也需要大量的配件，查看影像时要用专门的读取传输设备与电视机相连。

1987年，卡西欧推出数码相机VS-101，这是首台使用CMOS的相机，可拍摄分辨率为28万像素的影像。尽管这款相机的成像效果并不理想，也未能改变早期数字相机大多采用CCD的情形，但它为今后数字相机的发展提供了有益的尝试。

1988年，富士与东芝推出共同开发的首款使用闪存卡的富士克斯（Fujix）电子静物相机DS-1P，可拍摄40万像素的影像。此外，奥林巴斯、柯尼卡、佳能等公司也陆续发布了自己的数字相机，但在像素上均无突破。

1990年，首款具备单反相机外形的数码相机柯达DCS100发布。DCS100采用20.5×16.4 mm的CCD传感器，能拍摄140万像素的影像。该相机采用当时比较流行的尼康F3的机身，兼容大多数尼康镜头，焦距转换系数为1.8倍。与现今的数码单反相机不同的是，使用DCS100时必须搭载一个很大的外置存储单元，内置200MB存储器，可存储150张未经压缩的RAW格式照片。DCS100售价十分昂贵，相当于22.5万元人民币。笨重的存储单元影响了相机的便携性，柯达于1992年推出新款机型DCS200，使这一不足得到改善。

图 10-19　柯达 DCS100 数码相机

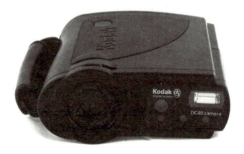

图 10-20　苹果 QuickTake 100

在面向大众的便携式数码相机方面，不同厂商均做出了早期的尝试。1994年美国苹果公司推出首款数码相机QuickTake 100，不过苹果公司的数码相机项目在乔布斯上台后被废除。1995年，柯达DC40便携式相机发布，采用38万像素的CCD传感器，能拍摄756×504像素的影像。使用4MB的内存可存储48张照片。DC40相机尺寸为155×135×55 mm，重量约0.5千克，使用一枚37 mm等效焦距的固定镜头。使用9针串口线连接电脑，可兼容Windows 3.1和DOS。DC40当时在美国的售价为699美元。

二、数字照相机的第二阶段（1995—2005）

1995—2005这十年，数字相机迎来了一个快速发展的时期。这一阶段的初期，由于技术的不成熟，不同品牌相机厂商的通力合作成为普遍现象。如柯达和佳能、尼康的合作，富士和尼康的合作等。这一阶段，数字相机和胶片相机不断竞争，当数字相机技术成熟、价格不再高昂时，逐渐取代胶片相机的霸主地位。这一阶段开始出现全画幅数码单反相机、4/3系统相机，价格平民化的入门级数码单反相机也开始出现。

可通过LCD显示屏查看影像、即时取景，被认为是数字相机有别于传统相机最主要的特征之一，但在1995年之前，早期的数字相机并不支持这一功能。直到日本卡西欧在1995年2月发布QV–10后，这一功能才逐渐在数字相机中普及。QV–10搭载1.8英寸的彩色LCD显示屏，可拍摄25万像素的影像。当时售价6.5万日元，如此低廉的价格使QV–10获得广泛成功。之后，理光发布使用相似传感器的RDC1，这是一款可拍摄视频的数字相机。

在数码单反相机方面，1995年柯达公司与佳能合作推出DCS 1C、DCS 3C，与尼康合作推出DCS 420、DCS 460、DCS 620X。这些机型均由佳能或尼康提供单反相机机身，柯达提供CCD传感器。同年，尼康发布数码单反相机E2，这是尼康与富士共同开发的一款相机。E2采用了2/3寸的CCD传感器，可拍摄130万像素的影像。虽然它传感器面积较小，但通过一种特别的光学补偿机构，不存在焦距转换倍率。与早期少量生产的柯达DCS100不同，1995年生产的这些数码单反相机开始真正走向市场。

在随后的几年里，数字相机的像素不断获得提升。到1998年，佳能推出的具有2.5倍光学变焦的数码相机PowerShot Pro70已可拍摄150万像素的影像。当年国产相机厂商海鸥也发布了国产相机DC33，但像素较低，仅为640×480。

这一年，在数码单反相机领域佳能发布了与柯达合作的D2000，它采用APS-C画幅的CCD传感器，200万像素在当时来说可获得非常不错的画质。佳能D2000在体积上比过去要小不少，它还是首款采用彩色LCD液晶屏的数码单反相机，尺寸为1.8英寸。

尼康也不甘落后，在1999年推出了独立自主研发的数码单反相机D1。它采用274万像素的CCD传感器，是当时成像质量最佳的数码单反相机。其售价5580美元，远远低于价格高昂的柯达DCS系列单反相机。

在此后的数年里，数字相机仍不断地朝高像素化、小型化、轻量化发展。到2001年，佳能也推出了独立自主研发的数码单反相机EOS 1D。其CCD传感器为APS-H画幅，面积介乎APS-C画幅和全画幅之间，像素高达400万，性能上也完全超越尼康D1。这两大品牌的竞争持续至今，也是专业新闻摄影领域仅有的两大相机品牌。而索尼则在当年将像素提升至500万——推出了具有5倍光学变焦的DSC-707。

图 10-21　尼康 D1

图 10-22　佳能 EOS 1D

附：佳能EOS 1D数码单反相机技术规格①

类型

〔类型〕数码自动对焦/自动曝光单镜头反光相机

〔存储介质〕Ⅰ型或Ⅱ型CF卡

〔图像大小〕28.7×19.1毫米（1.13英寸×0.75英寸）

〔兼容镜头〕佳能EF系列镜头（有效视野角度约为说明的镜头焦距的1.3倍）

〔镜头卡口〕佳能EF卡口

成像元素

〔类型〕高感光度，高分辨率，大型单片CCD感应器

〔像素〕有效像素：约415万像素（2496×1662）

总像素：约448万像素（2264×1681）

〔长宽比〕3:2

〔色彩滤镜系统〕RGB原色滤镜

〔低通光滤镜〕位于CCD感应器前，固定式

存储系统

〔存储格式〕相机文件系统的设定守则（JPEG）和RAW

〔图像格式〕JPEG，RAW（12位）

〔RAW+JPEG同时记录〕具备

〔文件大小〕（1）大/精细:约2.4MB（2464×1648）

〔文件夹〕可以创建文件夹和选择文件夹

〔文件编号〕

（1）连续编号

（2）自动重置

（3）手动重置

---

① 选自佳能官网：http://support-cn.canon-asia.com/contents/CN/ZH/6000440701.html。

〔处理参数〕标准参数以及三组自定义设置参数

〔接口〕IEEE 1394（配专用接线）

白平衡

〔设置〕自动，日光，阴影，阴天，钨丝灯，荧光灯，闪光灯，自定义，色温设置，个人白平衡（共有10种设置）

〔自动白平衡〕使用CCD感应器和专用外部感应器进行混合自动白平衡

〔个人白平衡〕最多可注册三种个人白平衡设置

〔色温补偿〕白平衡包围曝光：+/-3档，整档调节

色彩矩阵

〔类型〕两种色彩范围，sRGB和Adobe RGB。sRGB可选四种色阶类型（共5种类型）

取景器

〔类型〕玻璃五棱镜

〔视野率〕垂直和水平方向配合有效像素约100%

〔放大率〕0.72倍（使用50毫米镜头无穷远对焦，屈光度-1）

〔眼点〕20毫米

〔内置屈光度调节范围〕-3.0至+1.0屈光度

〔对焦屏〕可互换式（9种类型），标准对焦屏：Ec-CⅢ

〔反光镜〕快回式半透明反光镜（透光率：反光率为37:63，使用EF 1200毫米F/5.6或以下镜头无光线损失）

〔取景器信息〕自动对焦信息（自动对焦点、对焦确认指示灯），曝光信息（快门速度、光圈、手动曝光、测光范围、ISO感光度、曝光量、曝光警告），闪光信息（闪光灯准备、FP闪光灯、FE曝光锁、闪光曝光量），JPEG格式，剩余拍摄张数，CF卡信息

〔景深预览〕使用景深预览按钮

〔取景器遮光挡片〕内置

自动对焦

〔类型〕CMOS 感应器TTL－AREA－SIR

〔自动对焦点〕45点区域自动对焦（区域自动对焦）

〔自动对焦范围〕EV 0 – 18（ISO 100）

〔对焦模式〕单次自动对焦

人工智能伺服自动对焦

手动对焦（MF）

〔自动对焦点选择〕自动选择，手动选择，返回模式（切换到指定的自动对焦点）

〔自动对焦点选择指示〕取景器内双重闪烁显示，同时在顶部液晶显示屏上显示

〔辅助对焦灯〕自动对焦辅助光源由专用闪光灯发射

曝光控制

〔测光模式〕21区SPC，TTL全开光圈测光

（1）评价测光（与任一自动对焦点联动）

（2）局部测光（取景器中央约13.5%）

（3）点测光

中央点测光（取景器中央约3.8%）

与对焦点联动点测光（取景器中央约3.8%）

多点点测光（最多输入8个点测光数据）

（4）中央重点平均测光

〔测光范围〕EV 0 – 20（20摄氏度环境下使用50毫米 f/1.4 镜头，ISO 100）

〔曝光控制系统〕程序自动曝光（可偏移），快门优先自动曝光，光圈优先自动曝光，景深优先自动曝光，E-TTL闪光自动曝光，手动，闪光测光手动

〔ISO感光度设置范围〕相当于ISO 200–1600（以1/3档调节），ISO感光度可以扩展到ISO 100和3200

〔曝光补偿〕自动包围曝光（AEB）: +/–3档，以1/3档调节

包围曝光方法

1.使用快门速度或光圈

2.使用ISO感光度

手动：+/–3档，以1/3档调节（可以结合自动包围曝光同时使用）

〔自动曝光锁〕自动：单次对焦模式、评价测光下自动开启

手动：任何测光模式下按下，自动曝光锁按钮

快门

〔类型〕带CCD感应器的电子快门和全电子控制焦平面纵走快门

〔快门速度〕1/16000至30秒（以1/3档调节），B门，同步闪光速度1/500秒

〔快门释放〕轻触式电子快门释放

〔自拍器〕10秒或2秒延时

〔遥控〕使用N3型接触遥控器

闪光灯

〔EOS专用闪光灯〕使用EX系列闪光灯进行E–TTL自动闪光

〔PC端子〕（随机）附送

驱动系统

〔驱动模式〕单拍，快速连拍，慢速连拍

〔连拍速度〕快速连拍:约每秒8张

慢速连拍：约每秒3张

〔连拍最大张数〕在大/精细、大/正常和小/精细模式下，可拍21张

在RAW、RAW +大/精细、RAW +大/正常和RAW +小/精细模式下，可拍16张

*每次连拍的最大张数根据主体、拍摄模式和ISO感光度而有所不同

液晶监视器

〔类型〕TFT彩色液晶监视器

〔监视器尺寸〕2.0英寸

〔像素〕约120 000万

〔视野率〕配合有效像素为100%

〔亮度控制〕从1到5级可调

图像回放

〔图像回放模式〕

（1）含有详细资料的单张图像

（2）单张图像

（3）四图像缩略图

（4）九图像缩略图

〔高亮度警告〕在上述模式（1）和（2）中，图像中曝光过度的区域将闪动

图像保护与删除

〔保护〕可以一次保护单张图像、文件夹内的所有图像或CF卡内的所有图像，中途可以取消

〔删除〕可以一次删除单张图像、文件夹内的所有图像或CF卡内的所有图像（受保护的图像除外）

录音

〔录音方法〕使用内置麦克风录音并将声音文件附在图像上

〔文件格式〕WAV

〔录音时间〕每次录音最多30秒

菜单

〔菜单类别〕1.记录菜单；2.回放菜单；3.设置菜单；4.自定义/个人功能菜单

〔液晶监视器语言〕日语、英语、法语、德语、西班牙语

〔固件更新〕用户可进行更新

自定义功能

〔自定义功能〕21种67个设置

〔个人功能〕25种

电源

〔电池〕一个镍氢电池NP-E3

*通过交流电转接器和直流电连接器，可以使用交流电源

〔拍摄数目〕20摄氏度：约500张

0摄氏度：约350张

*使用完全充电的镍氢电池NP-E3时，可达到上述数据。

〔电池电量检测〕自动

〔节能〕具备节能功能，可设置在1、2、4、8、15或30分钟无操作情况下自

动关机

〔备用电池〕一个CR2025锂电池

尺寸和重量

〔尺寸（宽×高×深）〕156×157.6×79.9毫米/6.1×6.2×3.1英寸

〔重量〕1250克/44.1盎司（仅为机身重量，电池重量：335克/11.8盎司）

工作环境

〔工作温度范围〕0—45摄氏度/华氏32—113度

〔工作湿度〕85%或更低

2002年，康泰时正式推出全球首款全画幅数码单反相机N Digital，它使用飞利浦的604万像素全画幅CCD传感器，由于面积和35毫米胶片相当，所以不需要考虑焦距转换倍率问题。随后，同年9月柯达也发布了旗下首款全画幅产品——采用CMOS传感器的DCS Pro 14n，有效像素高达1371万像素。该款相机的像素一下把数码相机的像素提升到千万像素级，在商业摄影领域取得了很大的成功。

图 10-23　全球首款全画幅数码单反相机康泰时 N Digital

2002年9月底，佳能也不甘落后，发布了旗下首款全画幅相机EOS 1Ds（不过直到2003年，产品才正式上市）。1Ds的性能极为出色，CCD传感器像素达到1110万。从此，佳能专业单反相机"双雄"的局面持续了较长时间：APS-H画幅的1D系列以新闻、体育摄影师为目标用户，全画幅的1Ds系列以商业摄影师为主要目标用户。

2002年，尼康发布了定位低于D1的准专

图 10-24　柯达 DCS Pro 14n

业数码单反相机D100，采用630万像素的APS-C画幅的CCD传感器，这一系列产品持续至今。次年，佳能也发布了旗下的准专业相机EOS 10D，使用的是630万像素的APS-C画幅的CMOS传感器。

2003年8月，佳能发布了一款面向非专业用户的入门级单反相机EOS 300D，这使数码单反相机的价格不再高高在上，只需1000美元就可买到。它首次采用塑料机身，使用的是630万像素的APS-C画幅的CMOS传感器，这也使得佳能成为第一个拥有专业、准专业、入门级产品线的数码单反相机厂家。

2003年12月，出现了一种新型的相机系统——4/3系统：奥林巴斯数码单反相机E1，它采用的是500万像素的4/3型CCD传感器。与APS画幅、全画幅不同，4/3系统是一种纯粹的数码相机系统，其影像传感器面积约为35 mm胶片的1/4。更小的传感器面积，既降低了传感器生产成本，也使相机和镜头的体积更加小型化、轻量化。最难能可贵的是，与其他相机各不相同的镜头卡口相比，

图 10-25 奥林巴斯 E1

采用4/3系统不同品牌的产品，其镜头卡口是统一的，不同品牌镜头可以通用。

2004年8月，爱普生发布全球第一台旁轴数码相机—— R-D1，它采用600万像素、APS-C画幅的CCD传感器。此后，2006年、2009年爱普生分别再推出升级版。但旁轴数码相机始终未能像胶片时代的旁轴相机一样成为主流的相机类型。

2004年9月16日，尼康公司宣布推出胶片单反相机尼康F6，也成为尼康最后一款专业胶片单反相机。这也意味着在数字摄影与胶片摄影长期的共存与竞争中，胶片摄影最终让位于数字摄影。2004年年底，佳能发布EOS 1Ds的升级产品1Ds Mark Ⅱ，其像素达到1670万，已经是非常成熟的数码单反产品。

三、数字照相机的第三阶段（2005—2015）

2005—2015这十年是数字相机的第三个发展阶段，其间数字相机已经全面取

代胶片相机，成为非常成熟、完善的摄影器材。这一阶段，全画幅数码单反相机价格逐渐降低，走向平民化；出现无反相机，并且和单反一样成为一种主流的相机种类；手机的拍摄性能不断提高，丰富了新闻照片的来源。而且还出现了中画幅数码单反相机、3D立体相机、无人机航拍设备等新的相机类型。这一阶段，绝大多数的新闻照片都是使用数字相机拍摄的。

2005年8月，佳能发布准专业级全画幅数码单反相机EOS 5D，一下使价格高昂的全画幅相机变得十分亲民，而且其CMOS传感器也达到了1280万像素。

2007年8月，落后于竞争对手佳能多年的尼康终于迎头赶上，发布了自己的首款全画幅数码单反相机D3，其有效像素为1210万。这是一款主要以新闻、体育摄影师为目标对象的专业级产品，也可以说是第一款专为新闻摄影打造的全画幅数码单反相机。其1200万像素并没有太高，但强调相机的自动对焦速度及精准度，重视相机的连拍性能，突出相机在使用超高感光度时的成像品质。尼康D3的详细技术规格，如下所示：

图 10-26　尼康 D3

附：尼康D3数码单反相机技术规格[①]

相机类型　数码单镜反光相机

有效像素　1210万

影像感应器　尼康FX格式（36.0×23.9 mm）CMOS影像感应器; 总像素: 1287万

影像尺寸（像素）　FX格式: 4256×2832［L］, 3184×2120［M］, 2128×1416［S］; 5:4（30×24）: 3552×2832［L］, 2656×2120［M］, 1776×1416［S］; DX格

---

① 选自尼康官网：http://www.nikon.com.cn/sc_CN/product/digital-slr-cameras/d3。

式：2784×1848［L］，2080×1384［M］，1392×920［S］

感光度　ISO 200 到 6400，以 1/3、1/2 或 1 EV 步长调整；低于 ISO 200 时，可以约 0.3、0.5、0.7 或 1 EV（相当于 ISO 100）进行调节；高于 ISO 6400 时，可以约 0.3、0.5、0.7、1 EV（相当于 ISO 12800）或 2 EV（相当于 ISO 25600）进行调节

文件格式　NEF（压缩 12/14 比特 NEF［RAW，无损压缩］：60%—80%），NEF（压缩12/14 比特 NEF［RAW，压缩］：约 45%—60%），JPEG（JPEG–基线–兼容）

文件系统：与 DCF 2.0、DPOF 和 Exif 2.21 兼容

存储媒介：CompactFlash（Ⅰ/Ⅱ类型，与 UDMA 兼容）；Microdrive™

拍摄模式　（1）单张拍摄［S］模式，（2）低速连拍［CL］模式：1–9 幅/秒，（3）高速连拍［CH］模式：9 幅/秒（9–11幅/秒，DX 格式），（4）"现场"视图（LCD即时取景）［LV］模式，（5）自拍模式，（6）反光板升起［Mup］模式

白平衡：自动（使用主影像感应器和1005 像素 RGB 感应器进行TTL 白平衡）；通过微调可预设 7 个手动模式；色温设置

显示屏：7.5 cm（约3英寸），约 920000 画点（VGA），170°宽视角，100%画面覆盖率，亮度可调的低温多晶硅 TFT LCD显示屏

重放功能　（1）全屏，（2）缩略（4 或 9 幅），（3）变焦，（4）幻灯播放，（5）柱状图显示，（6）拍摄数据，（7）高光点显示，（8）自动影像旋转

删除功能　格式化记忆卡，删除所有图像，删除选定照片

I/O终端　NTSC 或 PAL; 视频输出和 LCD 显示屏可同时进行回放

界面　USB 2.0（高速），可选择Mass Storage和PTP

影像角度　相当于镜头焦距产生的角度（选择 DX 格式时是 1.5 倍）

取景器型号　光学的

取景器　单镜反光类型，带有固定眼平五棱镜；内置屈光度调节（–3至+1 m-1）

视点　18 mm（-1.0 m^{-1}）

对焦屏　B 型，光亮磨砂对焦屏 Ⅵ

取景器覆盖画面范围/放大率 FX 格式：约为 100%（垂直和水平）；DX 格式：约为 97%（垂直和水平）；5：4 格式：约为 97%（水平）、100%（垂直）/约 0.7 倍

反光镜 快速返回型

镜头光圈 即时返回型，带有景深预览按钮

自动对焦 TTL 相位侦测，尼康 Multi-CAM 3500FX 自动对焦模块采用 51 个对焦点（15 个十字型感应器）；侦测范围：−1 至 +19 EV（ISO 100，20°C）；可进行 AF 微调·焦平面对比（在"现场"视图[LCD即时取景]，[三脚架]模式）

对焦模式 （1）自动对焦：单次伺服 AF（S），连续伺服 AF（C），根据对象状态自动激活对焦追踪；（2）电子测距仪手动对焦（M）单个AF对焦点，可从 51 个或11 个对焦点中选择

对焦锁定 按下 AE-L/AF-L 按钮或半按快门释放按钮可锁定对焦（AF-S 中单区域 AF）

测光模式 （1）3D 彩色矩阵测光系统 Ⅱ（G和D型镜头），彩色矩阵测光 Ⅱ（其他类型CPU镜头），彩色矩阵测光（若用户提供镜头数据，则是非CPU 镜头）；（2）中央重点测光：画面中央 8 mm、5 mm 或 20 mm 的圆圈内集中了 75%的测光权重，或对整个画面进行平均测光；（3）点测光：对所选的对焦区域中心4 mm的圆圈（约占1.5%画面）进行测光（使用非CPU镜头时是中心对焦区）

测光表范围 （1）0~20 EV（矩阵测光或中央重点测光），（2）2~20 EV（点测光）（ISO 100 相当值，F/1.4 镜头，20°C）

测光耦合 CPU 和 AI结合

曝光控制 （1）程序自动模式（P），带柔性程序，（2）快门优先自动模式（S），（3）光圈优先自动模式（A），（4）手动模式（M）

自动曝光锁定 用 AE-L/AF-L 按钮将曝光锁定在检测值

自动曝光

补偿：在 ±5 EV 范围内，以 1/3、1/2 或 1 EV 步长微调

包围：曝光和/或闪光包围（2—9张，增量为 1/3、1/2 或 1 EV）

最大快门：1/8000秒

最小快门：30秒

快门：电磁调控纵走式焦平快门; 1/8000 至 30 s，以 1/3 、1/2 或 1 EV 步长调整; B 门

同步连接：X = 1/250 s; 同步闪光最高可达 1/250 s

闪光控制　（1）以 1005 像素 RGB 感应器进行 TTL 闪光控制，i-TTL 均衡补充闪光和标准 i-TTL 补充闪光，适用于 SB-800，600或400；（2）自动光圈（AA）：适用于 SB-800 和 CPU 镜头；（3）非 TTL 自动（A）：适用于 SB-800、28、27 或 22 s；（4）距离优先手动（GN）：适用于 SB-800

闪光同步模式　（1）前帘同步（标准），（2）慢速同步，（3）后帘同步，（4）减轻红眼，（5）减轻红眼慢速同步

配件热靴　带安全锁定的标准 ISO 518 热靴触点

同步终端　ISO 519 标准终端

自拍　电子控制定时器，时间延迟为 2 s、3 s、10 s 或 20 s

景深预览钮　提供

遥控　通过10针遥控终端 MC-22/30/36（另购），或无线控制器WT-4（另购）

GPS　NMEA 0183（2.01 和 3.01版）接口标准，以 9 针 D-sub线和 GPS 线 MC-35（可选）进行支持

支持语言　中文（简体和繁体）、荷兰语、英语、芬兰语、法语、德语、意大利语、日语、韩语、波兰语、葡萄牙语、俄语、西班牙语和瑞典语

电源要求　一块可充电锂离子电池 EN-EL4a/EL4，快速充电器 MH-22，AC 适配器 EH-6（另购）

三脚架插孔　1/4 in.（ISO 1222）

体积　约159.5 mm×157 mm×87.5 mm

重量（电池、存储卡和机身盖）　约 1240 g

提供附件：

可充电锂离子电池 EN-EL4a，快速充电器 MH-22，USB 线 UC-E4，AV 线 EG-D2，相机带 AN-D3，机身盖 BF-1A，配件热靴盖 Cap BS-2，目镜 DK-17，电池盖 BL-4，USB 线夹，Software Suite 安装 CD-ROM 光盘

2008年7月，尼康发布旗下第二款全画幅数码单反相机D700，采用与D3相同的1210万像素CMOS传感器。其定位要低于尼康D3，是一款价格亲民的准专业全画幅相机。这一年，索尼也发布了旗下首款全画幅数码单反相机A900，像素高达2460万。

2008年9月，世界上首款无反相机松下G1发布。G1诞生的最大意义在于，它为未来的数字相机发展指明了方向——反光镜机构并不是必需的，从而使无反相机和单反相机一样，成为一种全新的数字相机类型。G1采用有效像素为1211万的微型4/3系统、Live MOS传感器。但松下G1的不足是，其124×83.6×45.2 mm的体积仍不够小巧。

2009年6月，奥林巴斯公司推出无反相机E-P1。与更早发布的松下G1相比，这虽然不是第一款无反相机，但它首次实现了将"单反相机可交换镜头设计带来的专业性能"与"紧凑型卡片相机的轻巧便携"完美结合，因而更具有划时代的意义。E-P1采用微型4/3系统、1230万有效像素数的Live MOS传感器，其尺寸为17.3×13.0 mm，约为35 mm胶片面积的1/4。

2009年7月，富士公司发布全套3D立体摄影系统，包括3D相机REAL 3D W1、裸眼3D数码相框REAL 3D V1，以及立体洗印技术。W1是全球第一款裸眼3D数字相机，机身内配备了两块1/2.33英寸、100万像素的CCD传感器，还配备了两枚镜头，焦距为35—105 mm。两枚镜头拍摄的照片传输到机身内的"Real Photo Engine 3D"引擎，可通过分析视差和拍摄对象的距离、亮度、色彩，合成为3D立体影像。

2009年9月，徕卡发布首款全画幅旁轴数码相机M9，它采用的是1800万像素的CCD传感器。徕卡和爱普生也是目前仅有的生产过旁轴数码相机的两个品牌，后者在2009年发布第三款产品后不再研发此类产品。徕卡M系列则以贵族相机用户和少数纪实摄影师为目标用户而持续下来。

图 10-27 徕卡 M9

2009年10月，徕卡以高端广告、商业摄影师为目标用户的中画幅数码单反相机S2上市。S2采用3750万像素的中画幅CCD传感器，其面积是35 mm胶片的1.56倍。S2的整机尺寸为160×120×81 mm，重1.4 kg，外形比佳能EOS 1Ds MarkⅢ的尺寸略小巧一些。不过，它的单机身报价接近人民币20万元。

2010年3月，宾得公司发布4000万像素的中画幅数码单反相机——645D。相机采用了44×33 mm的大型CCD传感器，面积为35 mm胶片的1.7倍。而且其推出价格为80万日元（当年约56000元人民币），与专业级全画幅数码单反相机价格接近。

2010年5月，索尼发布旗下第一台无反相机——NEX-5C，它采用的是1420万像素、APS-C画幅的CMOS传感器，传感器面积和成像画质都要强于此前的松下和奥林巴斯无反相机。由于在数码单反相机领域，索尼无法撼动佳能、尼康的地位，于是集中精力在无反相机的研发上。索尼加入无反阵营后，无反相机开始成为相机领域有影响力的相机，而它的别称"微单相机"，也是索尼公司首先使用的。

图 10-28　索尼 NEX-5C

2011年10月，迫于竞争对手尼康的压力，佳能对旗下的相机产品线进行调整，把过去以新闻、体育摄影者为主要目标用户的APS-H机型升级为全画幅，即停止EOS 1D系列产品的更新，用新发布的EOS 1DX取而代之。由于采用面积更大的影像传感器，能带来更佳的成像品质。1DX采用1810万像素的CMOS传感器，最高约14张/秒的高速连拍，感光度可选范围ISO 50~204800，具备61点高密度网状阵列自动对焦（其中41点为十字型），综合性能十分可观。

2012年年底，大疆公司推出消费级无人机——"精灵1"（Phantom）。在此之前虽然也有航拍无人机，但主要用于军事和工业等专业领域，设备非常复杂，飞行操作技术不易掌握，价格也较昂贵。而"精灵"的出现，对民用航拍领域而言有着划时代的意义，它让飞行控制和航拍成为一种轻松、简便的事情。大疆精灵1也被誉为"世界上首款可用于空中拍摄的小型多旋翼飞行器"。精灵1是一款包含飞行

控制系统、四旋翼机体和遥控设备
的小型无人机，自带摄像头，可拍
摄视频或照片。精灵1的巡航飞行
时间可达10—15分钟。从此之后，
在新闻摄影领域又多了一种拍摄利
器——航拍无人机，它可以轻松获
得普通摄影难以获得的俯视角度，
也使摄影师拍摄出于安全考虑不便
靠近的被摄对象成为可能。

图 10-29　大疆精灵 1

2013年10月，无反相机领域出现了首款全画幅的机型——由索尼推出的A7。这
是一款配备2430万像素Exmor CMOS全画幅传感器的无反相机。A7的发布，不但丰
富了无反相机的品种，而且改变了过去人们对无反相机是"业余相机"的印象。A7
的成像品质与全画幅单反相机相当，但在机身体积和重量方面则有明显的优势——
这也使得今后的相机往非单反结构的方向不断发展。

四、数字照相机的第四阶段（2015至今）

2015年至今，为数字相机的最新发展阶段。经历四十年的发展，数字相机仍在
不断向高性能、高像素、高画质的方向发展。全画幅相机最高达到5060万像素；中
画幅相机则突破1亿像素。而在无反相机领域，这种曾被认为是业余摄影器材的相
机品种，出现了哈苏、富士两个采用中
画幅传感器的品牌。

2015年2月，佳能发布EOS 5Ds、
5Ds R两款数码单反相机，两者都采用
了5060万像素的CMOS传感器，成为前
所未有的分辨率最高的135数码单反相
机，几乎可以和中画幅数码相机媲美
了。2015年10月，徕卡正式发布全画幅

图 10-30　佳能 EOS 5Ds（左）、5Ds R（右）

无反相机SL，配备了2400万像素的CMOS传感器，它是继索尼之后第二个生产全画幅无反相机的品牌。

2016年1月，丹麦的飞思公司发布中画幅数码后背——IQ3100MP，从而使民用摄影设备首次迈入1亿像素的大关。2016年2月，宾得旗下首款上市的全画幅数码单反相机K1发布，从而成为继佳能、尼康、索尼之后又一个生产全画幅单反相机的品牌。K1采用3640万像素的全画幅CMOS传感器。

2016年6月，世界上第一款中画幅无反相机哈苏X1D发布，相机采用一块5100万像素的CMOS传感器，且相机采用全新的哈苏XCD卡口。X1D的传感器尺寸为44×33 mm，面积与宾得645D的CCD传感器相同。作为一款中画幅数码相机，X1D的机身尺寸仅为150×98×71 mm，机身重量仅为725 g。

图 10–31　富士 GFX 50S

2016年9月，富士公司发布中画幅无反相机GFX 50S。与机身一同发布的还有6支镜头，其中包括GF 63 mm F2.8 R WR、GF 32–64 mm F4R LM WR、GF 120 mm F4微距镜头等。相机配备了43.8×32.9 mm、5140万像素的CMOS传感器。

结　语

数字成像技术的出现，使有着一百多年历史的摄影术发生了翻天覆地的变化。在短短数十年的时间里，数字相机就实现了从实验室的试制品成为奥运会上体育摄影记者必备的器材。摄影技术的数字化变革给商业摄影、肖像摄影、风光摄影都带来了很大的变化，而对照片时效性有着极高要求的新闻摄影而言，则是革命式的巨变。

数字成像技术与无线通信技术的结合，使现场新闻的图片可以在非常短的时间里从摄影镜头中传递到读者眼中。这两种技术仍在不断发展之中，新闻摄影仍会朝着高画质、操作便携、传播迅速的方向发展。

第十一章
数字时期新闻摄影传播技术（下）

Chapter 11
Communication Technologies of Photojournalism in the Digital Period （Part Ⅱ）

　　数字摄影替代胶片摄影后，整个影像系统发生了翻天覆地的变化。尽管在采集影像的工具方面，只是数字影像替代胶片影像，在相机操作方面变化不大；但在影像显示、影像处理、影像存储方面，却发生了质的改变。过去人们以报纸、期刊为主的阅读习惯，已改变为通过电脑、平板电脑、智能手机来阅读新闻影像，因而这些设备的显示器性能十分重要。过去的影像处理主要在暗房完成，而如今可以很方便地在电脑中使用图像处理软件来完成。过去对胶片和纸质照片做档案存储，如今也改变为通过硬盘、网盘等来存储。

　　智能手机的普及，再次让新闻摄影传播技术发生革命。一台智能手机设备，既是采集影像的设备，也是影像处理和显示的设备，集多种功能于一身，非常强大，并可通过3G、4G功能完成影像的传输和分享。而且智能手机的性能仍在进一步完善之中，通信技术也逐渐进入5G时代。

第一节　　数字影像系统的构成

　　一套完整的数字影像系统，包括采集设备、显示设备和存储设备。采集设备除了照相机本身外，还包括镜头、闪光灯和三脚架等；显示设备包括电脑显示器、平板电脑和智能手机等；存储设备包括存储卡、硬盘、光盘和网盘等。除了这些硬件设备，还需要软件的支持，包括电脑的系统软件以及各种图像处理软件等，由于本章第四节专门阐述图像软件，所以本节内容专讲数字影像的硬件设备。

一、数字影像的采集设备

数字影像的采集设备，即以照相机为中心的拍摄器材及相关附件。尽管各种类型的照相机都可用于新闻摄影，但高性能的相机及附件，更能胜任在各种复杂条件下的拍摄任务。镜头、闪光灯等附件，都是从过去的胶片时代发展而来，就数字相机的特点而专门优化。

1. 镜头

在镜头结构方面，数码单反相机用的镜头与胶片单反相机用的镜头并无本质区别，后者依然能用在数码单反相机上。不过，由于电子感光元件与胶片的成像特点存在区别，在数码单反相机上使用传统镜头也会出现一些瑕疵，如最常见的"紫边"等色散问题。这些成像瑕疵要求镜头厂家对数字时代的镜头进行优化设计，所以超低色散镜片、非球面镜片、特殊镀膜（如尼康的纳米结晶涂层）等先进技术都大量应用在新镜头上。

由于数字相机的传感器分辨率越来越高，这也使得胶片时期的镜头在分辨率上渐渐无法满足要求。所以经过初期的"磨合"后，搭载在数码单反相机上的镜头渐渐地以数码时代的新镜头为主。许多新型镜头还配备了防抖功能，防抖技术与数码

图 11-1 尼康标准变焦镜头 24–70 mm *f*2.8

单反相机的高感光度组合，使得新闻摄影中经常遇到的暗光拍摄不再是问题。

此外，由于数码单反相机的画幅较为多样，除了全画幅外，还有4/3系统、APS画幅等，这也要求厂家专门重新设计与画幅相应的镜头。如佳能针对APS画幅机身的镜头标以EF–S标识，尼康针对DX格式机身以DX标识。为了熟悉不同焦距非全画

幅镜头的视野，还需要用实际焦距乘一个转换系数（佳能为1.6×，尼康为1.5×，4/3系统为2×），如尼康50 mm镜头用在DX格式机身上，35 mm等效焦距为75 mm。全画幅镜头都可以用在同品牌的数码单反相机上，但非画幅镜头未必能用于全画幅机身上（如佳能EF–S镜头不能用在全画幅机身上）。

　　2. 闪光灯

　　闪光灯的作用是在弱光环境中为拍摄补光，或者在逆光场合为主体补光，是新闻摄影中最常用的拍摄附件。尽管不少数字相机具有内置闪光灯，但其闪光能力较弱，专业的外置闪光灯发光时间非常短暂，可达数千分之一甚至数万分之一秒，这种瞬间光线的强度非常高，非恒亮的光线可比。而且可反复闪光，正常使用寿命可达万次以上。

图 11-2　尼康 SB-5000 闪光灯

　　闪光灯的结构包括外壳、闪光管、反光罩、电源、热靴接口、闪光同步连线等。核心部件是闪光管，它是一根两端装有电极的封闭管子，管内充满稀有气体，它在工作时管内会产生剧烈震动并释放出强烈的光线。

　　闪光灯的性能，可通过闪光指数来了解，闪光指数越高，它能有效闪光的范围越大。此外，闪光灯的回电时间越短越好，这意味着你在第一次闪光拍摄之后，能在更短的时间里继续第二次闪光拍摄。此外，专业级闪光灯的灯头可以上下、左右旋转，以胜任不同方向的补光要求，初级闪光灯只能上下旋转。

附：尼康SB-5000闪光灯技术规格[①]

电子构造　自动绝缘栅双极晶体管（IGBT）和串联电路

指数　34.5（ISO 100，米）

---

① 选自尼康（中国）官网，http://www.nikon.com.cn/sc_CN/product/flashes–speedlights/sb-5000–%E9%97%AA%E5%85%89%E7%81%AF#tech_specs。

照明模式　有3种照明模式，标准、平均和中央重点。闪光分布角度自动调节为照相机的图像区域（FX格式和DX格式）

有效闪光输出距离范围：约0.6米至20米（视所用照相机的图像区域设定、照明模式、ISO感光度、变焦头位置和镜头光圈而定）

闪光模式　i-TTL，自动光圈闪光，非TTL自动闪光，距离优先手动闪光，手动闪光，重复闪光

其他可用功能：测试闪光、监控预闪、多点AF的AF辅助照明和模拟照明

尼康创意闪光系统（CLS）　使用兼容照相机，可进行各种闪光操作，i-TTL模式、无线闪光、模拟照明、FV锁定、闪光色彩信息交流、自动FP高速同步、多点AF的AF辅助照明和组合闪光控制

多重闪光灯组件拍摄操作　无线闪光、直接遥控无线多重闪光灯组件拍摄（遥控模式）

反射功能　闪光灯头可下俯7°或上仰90°，还可定位在－7°、0°、45°、60°、75°、90°处；闪光灯头可左右水平旋转180°，还可定位在0°、30°、60°、75°、90°、120°、150°、180°处

电源　使用4节以下任一类型相同品牌的AA型号电池：1.5 V LR6（AA型号）碱性电池，1.2 V HR6（AA型号）可充电镍氢电池。有关各种电池类型的最少闪光次数和最短回电时间，请参阅说明书F-26

闪光预备指示灯　SB-5000充分回电，点亮闪光输出不足，难以正确曝光（在i-TTL、自动光圈闪光、非TTL自动闪光、距离优先手动闪光模式或直接遥控无线多重闪光灯组件拍摄中的自动模式）：慢速闪烁

AF辅助照明器（遥控模式中）　SB-5000充分回电，慢速闪烁并熄灭闪光输出不足，难以正确曝光（在i-TTL、自动光圈闪光、非TTL自动闪光模式，或直接遥控无线多重闪光灯组件拍摄中的自动模式）：慢速闪烁

闪光持续时间（约）　M1/1（全）输出1/980秒、M1/2输出 1/1110秒、M1/4输出1/2580秒、M1/8 输出1/5160秒、M1/16输出1/8890秒、M1/32输出1/13470秒、M1/64输出1/18820秒、M1/128输出1/24250 秒、M1/256输出1/30820秒

安装底座锁定杆　使用锁定板和锁定插头可将SB-5000牢固地连接至照相机的

配件热靴，以免意外脱离

闪光曝光补偿　在i-TTL、自动光圈闪光、非TTL自动闪光或距离优先手动闪光模式下，为–3.0 EV至+3.0 EV，步长为1/3 EV

其他功能　ISO感光度手动设定，重新显示i-TTL模式下闪光输出不足所致的曝光不足量，重设为默认设定，按键锁定，防过热，固件更新

尺寸（宽×高×厚）　约73×137×103.5 mm

重量　约520 g［带1.5 V LR6（AA型）碱性电池×4］，约420 g（仅闪光灯）

随附配件　闪光灯支架AS-22、尼康柔光罩SW-15H、荧光灯滤镜SZ-4FL、白炽灯滤镜SZ-4TN、软包SS-5000、配件袋

3. 三脚架

三脚架和独脚架，主要用于弱光环境中的慢速快门拍摄，尤其是在禁止使用闪光灯的弱光场合。在数字摄影时代，早期的数字相机在高感光度时的成像效果较差，经常需要配合闪光灯和脚架来拍摄。数字相机技术成熟后，ISO 6400甚至更高的感光度也能获得不错的画质，使得数字相机能胜任的新闻摄影场景更多。尽管如此，在一些光照强度弱的场合，仍需配合脚架拍摄。

三脚架或独脚架由云台、快装板和脚管组成。专业级脚架的云台可以拆卸，在购买时也是单独购买的；脚管可伸缩，通常为3—5节脚管；快装板位于云台上，起连接脚架和照相机的作用。

图 11-3　曼富图三脚架

在新闻摄影中，使用脚架有两点要求：一是对脚架的稳定性有较高要求；二是脚架的重量越轻越好，外形越便携越好。在保证稳定性的前提下，新型的脚架均在生产材料上下功夫，诸如火山石、碳纤维等轻便的新材料被运用于脚架。很多新闻摄影记者热衷于使用独脚架，虽然其稳定性不如三脚架，但便携性更加出色。

二、数字影像的显示设备

在胶片摄影时代，人们阅读新闻影像的主要途径，是通过印刷在报刊上的新闻摄影图片来实现的。而在数字摄影时代，这一方式逐渐发生改变，通过电脑、平板电脑和手机来阅读新闻影像逐渐成为主流。各种阅读设备都配备有液晶显示屏，随着技术的不断进步和生产成本的不断下降，显示屏的显示效果越来越出色。

1. 电脑

电脑显示器，是最主流的数字摄影显示设备，同时在数字影像处理过程中也扮演着重要角色。电脑显示器，先后经历了CRT（Cathode Ray Tube，阴极射线管）和LCD（Liquid Crystal Display，液晶显示器）两个发展阶段。

CRT显示器先后采用过球面显像管和平面直角显像管两种，前者因曲屏会造成图像失真和反光的现象，所以被后来的纯平显示器取代。CRT显示器在很长一段时间内都是最主流的电脑显示器，它具有可视角度大、无坏点、色彩还原度高、响应时间极短、可调节的多分辨率模式等优点，缺点是外形显得笨重。

LCD显示器出现后，以其机身薄、体积小、功耗低的巨大优势很快受到用户的欢迎。在其生产技术成熟、性能完善后，迅速取代了传统的CRT显示器。按采用的背照光源不同，主要可分为冷阴极荧光灯（CCLF）和LED（Light Emitting Diode，发光二极管）两种。LED显示器出现的时间稍晚，具有功耗低、亮度高、色域广等优点，后来取代CCLF液晶屏成为主流显示器。

图 11-4　苹果 5K 显示器

在分辨率方面，显示器先后经历以标清（640×480）、高清（720×1280）、超高清（1920×1080）、2K（2560×1440）为主流的阶段。而近年4K（3840×2160）、5K（5120×2880）等超高清分辨率的显示器也越来越常见。以

Mac电脑显示器为例，1984年发布的首台Mac电脑，配备的显示器仅为9英寸，单色，分辨率为512×342；而近年Mac配置的Retina 5K显示器，分辨率达到出色的5120×2880。

除分辨率外，显示器的色域、对比度、亮度、可视视角也会对显示效果产生较大影响。色域越广的显示器显色能力越强，越接近100%Adobe RGB色域越好。对比度越高的显示器，显示画面细节层次的能力越强，专业显示器通常可达1000∶1。亮度越高的显示器，显示的色彩越浓郁，通常在200—350 cd/㎡范围。可视视角越大的显示器越好，越接近180°越好。

2．平板电脑

2010年，苹果第一代iPad发布；Android系统也很快成为主流的平板电脑系统；2011年，兼容平板电脑的微软Windows8系统发布；2012年，微软发布第一代Surface平板电脑，从而使一种介于笔记本电脑和智能手机之间的新型电子产品——平板电脑，成为广受用户欢迎的产品。

平板电脑最大的优势，是具有普通电脑（含笔记本电脑）所不具有的便携优势，而且支持触摸屏操作。从显示效果来说，平板电脑的液晶显示屏面积通常比普通电脑小（最主流的平板电脑iPad尺寸为9.7英寸），但分辨率大多达到720P以上高清（iPad的分辨率多为2048×1536），ppi数远远高于普通电脑屏幕，视觉效果也明显更出色。

图 11-5　苹果 ipad mini 平板电脑

近年来，随着大屏幕智能手机的逐渐普及，平板电脑的受欢迎程度有所降低，但更大屏幕的平板电脑开始出现。如2015年9月苹果发布iPad Pro，屏幕尺寸高达12.9英寸，分辨率高达2732×2048，像素数量超过560万。

3．智能手机

在第二代移动通信技术（2G）通行的时期，市场上以功能机为主，直到2009年

1月工业和信息化部发放第三代移动通信技术（3G）牌照后，智能手机才渐渐取代功能机成为手机市场的主流。尤其是2010年iPhone4发布、2011年三星Galaxy S发布后，智能手机的性能、屏幕尺寸、分辨率及显示效果有了大幅提升，从而使智能手机逐渐取代电脑，成为人们阅读新闻资讯最主流的设备。

主流的智能手机屏幕可以分为两类：LCD与OLED（有机发光二极管）。其中，LCD包括TFT、IPS两种屏显技术，OLED包括被动式的PMOLED与主动式的AMOLED。

TFT是Thin-Film Transistor（薄膜晶体管）的缩写，它可以对屏幕上各个独立的像素进行控制，从而实现高速度、高亮度、高对比度的屏显。其优点是在色彩饱和度和还原度方面，都能让人感到满意，而且在用手指触控时反应的速度也很不错。缺点是屏幕容易出现泛白现象，而且功耗方面要比其他屏幕耗电。

IPS是In-Plane Switching（平面转换）的缩写，IPS技术改变了液晶分子颗粒的排列方式，避免了传统液晶屏在受压时出现的模糊或水纹扩散现象。IPS屏的视角可接近180度，要比传统TFT的130度视角更好，色彩显示效果也更加出色。不足之处则是在响应速度上表现一般，而且要把屏幕做薄的难度更大。

OLED是Organic Light-Emitting Diode（有机发光二极管）的缩写。与LCD不同，OLED无需背光支持，具备自发光性，拥有广视角、高对比、低能耗、反应速度快、显示黑色效果出色等优点。目前手机所采用的OLED屏大都是AMOLED屏，该屏大致经历过三代：AMOLED、Super AMOLED和Super AMOLED Plus。越是新生代产品，在去颗粒感、阳光下显示效果、色彩细腻程度方面越有提升。随着2017年采用OLED屏的iPhone X发布，越来越多的手机将采用这种优质的屏幕。

图 11-6　采用 OLED 全面屏的三星 S8 智能手机

三、数字影像的存储设备

与胶片摄影时代不同，数字影像往往没有胶卷、纸质照片那样的实物，而是以虚拟的影像数据存在，需使用相应的设备来进行存储。除了刚刚拍摄完临时存放在存储卡上外，人们通常会选择硬盘、光盘和网盘来存储。

1. 存储卡

存储卡也叫闪存卡，通常搭载在相机机身上，用于存放相机拍摄的照片；也可以通过与读卡器连接，当作移动U盘使用。在数字摄影史上，出现过多种类型的存储卡，包括CF卡、SM卡、SD卡、MMC卡（记忆棒）、MS卡、XD卡、XQD卡、CFast卡等，其中CF卡和SD卡最终成为最主流的存储卡，新闻摄影专业级数码单反相机大多采用CF卡。

SD卡（Secure Digital Memory Card）是一种基于半导体快闪记忆器的存储设备，这一存储卡规范于1999年8月由松下、东芝和SanDisk联合推出。SD卡体积小，只有$32 \times 24 \times 2.1$ mm，很早就广泛地用于小型数码相机。后来，SD卡发展为SDHC卡、SDXC卡，在存储容量和存储速度上有了很大的提升，并且越来越多的中高端相机也普遍采用，如佳能EOS 5D MarkⅢ同时兼容CF卡和SD卡。

CF卡（Compact Flash）最初于1994年由SanDisk公司生产并制定相关规范，是一种广泛用于中高端数码单反相机的数据存储设备。它的体积较SD卡大了不少，为$43 \times 36 \times 3.3$ mm（CFⅡ型卡的厚度为5 mm）。在同一时期，CF卡在容量和存储速度上都较SD卡有优势，因而成为新闻摄影专业级数码单反相机的不二之选。除了传统的CF卡外，目前新出现了一种CFast卡，外形与CF卡一样，但接口不

图 11-7　SanDisk 32G CF 卡

同，如佳能EOS-1D X MarkⅡ同时兼容CFast卡和传统CF卡。

此外，还有一种新型的高端存储卡XQD卡。它是由Compact Flash协会新发布的存储卡规范，是2010年由SanDisk公司、索尼和尼康共同制定的，其尺寸为$38.5 \times 29.8 \times 3.8$ mm，比CF卡更加小巧。该卡主要用于高像素、高速连拍或高清视频的机型，目前使用并不普遍，主要用于尼康中高端数码单反相机，如尼康D4、D5、D500等。

2. 硬盘

硬盘是最常用的大容量数字影像存储设备。半个多世纪以来，硬盘的容量已经从最初的5 MB，发展到如今的12T甚至更高；外形从最早相当于两个冰箱的体积、重达1吨，发展为如今巴掌大小、数百克重；存储速率和初期相比也有了革命性的变化。

早在1956年，IBM公司推出储存容量为5 MB的350RAMAC，成为现代硬盘的雏形。1973年IBM公司推出3340，它拥有两个30 MB的储存单元，从此硬盘的基本架构被确立下来。1980年，世界上第一台5.25英寸硬盘ST-506诞生，这也是首款真正面向台式机的硬盘，虽然容量仅为5 MB，但体积非常小巧了。1991年，IBM发布了首款3.5英寸1 GB硬盘。

硬盘可分为内置在计算机中的硬盘和便携式的移动硬盘；按结构不同又可分为机械硬盘和固态硬盘，其中机械硬盘是长期以来最主流的硬盘。机械硬盘采用磁性碟片存储，固态硬盘则采用闪存颗粒存储。

机械硬盘由铝制或玻璃制的碟片组成，在碟片外覆盖有磁性材料。在写入或读取数据时，要通过碟片的高速转动来实现。硬盘的内部结构由磁盘、磁头、磁道、扇区和柱面组成。

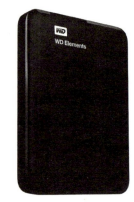

图 11-8　西部数据移动硬盘

固态硬盘出现的时间较晚，它并未采用机械传动装置，而使用的是固态电子存储芯片陈列，所以在启动速度、存储速率、抗震性、节能性以及体积方面，都较机械硬盘有优势。不过，固态硬盘的不足是容量要比机械硬盘小很多，而且价格较为高昂。

3. 光盘

与其他存储方式相比，光盘是一种成本较低的设备。光盘可分为两种：不可擦写光盘，如CD-ROM、DVD-ROM等；可擦写光盘，如CD-RW、DVD-RAM、BD-RAM等。对于数字影像的存储而言，选择使用可擦写光盘。由于CD光盘的容量较小，而BD光盘（蓝光光盘）的成本较高，所以通常采用DVD光盘来存储影像。

DVD-RAM全称为DVD-Random Access Memory（DVD随机存储器），由松下、

日立和东芝三家公司联合开发。DVD-RAM
样品最初由松下公司于1996年开发，并在
1997年7月公布DVD-RAM Ver1.0规范。与
CD-RW光盘相比，DVD-RAM光盘具有
许多优点：一是容量大，前者容量一般为
700 MB左右，而单层DVD光盘的标准容量
为4.7 GB，双层的达到8.5 GB；二是可达万

图 11-9　DVD 可擦写光盘及刻录机

次的擦写次数，保存年限长；三是格式化时间很短，操作简便；四是具有读、写可
同时进行的能力。

4.网盘

与上文介绍的三种存储方式相比，使用网盘存储，用户不需要使用专门的存储
设备，而且可以随时随地在有网络的地方管理网盘中的数字影像。这样，网盘存储
就避免了存储的数据丢失或设备损坏的风险，因而受到很多用户的欢迎。

网盘是由互联网公司推出的在线存储服务，将其服务器硬盘中的部分容量分给
注册用户使用，为用户提供数据的存储、备份、共享等功能。互联网公司的网盘存
储服务，分为免费的和收费的，免费网盘容量较小，一般为10 G以内；而收费网盘
则功能更加出色，具有存储快、安全性好、容量大等优点。

以百度网盘为例，早在2012年百度公司就推出网盘服务，用户首次注册就可获
得5 GB的存储空间。目前，已经推出了Web版、Windows客户端、Android客户端、
Mac客户端、IOS客户端和WP客户端等。

第二节　数码单反相机的拍摄

在数字时期的新闻摄影传播，尽管各种类型的数字相机都能用于新闻摄影，但
数码单反相机是最主流的摄影工具，绝大多数的新闻照片都是由数码单反相机拍摄
的，中高端数码单反相机也是专业摄影记者的标配设备。

一、数码单反相机的结构

在外观上，数码单反相机与胶片单反相机的主要区别是机背的液晶显示屏，但在内部结构上存在较大区别。数码单反相机的基本结构包括：镜头、快门、影像传感器、对焦系统、测光系统、图像处理器、光学取景器、液晶显示屏和存储卡等。

1. 镜头

镜头的作用，是让被摄对象在焦平面上形成清晰的影像。数码单反相机的镜头都是可更换镜头，新闻摄影记者可根据不同的拍摄题材来选择合适焦距的镜头。镜头的结构包括镜筒、镜片、光圈叶片、电路板和卡口，其中很多镜头都采用了特殊镜片，如使用超低色散镜片来减小色散、提高清晰度，使用非球面镜片来纠正成像畸变等。

数码单反相机的镜头通常有两个环状阻尼，分别是对焦环和变焦环。在镜头上还配备了一些功能按钮，如AF/MF按钮是用于切换自动对焦和手动对焦，防抖启动按钮（佳能为IS，尼康为VR）等。在拍摄过程中，若要调节光圈大小，通常是通过机身上的指令拨盘来操作的，只有一些老式镜头可通过镜头上的光圈环来操作。大多数长焦镜头都配备了与三脚架连接的附件。

很多胶片单反相机的镜头仍可在数码单反相机上使用，但可能会存在一些不足，例如：容易产生色散，尤其是在逆光的时候；老镜头的解析度满足不了高像素数码单反相机的要求，尤其是3600万像素以上的超高像素机型。尽管如此，数码单反相机的镜头与胶片单反相机的镜头，在外形、功能、焦距、操作方面还是一脉相承的。

2. 快门

快门的作用是精准控制曝光时间，其种类很多，按组件类型可分为镜间快门和焦平面快门；按驱动方式，可分为机械快门和电子快门。其中，数码单反相机大多采用电子控制纵走式焦平面快门。电子控制，是指利用电子线路来控

图 11-10　佳能 EOS-1D X 的快门组件

制快门组件工作，电子线路与测光系统相连接，具有精度高、性能稳定的特点；焦平面快门，是指它位于焦点平面的位置，即紧挨着影像传感器前面，它由一组金属帘片组成，工作时光线会通过上下快速移动的前帘和后帘之间的狭缝，以此确定曝光时间。

与胶片相机相同，数码单反相机的快门速度也是用秒来表示，以1秒为基数，相邻两档快门速度的时长相差一倍，中间也可设置以1/2或1/3档为步长。数码单反相机的最高快门速度可达1/4000秒、1/8000秒，对于体育新闻摄影而言，可有利于捕捉处于高速运动状态中的运动员或景物。

3. 影像传感器

数字相机和胶片相机最本质的区别，就是成像媒介不同，前者使用胶片，后者使用影像传感器。数码单反相机大多采用CCD和CMOS两种类型的影像传感器，初期许多机型采用CCD，但之后的绝大多数机型都以CMOS为主。由于相关内容在前一章已有详细介绍，本章不再赘述。

4. 对焦系统

对焦系统的作用是让相机拍摄到主体清晰的图像，数字相机的自动对焦系统包括两种：对比度检测对焦和相位检测对焦。对比度检测对焦主要用于便携式数字相机、无反相机，而相位检测对焦则主要用在数码单反相机上（当数码单反相机采用液晶屏取景拍摄时，使用的是对比度检测对焦）。

对比度检测对焦，是通过检测画面中图像的轮廓边缘亮度反差来实现的，当反差达到最大时即完成合焦。对比度检测对焦没有独立的组件，是在影像传感器中进行的。数码单反相机的对比度检测对焦速度通常较慢，佳能后来采用全像素双核CMOS AF技术，在一定程度上提升了即时取景时的对焦速度。在新闻摄影中，通常在使用特殊角度拍摄时，才会使用数码单反相机的对比度检测对焦。

相位检测对焦是从胶片单反相机沿用下来的自动对焦方式，是通过检测图像偏移的量来实现自动对焦的。在单反机身内，反光镜的下方有一个独立的对焦组件（如尼康D5采用Multi-CAM 20000自动对焦传感器模块），组件由一组分离镜片和一组或多组由感光元件组成的AF传感器构成。[1]相位检测对焦的对焦速度和精度都较高，因而在新闻摄影中广泛使用。

5. 测光系统

测光系统的作用是让相机拍摄到亮度合适的图像，摄影中可通过独立测光表或机内测光表来完成测光，其中机内测光表仅支持反射式测光。数码单反相机的机内测光表核心是一块RGB测光感应器，它的位置通常在五棱镜上方附近。相机厂家一般会在产品说明书中标明测光感应器的性能，如佳能EOS 5D

图 11-11　佳能 EOS 5S 的 15 万像素 RGB 测光感应器

Mark Ⅳ采用15万像素测光感应器，尼康D500采用18万像素测光感应器。

数码单反相机的测光系统采用TTL测光，即它所测的是通过镜头实际参与成像的光线。测光感应器和影像传感器工作原理类似，先将光信号转换为电信号，再传递到芯片处理器进行运算，之后会给出一个光圈值和快门速度。数码单反相机的全自动曝光（程序自动模式）和半自动曝光（光圈优先、快门优先模式）都依靠测光感应器的测光数据。

6. 图像处理器

图像处理器的作用是负责处理来自影像传感器的原始图像数据，它与镜头、影像传感器一道，构成决定数字相机成像质量的三大因素。图像处理器实际是一块大型集成的电路芯片，在相机出厂前被固定在相机主板上，用于完成数字影像的压缩、显示和存储。佳能称其图像处理器为DIGIC系列，尼康称其图像处理器为EXPEED系列。

图像处理器就相当于相机的CPU，不同品牌的相机会采用各自不同的图像处理算法，它对图像的处理包括白平衡、色彩、锐度、动态范围、压缩、色差补偿、降

---

① 宿志刚、吴毅：《数字摄影基础教程》，北京：中国摄影出版社，2014年，第170页。

低高感光度或长时间曝光时的噪点等。图像处理器的性能，还会影响相机的连拍速度、存储速度、相机功耗以及视频拍摄性能等。

7. 光学取景器

与胶片相机相似，数字相机也采用多种类型的取景器。便携式数字相机通常采用液晶屏取景；无反相机大多同时支持电子取景器（EVF：Electronic Viewfinder）和液晶屏取景；旁轴数字相机通常支持旁轴取景器取景；数码单反相机通常同时支持光学取景器和液晶屏取景。

数码单反相机的光学取景器与胶片单反相机相似，除了可用于取景外，还可以显示丰富的拍摄参数信息，如焦点指示、快门速度、光圈值、曝光模式、曝光补偿、感光度等。此外，也有的机型采用了新技术，如尼康D810、D750等机型的取景器部分采用了OLED材质，可提供更高的透光率和更自然的色彩，还可以显示构图辅助线等。

8. 液晶显示屏

液晶显示屏是数字相机区别于胶片相机的重要特征之一。用户可通过机身背侧的液晶显示屏查看照片、设置菜单、查看拍摄参数等，这样可以即时判断拍摄是否成功，从而决定是否需要补拍。除早期的数码单反相机不支持通过液晶屏取景和拍摄外，绝大多数数字相机都支持该功能。

早期的数码单反相机液晶屏仅有1.8英寸，分辨率为11万像素左右；而如今液晶屏普遍达到3.2英寸、分辨率达123万—236万像素。液晶屏面积越大、分辨率越高，可以带来体验感越好的查看效果。此外，还有些机型支持可旋转液晶屏功能，为特殊角度的拍摄提供方便，如新闻摄影中的俯拍等。

9. 存储卡

胶片相机把拍摄获得的影像存储在胶卷上，而数字相机则把影像记录在存储卡上。存储卡是一个独立于相机的组件，用户购买相机之后需另购存储卡，插入相机的卡槽用于存储影像。拍摄完照片，可通过数据线或读卡器将影像传输到计算机中。

在数字摄影的初期，有种类丰富的存储卡，主要包括CF卡、SD卡、SM（Smart Media）卡、MMC（Multi Media Card）卡、MS（Memory Stick）卡等。经过数十年发展之后，CF卡和SD卡最终成为数码单反相机主要采用的存储卡类型，中高端机型大多采用CF卡，中低端大多采用SD卡，也有的机型采用双卡槽，同时兼容CF卡和SD卡。

CF卡后来又出现了升级版本CFast卡，外形与CF卡一样，但接口不同。如佳能EOS-1D X Mark Ⅱ具备双卡槽，能兼容CF卡和CFast卡。SD卡也升级为SDHC卡、SDXC卡，外形和接口均与SD卡相同，但容量更大。此外，2011年出现了一种新型的高速存储卡类型——XQD卡，主要用于尼康中高端相机，如尼康D5、D4、D500等。XQD卡在外形上小于CF卡，而大于SD卡。

图 11-12　SanDisk 128G SD 卡

二、数码单反相机的对焦

摄影已经有170多年的历史，但自动对焦型相机至今仅有40年左右的时间，而第一批有自动对焦功能的单反镜头到1981年前后才出现。进入数字时代后，几乎所有的数字相机都支持自动对焦功能，尤其是专业级数码单反相机，强大的自动对焦功能可以应付包括体育运动在内的绝大多数的新闻摄影题材。

自动对焦的操作，主要是通过半按快门或按下独立的AF-ON按钮来进行。但在操作之前，首先要根据不同题材来选择自动对焦模式和自动对焦区域，同时掌握手动对焦。

1. 自动对焦模式的选择

数码单反相机的自动对焦模式包括单次自动对焦（单次AF）、连续自动对焦（连续AF），中低端机型还有人工智能自动对焦（自动AF）。单次自动对焦在佳能单反机型中标示为ONE SHOT，在尼康单反相机中标示为AF-S；连续自动对焦在佳能机型中标示为AI SERVO，在尼康相机中标示为AF-C；人工智能自动对焦在佳能和尼康机型中分别标示为AI FOCUS和AF-A。

单次自动对焦是使用频率较高的模式，通常适合拍摄静止的对象，半按快门或按下AF-ON按钮开始对焦，成功合焦后相机会发出"嘀嘀"的提示音。如果未成功合焦，相机无法按下快门拍摄。当拍摄对象处于快速运动状态时，尤其是与拍摄方向平行运动时，不适合使用单次自动对焦。

连续自动对焦也称伺服自动对焦、追踪对焦，适合拍摄移动中的对象，半按快门或按下AF-ON按钮，相机将开始对焦，保持半按状态，一旦被摄对象与相机之间的对焦距离改变了，相机会自动追踪对焦。相机可预测被摄对象在彻底按下快门拍摄时的位置并设置焦点。使用连续自动对焦时，相机不会发出合焦的"嘀嘀"提示音。

人工智能自动对焦模式，是相机自动判断被摄对象是静止状态还是移动状态，并自动选择单次AF或连续AF。

值得一提的是，当拍摄现场的光线较弱时，相机的自动对焦功能可能无法发挥作用。专业级机型的自动对焦传感器通常更为先进，如尼康D5相机的中央对焦点支持在-4EV的弱光环境下对焦，而普通单反只支持-2EV。若太暗导致无法自动对焦，相机会开启自动对焦辅助灯，但它只支持辅助灯所能照射到的较近距离范围内的对象。

2. 自动对焦区域的设置

如果让相机自动选择对焦点，相机会自动识别离相机最近的对象为主体并对其进行对焦，但实际的主体并非总是离相机最近的对象，所以拍摄前还需对相机的自动对焦区域进行设置。设置合理的对焦区域，可以为拍摄带来更迅速、更精准的自动对焦。

数码单反相机提供了丰富的自动对焦区域选择模式，不同的模式分别适合不同状态的拍摄对象。以尼康D5为例，它提供了多达7种AF区域模式：单点AF、动态区域AF（25、72和153个对焦点）、组区域AF、3D跟踪和自动区域AF。尼康D5的AF系统的对焦点多达153个（55个可选对焦点），其中包括99个十字型对焦点，十字型对焦点比一字型对焦点具有更加精准的对焦性能。

3. 手动对焦的操作

尽管数码单反相机的自动对焦性能已十分强悍，但自动对焦功能依然有其短板：第一，如果遇到纯色景物，如一面白墙或其他色彩单一、缺乏轮廓的景物，由于反差太小，相机会无法对焦。第二，在夜晚光线太弱的时候，相机无法对焦。此时，需要选择手动对焦模式。

手动对焦具有漫长的历史，在自动对焦相机及镜头出现前，从达盖尔相机开始以来的各种照相机都只能手动对焦。20世纪80年代，才陆陆续续进入自动对焦时代。数码单反相机的手动对焦方式与胶片单反相机相似，但取消了裂像式对焦和微棱镜式对焦机构，仅保留了磨砂屏对焦方式。[①]

要进行手动对焦时，通常只需在镜头中选择MF手动对焦模式，也有一些品牌的机型通过在机身上选择MF模式。若要进行精准对焦，可开启数码单反相机的即时取景功能，对焦点进行放大并检查是否对准，这种方法的优点是精准，缺点是不适合抓拍。若要抓拍，应采用预对焦的方式。

三、数码单反相机的曝光

数字摄影的曝光与胶片摄影的曝光相同，都是指相机内的感光材料被感光的过程。相机需通过光圈值、快门速度和感光度的组合，以合适的曝光值来拍摄并记录下被摄对象的影像。在新闻摄影中，曝光值的确定，大多由相机自动测光系统完成。而要更准确地发挥测光系统的作用，首先要选择合适的测光模式。

1.测光模式的选择

数字相机都配备有不同的测光模式，不同模式的测光范围不同，给出的测光结果也各不相同。数码单反相机通常都具备以下三种测光模式：评价测光、中央重点测光和点测光。

评价测光也称矩阵测光、分区测光。在该模式下，相机将取景画面细分为许多个区域，然后对每个区域的亮度、色调、色彩等信息进行综合运算，并且测光会偏重于焦点处，最终给出一个合适的曝光组合数值。评价测光在多数拍摄场合中具有较高的准确性，因而使用的频率也较高。

---

① 宿志刚、吴毅：《数字摄影基础教程》，北京：中国摄影出版社，2014 年，第 167 页。

中央重点测光也是对整个取景画面进行测光，但相机会将最大的比重分配给画面中央区域，画面周围的区域则比重更低。当被摄对象的主体位于画面中央时，如拍摄人物肖像，采用中央重点测光则会比评价测光具有更高的精准度。

点测光则只对取景画面中约1.5%的极小区域进行测光，完全不顾该区域之外的受光情况，适合在被摄主体与背景的亮度差异十分大时使用。支持"点测联动"的机型进行点测光时，测光点就是对焦点；不支持的机型，则只对画面中央的极小区域测光。

当相机使用全自动曝光或半自动曝光模式时，待测光完成后，相机会自动按照测光给出的曝光组合来控制光圈值或快门速度，以完成精准曝光。

2. 曝光模式的选择

数码单反相机均具有丰富的曝光模式可供选择，包括全自动曝光（程序自动模式）、半自动曝光（光圈优先、快门优先模式）和手动曝光等。不同的曝光模式适用于不同的拍摄场合，可实现不同的拍摄效果。

程序自动模式在相机的模式转盘中用P表示。在该模式下，光圈值和快门速度均由相机自动选择，适用于拍摄者无暇在短时间内设置曝光组合时使用。

光圈优先模式在相机的模式转盘中用A或Av表示。在该模式下，光圈值由拍摄者主动控制，快门速度由相机自动选择。光圈优先模式的主要作用在于能控制景深大小，如通过选择大光圈来实现小景深效果，或选择小光圈来实现大景深效果。在拍摄人物特写新闻时，光圈优先模式的使用频率较高。

快门优先模式在相机的模式转盘中用S或Tv表示。在该模式下，快门速度由拍摄者主动控制，光圈值由相机自动选择。快门优先模式的主要作用在于能控制移动物体在照片中的成像效果，如通过选择高速快门来定格快速移动对象的瞬间，或选择低速快门来记录被摄对象移动的轨迹。在拍

图 11-13 佳能数码单反相机的曝光模式转盘

摄体育类新闻时，快门优先模式的使用频率较高。

手动曝光模式在相机的模式转盘中用M表示。在该模式下，快门速度和光圈值均由拍摄者主动控制，这也是自动曝光相机诞生之前所有相机采用的曝光方式。通常具有丰富拍摄经验的拍摄者可选择该模式；使用独立的外置测光表时，需选择该模式，并按照测光表给出的曝光组合来设置光圈值、快门速度和感光度。

四、数码单反相机的其他操作

在使用数码单反相机拍照时，除了以上介绍的内容外，主要还包括感光度、白平衡、驱动模式和图像质量的设置和操作。

1. 感光度

感光度是指感光材料对光线的敏感程度，通常用ISO值来表示，如ISO 100、ISO 800。传统相机所使用的胶卷的感光度是固定的，而数字相机的感光度是可调整的，通过设置较高的感光度来获得更高的快门速度，在体育类、新闻类题材的拍摄中发挥着重要的作用。随着生产技术的不断发展，数字相机的最高感光度也在不断提升，画质也在不断改善，如尼康D5数码单反相机的最高原生感光度已经达到夸张的ISO 102400。

在数字摄影中，感光度在曝光中的作用与光圈、快门速度等量齐观，共同构成"曝光三要素"。每提高一档感光度，就能提高一档曝光量。提高感光度时，影像传感器中的放大电路会对获得的电子信号做放大处理，再通过相机内的图像处理器进行综合运算来获得影像。[1]常用的感光度包括ISO 100、ISO 200、ISO 400、ISO 800、ISO 1600、ISO 3200，每相邻两档感光度的感光能力相差一倍，在相机中也可以1/2档、1/3档为步长进行设置。

在设置感光度时，若光照条件许可，应尽量选择较低的感光度。因为较高的感光度容易使拍摄的影像出现噪点，且感光度越高，成像噪点越明显。对影像传感器而言，若像素一定，传感器面积越大，越不易出现噪点，如全画幅相机的高

---

① 宿志刚、吴毅：《数字摄影基础教程》，北京：中国摄影出版社，2014年，第175页。

感光度成像效果优于4/3画幅相机；若影像传感器面积一定，像素密度越低，越不易出现噪点。因此，以新闻、体育摄影用户为主的专业型数码单反相机的像素往往要低于同期的其他机型，如尼康D5相机的像素为2082万，低于同期主流机型的2400万像素。

2. 白平衡

在胶片相机时代，为了获得准确的色彩还原，胶卷可分为日光型和灯光型，分别适合在室外和室内灯光环境中使用。而在数字摄影时代，为了让数字相机在不同光照环境中拍摄到景物色彩真实还原的照片，需要选择相应的白平衡模式来实现。其原理是相机在出厂前为不同白平衡模式设置了不同的色温值范围（如日光模式的色温值为5500 K），当该值与环境光线的色温值一致时，可使拍摄的照片色彩与肉眼所见相同。

图11-14　尼康数码单反相机的白平衡模式

数码单反相机的白平衡模式包括：自动模式、白炽灯模式、荧光灯模式、日光模式、闪光灯模式、阴天模式、阴影模式、设置色温模式和自定义模式。在绝大多数情况下，使用自动白平衡模式就可以获得理想的效果。以尼康D750机型为例，其自动白平衡的色温范围为3500至8000 K，当环境光线的色温在此范围内时，大多可获得正确的色彩还原。其他几种预设模式分别适用于白炽灯、荧光灯、日光、闪光灯、阴天和阴影环境。设置色温和自定义模式在新闻摄影中使用的频率较低，前者需事先了解环境光线的色温值，后者需借助于辅助工具——标准灰板，在操作中稍显复杂。

3. 驱动模式

驱动模式也称"释放模式"，是指按下相机的快门按钮后，相机以何种方式工作，通常包括单张拍摄、高速连拍、低速连拍、静音拍摄、自拍等。在新闻摄影中各种驱动模式都会用到，使用频率最高的是单张拍摄和高速连拍，在体育类新闻摄影中经常用到高速连拍，连拍性能也成为衡量一款相机性能的重要指标。

单张拍摄是相机默认的驱动模式，按下快门相机只拍摄一张照片。高速连拍，相机以最高连拍速度拍摄，专业级数码单反相机可达10张/秒以上。低速连拍，相机以较慢的连拍速度拍摄，如3张/秒。静音拍摄，数码单反相机的反光板弹起、落下的声音与快门组件工作的声音分离，使拍摄时的声音比正常情况下弱。自拍，可设置2秒或10秒快门释放延时，前者主要用于当相机置三脚架上拍摄时减少机震，后者主要用于人像自拍。

4.图像质量

数码单反相机均可以对图像质量进行设定，包括对存储格式、压缩比和分辨率的设置。在不同的情况下，应进行不同的设置。

存储格式在上一章已介绍过，数码单反相机的影像存储格式主要包括JPEG和RAW两种，部分机型还支持TIFF格式。JPEG是一种有损压缩的影像格式，但具有文件量较小的优势；RAW格式是一种未经压缩处理的影像格式，保留了比JPEG更丰富的图像信息，但缺点是文件量较大。JPEG格式的图像可直接使用，而RAW图像则需通过软件处理后，输出为TIFF、JPEG等格式后才可使用。

压缩比的设置，在不同品牌机型中设置不同。佳能机型可在"图像画质"中选择"优"和"普通"两种（在相机菜单中用图形表示），尼康机型可在"图像品质"中选择"精细""标准"和"基本"三种。在多数情况下应该选择更低的压缩比（如"优"或"精细"），这样可以带来更佳的图像画质。

分辨率在佳能机型中也是在"图像画质"中设置，而尼康机型则在"图像尺寸"中设置。两种品牌的图像分辨率都可分为大（L）、中（M）、小（S）三种。分辨率大的图像像素数高，文件量较大，可为后期裁剪提供更大余地；分辨率低的图像则相反，像素数少，文件量小。选择何种分辨率，则视照片做何用途而定。

第三节　智能拍照手机与3G、4G时代

拍照手机的出现，使得照相机不再是摄取新闻照片的唯一工具，而拍照功能只是手机众多功能中的一种。从新闻传播技术角度而言，智能拍照手机功能十分可

观，它集摄取新闻照片、传输新闻照片和发表新闻照片功能于一身，同时也彻底提高了图片新闻的及时性。

拍照手机性能的不断完善、移动通信技术的快速发展、手机社交软件的广泛使用，这三种条件同时满足时，智能拍照手机便成为一种重要的新闻摄影工具。新闻受众也渐渐习惯了通过手机来阅读新闻图片。

一、拍照手机发展简史

几乎没有落后数码相机多少年，2000年就已经出现了最初的拍照手机。但在功能手机时代，手机拍摄的照片效果并不理想，而且受当时移动通信技术的限制，这些照片很少进入新闻传播领域。而到智能手机流行时，手机的拍摄效果获得大大提升，直接导致便携式数码相机失去市场；3G、4G移动通信速率的提升，也使大量手机拍摄的照片进入新闻传播领域。

1. 功能机时代的拍照手机

早在2000年，日本的夏普公司就推出了一款内置摄像头的手机J-SH04。J-SH04具备256色的屏幕，采用CCD影像传感器，能拍摄10万像素的照片。不过，由于日本通信市场的封闭性，这款手机影响不大。到2002年，诺基亚7650、索尼爱立信T68i等早期拍照手机纷纷登场。其中诺基亚7650具备2.1英寸的屏幕和30万像素的摄像头，它使许多中国手机用户对拍照手机形成了最初的印象。[①]

图 11-15　早期拍照手机诺基亚 7650

2003年4月，夏普发布100万像素的手机J-SH53，成为最早的百万像素拍照手机。同年，松下发布的P505iS手机已可通过半按快门实现自动对焦功能，约需1秒的时间才能完成对焦，对焦范围涵盖从50 mm

---

① Leon 编译：《拍照手机发展史：13 年历史变化翻天覆地》，腾讯数码，http://digi.tech.qq.com/a/20131230/001484.htm。

至无限远。[①]同年10月，卡西欧发布A5403CA——这是全球首款200万像素的拍照手机。此后，搭载百万像素级摄像头的手机越来越常见。

2004年5月，夏普发布的V602SH手机，摄像头像数码相机一样支持光学变焦（2倍），可获得比数码变焦更好的拍摄效果。在当时，它采用的液晶屏十分出色：2.4英寸，26万色，屏幕分辨率达到240×320像素。

除了提高拍照像素外，各大厂商也在更多方面提高其拍摄性能。索尼爱立信于2005年发售的K750i可拍摄200万像素的照片，还具备氙气闪光灯和自动对焦系统，进一步提升拍照效果。同年5月，三星推出的M509手机拍照像素已高达500万。

2006年，三星更是把拍照手机的像素提升为千万像素级别：SCH-B600——这是全球首款1000万像素的手机。SCH-B600具备3倍光学变焦和5倍数码变焦功能，它也是首款采用LED自动对焦功能的手机。

图11-16 搭载自动对焦功能的索尼爱立信K750i

从总体上看，初期阶段的拍照手机与其功能机定位一样，仍以电话通话功能为主，而拍照功能只是作为附加功能。功能机的屏幕面积较小、分辨率较低，色彩层次也不够丰富细腻，图像处理器的性能偏低。在第二代移动通信技术（2G）时代的大环境下，功能机时代手机的娱乐、社交功能趋于单一，拍摄效果也远远不如数码相机。尽管如此，功能机时代仍然在拍照手机领域做了许多宝贵尝试，如让摄像头变得更加小巧、提高CCD的像素、提升对焦性能、降低快门时滞等。

此外，对于新闻摄影而言，拍照手机的出现，开始让大量非摄影记者拍摄的照片进入新闻领域。对于许多新闻现场，普通拍照手机用户可以随时拍摄现场照片，通过2G网络进入传播领域，这对新闻摄影而言意义非常重大。

2. 智能机时代的拍照手机

智能手机普及后，手机的功能被重新定义，通话功能不再像功能机那样凸显，

---

① 刀马：《满满的回忆：拍照手机发展史》，IT之家，http://www.ithome.com/html/android/227144.htm。

而只是智能手机众多功能中的一种。智能手机已经相当于一台具有通话功能的掌上电脑，具有独立的操作系统，可以通过安装各种应用软件来实现丰富的功能。

早在2001年，爱立信就推出了采用SymbianOS系统的智能手机R380sc，它支持WAP上网和手写识别输入。同期，诺基亚、摩托罗拉也相继推出旗下最早的智能手机。2005年，诺基亚推出的N90，搭载Symbian S60 v2平台，其摄像头具备3倍光学变焦镜头，屏幕分辨率达到352×416像素。

2006年，诺基亚推出搭载Symbian S60 v2平台的N73，是一款非常主流的Symbian系统智能手机。它配备了前后两个摄像头，分别有30万像素和320万像素。此外，它的屏幕为2.4英寸、26万色，分辨率为240×320像素。

从整体上看，这一时期虽然有不少Symbian系统的机型，但当时的手机应用软件较少，手机的流畅度和易用性也不理想，此时手机仍处于从功能机向智能机过渡的阶段。直到2007年苹果公司推出了第一代iPhone，2008年搭载Android系统的手机诞生，智能手机才真正走向成熟。尤其是到第三代移动通信技术（3G）出现后（中国工信部于2009年1月向中国移动、中国电信、中国联通发放3G牌照），智能手机更是迎来了全面繁荣的局面。

图 11-17　前后两个摄像头的智能手机诺基亚 N73

不过，最初的iPhone和Android手机拍照功能并不出色，如2007年发布的第一代iPhone仅能拍摄200万像素的照片，而且无法自动对焦，拍摄效果仍比不上当时的Symbian系统手机。直到2010年苹果公司推出iPhone 4，人们才开始改变对拍照手机拍照效果不理想的印象，也可以说是拍照手机真正流行的开始。

图 11-18　苹果智能手机 iPhone 4

iPhone 4的摄像头像素并不算高，仅为500万像素，落后于其他拍照手机，但它通过表现出众的iSight传感器及图像处理器，实现了超越其他同期手机的拍摄效果。与此同时，得益于3G时代移动网速的提升，iOS平台、Android平台还出现了大量由第三方提供的应用软件，用户逐渐养成了使用QQ、微博、微信等社交软件来分享照片的习惯。自此，无以计数的新闻现场照片也随着这些社交软件传到用户手机当中。

在iPhone 4发布的前后，仍有其他一些成像品质非常出色的拍照手机。2009年，索尼爱立信推出高达1200万像素的手机U1，它配备了和数码相机相同的1/2.5英寸CCD传感器。U1内置专业氙气闪光灯，还拥有自动对焦、人脸识别和笑脸快门等先进的功能。此外，U1的液晶屏规格为3.5英寸、1677万色，分辨率达360×640像素，显示效果高于其他品牌的竞争产品。[①]

2010年，诺基亚推出1200万像素的拍照手机N8；2012年，诺基亚推出近乎夸张的4100万像素的拍照手机808 PureView；2013年，诺基亚再推出采用新的WP8系统的拍照手机Lumia 1020，移植了4100万像素摄像头。不过，强大的拍照功能仍无法阻拦Symbian系统、WP8系统的颓势，这几款手机均未能改变诺基亚的命运。用户除了关心手机拍照的品质之外，更加关心系统平台的使用体验和应用软件的丰富性，Android平台、iOS平台逐渐成为智能手机绝对的主流。

此后，智能手机的拍照功能仍在不断发展之中，成像画质越来越出色、拍摄体验越来越便携、照片后期处理越来越丰富。风靡十多年的便携式数码相机遇到强大的拍照手机后，逐渐完成使命而退出历史舞台。更出色的影像传感器、更高的像素、更可观的图像处理器、更先进的对焦技术、更出色的镜头素质，以及4K视频、光学防抖技术……这些都使智能手机的拍照功能越来越强大。

另外，值得一提的是双摄像头手机。2011年2月，LG发布全球首款双摄像头手机P925，在机身后面两颗"眼睛"通过偏振技术可以合成3D影像，这是全球首款支持双摄像头的手机。2014年HTC推出的双摄像头手机M8，则实现了"先拍照后对焦"的功能。同年，华为也推出双摄像头手机荣耀6Plus，可以获得比单摄像头更佳的画质。而2016年苹果发布的双摄像头手机iPhone7 Plus，则可以获得类似于单反相机拍摄的浅景深效果的照片。

总而言之，作为最方便的拍摄工具，智能手机几乎可以在随时随地捕捉到新闻

① 吴彬：《十万演变千万　拍照手机历史回顾与展望》，中关村在线，http://m.zol.com.cn/article/1261503.html。

现场的图片，并且在3G、4G网络下通过社交软件将图片分享出去，这使得智能手机成为重要的新闻摄影工具之一。

二、从2G到4G：移动通信技术发展史

在胶片时代，新闻摄影取得快速发展，很重要的原因之一是传真技术解决了照片的远距离快速传输问题。对拍照手机而言，若非得益于发达的移动通信技术，手机拍摄的照片很难进入新闻传播领域。也就是说，以手机为工具拍摄新闻图片，一方面取决于手机拍照性能的提高，另一方面也取决于移动通信技术的发展。

图 11-19　世界第一台手机摩托罗拉 DynaTAC 8000X

从20世纪80年代我国第一代移动通信技术制定开始，至今已经走过了三十多年的历程。第一代移动通信技术（1G），是一种以模拟技术为基础的蜂窝无线电话标准，它只能传输语音流量，并且受到网络容量的限制。[①]1G时代的移动终端体积十分庞大，代表产品是"大哥大"，尚不具备拍照功能。当时我国的移动通信技术还处在起步阶段，另外当时移动设备价格十分昂贵，所以用户数量十分有限。

以下介绍从2G到4G我国通信技术的发展概况。

1. 2G移动通信技术

20世纪90年代，第二代移动通信技术（2G）开始取代第一代移动通信技术，手机也开始在全民中普及开来。2G技术以数字语音传播技术为核心，通常还支持短信发送，主要有GSM和CDMA两种规格。由于此时的移动信号覆盖面更广，移动接收设备不再需要以往的大功率，从而使手机体积变得越来越小巧。

---

① 《中国移动通信技术的发展史：从"一片空白"到"领跑全球"》，《南方日报》，转引自 http://www.eepw.com.cn/article/201605/291218.htm。

在第三代移动通信技术（3G）来临之前，移动通信技术还经历了一个2.5G的过渡时期。

2.5G与GPRS技术有关，GPRS可以给移动用户提供无线IP和X.25分组数据接入服务，可以获得比2G更高的信息传输速率和更多的功能。[①]2.5G时代的手机很多已具备Mp3、Mp4、蓝牙、游戏和拍照等功能。此时，用户已可通过社交软件传输拍摄的照片，使照片进入传播领域。

2G移动通信技术使用的时间很长，从20世纪90年代至今。在2009年年初3G时代、2013年12月底4G时代正式来临之后，2G用户才逐渐减少。

2. 3G 移动通信技术

跟前两代相比，第三代移动通信技术（3G）有更宽的带宽，支持高速数据传输，速率通常可达数百Kb/s至2Mb/s。3G技术是无线通信与互联网等多媒体通信有机结合的一种新型移动通信技术，它除了支持电话外，还支持网页、图像、音乐、视频等多媒体服务。[②]

2009年1月7日，工业和信息化部正式向中国移动、中国联通、中国电信发放3G牌照，分别是TD-SCDMA、WCDMA和CDMA2000三种标准。[③]其中，TD-SCDMA是由中国自主研制的，不过由于起步晚，技术不够成熟，用户体验不及其他两种标准。

尽管3G技术仅仅流行了五年的时间，就被更先进的4G技术所取代，但3G技术第一次让手机用户体验了高速上网带来的便利，也让更多的手机厂商意识到这种移动终端广阔的前景。所以在3G技术流行的2009—2013年，全球的智能手机迎来翻天覆地的变化：触摸屏取代实体键，芯片运算能力越来越强，屏幕面积越来越大、屏幕分辨率越来越高，拍照像素越来越高……

3. 4G 移动通信技术

第四代移动通信技术（4G），它的上网速度由3G时代的2Mb/s提高到4G时代的

---

① 《移动通信发展史》，世界网络，http://www.linkwan.com/gb/tech/htm/1749.htm。
② DaQingshan，《通信技术从 1G 到 4G 为我们带来了什么？》，雷锋网，http://www.leiphone.com/news/201406/k-1g-4g-2.html。
③ 《工信部正式发三张 3G 牌照》，网易科技，http://tech.163.com/09/0107/14/4V2HLRII000933IK.html。

100Mb/s。跟2G、3G技术相比，4G具有以下优点：（1）通信速度快；（2）网络频谱宽；（3）通信灵活；（4）智能性能高；（5）兼容性好；（6）提供增值服务；（7）高质量通信；（8）频率效率高；（9）费用便宜。[①]

2013年12月4日，工业和信息化部向中国联通、中国电信、中国移动正式发放4G牌照，我国电信产业正式进入4G时代。4G包括TD–LTE和FDD–LTE两种制式，其中中国移动、中国电信采用TD–LTE制式，中国联通采用FDD–LTE制式。

图 11–20　iPhone6 plus
2014 年 9 月，苹果公司一反常态发布大屏手机

4G技术大大地促进了手机硬件的升级换代，720P、1080P分辨率成为智能手机屏幕的标配，有些机型甚至达到夸张的2K分辨率；在屏幕尺寸方面，主流机型都达到4.6—5.5英寸。这些出色的硬件设备为用户带来了理想的使用体验，如在手机屏幕上阅读新闻图片，其视觉体验甚至超越电脑屏幕。

4G时代来临之后，人们轻松实现了随时随地高速上网的愿望，从而彻底改变了新闻阅读生态，把过去人们通过PC端阅读新闻的习惯，转变为通过手机端来实现。通过新闻App、微信订阅号、新浪微博来了解新闻，也替代了过去的新闻门户网站。此外，大量非摄影记者拍自现场的即时新闻照片，也通过即时通信软件如QQ、微信广泛传播。

第四节　数字新闻图像的后期处理

与胶片时代的摄影暗房相似，数字时代的照片成品通常需要通过最后一个流程——图像软件处理。数字图像处理软件，可以对数字图像的色彩、色调、亮度、对比度等进行调节，或对图像进行裁剪，以改善图像的视觉效果。不过，与其他图

---

① DaQingshan，《通信技术从 1G 到 4G 为我们带来了什么？》，雷锋网，http://www.leiphone.com/news/201406/k–1g–4g–2.html。

像相比，新闻摄影图像的后期处理要遵循一定的规范，不能违背真实性的原则。

一、数字图像处理软件的发展历程

图像处理软件主要包括两类：一类是以Photoshop为代表的通用型图像处理软件；另一类是以Lightroom和相机厂商提供的软件（如佳能DPP软件、尼康Capture NX软件）为代表的摄影专用图像软件。

1. 通用型图像处理软件

Adobe公司旗下的Photoshop是一款使用广泛、功能强大的图像处理和平面设计软件。该软件最初只是一个叫Display的小软件，于1986年由美国密歇根大学的托马斯·诺尔（Thomas Knoll）为了在电脑上显示灰阶图像而研发。后来经改进后功能更加完善，开始具有调节色阶、色彩平衡和饱和度等的功能。[1]1988年Photoshop首次正式发布，为0.63版本，大小仅为800 KB。

1991年6月，Photoshop 2.0发布，开始支持用于印刷领域的CMYK功能。1994年9月，Photoshop 3.0发布，开始支持图层、通道和路径等核心功能。1998年发布的Photoshop 5.2首次具有中文版。2003年Photoshop 7.0.1发布，可通过插件支持对数字摄影而言十分重要的RAW处理功能。

2003年9月，Photoshop CS发布，开始支持针对摄影图像的"阴影/高光""镜头模糊""实时柱状图"等功能。2005年4月，Photoshop CS2发布，开始支持"镜头校正""红眼工具""智能锐化""HDR"等功能。2013年7月，Photoshop CC发布，相机防抖动功能、Camera RAW功能获得改进。

2. 摄影专用图像处理软件

2005年10月19日，苹果公司发布以摄影师为目标用户的Aperture图像处理软件，该软件支持RAW处理、图像管理、照片输出和发布等多种功能。Aperture作为摄影专用软件，广受摄影师的欢迎。

2007年2月，Adobe公司也不甘落后，发布了影响更广泛的针对摄影师的

---

① 宿志刚、吴毅：《数字摄影基础教程》，北京：中国摄影出版社，2014 年，第 38 页。

Lightroom图像处理软件。Lightroom功能与Aperture类似，支持RAW图像处理，用于数字图像的浏览、编辑、整理和打印等。2008年，Lightroom 2.0发布，对图像管理、调整和展示功能进行了改进。2010年Lightroom 3.0发布，又对镜头校正、降噪、水印等功能进行了改进。

此外，相机厂商提供的图像处理软件也很受摄影师的欢迎，如佳能DPP（Digital Photo Professional）软件、尼康Capture NX软件。这些软件可以对RAW图像进行无损处理，如对白平衡、优化校准（照片风格）、动态D—Lighting（动态范围优化）等进行重新设置，还可以对曝光补偿、对比度、高光、暗部、饱和度等进行调整。

二、新闻摄影图像后期处理的准则

进入数字影像时代后，以Photoshop为代表的图像处理软件可以轻松地对图片进行各种各样特殊效果的修改，这也使数字时代的新闻摄影图片的真实性经历严峻的考验。新闻摄影图像的后期处理应该遵循一定的规范，在行业内亟须形成共识。为此，新华社中国图片总汇、人民图片网、中国新闻图片网、五洲传播图片库及东方IC图片中心五大图片机构都或单独或联合地制定了相关规范。

新华社中国图片总汇编辑部在 2007 年4月23日发布了一个关于新闻图片进行后期处理的规定，对新闻图片的影像质量、构图、无关主题的背景进行适当处理并制定了业界的规范。

新华社中国图片总汇对新闻图片进行后期处理的规定[①]

签约摄影师应尽可能向编辑部提供成品稿，自己完成必要的后期技术处理（仅限于压缩数据量和剪裁等）。对新闻图片进行技术处理应以再现拍摄现场的真实情景为原则，任何可能对读者信息接受造成误导的做法都是不允许的。为了维护新闻

---

① https://wenku.baidu.com/view/bf5cc3db50e2524de5187e46.html.

真实性原则，对新闻图片的后期技术处理应遵循以下原则：

1. 利用 Photoshop 等图片编辑软件只能重定图片大小以及平衡色彩和色调。对照片进行任何本质修改将以制作假新闻照片论处。

2. 不允许在画面上进行添加、合成、拼接和掩盖等造成原有视觉信息和空间关系改变的加工。

3. 可以适度调整照片的明暗和反差，但要确保最大限度地还原现场的真实气氛。

4. 可以校正偏色，但不允许大幅度改变色调，要把色彩的改变控制在"不失真"的范围之内。

5. 可以修掉画面上因非拍摄原因造成的污点。

6. 使用拼版、多次曝光、加滤镜等特殊手段拍摄、制作的照片，均需在文字说明中加以注明。

7. 对于没有 EXIF 原始数据或有任何许可范围外改动痕迹的图片，图片总汇将不予处理。

8. 因后期技术处理不当导致新闻照片失实，给新华社造成不良影响的，当事人除承担有关责任外，图片总汇将立即终止其发稿资格，并在网上予以公示。

中国图片总汇编辑部
2007 年4月23日

同年，新华社中国图片总汇、人民图片网、中国新闻图片网、五洲传播图片库及东方IC图片中心等国内五大图片网站，也联合发出了《五大图片网站抵制虚假图片联合公告》，承诺坚决不接受虚假新闻图片。

五大图片网站抵制虚假图片联合公告[①]

一、图片报道要确保其真实、客观、公正。反对摄影师在拍摄过程中虚构和捏造新闻事实，反对拍摄重现的新闻事实。反对摄影师干预新闻现场或对被拍摄对象进行导演摆布拍照。

二、不允许摄影师对拍摄的原始数码图像文件的数据做任何修改。绝不允许在照片上随意增加影像或者删除局部影像，甚至改变画面内容（剪裁画面中无关的部分除外）。

三、为了让照片保持画面清晰精确，对色彩或灰度只能做有限度的调节，类似于传统暗房处理照片过程中对曝光的控制和加光、减光。对照片的润饰仅限于去除画面上的擦痕或斑点。为了保证原创图片的真实性，照片色彩只能稍加调节。在调色前必须谨慎考虑，出现反常色调时，要在图片说明中加以说明。

四、摄影师在拍摄和制作拼贴组合图片、蒙太奇式组合图片、人物肖像、时尚或家居设计插图等专题类摄影作品时，我们所使用的控制摆拍的摄影方法一定要让读者知道。如果照片可能会让读者产生怀疑，应该在图片说明中标明我们所采取的摄影和制作手段。例如，应当标注"数字合成图片"。本条叙述的情况适用于非报道类的说明性配图。

五、摄影师应给图片标注清晰的图片说明，说明文字要含新闻的基本要素，必要时交代新闻背景。

六、图片文字说明和标题要实事求是，反对图文不符、夸大其词、虚张声势的不良文风，更反对图片说明无中生有的造假行为。

七、在采访中要体现人文关怀。记者在拍摄意外事件时，应尊重受害人及其家属的感受，尽量把对他们的心理影响及伤害降到最低。摄影记者在拍摄过程中应该尊重被摄者的隐私权。

八、坚持抵制低级庸俗之风。不拍摄、不传播危害国家安全、危害社会稳定、

[①] 中华新闻报：五大图片网站联合发出抵制假新闻照片公告，转自人民网，2007-09-06，http://media.people.com.cn/GB/40606/6224231.html。

违反法律法规以及迷信、淫秽等有害信息的图片。

九、依据以上规定，我们将建立联合工作机制，一旦发现摄影师有违反以上规定的行为，根据情节轻重对有关责任人进行处理。情节严重者，所有图片网站（图片库）将联合一致取消其签约摄影师的资格，并在各图片网站（图片库）公布其造假行为。

结　语

数字摄影技术以及现代移动通信技术的飞速进步，大大地加强了新闻影像传播的时效性。许多刚刚发生数小时甚至数十分钟前的新闻，读者就可通过智能手机的App新闻客户端、微信公众号、微博、"今日头条"等，阅读到现场的新闻影像，这在过去的胶片时代是不可想象的。

中高端数码单反相机仍是专业摄影记者主要获取新闻影像的设备，同时大量普通人使用智能手机拍照，也成为新闻影像的重要来源。这样，过去很多摄影记者来不及到现场拍摄的新闻影像，也很可能被现场的事件亲历者或观众用手机记录下来。另一方面，由于新闻影像后期处理的便利性，也使新闻影像的真实性遭遇了更多挑战。

第十二章
中国照相机工业简史

Chapter 12
A Brief History of Chinese Camera Industry

摄影术发明后不久，就传入了中国。但在此后相当长的时间里，中国摄影师所使用的照相机和感光材料全赖于进口。到20世纪初，上海、重庆有少数能工巧匠可以制作数量极为有限的木质座机。一直到1949年前，中国都没有出现相机工业、感光工业，虽然零星出现过一些科学家、摄影师对照相机、感光材料的研制取得过成绩，但受各种条件的限制，都未能实现工业化批量生产。尽管也出现过一些以商品形式销售的照相机、感光材料，但都出自产量有限的小作坊，都是以手工操作方式生产的。

中华人民共和国成立后，由于美国等西方国家对中国经济进行封锁、禁运的政策，中国的照相材料无法满足照相馆和新闻摄影的需求，这就要求中国的相机工业必须走独立自主的道路。从20世纪50年代中期开始，中国相机工业开始起步。1953年，汕头公元摄影化学厂成立。1956年，新中国第一批相机——"大来"牌35mm相机和"七一"牌折合相机也开始生产出来。从此，中国走过了半个世纪左右的相机工业史。

第一节　中国照相机的研制

中国人对照相机的研制，大致能以中华人民共和国成立为界线分为前后两个时期。1949年前以科学家、摄影师个体研制为主，未实现批量生产，但也出现了一些姓名不可考的能工巧匠手工制造的用于销售的照相机，但镜头部分仍然依赖于进口。中华人民共和国成立数年后，中国的相机工业体系逐渐建立起来，尽管一开始大多是仿制西方相机。在1960年中国的相机产量就达到一个高峰，年产量达17.31万台。改革开放之后，中国相机生产的自主研发能力大大增强，也出现了不少生产周期较长、产量巨大的机型。

一、1949年前的照相机研制

在1949年前，中国摄影先驱们为照相机的研制做出过不同程度的贡献。例如，早在1810年左右，浙江才女黄履就研制出"钱塘镜匣"，类似于摄影暗箱。1844年广东科学家邹伯奇发明"摄影之器"，离照相机只差一步之遥了。进入20世纪后，陈公哲、钱景华、张印泉等都对照相机进行过专门研究。

1. 黄履的"钱塘镜匣"

黄履是嘉庆年间浙江钱塘的一位才女，是清代科学家黄超之女，她除擅长诗词之外，还发明了寒暑表（温度计）、千里眼（望远镜）、镜匣（照相机雏形）等。[1]1810年前后，黄履利用千里眼和镜匣结合，研制出一种"钱塘镜匣"。清代陈文述在《西泠闺咏》中对此描述道："千里镜

图12-1　杭州高氏照相机博物馆展出的黄履发明的"钱塘镜匣"

---

① 杭州高氏照相机博物馆网站：http://www.gsxj.com/news_list_show.asp?id=438&dcid=17&zid=。

于方匣布镜四，就日中照之，能摄数里之外之景，平列其上，历历如画。"①这实际相当于一台装有长焦镜头的暗箱。不过，由于当时感光材料尚未发明，这种设备只能用于观测和绘画，所以它只能算作照相机的雏形。

杭州高氏照相机博物馆于2016年3月8日至10月18日在杭州举办"黄履的梦——照相机展览"，展品中包括黄履发明的千里眼镜匣以及制作的工具全铜夹钳。据杭州高氏照相机博物馆网站称，1992年5月，高氏相机收藏馆在电台、报纸登广告"高价收购老、旧、破照相机、器材"。5月17日，黄氏后人、70多岁的黄老太太送来木镜匣和全铜夹钳，以2000元的价格转让给高氏相机收藏馆。老太太自我介绍："我家姓黄，草头黄，住南星桥，我们家新中国成立前开过照相馆的，祖辈在清朝时做过照相机、千里眼，当年还是蛮有名气的大户人家，这两只木头相机就是我祖辈留下的遗物，一只还是红木的，装上暗合还能拍照……"②

2. 邹伯奇的"摄影之器"

在西方摄影术传入我国的前后，中国本土科学家也开始了摄影的尝试。1844年，广东科学家邹伯奇自制了照相机的雏形——"摄影之器"，并逐渐开始了摄影实践。他把研制照相机的经过记录在《摄影之器记》这部笔记中，并明确把暗箱定名为"摄影之器"。在《摄影之器记》等其他遗稿中，邹伯奇论述了光学原理、暗箱制作、感光材料配置、拍摄和冲洗方法等。根据他的遗稿可知，他对照相机原理和制造方法的研究，是建立在中国古代光学认知的基础上，结合自己的探索和观察完成的。

《摄影之器记》记录了暗箱制造方法以及如何运用于绘制地图，邹伯奇是当时的测绘学家，他研制暗箱的初衷是为了绘制地图。他在《摄影之器记》中说：

有一密室，惟前壁开小孔透光，则室外诸物尽倒影于后壁，居东者见于西，在下者射于上，以似平非平之中高镜安其孔，接净白纸，则形形色色毕肖焉，纸距镜视镜高为远近，如以镜照日远一尺得火，则纸距镜不过一尺为最明，稍远则渐暗也。若绘写为画与当面景色无少异变，而更之以木为箱，中张白纸，或白色

---

① 马运增等：《中国摄影史1840—1937》，北京：中国摄影出版社，1987年，第9页。
② 杭州高氏相机博客：http://blog.sina.com.cn/s/blog_6d87972501015s2p.html。

玻璃，前面开孔安筒，筒口安镜而进退之，后面开窥孔，随意转移而观之，名曰摄影之器。①

从上文可知，邹伯奇的"摄影之器"并非用于照相，而是用作测量。不过，这一仪器利用了小孔成像和透镜成像原理，书中也介绍了调焦、用纸承影等手续。"摄影之器"离照相机只差一步之遥——如何用感光材料把成像固定下来。邹伯奇亲手研制的"摄影之器"实物曾经公开在广东南海的石门中学展览过，但后来失传了。

此外，在一篇散稿中，邹伯奇详细地介绍了照相机的结构和湿版摄影法的过程：

故此而作暗箱，其一端嵌有凸鉴，是用凸鉴以面风景或人物，则暗箱内有风景或人物之小像在焉。使此像映于色玻璃，而前后动其玻璃则像可鲜明，迨取出此玻璃，换用别种玻璃板，此玻璃板乃以受光作用之一种药涂于其表面者也（药料见理化精详内），斯时箱内之像，遇此善感之化合物，则像之明处以其作用玻璃板之药物，使先变其性质，而像之暗处则反之，故其像唯留痕迹之于表面，此痕迹则像之明处现为暗，像之暗处（则现为明），故可得物之小照也。

1962年，中国摄影学会广东分会梁恒心等人多次到邹伯奇故里广东南海的泌冲乡开展调查，在邹氏后人邹孟才的支持下，收集到邹伯奇的一些散稿和四块残破的玻璃底版。其中有一块是邹氏坐在凳子上的小照，背景是祠堂的石阶，而不是照相馆的布景。②在其住室阁楼上，发现了装有水银的木罐、长方形木盘和骨质漏斗等，可能是邹伯奇照相时用于显影的器具。此外，还发现了十余块空白玻璃版，晒印的药品、玻璃瓶，木质三脚架等。

近代学者梁启超在《中国近三百年学术史》中给予邹伯奇很高评价："特夫（邹伯奇的号）自制摄影器，观其图说，以较近代日出口精之新器，诚朴可笑。然五十年前，无所承而独创，又岂可不谓豪杰之士耶？"③但邹氏发明的照相机是否受西方摄影术的启发，是不是"无所承而独创"，目前仍无法下定论。因为在他发

①《邹征君遗书》，《邹征君存稿》，第18—19页。
②梁恒心：《邹伯奇摄影史料初探》，《南海文史资料》第三十五辑，第76页。
③马运增等：《中国摄影史1840—1937》，北京：中国摄影出版社，1987年，第11—12页。

明照相机的五年前，摄影术在法国已经宣告诞生，19世纪40年代广州已经有很多外国人，也有埃及尔等摄影师在广州从事过摄影活动。此外，邹氏的密友、摄影爱好者吴嘉善曾去过美国和法国。尽管如此，我们依然可以断定邹伯奇是中国第一位自制照相机并拍摄照片的人。①

3. 陈公哲对照相机的研制

陈公哲（1890—1961），祖籍中山南朗镇茶园，是一名武术技击家，加入过由著名拳师霍元甲创办的"精武体育会"。陈公哲学贯中西、文武双全、多才多艺，除武术外，还集考古学家、摄影家、书法家、发明家于一身。在发明创造方面，他先后发明了公哲电符、"科学七用"墨砚及砚上磨墨机、拼形活字、字范系统等。②

陈公哲就读于复旦大学期间，精研摄影技术。他曾在精武体育会摄学部担任教师，拍摄了初期精武书籍的照片，并与程子培拍摄了五卷精武体育会的电影纪录片。此外，陈公哲对摄影技术的改进也取得了一定成绩，出版过《哲氏计光表》《测光捷径》等摄影著作。《测光捷径》所写的是陈公哲设计的一种测光方法，可以迅速地确定曝光量，非常实用。这一方法曾被送往英国皇家摄影学会，但未获重视。

在发明和改造照相机方面，1919年陈公哲曾发明反光镜箱近镜装置并取得专利，③这是一种经过改造装配的单反相机。此外，精武体育会会员使用的旅行暗箱，也是陈公哲设计的。

4. 钱景华的"三色一摄机"和"环像摄影机"

1924年，毕业于日本大阪高等工业学校机械科的钱景华，深入研究照相的机械原理，成功研制出了"三色一摄机"。而德国的伯伦波尔（Wilhlm BremPhl）直到1934年才研制成改进过的"伯伦波尔一次曝光摄影机"。1932年10月出版的《中华摄影杂志》第4期刊发了钱景华的《三色一摄机》和《摄影术对于机械之研究》等文章，他在文中详细介绍了"三色一摄机"的原理、结构和使用方法。

---

① ［英］泰瑞·贝内特：《中国摄影史 1842—1860》，徐婷婷译，北京：中国摄影出版社，2011 年，第 7—8 页。
② 胡兴德：《一代奇人陈公哲》，中山市档案局（馆）网站，2011 年 6 月 23 日。
③ 胡兴德：《一代奇人陈公哲》，中山市档案局（馆）网站，2011 年 6 月 23 日。

在20世纪20年代，要获得一张三色照片，要分三次拍摄，手续繁多，而且曝光时间要比普通摄影长60倍，并且只能用于拍摄静物。钱景华研制出的"三色一摄机"，大大简化了操作手续，曝光时间也大幅度缩短，拍摄效果好，在当时的中国摄影界产生了一定影响。《中华摄影杂志》顾问胡伯翔、执行编辑朱寿仁曾为此特别去访问钱景华，朱寿仁在《中华摄影杂志》第4期中写道：

记得约于三年前，吾同伯翔先生同访于钱景华先生寓所。他将七八年前所创制的"三色一摄机"并晒就的三色照片一小张见示……不过钱君因国内无人能注意及此，故除用以自娱外，并不出而问世，否则他对于这彩色摄影已于十余年前早着先鞭；不致坐视现在国际市场上和这同样原理和制造方法的镜箱四处驰骋了。这是吾为钱君深惜的。

顾名思义，"三色一摄机"是指通过一次拍摄，就能获得一张三色照片。这种相机机身内的三块承影板从正面、右面和左面三个方向朝向镜头，上面分别装有红、绿、蓝三种色片。镜头中心部分的结影，投影于正面的承影板；镜头右侧安有反光镜，投影于右边的承影板；镜头左侧也安有反光镜，投影于左边的承影板。然后在镜头与装有色片的承影板之间，再各加一枚滤色镜。这样，三种色片可同时分别装于正面、右面和左面，一次曝光，就可以晒印出三色的照片。[①]

图 12-2　刊物上的景华环象摄影机广告

钱景华爱好国画，他受国画可以画成长条画卷的启发，产生了"非创一特别摄影机不为功"的想法，以拍摄视野宽广的全景照片。他从1925年开始用心研究，经二十个月的努力，制成了6.5×30.5英寸规格的"景华环像摄影机"，这是一种早期的全景相机。1929年，他对这种相机进行小幅改进后，拍摄了7.5×29英寸的山水照片。

---

① 马运增等：《中国摄影史 1840—1937》，北京：中国摄影出版社，1987年，第307页。

环像机"对光简便、换输（胶片）容易、底片记述准确，一切机关精密完备。即无经验之人，在数分钟内，可摄照一张"。它与后来的全景相机拍摄的照片一样，中间部分影像大，左右两边的景物影像小。拍摄人数较多的合影时，要把人群排成内弧形，让两边与中间的人物离镜头中心的距离一致，这样就没有影像变形的问题了。

环像机在当时获得了特许专利，于是钱景华在上海静安寿路设立"景华工厂"，专门手工生产这种相机。1932年，10×100英寸规格的环像机售价900元，8×80英寸的售价510元，只是国外产品价格的三分之一。当时，有的大型照相馆使用过"景华工厂"生产的环像机。1936年年底，"景华工厂"在报刊上刊登广告："新式转镜和环象摄影机，从本月一日起，特价两月。"由于这种相机以手工生产，成本较高，销量十分有限，以至于不得不降价销售。最后，由于环像机销路不佳，不久这家工厂就停产了。[1]

5. 张印泉对照相机的研制

北平沦陷后，知名摄影家张印泉中止了创作，开始闭门居家，集中精力研究摄影光学和摄影机械。1943年，他研制出用120胶卷可拍17张底片的小型反光式相机，而瑞典的哈苏相机过了数年之后才出现。之后，张印泉又增加自动对光器，使对光与测距连动，这在世界上还是首创。这种相机可以更换多种镜头，也可更换后

图 12-3　民国时期的张印泉和他 1943 年自制的镜头

---

① 马运增等：《中国摄影史 1840—1937》，北京：中国摄影出版社，1987 年，第 309 页。

背，体积轻巧，操作灵便。

张印泉还对徕卡相机进行改造，即把徕卡相机用"一块水银玻璃做反光板，把景物影像反射在上面的三棱镜上，再折射到接目放大镜上"。这样，就把一台旁轴取景的相机改制成了单镜头反光取景的相机了。另外，张印泉还对皮腔可以双倍伸缩的蔡司6×6 cm相机进行过改制。装上测光器，在相机的"康般"快门前可更换三级镜头，并可借测光器自动对光。他还在可双倍伸长折合式蔡司8×10.5 cm相机的侧面安上对光器，在"康般"快门之前可更换四级镜头。[1]此外，张印泉还完成了"YCREFLEX"相机的改制工作；在120胶卷相机6×6 cm改为6×4.5 cm画幅方面，也做了大胆的尝试。

除了改制相机外，在镜头改制方面张印泉也取得了不少成绩。鉴于在拍摄时使用固定焦距的镜头容易错失拍摄良机，张印泉将焦距不同的两支镜头装在双层金属板上，机身前安装上下相对的平槽，再将装有两支镜头的金属板插上去，这样就可左右推动了。使用时，无论用哪支镜头一推就行。这比先拆下一支再装上另一支的更换镜头的方法简便许多，可节省时间。此外，在20世纪40年代，张印泉还用旧镜头的各种镜片，成功改制了105 mm、135 mm、165 mm、400 mm长焦镜头，并设计出能变换三种焦距的85—195 mm变焦镜头。

稍显遗憾的是，张印泉研制和改造的摄影器材，除了送人和自己使用外，都没有投入批量生产，从而使他的发明创造并未发挥应有的影响。中华人民共和国成立后，张印泉到新闻摄影局、新华社摄影部研究室任研究员。他利用美国空军的航拍器材改制成长焦距镜头，用于远距离拍摄节庆日天安门城楼上中央领导人的活动。[2]

6. 其他人对照相机的研制

除了以上介绍的黄履、邹伯奇、陈公哲、钱景华、张印泉外，1949年前，中国还有少数人对照相机的研制做出过贡献。晋察冀边区的刘博芳、康健曾在沙飞、罗光达的领导下参加《晋察冀画报》的筹建工作。刘博芳原先是北平故宫博物院印刷厂的制版技工，对照相制版技术和机械安装都很精通。他从北平带来了照相制版用

---

[1] 马运增等：《中国摄影史 1840—1937》，北京：中国摄影出版社，1987 年，第 310 页。
[2]《中国摄影史上的"南郎北张"》，现代摄影网，2014–11–18。

的8寸镜头和一块网目，并用黑布做成了照相制版机的伸缩皮腔，然后安装在他的师兄弟康健设计制作的制版机木架上，终于在1941年做成了一台土制照相机。

这是一台用于制版的照相机，在军区印刷所试制铜版时失败过多次，后经反复研究、循序改进，试验进行到十多次时，终于获得了成功。1941年4月14日，《抗敌三日刊》第四版正式刊登了刘博芳、康健试制成功的第一幅铜版照片《边区人民反对反共内战》（周郁文拍摄），这也是晋察冀媒体发表的第一幅新闻照片。4月17日《晋察冀日报》也开始刊用刘博芳、康健所在的新闻摄影科提供的铜版照片。[1]

此外，1949年前在上海出现了少量生产制作照相机配件的作坊。姚根森开设的作坊拥有职工9—10人，专门生产6英寸、8英寸和12英寸木质座机的木架；倪莲生开设的作坊拥有职工10余人，生产的产品与姚根森相同。这两家作坊都是生产座机的木质配件，还有两家作坊专门生产座机的金属配件，一家的业主叫曹桂记，有职工9人；另一家的业主叫宋贤初，有职工3人。木质配件与金属配件组合后，一台完整的座机机身就做出来了，但这些作坊都不具备生产镜头的能力，所以镜头还是依靠进口。他们生产的大型木质座机多供照相馆使用，因为价格比进口产品更加低廉，所以受到了当时各地照相馆的欢迎。[2]

另外，据王诗戈在其《国产相机——风景旧曾谙》一文中提到，长春的相机收藏家周焕臣创办了"长春中国照相机文化博物馆"，该馆收藏有一批1949年前的国产照相机，包括玻璃干版相机、120胶卷相机等。如图12-4，是一台出现于20世纪30年代的玻璃干版木质相机，没有商标，应是能工巧匠手工制作的。再如图12-5，双龙牌相机，是中国较早出现的带有商标的木质干版相机，由上海倪明记照相器械厂于20世纪30年代制造。[3]

该文还提及一种国产的仙乐牌（SELO）120相机，该相机是由上海义昌机器厂厂长兼工程师郑崇兰于1935年设计开发的，后因抗日战争被搁浅，之后于1947年由上海维纳氏电影照相器材公司（前身即义昌机器厂）生产。该相机的商标以英文

① 蔡子谔：《沙飞创造的奇迹：〈晋察冀画报〉在硝烟中出版》，《档案天地》，2008年第5期。
② 上海摄影家协会、上海大学文学院编：《上海摄影史》，上海：上海人民美术出版社，1992年，第231页。
③ 王诗戈：《国产相机——风景旧曾谙》，http://home.blshe.com/blog.php?uid=3274&id=508464，2010-08-04。

图 12-4 20世纪30年代的玻璃干版木质相机，长春中国照相机文化博物馆收藏

图 12-5 20世纪30年代制造的双龙牌干版木质相机

图 12-6 双龙牌相机上的商标

图 12-7 国产仙乐牌（SELO）120相机

Selo表示，主要面向国外市场，产量累计200余台。[1]

二、中华人民共和国成立后的照相机工业

中国的相机工业起步于20世纪50年代中期，经历了从无至有、从兴起到繁荣，最终到逐步退出的过程。在1949年前，中国的新闻摄影和照相馆等使用的照相机、胶片和相纸等，都是从国外进口。但中华人民共和国成立后，西方国家对中国进行经济封锁，能从国外进口到的摄影器材越来越少。50年代中期，中国的相机工业不得不走独立自主生产的道路。

1956年，新中国生产了第一批相机——"大来"牌35 mm相机和"七一"牌折

---

[1] 王诗戈：《国产相机——风景旧曾谙》，http://home.blshe.com/blog.php?uid=3274&id=508464，2010-08-04。

合相机，当年全国生产的相机不足100台。从1956年到20世纪末，中国的相机工业经历了一段不同寻常的发展历程。在1960年，仅有四年相机工业史的新中国相机产量就达到17.31万台。到1961年，由于受全国性自然灾害影响，产量开始出现明显下降，当年产量为7.28万台。[1]

几年之后，"文革"开始，中国相机产量持续低迷，一直到1974年，才达到11.1万台，恢复较高的产量。此后，中国相机工业持续高歌猛进，在"文化大革命"结束的1976年产量首次突破20万，达到22.5万台。到改革开放后的1984年，产量首次突破百万，达到126.72万台。

中国相机工业经历了20世纪80年代的黄金时期后，开始受到进口相机的冲击。在整个90年代，中国相机工业体系逐渐发生变化，由过去的独立生产变为国际组合化生产。国内的相机工厂纷纷成为国际相机企业的合作伙伴，建立了中外合资的相机企业。到90年代中期开始兴起数码相机，中国胶片相机时代最后两个品牌海鸥、凤凰也涉足数码相机的生产。但由于中国相机厂商并没有掌握感光元件的生产技术，很快在数码摄影时代走向式微。

我们在回顾这半个世纪的中国相机工业史时会发现，当时国际主流的相机种类在中国都可以找到对应的机种，包括联动测距相机、镜间快门式相机、折合式相机、135单反相机、双反相机、120单反相机、数码相机等。虽然这些相机很多都是直接对西方国家生产相机的仿制品，质量、操控和耐久性都不够理想，但这一切都体现出中国人对自力更生、独立生产相机的努力。尤其是在改革开放前的数十年里，西方国家对中国进行经济封锁，中国必须靠自主生产相机才能满足中国新闻机构及普通百姓对拍照的需求。

1. 平视取景相机

平视取景相机是中国相机工业史上的主流相机，包括以"上海58-Ⅱ"为代表的焦平快门相机、以"海鸥205"为代表的镜间快门相机、以"海鸥203"为代表的折叠式相机等。

① 俞泽民：《中国照相机工业三十年》，百度文库，http://wenku.baidu.com/link?url=b0TFnCNyC3b0rZbMDrGrBhtRIw4PHe-y5i2jlEsvXC4BbUYGCPvfMoz1BSYeVTWMRV-GlEYjsDmacDnSO17x72i83Uu0RhjnI4FdH21Wzd。

（1）焦平快门相机

以徕卡相机为代表的联动测距式焦平快门相机，在很长一段时间内是世界主流的新闻摄影相机之一。而在新中国相机工业史的开端，最早生产的相机之一"大来"牌相机就是仿徕卡的联动测距相机。此后，中国生产的联动测距焦平快门相机主要有：上海58-Ⅰ及58-Ⅱ型相机、南京58-Ⅰ及58-Ⅱ型相机、上海7型相机、红旗20型相机、凤凰JG50型相机等。

"大来"相机。1956年1月，北京公私合营的大来照相机厂开始试制仿徕卡相机，累计生产了12台。《工人日报》和《北京日报》都报道了试制成功的消息并附载照片。[1]在报道中并未提及仿徕卡相机，而是声称"仿苏联卓尔基式照相机"。这批相机除镜头的光学镜片是从苏联进口的外，其余部分全部是自主生产的。该相机的快门速度为1/20—1/1000秒、B门。采用50 mm F3.5镜头，光圈范围F3.5—F16。不过，作为中华人民共和国

123595 北京公私合营大来精机厂已經試制出十二架仿苏聯卓尔基式的照相机。这批照相机除了鏡头部分的光学玻璃鏡片外，所有的零件都是我國工人和技朮人員自己制作的。圖為这个厂的工作人員正在調整照相机。

图12-8 新华社关于"大来"牌相机试制成功的报道

成立后最早生产的相机之一，"大来"相机的象征意义要大于实际意义，因为这仅有的12台相机并未上市。

"上海58-Ⅰ"及"上海58-Ⅱ"相机。1957年9月，上海市把试制相机的任务交给上海钟表眼镜公司，建立照相机试制小组，对当时西德的徕卡3B型相机进行仿制。镜头的设计交给中科院长春光学机械所，镜片由上海吴良材眼镜厂加工，金属部分由工人依照徕卡镜头仿制。[2]1958年1月，正式推出了"上海58-Ⅰ"相机，批量投产，这是中华人民共和国成立后最早上市的仿徕卡相机。与"大来"相机不同，在公开资料里这台相机已被明确称为"仿徕卡相机"。同年9月，新筹备的上

---

[1] 俞泽民：《中国照相机工业三十年》，百度文库，http://wenku.baidu.com/link?url=b0TFnCNyC3b0rZbMDrGrBhtRIw4PHe−y5i2jlEsvXC4BbUYGCPvfMoz1BSYeVTWMRV−GlEYjsDmacDnSO17x72i83Uu0RhjnI4FdH21Wzd。
[2] 上海摄影家协会、上海大学文学院编：《上海摄影史》，上海：上海人民美术出版社，1992年，第234页。

图 12-9 上海 58- Ⅱ 相机

海照相机厂对"58-Ⅰ型"相机进行改进，成功试制"58-Ⅱ型"相机，并实现批量
生产投放市场。这两款相机的快门速度均为1—1/1000秒、B门、T门。采用50 mm
F3.5镜头，光圈范围F3.5—F16。上海"58-Ⅰ"及"58-Ⅱ"型相机成为中国相机
工业早期批量生产的高级相机，前者在1958—1959年累计生产1198台，后者从投
产到60年代初共生产11888台。

"南京58-Ⅰ"及"南京58-Ⅱ"相机。1958年，南京光学仪器厂先后试制生产
了仿苏联"菲特2B"的"南京58-Ⅰ"及"南京58-Ⅱ"两种平视取景照相机，先
后共计有600台投入市场。相机的快门速度为1/25—1/500秒、B门。采用50 mm F2.8
镜头，结构为4片3组。由于"菲特2B"本身就是仿徕卡相机，所以这两款相机也可
算作仿徕卡相机。[①]

"上海7"相机。"上海7"是"上海58-Ⅱ"的改良机型，出现于1960年左
右，同样由上海照相机厂设计和生产。相机的快门速度为1—1/1000秒、B门。采用
50 mm F3.5镜头。这款相机在外观上，已和徕卡相机的造型拉开距离，这也是和上
述五款相机明显不同的地方。

"红旗20"相机。为了庆祝中华人民共和国成立20周年，1969年时任国务院副
总理李先念作指示，要生产三种高级相机，于是仿徕卡M3的"红旗20"和仿哈苏
的"东风"相机因此诞生。"红旗20"由上海照相机二厂生产，"20"代表纪念
新中国成立20周年，但这款相机直到1971年才上市（最初试制的10台完成于1970

---

① ［日］陆田三郎：《中国古典相机故事》，井岗路译，北京：中国摄影出版社，2009年，第15页。

年）。相机的快门速度为1—1/1000秒、B门。除了相机机身外，还生产了35 mm F1.4、50 mm F1.4、90 mm F2三种仿徕卡的交换镜头，前两种镜头的最小光圈为F16，第三种镜头的最小光圈为F22，这些镜头是由上海照相机二厂和中科院光学精密机械仪器研究所共同完成的。①"红旗20"的生产数量非常少，据海鸥相机公司的资料表明只有271台。"红旗20"是

图 12-10 红旗 20 相机

中华人民共和国成立后，所有仿徕卡相机中性能和做工最出色的机型。在当时的国情下，这是不计成本、不考虑市场生产出来的高级相机，主要作为礼品赠送给国外领导人，供新华社、人民日报等中央媒体记者使用。

"凤凰JG50"相机。为了庆祝中华人民共和国成立50周年，江西凤凰光学厂于1999年生产了500台"凤凰JG50"型相机。相机的最高快门速度达到1/2000秒，同步速度达到1/125秒。在机身顶部刻有"中华人民共和国建国50周年纪念"字样，"JG"就是"Jian Guo"的缩写，"50"代表50周年。这款相机具有自动测光功能，相机采用徕卡L型螺纹卡口，配套的镜头是50 mm F2.8镜头，4片3组结构。

（2）镜间快门相机

联动测距相机，除了前面介绍的焦平快门相机外，另一种更加主流的是镜间快门相机，这种相机同样采用的是135胶卷。和折叠式相机和双反相机相比，这种相机的外形较为小巧，价格也更加实惠。从相机外形上看，镜间快门相机采用四方形机身，前方装有交换镜头。产量最高的一款镜间快门相机高达400多万台，堪称中国相机工业史上产量最高的机型。

205系列相机。1965年，上海照相机厂成功研制出"上海205"联动测距式镜间快门相机。相机的快门速度为1—1/125秒、1/300秒、B门。相机采用Tessar型的50 mm F2.8镜头，镜头结构为4片3组。之后，相机厂按上级指示，把"上海205"改为不带地名的"海鸥205"。再到1983年，"海鸥205"再次改名为"凤凰205"。

---

① ［日］陆田三郎：《中国古典相机故事》，井岗路译，北京：中国摄影出版社，2009年，第17—18页。

从外观上看，除了品牌标识不同外，这三款205系列相机差异不大；机身性能也都相似。内部结构略有改良，但变化不大。由于205系列相机产量高达400多万台，在现在的二手相机市场上随处可见。后来还出现了仿205相机：80年代的"佳丽–1"相机，由上海时代包装装潢经营服务部和江苏海门佳丽照相机厂共同出品；1997年的"太湖205"相机，由无锡光学仪器厂生产。[1]

图 12–11　海鸥 205 相机

"东方S"系列相机。1964年、1969年、1979年、1985年，天津照相机厂先后生产了仿雅西卡的镜间快门相机S1、S2、S3和S4。前三者的差别不大，只是取景窗变大了，快门按钮的设计略有变化；第四款机型的外形要比前三款大一圈。快门速度为1—1/125秒，1/300秒、B门。采用50 mm F2.8镜头，光圈范围为F2.8—F16。

"虎丘35–1"相机。1976年，江苏照相机厂开始生产"虎丘35–1"相机，它仿制的是日本佳能G–ⅢQL平视取景相机。至80年代中期，"虎丘35–1"累计生产5万多台。相机的快门速度为1—1/125秒、1/300秒、B门。采用45 mm F2.8镜头，光圈范围为F2.8—F22。

"凤凰JG301"相机。1978年，中央召集上海、江苏、江西的照相机专家成立设计小组，研发庆祝新中国成立30周年的"凤凰JG301"相机。1981年研发结束后，1982年江苏光学仪器厂开始投入生产。这实际上是仿制日本的柯尼卡Auto S3相机。"凤凰JG301"的快门速度为8—1/500秒、B门。相机支持快门优先模式，但不支持手动设置光圈。采用38 mm F1.8镜头，结构为6片4组。"凤凰JG301"被认为是与50年代末的"上海58–Ⅰ"、60年代末的"红旗20"并列的中国相机的三大旗帜。[2]

"华夏82"系列相机。1983年，河南省华夏光学电子仪器厂开始生产"华夏

---

① ［日］陆田三郎：《中国古典相机故事》，井岗路译，北京：中国摄影出版社，2009年，第14—16页。
② ［日］陆田三郎：《中国古典相机故事》，井岗路译，北京：中国摄影出版社，2009年，第53页。

821"机械式小型相机。产量较大，在现在的二手相机店里较常见。相机的快门速度为1—1/125秒、1/300秒、B门，支持自拍功能。采用40 mm F2的大光圈镜头，光圈范围为F2—F22。此后，还陆续有"华夏822""华夏823""华夏824"上市。在80年代末期，出现了一种仿"华夏82"相机——"中华PTJ-1W"，以及升级产品"中华PTJ-2""中华PTJ-2D"，它们的机身和镜头的性能和外形都与华夏的相似。

"青岛-6"相机。这是一款由青岛照相机厂和德国AGAF公司合资制造的电子程序自动曝光相机，是仿德国AGAF公司的OPTIMA相机。快门速度为30—1/1000秒，内置闪光灯。采用40 mm F2.8镜头，在镜头上不但刻有"QINGDAO"拼音标识，还刻有德语"SOLITAR"。

（3）折叠式相机

平视取景的120折叠式相机，在中国相机工业史上尽管没有双反相机流行，但依然不可忽略。中华人民共和国成立后生产的最早的相机之一"七一"牌相机，就是一款折叠式相机。由于这种相机可以把镜头收入机身内，所以它比同样采用120胶卷的双反相机、单反相机都要更加便携。

"七一"相机。公私合营的天津市照相机厂成立于1956年4月18日，"七一"牌相机是该厂最早试制的产品。之所以命名为"七一"，是因为它用于向中国共产党诞生35周年献礼。同年7月2日的《天津日报》记载："我国自己制造的七一牌折叠式（120）照相机，1日在公私合营天津照相机制造厂试制成功了。这种照相机，除了镜头用的光学玻璃以外，所有四百八十多个零件，都是用国产原料做的。"[①]这款"七一"相机完全仿制日本"玛米亚6"折叠式相机，后者在二战中期至战后是中国常用的相机。相机的快门速度为1/2—1/300秒、B门。相机采用的镜头是75 mm F3.5。受当时各种条件的限制，"七一"相机未能实现批量生产，总共只生产了40多台。[②]

"上海58-Ⅲ"相机。上海长城工业社于1958年研发了"上海58-Ⅲ"相机，尽管从型号上看，它似乎是"上海58-Ⅰ""上海58-Ⅱ"相机的后继机型，但前

---

① 俞泽民：《中国照相机工业三十年》，百度文库，http://wenku.baidu.com/link?url=b0TFnCNyC3b0rZbMDrGrBhtRIw4PHe-y5i2jlEsvXC4BbUYGCPvfMoz1BSYeVTWMRV-GlEYjsDmacDnSO17x72i83Uu0RhjnI4FdH21Wzd。
② ［日］陆田三郎：《中国古典相机故事》，井岗路译，北京：中国摄影出版社，2009年，第72—73页。

两款是仿徕卡的135相机，而"上海58-Ⅲ"则是一款仿德国爱克发Isolette的120折叠式相机。相机的快门速度为1—1/500秒、B门，有自拍功能。相机采用的镜头是75 mm F3.5。这款相机同样未能实现批量生产，实际生产的数量不足100台。

"上海20"系列（上海201、上海202、上海203）。1959年4月，上海照相机厂一分厂、二分厂分别在上海长城工业社和新华电筒厂基础上改建成立。同年10月，上海照相机厂二分厂开发试制"上海201" 120折叠式相机，可拍摄6×6 cm或6×4.5 cm的照片。相机的快门速度为1/10—1/200秒、B门。相机采用的镜头是75 mm F4.5。"上海201"实现了批量生产，从1960年至1961年共生产了32963台。1961年，"上海201"的改良机型"上海202"正式投产，产量预计为三万多台。

1964年，经过再次改良的"上海203"诞生，它在以下方面获得改进：镜头更加明亮（由过去的F4.5提升为F3.5），采用了叠影重合式对焦、联动式测距仪、简易曝光计算表。这是中国折叠式相机的成熟之作，它参考了德国的伊康泰、苏联的Iskra相机。海鸥相机官网显示，从1964年至1977年，"上海203"累计生产3111446台，在1965年还出口国外。后来，相机品牌不允许使用地名，

图 12-12　海鸥 203 相机

这款相机改名"海鸥203"，并且长期大量生产。相机的快门速度为1—1/125秒、1/300秒、B门，支持自拍功能。相机采用的镜头是75 mm F3.5。在"海鸥203"家族里，还有"海鸥203-B""海鸥203-H""海鸥203-Ⅰ"等数种差别不大的机型。在1987年，无锡照相机厂还生产了仿"海鸥203"的"太湖203"相机。

"珠江60-Ⅰ"和"珠江60-Ⅱ"相机。1959年，广州照相机厂仿西德伊康泰相机的"珠江60-Ⅰ"折叠式相机研发成功，于次年投产。相机的快门速度为1/25—1/300秒、B门，支持自拍功能。相机适用的胶卷是6×6 cm，相机采用的镜头是75 mm F4.5。"珠江60-Ⅰ"预计产量不足1万台。[①]"珠江60-Ⅱ"是"珠江

① ［日］陆田三郎：《中国古典相机故事》，井岗路译，北京：中国摄影出版社，2009年，第79页。

60-Ⅰ"的改良产品,于1961年投产,它在功能上略有改变,如增加了自拍功能。

2.单反相机

单反相机是中国相机工业史上的重要相机类型,包括大量生产的以"海鸥DF"为代表的135单反相机,还有少量生产的120单反相机。

(1)135单反相机

继仿徕卡平视取景相机、折叠式相机和双反相机之后,1959年中国相机工业史上诞生了最早的单反相机"紫金山Z135-Ⅰ",诞生的地点在南京。之后天津和北京也陆续开始生产单反,再到后来,单反的研发生产中心转移到上海。著名的"海鸥DF"系列就是由上海照相机厂生产的。

"紫金山Z135-Ⅰ"相机。1959年3月,南京电影机械厂开发"紫金山Z135-Ⅰ"135单反相机成功,同年9月通过批量生产鉴定。"紫金山Z135-Ⅰ"是我国自行设计的第一台单反相机。据说在短期内就生产了1000台,并且用于销售。这是一款仿苏联的泽尼特相机的单反相机,快门速度为1/25—1/500秒、B门。采用的镜头是50 mm F3.5标准镜头。从型号"Z135-Ⅰ"来看,工厂可能原本有生产Ⅱ型、Ⅲ型的计划,不过后来受自然灾害和其他各种因素的影响,"紫金山"最终还是停产了。

"晨光"相机。同样在1959年,北方的天津照相机厂也不甘示弱,生产了"晨光"135单反相机。这款相机是由浙江大学和中科院光学精密仪器测量研究所共同研发的。由于当时正处"大跃进"时期,这款相机只试制了200台左右,多为工厂人员内部购买,未进入外面的市场。直到1962年,才开始生产新型的"晨光62Ⅰ"相机,相机的快门速度为1/30—1/1000秒、B门,采用的镜头是50 mm F1.7标准镜头。之后又生产了"晨光DⅠ",快门速度降为1/30—1/500秒,镜头最大光圈也降为F2.8。

"海鸥DF"系列。1964年,上海照相机厂以日本的美能达SR2相机为原型,试制了"上海"单反相机。该相机除了标有品牌"上海"外,没有型号标识。快门速度

图12-13 海鸥DF相机

为1—1/1000秒、B门。使用的镜头为58 mm F2。"上海"相机的成功开发，使上海照相机厂从此有了定型的产品，并成为该厂走向成熟的一个重要转折。^①不过，这款相机产量只有100台左右，并未进行批量生产和销售。之后的"海鸥DF"系列相机沿用了这台相机的风格。

1966年，新型的"海鸥DF"相机诞生，这是一款批量生产的单反相机。快门速度为1—1/1000秒、B门，闪光同步速度为1/45秒。1969年，改良版的"Seagull DF-Ⅰ"诞生，这是该系列相机中产量最多的一款，从1981至1984年生产了38459台。"DF-Ⅰ"的姐妹机型"DF102"以及后来的"DF-2ETM"也相继出现，后者是中国最早具备TTL功能的相机。^②之后还试制过一台高级单反"DF-Ⅲ"，但并未批量生产。由于"海鸥DF"系列的成功，在1972年出现了仿制品"熊猫"相机，1977年又更名"孔雀DF-Ⅰ"生产，到80年代进行小幅改动后，再以"Peafowl DF-Ⅱ"为名进行生产。

"珠江S201"相机。1972年，中国北方工业公司下属的几家仪器厂在四川联合开发出"珠江S201"相机。它与"海鸥DF"系列一样，是中国最经典的、长期生产的单反相机。快门速度为1—1/1000秒、B门，闪光同步速度为1/45秒。值得一提的是，厂家提供了丰富的交换镜头，包括：50 mm F1.7、50 mm F1.8、50 mm F2，28 mm F2.8、35 mm F2.3、105 mm F2.5、135 mm F2.8、20 mm F4、45—90 mm F3.5、80—200 mm F4.5。

"珠江S207"相机。1984年中国北方工业公司和日本宾得公司达成协议，合作生产相机。1986年，生产出"珠江S207"单反相机。虽然从型号上看和"珠江S201"接近，但它实际模仿的是宾得K1000相机。快门速度为1—1/1000秒、B门。使用的镜头是50 mm F2。"珠江S207"有多种姐妹机型，中国北方工业公司下属的不同工厂仿制的机型都略有不同，相机使用的名称和型号也不同。

（2）120单反相机

与其他流行的相机类型相比，120单反相机生产的品种和数量都很少。但像

---

① 新华社历史陈列馆对"上海"相机的简介。
② ［日］陆田三郎：《中国古典相机故事》，井岗路译，北京：中国摄影出版社，2009年，第79页。

"东风"这样仿哈苏的高级相机和北京照相机厂生产的"长城DF",依然在中国相机工业史上不可忽略。

"东风"相机。与高级相机"红旗20"一样,"东风"相机的诞生也是为了庆祝新中国成立20周年,它于1970年开始由上海照相机厂生产,仿制的原型是瑞典的6×6 cm哈苏500C相机。这款相机有着明确的政治目的,即要赶超西方国家生产的同类相机。所以"东风"相机配备了1/1000秒的最高快门速度,要比哈苏500C的1/500秒高出一档,但实际最高快门速度并没有超过1/750秒。[①]配套的镜头有50 mm F4广角镜头、80 mm F2.8

图 12-14 东风相机

标准镜头、150 mm F4中焦镜头。"东风"相机累计生产97台,还不能算批量生产,主要用作礼品赠送给国外领导人和供新华社记者使用。

"长城DF"相机。1980年,北京照相机厂仿制德国"Pilot Super"120单反相机,生产了"长城DF"相机。"Pilot Super"相机是20世纪30年代在德国生产的,已经过了半个世纪,这种相机结构简单但十分坚牢。"长城DF"可拍摄6×6 cm的胶片,也兼容6×4.5 cm胶片。相机的快门速度为1/30—1/200秒、B门,使用的镜头是90 mm F3.5,最小光圈为F22,采用天塞结构。在之后的几年里,北京照相机厂又推出了升级版的"长城DF3",添加了自拍、闪光同步等功能。此外,还陆续推出好几种其他版本的DF相机。

"神龙"相机。这是一款由私人创办的公司生产的6×6 cm规格的相机,诞生于20世纪90年代初。据说该相机的设计者是照相机研究专家张国栋先生,由俞铁阶创办的铁阶摄影公司负责生产和销售。这是一款为中小型照相馆设计的相机,在外观上和日本的"玛米亚RB"相机相似,是一款120单反座机,在镜头和机身的连接处有蛇腹,机身底座处有滑轨。相机的快门速度只有两档:X(1/30秒)和B门。

---

① 忻秀珍:《在共和国里诞生的照相机》,《相机世界》,2009 年第 11 期。

3. 双反相机

双反相机在中国相机工业史上非常流行，生产的品种和数量也较多。大多以德国、苏联和日本相机为原型而进行仿制，如著名的海鸥双反相机就是仿制德国的禄来相机。海鸥获得成功后，各地出现了一大批仿制海鸥双反的相机。

"大来"双反相机。1957年，生产过"大来"仿徕卡相机的北京大来照相机厂，成功仿制了日本的"理光弗来克斯"双反相机，依然取名"大来"牌。这是中华人民共和国成立后生产的第一台120双反相机，使用6×6 cm的胶片。它的取景和摄影镜头都是80 mm F3.5，采用镜间机械快门，快门速度为1—1/200秒、1/300秒、B门。"大来"相机生产了100多台后，工厂改名为北京照相机厂，相机也随之改名为"长虹"相机，生产了数千台后再次改名为"天坛"相机。

其他早期双反相机。20世纪50年代末、60年代初，中国还生产了"长乐""紫金山""沈阳"等双反相机。"长乐"相机于1958年研制、1961年生产，采用75 mm F4.5镜头，由西安的西北光学仪器厂生产，是一台仿苏联"LUBITEL"双反的相机。"紫金山"相机由南京电影机械厂于1959年开始研发，是一台仿德国禄来双反的相机，采用75 mm F3.5镜头。"沈阳"相机由沈阳照相机厂于1959年生产，也是一台仿"理光弗来克斯"的相机，采用80 mm F3.5镜头。

"海鸥4"系列相机。"海鸥4"系列双反相机在中国相机工业史上，无论是生产数量还是持续的时间，都显得非常出众。这跟相机构造简单、不易损坏、物美价廉有关，而且其他厂商也为这种相机提供了丰富的附件。"海鸥4"系列的成功，使它出现了众多的仿造者，包括峨嵋相机、牡丹相机、黄鹤相机、太湖相机等至少10种品牌，这也成为中国相机史上一道靓丽的风景。"海鸥4"系列相机的型号十分多样，包括"上海4""海鸥4""海鸥4A""海鸥4A-1""海鸥4B""海鸥4B-1""海鸥4C"等。

"上海4"和"海鸥4"相机。1961年6月，上海照相机厂开始试制"上海4"相机，是一款6×6 cm规格的120双反相机。相机的快门选择了Prontor型快门，快门速度为1—1/300秒、B门，具备8—12秒的自拍功能。设计镜头时参考了禄来双反镜头的参数，采用了75 mm F2.8的取景镜头和75 mm F3.5的摄影镜头，是由国产光学玻璃制造的，这也是上海照相机厂自己设计的第一款镜头。同年9月，轻工业部邀请专家对禄来、雅西卡、美能达等相机和"上海4"相机进行鉴定后，认为它处于中等水平。于是，从1963年7月开始批量生产。[1]"上海4"于1964年出口国外，是中国最早出口的相机。后来不允许使用城市名为相机品牌后，改名为"海鸥4"，新型号的相机只有小幅的改动。

"海鸥4A"和"海鸥4A-1"相机。1967年在"海鸥4"的基础上，上海照相机厂推出改进升级型的"海鸥4A"相机。主要改进是把手钮卷片改为摇柄卷片，提高卷片速度，这为新闻摄影提供了方便。1968年又推出了"海鸥4A-1"相机，产量较少，专门用于出口。镜头的镜片由原来的3片变为4片，提高了镜头边缘的解像力。

"海鸥4B""海鸥4B-1""海鸥4C"相机。1967年，上海照相机厂研发出"海鸥4"的简装版"海鸥4B"，这是一款产量巨大、生产时间较长的产品，从1969年至1988年共生产127.2977万台。它主要是把卷片机构进行简化，并且把75 mm F2.8的取景镜头缩水为75 mm F3.5。这样既缩减了成本，也降低了相机的价格，更受普通老百姓的欢迎。不过，这款相机可以兼容

图 12-15　海鸥 4B 相机

6×4.5 cm的胶片。"海鸥4B-1"是"海鸥4B"的后继机型，主要改进是将取景器内的磨砂对焦屏改为裂像对焦屏，以提升取景的亮度；并且在机身旁边设有闪光灯接口。"海鸥4C"相机于1968年研发成功，是在"海鸥4B"的基础上改为兼容135胶片的机型，也就是说这款相机支持6×6 cm、6×4.5 cm和36×24 mm三种规格的胶片。

仿海鸥相机。由于当时的海鸥相机无法满足市场需求，各地出现了大量仿海鸥相机，被模仿最多的机型是"海鸥4B"。这些仿海鸥相机包括：1968年，由重庆宁江机械厂生产的"峨嵋SF-1"；1974年，由辽宁丹东照相机厂生产的"牡丹1"；1973年，由武汉照相机厂生产的"黄鹤"；1975年，由武汉照相机厂生产的"友谊

---

① 上海摄影家协会、上海大学文学院编：《上海摄影史》，上海：上海人民美术出版社，1992年，第236页。

SF-1"；1977年，由无锡照相机厂生产的"太湖"；1980年，由四川明光、华光仪器厂生产的"华蓥"等。

4. 数码相机

从20世纪90年代中期开始，数码相机在市场上开始兴起，到90年代末，价格昂贵的数码单反相机也逐渐兴起。数码相机在新闻领域的优势是不言而喻的。1997年香港回归祖国前，新华社投资200万元人民币购置了10台数码相机，该批设备在完成香港回归的报道中发挥了重要作用。[1]但这些相机全都是进口产品。

在数码相机的大潮中，中国的相机厂商也在与时俱进。海鸥、凤凰等传统相机厂商，以及后来兴起的爱国者、联想等IT厂商都投入数码相机的生产中来。由于不能生产数码相机的影像传感器，这些厂商主要是从日本进口CCD、CMOS，其他部分则由自己研发。

在传统相机厂商中，上海海鸥照相机有限公司生产了"海鸥DC-350""海鸥DC-85"等低像素数码相机，凤凰光学股份有限公司生产过"凤凰SX-130F""凤凰SX-210M""凤凰SX-330Z""凤凰SX-410Z"等小型数码相机。此外，保定乐凯光学电子有限公司也生产过小型数码相机。

21世纪初，作为一种传统相机与电子技术的结合产物，中国许多IT厂商加入生产数码相机的阵营中来。除了领衔的爱国者外，生产过数码相机的IT厂商还有方正、紫光、联想、TCL以及中国台湾的明基等。不过，由于中国的相机厂商并未掌握数码相机最关键的影像传感器的制造技术，而且生产的仅仅是低端

图 12-16　小蚁 M1 微单相机

的小型数码相机，并未涉猎数码单反相机或数码旁轴相机，后来在与日本相机的激烈竞争中败下阵来。[2]

① 甘险峰：《中国新闻摄影史》，北京：中国摄影出版社，2008 年，第 155 页。
② 忻秀珍：《在共和国里诞生的照相机》，《相机世界》，2009 年第 11 期。

到2016年9月，中国著名的手机生产商小米公司推出微单相机"小蚁M1"。M1采用微型4/3系统，使用的影像传感器并非自产，而是一块索尼的2016万像素的Exmor IMX269传感器。M1具备5张/秒的高速连拍功能，配备了81点自动对焦系统，具备4K视频拍摄功能。同时还发布了两款配套的自动对焦镜头，分别为12—40 mm F3.5—5.6 和 42.5 mm F1.8。此前，Z-Camera E1、EYEMORE两款国产可换镜头相机都更早推出，但它们在造型和功能方面都属于非主流相机。小蚁M1虽然不是第一台国产可换镜头数码相机，但它确实是最早的能与国外同类相机竞争的主流相机，而且性价比要明显高于日本的奥林巴斯和松下微单相机。

此外，在数码时代中国虽然从未推出过国产数码单反相机，但有中一、老蛙、永诺等三家镜头厂商在生产交换镜头。其中"中一"以生产大光圈手动镜头为特色，如单反镜头35 mm F2、85 mm F2、135 mm F2.8、85 mm F1.2，APS画幅微单镜头35 mm F0.95，全画幅微单镜头50 mm F0.95，微型4/3画幅微单镜头25 mm F0.95。"老蛙"以生产微距、散景、超广角手动镜头为特色，如单反镜头15 mm F4、60 mm F2.8、105 mm F2等。"永诺"以仿制佳能、尼康定焦镜头为特色，也是三种国产品牌镜头中唯一支持自动对焦的，如单反镜头50 mm F1.8、35 mm F2等。

第二节　中国感光材料的研制

以中华人民共和国成立为界线，中国感光材料的研制也可分为前、后两个时期。1949年前，邹伯奇、李莲友、胡伯翔兄弟、韩栋都对感光材料的研究做出过不同程度的贡献，上海筱舫照相厂、七星牌玻璃干版、西凯（OK）感光纸厂则以作坊的形式生产了不少用于销售的感光产品。不过，真正的中国感光工业是在新中国成立后形成的。20世纪50年代，公元、上海、乐凯（初名"保定电影胶片制造厂"）等感光材料厂先后建立起来。

一、1949年前的感光材料研制

1949年前中国的感光工业并未真正出现，大多是科学家、摄影师个人对感光材料的研究。即使出现过作为商品销售的感光产品，但受资金、技术和当时的社会条件制约，他们的生产规模都较小，持续生产的时间也不够长，完全没有实力和国外的产品竞争。

1. 邹伯奇用本土材料研制感光材料

在上一节内容中，提到广东科学家邹伯奇在19世纪40年代研制过照相机的雏形"摄影之器"。在其《摄影之器记》和其他遗稿中可知，除光学原理、暗箱制作外，他还对感光材料、冲洗方法等进行研制，尤其值得注意的是，他所使用的药物和西方的化学药品不同，大多是本土的材料。在他的一篇散稿中提及的显影和定影所用药物配方为：

光药水：木挽子、阳起石蕊、红信石铁锈水、食盐

银粉：银薄、水银、白铅、硝酸

显影水：青矾、火酒、醋酸、食盐

加厚水：盐酸、硝酸、气水、火酒

留形水：鹿角汁、火酒、红丹

金水：真金薄、硝酸、石灰、食盐

银水：银粉、醋酸、枧水、火酒

白漆：桃树胶、苦木胶，火酒化

墨漆：松香炭、京黑炭，火酒化

鸡蛋胶：鸡蛋白、食盐、明矾、气水[①]

据华南工学院（今华南理工大学）教授梁恒心判断：木挽子经常被广州人用于洗衣服，可煎取胶汁；阳起石蕊可能是含钙镁铁的硅酸盐乳状液；红信石铁锈水是一种硫化砷盐，鹿角汁可能是氨水……这份清单上的药品大多是本土材料。尽管目前依据现存的材料，无法判断出这些本土材料用于摄影感光的效果如何，但我们依然可以从中了解到，早在19世纪中后期，中国人已经开始对感光材料展开研究。

2. 李莲友的大红牌感光片

据1922年5月出版的刊物《摄影杂志》记载，李莲友在1905年曾试制干版成

---

① 梁恒心：《邹伯奇摄影史料初探》，《南海文史资料》第三十五辑，第74—75页。

功，直到1918年他加入新成立的广州大新公司后，才重新研制感光片。约在1922年，他"制成一种速度之片，其感光力竟驾乎依尔福'大红牌'之上，闻不久将觅地设厂，大举制造"①。大红牌感光片的感光度大约为ISO 10，在当时而言，要高于国外的同类产品。②作为中国人自主研制的感光材料，李莲友的大红牌感光片在技术上已经较先进，但遗憾的是并未大力推广生产。

3. 胡伯翔、胡伯洲对感光材料的研究

中华摄影学社（简称"华社"）的创始人之一胡伯翔，早在1920年有感于照相材料全赖于进口，尝试与其弟胡伯洲自主研制感光材料和晒相纸。经过反复试验后，他们成功地研制出油制照片（又称溴纸纳油色法）和碳素溴纸照片。不过，这些不成熟的产品质量并不高，仍有待于进一步研究试制。但是限于当时缺乏资金和设备，胡氏兄弟并没有继续深入研究，他们试制的产品也未投放市场。他们用自制的干版拍摄了一些不错的照片，并且在华社影展中展出，获得不少好评。③

4. 韩栋的"漆器写真法"

留学日本研习化学的四川人韩栋，精通摄影术，1920年前后，他利用在学校做化学实验的有利条件，反复试验后研究出"漆器写真法"，可以"于漆器面金质底上，晒印各种人物风景，惟妙惟肖，与寻常写真无异，而光彩陆离，尤足令人生庄严华贵思想"。"漆器写真法"其实和在陶瓷表面晒印影像是相同原理。与一般照片相比，由于"漆器写真法"承像的材料是漆器，质地坚硬，所以影像不怕拂抹，也经得起潮湿、水浸的考验，影像色泽也永久不变。④

5. 上海筱舫照相厂生产的"筱舫爱娜爱灯光纸"

1929年8月，上海筱舫照相化学工业厂在上海南市区成立。"筱舫"的命名是由于工厂的主要创办者是陈筱舫，他曾求学于圣约翰大学、光华大学。1930年该厂开始生产筱舫爱娜爱灯光纸，后来简称"筱舫纸"——这是国内最早生产的印

---

① 《粤人自制乾片之动机》，《摄影杂志》第1期，1922年5月，第85页。
② 马运增等：《中国摄影史1840—1937》，北京：中国摄影出版社，1987年，第303页。
③ 马运增等：《中国摄影史1840—1937》，北京：中国摄影出版社，1987年，第183、303页。
④ 马运增等：《中国摄影史1840—1937》，北京：中国摄影出版社，1987年，第304页。

相纸。[①]"筱舫纸"的主要成分是氯化银，包括有光、无光和半光三种，分为1、2、3、4四种反差不同的型号。

虽然这种相纸还比不上欧美和日本的产品，但它的影调层次等性能基本能满足摄影的要求。筱舫照相化学工业厂的产品开始只在上海销售，之后逐渐销往国内其他城市，一直到1937年日军侵华战争爆发，工厂被战火焚毁后，才被迫关闭。此后，一直到新中国成立后，筱舫照相化学工业厂才重新开张。

图 12-17　筱舫爱娜爱灯光纸

6. 天津的七星牌玻璃干版

1937年"卢沟桥事变"爆发后，天津沦陷为日伪统治区，使欧美的照相材料无法进入中国，而日货则全盘占领中国市场。在这一背景下，李文琪、李玉梧两位青年在天津创立"谦光"照相馆。到1941年12月8日太平洋战争爆发后，日货来源开始变得紧张，照相馆所必需的照相材料经常断货，使照相生意变得无法维系。为了解决这一难题，李文琪、李玉梧决定参照摄影书籍，自主生产照相用的玻璃干版。李文琪、李玉梧的玻璃干版制作工艺如下：

玻璃打底：在小于2毫米厚6×8英寸的玻璃上，涂一层主要成分为照相明胶的底层，玻璃打底后放入木制的晾晒架上晾干。

乳剂制作：按配方制作低感卤化银与高感卤化银混在一起的乳剂，把装有乳剂的乳剂罐放入保温槽内高温水浴，一个人用棍子在乳剂罐内不停地搅拌，另一个人左手拿着玻璃，右手拿着银勺，舀一勺乳剂倒在打有底层的玻璃上，左右手拿着玻璃前后左右的倾斜晃动，让乳剂液均匀流到玻璃的每个角落。

干版冷凝：冷凝槽内装有天然冰，冷凝槽上放置一块水平的厚玻璃板，把涂有乳剂的干版放在冷凝板上，迅速让乳剂液凝固，然后将干版放入木制的晾晒架上干燥（乳剂层再涂防光晕护膜层是后期的制作工艺）。

产品包装：照相干版与照相干版之间要垫一张防护纸，12片照相干版为一打，先把一打照相干版装入两层黑纸袋内，再装入硬纸制的包装盒内（玻璃打底在明室操作，其余均为暗室操作）。[①]

李文琪、李玉梧自主生产玻璃干版获得成功后，一方面继续照相生意，另一方面也开始把玻璃干版销售给照相馆同行。在赵树棠、雷乃鸿等同行的支持下，他俩停止照相馆生意，于1943年和同行们集资创立"天津裕中摄影器材制造厂"。但是在日伪警署的干扰下，他们不得不搬迁这座尚未投产的小工厂，最终第一批"七星照相干版"被生产出来，在试用中获得当地照相行业的好评。

但在天津开始销售的时间不长，又受到日本人的干扰，最终他们决定暂时不在天津销售，而是把七星干版销往其他地区。在他们的努力下，济南同生照相馆，还有平济、平包铁路沿线的照相馆都开始使用七星干版，北平的宝星、利达、信孚、永孚等照相材料行也开始经营七星干版。

1945年日本投降后，美国空军未用完的航空胶片在我国倾销，七星干版竞争失利，于1946年年初停产。1947年年初一度恢复生产，但未持续多久又受到国外的榔头牌软片竞争，再次停产，以生产明胶维持到天津解放。[②]

7. 西凯（OK）感光纸厂

抗战期间，后方的照相材料依赖进口，供应紧张。1942年，重庆启新照相馆的主人过志毅创办了西凯（OK）感光纸厂。不过，该厂的生产规模较小，仅有七八名工人，靠手工操作，每天仅生产数十包10×12寸的相纸。[③]相纸所用的纸基是从外国进口的；相纸所用的明胶缺乏，只能用牛胶来代替。这些相纸的性能不及进口的柯达相纸，但在进口产品供不应求时，仍有一定的市场；抗战结束后，柯达相纸大量供应，西凯相纸就无法生存下去了。

---

① 赵俊毅：《日伪统治时期诞生的七星照相干版》，中国摄影家协会网，http://www.cpanet.org.cn/html/zixun/yejie/20141015/97286.ht。

② 赵俊毅：《日伪统治时期诞生的七星照相干版》，中国摄影家协会网，http://www.cpanet.org.cn/html/zixun/yejie/20141015/97286.ht。

③ 蒋齐生、舒宗侨等编著：《中国摄影史 1937—1949》，北京：中国摄影出版社，1998年，第125页。

二、中华人民共和国成立后的感光材料工业

由上文可知，在1949年前，受各方面因素的影响，中国未形成大规模的生产感光材料的民族工业体系，要么是并未投产的个人对感光材料的研制，要么是小作坊式的小规模生产。在中华人民共和国成立后，由于西方国家对中国实行禁运，使用进口产品越来越困难，这在客观上要求中国必须有自己独立的民族相机工业体系。一方面是照相机必须实现自主研发和生产，另一方面是感光材料也要自主研发和生产。

从中华人民共和国成立到数码影像完全取代胶片，中国的感光材料大致走过了半个世纪的岁月。据不完全统计，这期间出现过数十个品牌，包括仙乐、上海、沪光、梅花、菊花、海鸥、海燕、东方红、代代红、冠龙、华光、太行、友谊、公元、申光、上海黄浦、上海西海、南方、福达、幸福、新桥、新艺、鹤乡、乐凯、厦门、天津、青岛、新颖、樱花、保定、吉林、龙安、灯塔、江城、东海、白山、长虹、长江、天鹅、险峰、华富、沈阳、曙光、三环、欧科等。[1]

1. 解放初期的感光材料生产

为了满足照相馆、新闻摄影的需求，在当时进口国外产品困难的大背景下，解放初期中国开始自主研发生产感光材料。在20世纪50年代，中国开始出现一些感光材料工厂，其中有些在1949年前就生产过感光材料，如"七星"牌相纸、筱舫照相化学工业厂等，也有些是新中国成立后新组建的工厂，如公元牌相纸和上海牌相纸等。最初国产的感光材料存在质量较差，存在感光度较低、冲洗时容易溶胶或擦伤、相纸纸基较松、药膜容易起泡等缺点。[2] 在之后感光材料工业进一步发展之后，这些缺点逐渐获得改善，产品

图 12-18　七星牌像纸

① 梁喜宁：《胶卷时代的记忆 (3)：中国胶卷品牌一览》，新浪博客，http://blog.sina.com.cn/s/blog_711179180102vq8q.html。
② 上海摄影家协会、上海大学文学院编：《上海摄影史》，上海：上海人民美术出版社，1992年，第192页。

的品种也越来越丰富。

筱舫照相化学工业厂早在1929年就曾创立，1937年毁于战火。1951年陈筱舫与陈叔涛合伙，在上海的天津路重新创立，小规模地生产黑白相纸。1953年，郑颂英组建了怡新照相材料厂，生产软、中、硬三种反差的相纸。投产后怡新很受市场欢迎，吸收到充裕的投资后，该厂更名"怡新丰照相材料厂"。[①]

在1950至1953年期间，除了筱舫照相化学工业厂、怡新照相材料厂外，上海还先后建有新达、华星、灯塔、永星、松涛等小规模的相纸厂。之所以在上海出现如此多的小作坊，是因为西方国家对中国进行经济封锁，国内市场的照相材料十分稀缺。尽管这些小厂生产相纸的品质无法和进口相纸媲美，但依然能弥补市场的不足。1956年公私合营后，筱舫、怡新等小厂都划归马江晒图厂领导。[②]

在中华人民共和国成立后半个世纪左右的感光材料工业史中，公元、上海、乐凯这三个品牌生产感光材料的历史较长，生产产品的数量也较多，它们分别成立于1953年、1958年4月和1958年7月。

2. 公元牌胶片和相纸

1949年，毕业于上海圣约翰大学化学系的广东潮汕人林希之，在汕头市一间实验室里研制出中华人民共和国成立后最早的原始氯素相纸。相纸试制成功后，林希之仍在继续他的感光材料研究，而实验室的经费，来自他制作的卖给药房的西药。中央新闻摄影局接到他们送来的样品后，马上认真鉴定，并来信鼓励。

1952年10月，经过反复试验后，林希之终于研制出了符合使用要求的黑白相纸。林希之与合伙人给实验室和相纸取名"公元"，志在改变我国感光工业落后的面貌。1953年4月1

图12-19　"公元"全色胶卷

---

① 上海摄影家协会、上海大学文学院编：《上海摄影史》，上海：上海人民美术出版社，1992年，第234页。
② 上海摄影家协会、上海大学文学院编：《上海摄影史》，上海：上海人民美术出版社，1992年，第233页。

日，汕头公元摄影化学厂（后称"汕头感光化学厂"）正式成立，并以"公元"作为感光产品的品牌。

1954年7月，私营的公元厂参加公私合营。1955年4月，公元厂成功试制出人像胶片。1956年，成功研制出黑白胶卷、黑白电影正片、黑白高速照相胶片、X光胶片、印刷制版系列胶片和水溶性正型彩色电影正片。自此，我国靠进口感光材料的局面开始逐步扭转，不久便有相纸、胶卷出口远销国外。1959年轻工业部主持召开第一次全国感光材料会议，宣告我国感光材料工业的形成。[1]

20世纪80年代，公元厂的相纸产量居全国首位，此外，产品还出口亚、非、拉、欧等27个国家和地区。1986年，公元厂引进日本富士胶片公司的彩色感光材料生产线。到20世纪90年代，受多种不利因素影响，公元厂负债达48亿元人民币。1994年，公元厂以1.8亿美元的价格将彩色生产线转让给美国柯达公司。1999年，汕头公元感光材料工业总公司和部分公元厂职工集资参股成立了一个全新的股份制企业——汕头市公元有限公司。2005年8月，汕头市公元有限公司因连年亏损宣布停产。[2]

3. 上海牌胶片和相纸

1958年4月，上海市轻工业局文教用品公司宣布组建国营上海感光照相材料厂。8月工厂建成后立即投产，至年底共生产相纸4万多盒，产品的商标为"上海"牌。与此同时，也开始了黑白胶片的试制，上海文教用品工业公司实验室当年用土办法涂制成5卷黑白胶卷。1959年，上海感光照相材料厂改名为上海感光胶片厂。1960年开始用从英国、德国进口的设备生产上海牌黑白全色胶卷，到年底产量达到150万卷。到1964年，上海感光胶片厂已形

图 12-20　上海牌胶片

---

[1] 张丽纯：《林希之：中国感光工业之父》，《潮商》，2014年第6期。

[2] 谢琳：《口述历史：不再让中国摄影感光史失忆——记中国感光工业之父林希之与他的公元厂历史》，中国摄影家协会理论研究部编：《摄影理论创新：第11届全国摄影理论研讨会论文集》，北京：中国摄影出版社，2015年，第140页。

成完整的感光材料生产体系，产品覆盖医用X光胶片、电影正片、黑白胶卷、黑白相纸和黑白人像胶片等。[1]

1969年11月，上海成立"彩色电影胶片会战组"，上海感光胶片厂、上海轻工研究所、华东化工学院等多家单位参加研究试制彩色胶片，经过数月的奋战后，成功试制出彩色胶片样品。1970年下半年起，上海感光胶片厂每月试产彩色电影正片20万米以上。1978年，出于经营管理需要，上海感光胶片厂改建为两家独立的工厂：一家沿用原名；另一家更名为上海感光胶片一厂。前者以生产民用感光材料为主，后者以生产电影感光材料为主，后者后来生产过"申光"牌彩色胶卷。[2]

1986年6月，分开的两家工厂重新合并为一家，上海感光胶片一厂为总厂，感光胶片厂为一分厂，原青浦国光机械厂为二分厂。到1990年，工厂的员工人数由1958年建厂时的108人增加到1990年的2789人。21世纪后，面对数字影像的冲击，上海感光胶片厂最终也未能摆脱停产的命运。

4. 乐凯牌胶片和相纸

1958年7月，中国第一家电影胶片厂——"保定电影胶片制造厂"在保定西郊开工兴建，这是国家"一五"计划重点项目，也是乐凯胶片的前身。保定电影胶片制造厂属苏联援建的156个项目之一，但随着中苏关系破裂，仅待了一年的苏联专家撤走，胶片厂只能自力更生来建设工厂，1965年终于建成投产。此后，它生产出了中国第一代照相软片、黑白电影正片、彩色电影正片、民用胶卷等一系列产品。1970年1月起保定电影胶片制造厂改称燃料化学工业部第一胶片厂，1975年2月改称石油化学工业部第一胶片厂，1978年4月改称化学工业部第一胶片厂。[3]

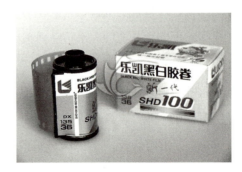

图12-21　乐凯黑白胶卷

1984年，乐凯从日本引进彩色生产线，乐凯彩色胶片从此进入中国人的消费市

---

① 上海摄影家协会、上海大学文学院编：《上海摄影史》，上海：上海人民美术出版社，1992年，第243—244页。
② 上海摄影家协会、上海大学文学院编：《上海摄影史》，上海：上海人民美术出版社，1992年，第245—246页。
③ 梁喜宁：《中国"乐凯"之名的来历》，新浪博客，http://blog.sina.com.cn/s/blog_711179180102vqoy.html。

场。"乐凯"商标也在1985年3月正式启用（此前的产品商标为"幸福"牌）。乐凯的产品覆盖电影胶片和摄影胶片，从黑白到彩色一应俱全。到20世纪90年代末，乐凯彩色胶卷和相纸在国内市场占有率分别达到25%和20%，与柯达、富士形成三足鼎立之势。乐凯胶卷远销全球40多个国家，形成较大的规模。

进入21世纪后，随着数码影像在民用市场的逐渐兴起，胶片开始面临严峻的挑战，乐凯胶片的销量也逐渐下滑。从2005年起，乐凯胶卷每年的销量以30%的速度下降，终于在2012年9月4日正式宣布停产。

结　语

在1949年前漫长的岁月中，中国的摄影先驱们为照相机、感光材料的研制付出了不懈努力。而真正的中国相机工业，则从20世纪50年代中期起步，到21世纪初逐步走向式微，走过了半个世纪左右的历程。中国人通过自力更生，解决了照相馆、新闻摄影机构和百姓家庭对照相材料的需求。使用这些国产的照相机、胶卷和相纸拍摄照片，成为那半个世纪新闻照片、家庭相册中一道靓丽的风景。

21世纪到来之后，日本的数字影像技术逐步统治了全球的摄影市场，其他国家的相机产品纷纷走向式微，中国也不能例外。虽然在数码影像方面中国也曾有过一些努力，但由于没有掌握核心技术而在竞争中失利。在世界范围内的新闻摄影工具，纷纷被日本的佳能、尼康两大数码单反相机品牌所垄断，而中国则从未诞生过数码单反相机。

本卷结语
Conclusion

自西方的银版摄影术诞生的170多年以来，摄影新闻可以毫无遗憾地宣称，世界上发生的重大事件都有摄影记录，这是摄影术的骄傲，也是摄影新闻传播技术的自豪。经过170多年的发展，摄影术现在已经成为一种不可或缺的社会生产力；成为新闻传播最重要的技术手段；成为人们的一种创造性生活方式；成为这个社会最大宗的消费品；成为人们观察和认识自然、社会和人类自身的必备工具。因此，摄影术的本质用途是一种现代性的符号，摄影是视觉新闻信息传播的自然符码。

摄影给人类社会带来了有形和无形的变革，这不仅在一个国家、一个地区，在全世界范围内都是如此。摄影作为一种大众文化，它将使得整个世界都是它的永久遗产。

"欲知大道，必先为史"，欲淬思想，砥砺为要。技术史是学术思想史的母体，是理论的温床。在视觉传播文化兴起的时代，摄影新闻传播技术史的书写显得更加紧迫和必要。

我们十分清楚，摄影新闻传播技术史的书写是艰难的，但我们仍然执着地寻找书写摄影新闻传播技术史的文化架构，一个属于摄影新闻传播技术自身历史的文化架构，并试图去确定文化架构的核心。因为每个文化架构都有一个神圣的核心，这个神圣的核心有助于社会和政治的定位，使得社会成员认清自身的地位，它由此成为文化、社会和政治汇聚的所在地。这种努力是不想"沦落到只能向宏伟学术工程提供建筑材料的供应商的可悲地步"（杨天宏语），而是要架构属于摄影新闻传播技术自身发展历史的学术大厦，这才是摄影新闻技术史该做的事。

我们的研究时段很长，从墨子的小孔成像到今天的数字成像技术理论和实践都需要梳理和考察，而侧重点则是从达盖尔的银版摄影术诞生直至今天盛行的网络数字影像新闻传播技术。作为新闻传播的介质和载体，摄影技术的发展与变化对于新闻传播事业的发展具有重要的影响。从摄影技术的发展历程来看，任何一种摄影媒介技术的变化都会带来一种新的信息传播模式。研究摄影新闻传播技术史，对于我们了解摄影传播技术的变迁和认识我国新闻传播活动的变化历程及其规律具有重要的意义。

一、摄影的史前史。虽说摄影术在1839年诞生于法国，但中国人在探索机械成像、光学成像方面有着自己辉煌的历史和鲜明的足迹，中国的摄影技术的发展轨迹告诉我们，除了在"摄影术"诞生之后与世界几乎同步的技术技能外，中国人在西方的摄影术诞生之前就进行了长时间的成像探索，因此在书写中国摄影技术史的时候，我们不能数典忘祖、崇洋贬中，我们要给中国人在摄影技术的探索进程中留下本应有的位置，公平、公正地对待一切为了成像技术进行探索的人们，不管是外国人还是中国人、是现代人还是古代人，任何一种厚此薄彼的技术史书写其实质都是对历史的伤害。

二、摄影术的诞生。人类对摄影技术的探索在很久之前就开始了，但被载入史册的是1839年诞生在法国的达盖尔的银版摄影法标志。此前，人们主要是对各种感光材料和光学成像技术的探索。我们不得不再次强调：摄影术的诞生和发展依赖于两个因素：一是人们对视觉信息记录、复制和传播的现实需求；二是物理学、化学、电子学等现代科学技术的迅速发展，使得人们视觉性地记录世界和复制世界成为可能。与世界上的其他一切发明一样，现代摄影术的发明也是前代技术知识和信息积累并最终融合的产物，而摄影术的发展也反过来促进了人们的需求和现代科技的发展。

三、摄影术的传入。研究资料表明，作为舶来品，摄影术是伴随着西方侵略者的坚船利炮而传入中国的。摄影术传入之初，一些沿海城市的人们通过其他不同的途径掌握了摄影这门技术，有的是通过西方来华摄影师学习摄影技术，有的是拜本土摄影师为师学习摄影，有的通过摄影书刊学会摄影，也有一些是在海外学会摄影……这是在中国本土的第一批摄影师，为摄影这门外来技术和媒介在中国落地生根奠定了基础，开启了它的信息传播历程。由于当时摄影所需的曝光时间仍然较长，用于新闻现场的新闻摄影还力有不逮，摆拍或拍摄静态对象是主要的拍摄方式。这些含有新闻信息的影像在一定范围内实现了摄影新闻的传播价值。尽管当时没有被称为新闻摄影记者的专门新闻采访人员，但遇到重大的社会活动，会邀请对摄影技术掌握得比较好的照相馆的摄影师把活动的重要内容拍摄下来。

四、新闻摄影的兴起。20世纪20年代以后，照相器材得到改进和开发，摄影技术逐渐成熟。新闻摄影的拍摄方法也有了进步和发展。早期的摄影器材体积大又笨重，感光材料的感光度也低，拍摄时间长，影像也不够清晰。随着摄影机具的成熟，快门的曝光时间越来越快，再加上感光材料的感光度的提高，摄影可以走出灯光室、美术家的画室，到现实的社会中去记录社会现实，纪实摄影也随之兴起。在纪实摄影的基础上发展并成长起来的新闻摄影，一旦运用于新闻信息的传播，即刻显示出新闻影像的强大生命力。新闻信息的传播方式从此出现革命性的变化。我们反复强调，摄影新闻的发展始终都是和科技发展水平以及摄影器材的发展联系在一起的。科技的进步和摄影器材的开发不仅影响摄影新闻发展本身，对于社会观念以及传播形态也有着深远的影响。正是受到技术条件的制约，早期新闻摄影事件中的照片大多数只能用来展览，还无法直接在报刊上刊发传播。即便偶尔被刊登，也只能先将照片制成木刻绘画，然后以木刻板的形式刊登，这些照片的时效性也不强，所以还不是现代意义上用于传播的新闻照片。

五、玻璃版时期的新闻摄影技术。在玻璃版时期的摄影新闻传播技术中，摄影器材、摄影技术、印刷技术对新闻影像的传播效能起着决定性的作用。玻璃版时期的新闻摄影技术分前后两个阶段，前期是湿版摄影法，流行的年代为19世纪50年代至80年代中期；后期是干版摄影法，流行于19世纪70年代末。1883年，有人用赛璐珞来代替易碎的玻璃，胶片摄影开始发展，干版摄影法的使用一直持续到20世纪50年代。在达盖尔式摄影法、卡罗式摄影法流行的时期，尽管出现了不少具有新闻纪实性质的照片，但摄影影像并未与新闻信息传播发生紧密的联系，这一情形到了玻璃版时期有了改观。原因有许多方面，包括新的摄影方法拍摄成本的降低、摄影曝光时间的缩短，从事摄影活动的摄影师的数量大幅增加，从沿海城市向内地的中小城市迅速扩散，更主要的是人们在观念上对摄影影像信息这种新事物逐渐接受，近代报刊繁荣发展、石印画报兴起，信息传播对图像及其真实性的追求，等等。尽管这一时期的照片还无法直接印刷在报刊上，但出现了一些过渡的新闻摄影传播形态，如纪事照片贴册、随报附赠小照、照片转图画后石印在报刊上等。

六、胶片时期的新闻摄影技术。进入胶片新闻摄影时期，在照相机小型化和摄影镜头多样化的技术支撑下，新闻摄影传播的速度和质量都得到大幅度的提升。我们知道，感光材料及冲洗放大技术同照相机、摄影镜头一样，是新闻摄影必不可少的物质材料和技术方法，人们对摄影技术的探索和完善，实际上就是对感光材料的探索和完善，包括后来对数字感光材料的探索。胶片时期的新闻摄影通常使用的感光材料有两大类：一是黑白感光材料；一是彩色感光材料。不同特性的感光材料其结构特点不同、照相性能不一样，使用的拍摄技术和影像处理方法也很不一样。胶片时期的新闻摄影传播有很长一段时间是处于黑白影像传播阶段，虽然彩色感光材料的发明和发现的时间比黑白感光材料要早，但由于生产和处理彩色感光材料的工艺不是很成熟，一直无法在新闻摄影实践中得到广泛的应用。而黑白感光材料由于拍照和后期影像处理都比较简单且黑白感光材料性能稳定、价格低廉，在新闻摄影的实际工作中得到了大量的使用，一直延续到今天。历史的经验告诉我们，摄影技术尤其是感光材料的更新与进步，都会推动新闻摄影传播格局的巨大改变，推动新闻传播形态的变化，真可谓"新闻向前进，技术长一寸"。

七、数字时期的新闻摄影技术。数字技术的应用给新闻传播业带来革命性的变化，尤其是数字成像技术的应用，使新闻影像的采集、编辑和发布的方式产生了翻天覆地的变化。在短短数十年的时间里，数字相机就实现了从实验室的试制品成为奥运会上体育摄影记者必备的器材。数字摄影技术以及现代移动通信技术的飞速进步，大大地加快了新闻影像传播的时效。许多发生数小时甚至数分钟前的新闻，读者就可通过智能手机的App新闻客户端、微信公众号、微博等了解到来自现场的新闻影像，这在过去的胶片时代是不可想象的。这两种技术仍在不断地发展与融合之中，新闻摄影仍会朝着高画质、操作便携、传播迅速的方向发展。如今，一台智能手机设备，既是采集影像的设备，也是影像处理和显示的设备，集多种功能于一身，非常强大，并可通过3G、4G功能完成影像的传输和分享。智能手机的性能仍在进一步完善之中，通信技术也在逐步进入5G时代。新闻摄影传播在数字技术的催生之下正发生着深刻的技术性变革，呈现出日新月异的态势。

摄影新闻是新闻信息传播最精华的部分，在显示新闻的独特价值中，以摄影新闻为主体的"新闻摄影"和以"纪实"为主题的摄影始终是新闻的视觉主体。它记录生活发展历程，又推动社会不断前行。而摄影新闻是以摄影技术为基础的摄影记录行为，这种以摄影技术手段呈现的新闻信息，表达了国际通用的语汇，它在记录事件和交流思想方面的能力是无可匹敌的。我们对于许多重大而复杂的新闻事件的印象，总是通过单幅新闻照片形成的。新闻照片的力量，存在于它独有的特性之中，即它永久地、技术性地保留了宇宙中无限时间里的一个有限片段。

摄影新闻传播技术给中国的新闻传播业带来翻天覆地的革命性变化。摄影传播技术的引入、使用和发展使得中国社会发展形态从物质社会向信息社会转变。摄影传播技术应用于新闻传播业，新闻的"真实性"本质得到了最彻底的肯定，同时也受到了最无情的质疑。技术性成为新闻传播本质的特性体现，各种摄影新闻传播技术形成了巨大的社会资源。摄影新闻传播技术的发展也见证着中国新闻事业迈向繁荣发展之路，摄影新闻传播技术为中国新闻传播业的发展做出了巨大的贡献。

图例索引
Illustrations

第三章　摄影术在中国的传入与发端

第四章 萌芽时期的新闻摄影传播技术

第五章　玻璃版时期新闻摄影传播技术

第六章　胶片时期新闻摄影的相机与镜头

第十章 数字时期新闻摄影传播技术（上）

第十二章　中国照相机工业简史

参考文献
Bibliography

一、中文

古代典籍

［1］刘安. 淮南万毕术［M］. 孙冯翼辑. 北京：中华书局，1985.

［2］刘安. 淮南子［M］. 诸子集成本. 高诱注. 北京：中华书局，2006.

［3］刘安. 淮南子（白话彩图全本）［M］. 重庆：重庆出版社，2007.

［4］刘安等. 白话淮南子［M］. 西安：三秦出版社，1998.

［5］刘安等. 中国古典名著淮南子［M］. 长春：北方妇女儿童出版社，2006.

［6］王充. 论衡［M］. 诸子集成本. 北京：中华书局，2006.

［7］王符. 潜夫论［M］. 诸子集成本. 北京：中华书局，2006.

［8］韩非. 韩非子［M］. 秦惠彬校点. 沈阳：辽宁教育出版社，1997.

［9］左丘明. 左传［M］.（西晋）杜预集解. 上海：上海古籍出版社，1997.

［10］张华. 博物志校正［M］. 范宁校正. 北京：中华书局，1980.

［11］葛洪. 抱朴子［M］. 诸子集成本. 孙星衍校. 北京：中华书局，2006.

［12］王度. 古镜记［M］. 说郛. 宛委山堂本.

［13］谭峭著. 化书［M］. 丁祯彦，李似珍点校. 北京：中华书局，1996.

［14］寇宗奭. 本草衍义［M］. 丛书集成初编本. 北京：商务印书馆，1935.

［15］沈括. 梦溪笔谈［M］. 上海：上海书店出版社，2003.

［16］程大昌. 演繁露［M］. 四库全书本.

［17］周辉. 清波杂志［M］. 四库全书本.

［18］苏轼. 物类相感志［M］. 丛书集成初编本. 北京：商务印书馆，1935.

［19］赵友钦. 革象新书（五卷）［M］. 上海：上海古籍出版社，1987.

［20］陶宗仪.辍耕录［M］.丛书集成初编本.北京：商务印书馆，1935.

［21］方以智.物理小识［M］.北京：商务印书馆，1937.

［22］李时珍.本草纲目［M］.北京：人民卫生出版社，1982.

［23］郑复光.镜镜詅痴［M］.北京：中华书局，1985.

［24］郑光祖.一斑录［M］.北京：中国书店，1990.

［25］博明.西斋偶得［M］.刻本.南京图书馆藏，1900（清光绪二十六年）.

［26］郑复光.费隐与知录［M］.道光二十二年活字线装本.

［27］邹伯奇.邹征君遗书［M］.同治十三年活字线装本.

［28］张福僖.光论［M］.丛书集成初编本.艾约瑟，口译.北京：商务印书馆，1935.

［29］孙云球.镜史［M］.序刻本.上海图书馆藏，1681（康熙辛酉）.

典籍译注

［1］刘安等.白话淮南子［M］.西安：三秦出版社，1998.

［2］司马迁.史记［M］.韩兆琦译.北京：中华书局，2008.

［3］王符.潜夫论全译［M］.贵阳：贵州人民出版社，1999.

［4］王充.论衡全译［M］.袁华忠，方家常译注.贵阳：贵州人民出版社，1993.

［5］王充.白话论衡［M］.陈建初等译.长沙：岳麓书社，1997.

［6］庄周.庄子［M］.方勇译注.北京：中华书局，2010.

［7］荀况.荀子［M］.王学典编译.北京：中国纺织出版社，2007.

［8］韩非子.韩非子［M］.高华平等译注.北京：中华书局，2010.

［9］葛洪.抱朴子内篇全译［M］.顾久译注.贵阳：贵州人民出版社，1995.

［10］张华.博物志全译［M］.贵阳：贵州人民出版社，1992.

［11］段成式.酉阳杂俎［M］.方南生点校.北京：中华书局，1981.

［12］段成式.酉阳杂俎［M］.金桑选译.杭州：浙江古籍出版社，1987.

［13］沈括.梦溪笔谈选读［M］.李群注释.北京：科学出版社，1975.

［14］周礼全译［M］.吕友仁译注.郑州：中州古籍出版社，2004.

［15］今古文尚书全译［M］.江灏等译注.贵阳：贵州人民出版社，2009.

［16］考工记译注［M］.闻人军译注.上海：上海古籍出版社，1993.

［17］墨经分类译注［M］.谭戒甫译注.北京：中华书局，198l.

［18］王竹星.本草纲目白话精解［M］.天津：天津科学技术出版社，2008.

［19］本草纲目详译［M］.钱超尘，董连荣.太原：山西科学技术出版社，1999.

［20］梦溪笔谈译注［M］.中国科学技术大学合肥钢铁公司梦溪笔谈译注组.合肥：安徽科学技术出版社，1979.

［21］方孝博.墨经中的数学和物理学［M］.北京：中国社会科学出版社，1983.

现代文献

［1］阿英.阿英美术论文集［M］.北京：人民美术出版社，1982.

［2］陈传兴.银盐热［M］.台北：行人文化实验室，2009.

［3］陈昌谦.当代中国摄影艺术史（1949—1989）［M］.北京：中国摄影出版社，1996.

［4］陈怀恩.图像学：视觉艺术的意义与解释［M］.台北：如果出版社，2008.

［5］陈兆复.古代岩画［M］.北京：文物出版社，2002.

［6］戴念祖.中国科学技术史：物理学卷［M］.北京：科学出版社，2001.

［7］董福长.中国古代科技集锦［M］.哈尔滨：黑龙江科学技术出版社，1987.

［8］方成.报刊漫画学［M］.重庆：亚太图书出版社，1993.

［9］方孝博.墨经中的数学和物理学［M］.北京：中国社会科学出版社，1983.

［10］房志达.桃花坞年画［M］.天津：天津大学出版社，2011.

［11］郭金彬.中国传统科学思想史论［M］.北京：知识出版社，1993.

［12］韩丛耀.摄影论［M］.北京：解放军出版社，1997.

［13］韩丛耀.傻瓜相机摄影技巧［M］.北京：金盾出版社，1996.

［14］韩丛耀.实用摄影技巧［M］.北京：金盾出版社，1997.

［15］韩丛耀，刘亚.新闻摄影指南［M］.南京：江苏人民出版社，1998.

［16］韩丛耀.新闻摄影基础教程［M］.济南：黄河出版社，1991.

［17］韩丛耀.新闻摄影学［M］.南宁：广西美术出版社，1998.

［18］韩丛耀.图像传播学［M］.台北：威士曼文化事业股份有限公司，2005.

［19］韩丛耀.新闻摄影学［M］.南京：江苏教育出版社，2007.

［20］韩丛耀主编.摄像师手册［M］.北京：中国广播电视出版社，2010.

［21］韩丛耀.图像：一种后符号学的再发现［M］.南京：南京大学出版社，2008.

［22］韩丛耀.图像：主题与构成［M］.北京：北京大学出版社，2010.

［23］韩丛耀，赵迎新主编.中国影像史（6卷）［M］.北京：中国摄影出版社，2014.

［24］韩丛耀等.中国近代图像新闻史：1840—1919（6卷）［M］.南京：南京大学出版社，2011.

［25］韩丛耀主编.中华图像文化史（40卷）［M］.北京：中国摄影出版社，2016.

［26］厚宇德.中国古代科学与科学思想史专题研究［M］.北京：北京科学技术出版社，2006.

［27］胡化凯.物理学史二十讲［M］.合肥：中国科学技术大学出版社，2009.

［28］胡振宇.形象史学研究［M］.北京：人民出版社，2012.

［29］胡志川.中国摄影史（1840—1937）［M］.北京：中国摄影出版社，1987.

［30］孔繁根.摄影采访与图片编辑教程［M］.北京：中国人民大学出版社，1990.

［31］李瑞峰，彭永祥.中国摄影家协会研究室编中国摄影史料第四辑：世界摄影年谱（上）［M］.内部通讯，1982.

［32］李瑞峰，彭永祥.中国摄影家协会研究室编中国摄影史料第五、六辑合刊：世界摄影年谱（下）［M］.内部通讯，1983.

［33］李泽厚.美的历程［M］.合肥：安徽文艺出版社，1994.

［34］梁启超.中国近三百年学术史［M］.太原：山西古籍出版社，2011.

［35］林德宏.科技巨著［M］.北京：中国青年出版社，2000.

［36］林惠祥.文化人类学［M］.台北：台湾商务印书馆股份有限公司，1993.

［37］林信华.符号与社会［M］.唐山：唐山出版社，1999.

［38］刘精民.光绪老画刊：晚清社会的《图画新闻》第一辑［M］.北京：中国文联出版社，2005.

［39］刘克明.中国图学思想史［M］.北京：科学出版社，2008.

［40］刘树勇.中国古代科技名著［M］.北京：首都师范大学出版社，1994.

［41］刘文英.王符评传［M］.南京：南京大学出版社，1993.

［42］刘一丁.中国新闻漫画［M］.北京：中国青年出版社，2004.

［43］刘中玉.形象史学研究［M］.北京：人民出版社，2014.

［44］罗树宝.中国古代印刷史［M］.北京：印刷工业出版社，1993.

［45］卢嘉锡，席宗泽.彩色插图中国科学技术史［M］.北京：中国科学技术出版社，1997.

［46］麦群忠.中国古代科技要籍简介［M］.太原：山西人民出版社，1984.

［47］潘吉星.中国金属活字印刷技术史［M］.沈阳：辽宁科学技术出版社，2001.

［48］潘吉星.中国造纸史话［M］.北京：商务印书馆，1998.

［49］潘吉星.中国古代四大发明：源流，外传及世界影响［M］.合肥：中国科学技术大学出版社，2002.

［50］潘吉星.李约瑟文集［M］.沈阳：辽宁科学技术出版社，1986.

［51］钱家渝.视觉心理学：视觉形式的思维与传播［M］.上海：学林出版社，2006.

［52］任继愈.中国古代物理学［M］.济南：山东教育出版社，1991.

［53］沈宏.晚清映像：西方人眼中的近代中国［M］.北京：中国社会科学出版社，2005.

［54］史全生.中华民国文化史：前言［M］.吉林：吉林文史出版社，1990.

［55］完颜绍元，郭永生.中国吉祥图像解说［M］.上海：上海书店出版社，1997.

［56］王令中.视觉心理艺术［M］.北京：人民美术出版社，2005.

［57］王红星.书写历史战国秦汉简牍［M］.北京：文物出版社，2007.

［58］王锦光.中国光学史［M］.长沙：湖南教育出版社，1986.

［59］王锦光.中国古代物理学史话［M］.石家庄：河北人民出版社，1981.

［60］王建国.王建军.新编中国历史大事表［M］.西宁：宁夏人民出版社，2010.

［61］王树薇.色彩学基础与银幕色彩［M］.北京：中国电影出版社，1987.

［62］王雅伦.法国珍藏早期台湾影像［M］.台北：台湾雄狮图书股份有限公

司，1997.

［63］王兴文.图说中国文化·科技卷［M］.吉林：吉林人民出版社，2007.

［64］王志.图说中国文化·思想卷［M］.吉林：吉林人民出版社，2007.

［65］吴钢.摄影史话［M］.北京：中国摄影出版社，2006.

［66］吴秋林.图像文化人类学［M］.北京：民族出版社，2010.

［67］吴群.中国摄影发展历程［M］.北京：新华出版社，1986.

［68］伍素心.中国摄影史话［M］.沈阳：辽宁美术出版社，1984.

［69］萧师铃.中国古代文化遗迹［M］.北京：朝华出版社，1995.

［70］雄狮美术编辑部编.摄影中国［M］.台北：雄狮图书股份有限公司，1998.

［71］徐湖平.图说中华五千年［M］.南京：江苏少年儿童出版社，2002.

［72］徐小蛮，王福康.中国古代插图史［M］.上海：上海古籍出版社，2007.

［73］杨力.中华五千年科学经典［M］.北京：中国科学技术出版社，1999.

［74］杨治良.实验心理学［M］.杭州：浙江教育出版社，1998.

［75］游顺钊.视觉语言学［M］.台北：大安出版社，1991.

［76］于德山.中国图像叙述传播［M］.济南：山东文艺出版社，2008.

［77］余凤高.插图的历史［M］.北京：新星出版社，2005.

［78］张安奇，步近智.中国学术思想史稿［M］.北京：中国社会科学出版社，2007.

［79］张国华，左玉河.图说中国文化·器物卷［M］.吉林：吉林人民出版社，2007.

［80］张恬君，王鼎铭，叶立诚，等.视觉分析映象艺术［M］.台北：国立空中大学出版社，1997.

［81］张挺，王海勇.中国红色报刊图史［M］.太原：山西经济出版社，2011.

［82］张树栋，庞多益，郑如斯.简明中华印刷通史［M］.南宁：广西师范大学出版社，2004.

［83］赵玉明.中国广播电视图史［M］.广州：南方日报出版社，2008.

［84］郑岩，汪悦进.庵上坊：口述.文字和图像［M］.上海：上海三联书店，2008.

［85］中国摄影家协会编.中国摄影艺术作品选［M］.福州：海潮摄影艺术出版社，1989.

［86］周忠厚，蒋培坤，丁子林.美学概论［M］.北京：文化艺术出版社，1988.

［87］朱光潜.悲剧心理学：各种悲剧快感理论的批判研究［M］.张隆溪，译.北京：人民文学出版社，1983.

［88］朱光潜.文艺心理学［M］.合肥：安徽教育出版社，1996.

［89］自然科学研究所编.科技史文集（第12辑）：物理学史专辑［M］.上海：上海科学技术出版社，1984.

［90］自然科学史所主编.中国古代科技成就［M］.北京：中国青年出版社，1978.

［91］彭永祥.中国画报画刊［M］.季芬，校勘.北京：中国摄影出版社，2015.

［92］尚杰.图像暨影像哲学研究［M］.北京：社会科学出版社，2016.

［93］马运增，陈申，胡志川，等.中国摄影史1840—1937［M］.北京：中国摄影出版社，1987.

［94］蒋齐生，舒宗侨，顾棣.中国摄影史1937—1949［M］.北京：中国摄影出版社，1998.

［95］顾棣，方伟.中国解放区摄影史略［M］.太原：山西人民出版社，1989.

［96］蒋齐生.新闻摄影一百四十年［M］.北京：新华出版社，1989.

［97］邓明.摄影史话［M］.上海：上海人民美术出版社，1987.

［98］徐兴国.摄影技术教程［M］.北京：中国人民大学出版社，1993.

［99］王少君.实用相机附件［M］.北京：长城出版社，1991.

［100］刘国典.摄影曝光控制［M］.北京：中国电影出版社，1984.

［101］沙占祥.摄影滤光镜的性能与使用［M］.北京：中国摄影出版社，1996.

［102］沙占祥.摄影镜头的使用技巧［M］.北京：中国摄影出版社，1991.

［103］张国栋.照相机的使用和修理［M］.西宁：宁夏人民出版社，1983.

［104］李文明，李士炘，李振荣，等.黑白彩色冲洗放大［M］.北京：长城出版社，1984.

［105］李恕.摄影报道的艺术技巧［M］.北京：长城出版社，1995.

［106］孔祥竺.摄影构图［M］.沈阳：辽宁美术出版社，1995.

［107］胡颖，葛新德.过程论与新闻摄影［M］.北京：新华出版社，1988.

［108］颜志刚.摄影技艺教程［M］.上海：复旦大学出版社，1997年版.

［109］沙占祥.摄影镜头的性能与选择［M］北京：中国摄影出版社，1989.

［110］胡启佑.摄影技法［M］.广州：科学普及出版社广州分社，1982.

［111］柳成行.摄影实践［M］.北京：长城出版社，1982.

［121］胡钟才，李文方编.简明摄影辞典［M］.哈尔滨：黑龙江人民出版社，1984.

［113］张益福.摄影色彩构成［M］.沈阳：辽宁美术出版社，1995.

［114］中国摄影函授学院主编.摄影技术技法［M］.北京：中国摄影出版社，1986.

［115］北京电影学院摄影系摄影技术调研组编.感光胶片的应用与原理［M］.北京：中国电影出版社，1989.

［116］薛建平，高景林.35毫米自动调焦新型照相机［M］.北京：中国摄影出版社，1995.

［117］沙占祥主编.摄影手册（第二版）［M］.北京：人民邮电出版社，2011.

［118］吴钢.影事溯源［M］.上海：龙门书局出版，2013.

［119］甘险峰.中国新闻摄影史［M］.北京：中国摄影出版社，2008.

［120］顾峥.世界摄影史（修订版）［M］.杭州：浙江摄影出版社，2006.

［121］潘科.底片：探寻熟悉的陌生人［M］.北京：中国民族摄影艺术出版社，2012.

［122］王海宝.中国摄影史上的无锡影响［M］.上海：上海文化出版社，2014.

［123］赵俊毅.中国摄影史拾珠［M］.北京：中国民族摄影艺术出版社，2013.

［124］葛长岭，运志忠，李新新.彩色摄影与扩印指南［M］.北京：新华出版社，1989.

［125］中国人民大学新闻系.黑白摄影技术［M］.北京：中国人民大学出版社，1981.

［126］关乃炘.中外135单镜头反光照相机手册［M］.北京：中国展望出版社，

1986.

［127］赵巷，郝玉树.暗室技术与技巧［M］.沈阳：辽宁美术出版社，1997.

［128］陈昌谦主编.当代中国摄影艺术史（1949—1989）［M］.北京：中国摄影出版社，1996.

［129］刘国典.摄影滤光器与影调调节［M］.北京：中国电影出版社，1984.

［130］贺修桂，肖绪珊，李开源，等.摄影手册［M］.北京：中国摄影出版社，1992.

［131］孔繁根.摄影采访与图片编辑教程［M］.北京：中国人民大学出版社，1990.

［132］中国摄影教育中心（中国摄影函授学院）.摄影理论与实践［M］.北京：中国摄影出版社，1986.

二、译文

［1］霍瓦.摄影大师对话录［M］.刘俐，译.北京：中国摄影家出版社，2000.

［2］Jean-Paul Sartre.影像论［M］.魏金声，译.台北：商鼎文化出版社，1992.

［3］德波.景观社会［M］.王昭凤，译.南京：南京大学出版社，2006.

［4］巴特.符号学原理［M］.李幼蒸，译.上海：上海三联书店，1988.

［5］巴特.明室［M］.许绮玲，译.台北：台湾摄影工作室，1997.

［6］巴特，鲍德里亚.形象的修辞：广告与当代社会理论［M］.吴琼，等编译.北京：中国人民大学出版社，2005.

［7］梅洛-庞蒂.知觉的首要地位及其哲学结论［M］.王东亮，译.上海：上海三联书店，2002.

［8］西卡尔.视觉工厂［M］.陈颖姿，译.台北：成邦文化事业股份有限公司，2005.

［9］拉康，鲍德里亚.视觉文化的奇观［M］.吴琼，等编译.北京：中国人民大学出版社，2005.

［10］利奥塔.话语，图形［M］.谢晶，译.上海：上海人民出版社，2012.

［11］洪席耶.影像的宿命［M］.黄建宏，译.台北：典藏艺术家庭股份有限公

司，2011.

　　［12］梅洛-庞蒂.知觉现象学［M］.姜志辉，译.北京：商务印书馆，2001.

　　［13］西卡尔.图像诞生的关键故事［M］.陈姿颖，译.视觉工厂，台北：边城出版社，2005.

　　［14］Alberto Manguel.阅读地图［M］.吴昌杰，译.台北：台湾商务印书馆股份有限公司，1999.

　　［15］Arthur Rothstein. Documentary Photography［M］.李文吉，译.台北：远流出版事业股份有限公司，1993.

　　［16］潘诺夫斯基.视觉艺术的含义［M］.傅志强，译.沈阳：辽宁人民出版社，1987.

　　［17］潘诺夫斯基.造型艺术的意义［M］.李元春，译.台北：远流出版事业股份有限公司，1996.

　　［18］Herbert Zettl. Sight Sound Motion-Applied Media Aesthetics［M］.瘳祥雄，译.台北：志文出版社，1994.

　　［19］Nicholas Mirzoeff.视觉文化导论［M］.陈芸芸，译.台北：韦伯文化国际出版有限公司，2004.

　　［20］米歇尔.图像理论［M］.陈永国，胡文征，译.北京：北京大学出版社，2006.

　　［21］伯杰.眼见为实：视觉传播导论（第三版）［M］.张蕊，韩秀荣，李广才，译.南京：江苏人民出版社，2008.

　　［22］莱斯特.视觉传播：形象载动信息［M］.霍文利，史雪云，王海茹，译.北京：北京广播学苑出版社，2003.

　　［23］梅萨里.视觉说服：形象在广告中的作用［M］.王波，译.北京：新华出版社，2004.

　　［24］克里斯蒂安，德勒兹.凝视的快感：电影文本的精神分析［M］.吴琼，等编译.北京：中国人民大学出版社，2005.

　　［25］阿恩海姆.艺术与视知觉［M］.滕守尧，朱疆源，译.北京：中国社会科学出版社，1984.

［26］阿恩海姆. 视觉思维［M］.滕守尧，译.北京：光明日报出版社，1987.

［27］玛利亚. 摄影与摄影批评家：1839年至1900年间的文化史［M］.郝红尉，倪洋，译.济南：山东画报出版社，2005.

［28］尼尔逊. 如何看［M］.胡致薇，许丽淑，覃月娥，译.台北：尚林出版社，1991.

［29］桑塔格.论摄影［M］.毛健雄，译.长沙：湖南美术出版社，1999.

［30］桑塔格.旁观他人之痛苦［M］.陈耀成，译.台北：麦田出版，2004.

［31］施拉姆. 传播学概论［M］.何道宽，译.北京：中国人民大学出版社，2010.

［32］施拉姆. 人类传播史［M］.吴韵仪，译.台北：远流出版事业股份有限公司，1994.

［33］菲斯克. 传播符号学理论［M］.张锦华，刘容玫，孙嘉蕊，等译.台北：远流出版事业股份有限公司，1997.

［34］卡特. 中国印刷术的发明和它的西传［M］.吴泽炎，译.北京：商务印书馆，1957.

［35］柯拉瑞. 观察者的技术：论十九世纪的视觉与现代性［M］.蔡佩君，译.台北：行人文化实验室，2007.

［36］史特肯，卡莱特. 观看的实践：给所有影像世代的视觉文化导论［M］.陈品秀，译.台北：脸谱文化事业股份有限公司，2009.

［37］Ron Scollon, Suzie Wong Scollon. 实体世界的语言［M］.吕奕欣，译.台北：韦伯文化国际出版有限公司，2005.

［38］阿恩海姆. 艺术心理新论［M］.郭小平，翟灿译.北京：商务印书馆，1994.

［39］埃尔金斯. 视觉品味：如何用你的眼睛［M］.丁宁，译.上海：三联书店，2006.

［40］Gotthold Ephraim Lessing. 拉奥孔［M］.朱光潜，译.北京：人民文学出版社，1979.

［41］卡尔格-德克尔. 图像医药文化史［M］.姚燕，周惠，译.台北：边城出版

社，2004.

［42］本雅明. 迎向灵光消失的年代［M］. 许绮玲，译. 台北：摄影工作室，
1999.

［43］本雅明，桑塔格. 上帝的眼睛［M］. 吴琼，等译. 北京：中国人民大学出版社，2005.

［44］本雅明. 机械复制时代的艺术作品［M］. 王才勇，译. 北京：中国城市出版社，2002.

［45］翟德尔. 映像艺术［M］. 廖祥雄，译. 台北：志文出版社，1996.

［46］Gillian Rose. 视觉研究导论：影像的思考［M］. 王国强，译. 台北：群学出版有限公司，2006.

［47］Hugh Marshall. 商业摄影与美术设计的配合［M］. 刘英凯，译. 香港：万里机构·万里书店，1993.

［48］John Berger. About Looking［M］. 刘惠媛，译. 台北：远流出版事业股份有限公司，1998.

［49］Jonh Berger. 毕卡索的成败［M］. 连德诚，译. 台北：远流出版事业股份有限公司，1998.

［50］Liz Wells，等. 摄影学批判导论［M］. 郑玉菁，译. 台北：韦伯文化国际出版有限公司，2005.

［51］Robert Layton. 艺术人类学［M］. 吴信鸿，译. 重庆：亚太图书出版社，1995.

［52］麦奎尔，温德尔. 大众传播模式论［M］. 祝建华，吴伟，译. 上海：上海译文出版社，1987.

［53］米勒. 世界的眼睛：马格南图片社与马格南摄影师［M］. 徐家树，译. 北京：中国摄影出版社. 2001.

［54］伯格. 艺术观赏之道［M］. 戴行钺，译. 台北：台湾商务印书馆股份有限公司，1993.

［55］李约瑟. 中国科学技术史：第1卷［M］. 北京：科学出版社，上海：上海古籍出版社，1990.

［56］伯克.图像证史［M］，杨豫，译.北京：北京大学出版社，2008.

［57］贡布里希.图像与眼睛：图画再现心理学的再研究［M］.范景中，杨思梁，等译.南宁：广西美术出版社，2013.

［58］兰福德.世界摄影史话［M］.谢汉俊，译.北京：中国摄影出版社，1986.

［59］布莱克.摄影艺术与技巧［M］.中国摄影家协会江西分会翻译小组，编译.北京：中国摄影出版社，1991.

［60］太田昭雄，河原英介.色彩与配色［M］.北星图书编辑部，译.台北：新形象出版事业有限公司，1996.

［61］Vilém Flusser.摄影的哲学思考［M］.李文吉，译.台北：远流出版事业股份有限公司，1994.

［62］克劳利，海尔.传播的历史：技术、文化和社会［M］.董璐，译.北京：北京大学出版社，2011.

三、外文

［1］DOBSON C. & NIDA F.. Chroniques de L'Histoire—Mao Zedong［M］. Paris: Chronique，1998.

［2］LÉVI–STRAUSS C..The Savage Mind［M］. Chicago: The University of Chicago Press，1962.

［3］WILSON D.. MAO 1893–1976［M］. Paris: Les Editions，1980.

［4］MARCUS G. & FISCHER M.. Anthropology as Cultural Critique［M］. Chicago: The University of Chicago Press，1986.

［5］AUMONT J. & MARIE M.. L'Analyse des Films［M］. Paris: Nathan，2002.

［6］AUMONT J.，BERGALA A.，MARIE M.，et al. Esthétique du Film［M］. Paris: Nathan，2002.

［7］AUMONT J.. L'image［M］. Paris: Nathan，2001.

［8］COLLIER J. & COLLIER M..Visual Anthropology［M］. New Mexico: University of New Mexico Press，1986.

［9］JOLY M.. L'image et Les Singes: Approche Sémiologique de L'image Fixe

[M] . Paris: Nathan，2002.

[10] CHION M.. L'audio-Vision [M] . Paris: Nathan，2002.

[11] BERGERON R.. Le Cinéma Chinois (1949-1983) I [M] . Paris: Éditons L'Harmattan，1984.

[12] BERGERON R.. Le Ciséma Chinois (1949-1983) II [M] . Paris: Éditons L'Harmattan，1983.

[13] BERGERON R.. Le Ciséma Chinois (1949-1983) III [M] . Paris: Éditons L'Harmattan,. 1984.

[14] LAYTON R.. The Anthropology of Art [M] . Cambridge: Cambridge University Press，1991.

图书在版编目（CIP）数据

中国新闻传播技术史. 摄影卷 / 韩丛耀主编；韩丛耀，陈希，谢建国编著. -- 南京：南京大学出版社，2024.3

ISBN 978-7-305-26218-0

Ⅰ. ①中… Ⅱ. ①韩… ②陈… ③谢… Ⅲ. ①新闻摄影—新闻事业史—研究—中国 Ⅳ. ①G219.29

中国版本图书馆CIP数据核字（2022）第234753号

出版发行　南京大学出版社
社　　址　南京市汉口路22号　　邮编 210093

ZHONGGUO XINWEN CHUANBO JISHU SHI SHEYING JUAN
书　　名　中国新闻传播技术史·摄影卷
主　　编　韩丛耀
编　　著　韩丛耀　陈　希　谢建国
责任编辑　谭　天

照　　排　南京紫藤制版印务中心
印　　刷　南京新世纪联盟印务有限公司
开　　本　787 mm × 1092 mm　1/16开　印张32.5　字数535千
版　　次　2024年3月第1版
印　　次　2024年3月第1次印刷
ISBN　978-7-305-26218-0
定　　价　198.00元

网　　址　http://www.njupco.com
官方微博　http://weibo.com/njupco
官方微信　njupress
销售热线　（025）83594756